你玩遊戲，還是遊戲玩你？

YOU'VE BEEN PLAYED

一場無法登出的遊戲，
公司、政府和學校如何利用遊戲來控制我們所有人

ADRIAN HON
安瑞恩・韓

劉家安 譯

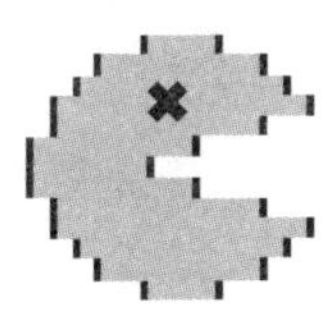

目　錄
Contents

前言

Introduction

倉庫裡，一名倉儲工人從面前揀了一本書，她身旁螢幕上的虛擬飛龍也隨之加速前進。如果她能做得比同事更快、更久，她就能從競賽中勝出並得到獎勵。在千篇一律的工作中，這帶來了一點變化，但實在仍稱不上多有趣。

倉庫外，一個筋疲力竭的Uber駕駛正準備下班，此時，螢幕跳出一項新任務：若完成三趟行程，他就能得到六美元的獎勵。錢難賺，光是為了還車貸就苦哈哈了，他嘆了口氣，點擊接受任務。

與此同時，他的伴侶正在家中為了匿名者Q（QAnon）上的陰謀論瘋狂地深入「研究」，試圖在論壇、影片、網誌中找到蛛絲馬跡。這不像看電視上的名嘴天花亂墜那樣輕鬆，他得親手挖掘出線索、推敲故事，這讓他覺得自己在玩一款獨家遊戲。

隔壁的退休老人則剛訂閱了一款大腦活化遊戲。介紹上說，只要她能每天玩一下這些有「科學」背書的小遊戲，她就能變更聰明而不會失智。當然這遊戲不會告訴她，其實只要出去散散步就會有一樣的效果。

• • •

過去十年來，我都在製作全世界最受歡迎的遊戲化應用程式，想必你會覺得我將在本書中對遊戲化美言一番。然而，如今沒有什麼比遊戲化更讓我擔憂的事了。

遊戲化應該要為人們帶來歡笑。我們都會選擇在空閒時間玩電玩、桌遊、拼圖或是運動。倘若善用「遊戲化」就能讓困難或是枯燥的活動變得像是休閒活動，而不再那麼無聊，誰不想呢？這也正是我參與製作《殭屍大逃亡》（Zombies, Run!）的起因，這款遊戲將上千萬人的日常慢跑變成一場大冒險。對我來說《搖滾樂團》（Rock Band）、《坎巴拉太空計畫》（Kerbal Space Program）和《寶可夢GO》（Pokémon GO）值得欽佩的原因也如出一轍。它們讓人樂於學吉他、了解天文動力學、每天走出戶外。

然而，我們生活中最常碰到的遊戲化卻不盡如此。永無止盡的健身目標和生產力指數，透過我們的手機和手表，以內建的各種任務和成就逼著我們前進。課堂上，老師能夠透過行為管理應用程式為孩子們計分，一指劃分高低，給予獎懲。在Uber系統上，從司機、調度中心、程式設計師甚至投資銀行家的成果衡量都受制於遊戲化之下，在看似友善的介面背後，這套最新的工作模式剝削了數百萬人。隨著遊戲化滲透各個角落，我們的世界愈來愈像一場無法登出的遊戲，不論是社群網路、交易應用程式、金融信用分數、陰謀論、社會信用制度，失敗的後果不再只是「再試一下」的友善鼓勵，而是失去生計——甚至更糟。

遊戲化成為二十一世紀最先進的行為控制形式，這已經夠糟了，但更糟糕的是：一切變得更加無聊。事實證明，對倉儲工人來說，每天枯燥乏味的繁複工作不會因為多了一層任務、積分和挑戰就變得有趣，儘管亞馬遜從未停止這麼做。

這些年來，我很少看到遊戲化真的成功達成目標或是有人持續樂在其中，有鑑於此，我認為遊戲化到了最後終究會被放棄或拒絕。自從二〇〇〇年代初期開始，Foursquare城市指南、Nike、Strava等應用程式以徽章和等級來鼓勵人們運動和分享喜歡的商店和餐廳以來，遊戲化的浪潮一發不可收拾。事實上，所有可被監測、記錄的事物都成了遊戲化的標的，科技的日新月異也使得各種小而強大的便宜設備入侵我們的家庭、工作場所，甚至我們的身體都成了遊戲化擴張的商機，占據了我們生活的方方面面。

有時遊戲化還是有它的樂趣在：當《家事大作戰》（Chore Wars）讓全家人把吸塵、洗碗視為是共同任務時，你會不禁莞爾而笑。然而，遊戲化更常被用來操縱和控制人心，不論是那些聲稱可以讓你更聰明的不科學的腦活化遊戲，還是在網路上散布危險錯誤資訊的宣傳遊戲，又或者是誘導玩家重金購買自己無法負擔的遊戲內道具的電玩遊戲。對這些遊戲來說，目標從來都不是要幫助你。

這就是我寫這本書的原因。在今日的遊戲化框架中，你不再是玩家——而是被玩弄的對象。

• • •

我成為遊戲設計師的途徑跟別人不太一樣。我和身邊的朋友們一樣，在一九八〇、九〇年代玩電玩遊戲長大，當時我就默默將製作遊戲立為我的志向。可是到了大學選系的時候，我選了我認為比較明智的路：進入劍橋大學鑽研實驗心理學和神經科學。科學研究對我來說非常迷人，但我並未對電玩遊戲失去興趣。每當我沒在忙著分析腦波圖或研究聯覺的時候，我就會轉而投入更令我著迷的東西：同時結合了現實世界和網路的新興遊戲類型「另類實境遊戲」（alternate reality game, ARG）。

我在牛津大學攻讀神經科學博士學位之後不久，我離開了學校，為全球規模最大的另類實境遊戲之一《Perplex City》擔任遊戲總監。幾年後，我和我兄弟丹・韓（Dan Hon）在二〇〇七年共同創立了遊戲開發公司「Six to Start」，我們為許多組織設計遊戲，包括英國國家廣播公司（BBC）、企鵝出版集團（Penguin Books）、華特迪士尼幻想工程（Walt Disney Imagineering）、大英博物館（the British Museum）、微軟（Microsoft）以及俏妞的死亡計程車樂團（Death Cab for Cutie）。

從Six to Start創立以來，我就一直嘗試製作「嚴肅遊戲」（serious games），旨在寓教於樂，在娛樂當中帶來教育和啟發。這些遊戲在西南偏南互動式多媒體大會（South by Southwest）上贏得了最佳展演和最佳遊戲等眾多獎項。不過，最廣為人知的還是我們在二〇一二年推出的《殭屍大逃亡》，這款手機慢跑遊戲讓我們登上蘋果和谷歌首頁，有著上千萬的玩家，從此開創了健身遊戲的熱潮。後繼而來的有《The Walk》、《Superhero Workout》等等，其中許多遊戲是與屢獲殊榮的小說家奈歐蜜・埃德曼（Naomi Alderman）共同創作出來的作品。

最近，我們也與英國國民保健署以及倫敦大學的研究者共同合作，將遊戲化應用在現實世界及虛擬實境的健身上。過去二十年來，我一直致力於兩件相關的任務：了解人類的思維模式以及設計出可以改善我們生活的遊戲。我的遊戲常常被當作世界上遊戲化的最佳範本，所以請放心：這本書不是由一個對科技一無所知，並意圖妖魔化電玩遊戲的外行人所寫的。我也不是那種相信科技和電玩遊戲將會拯救全人類的信徒。我想要解釋遊戲化真正的樣貌，它能達到的最好效果為何，以及是如何被用來操縱人心。

• • •

人們很容易將所有用上點數和遊戲畫面的東西都歸類為遊戲化，尤其是現在電玩遊戲在流行文化中占了絕大優勢。我對遊戲化的定義和大多數遊戲設計師以及評論家相同，即遊戲化代表透過遊戲設計法則達成遊戲以外的目標。這些法則包含了早在電玩遊戲或桌遊普及之前既有的概念，像是點數、獎章、挑戰、等級以及排行榜等等，也會有一些很新的概念，像是「強制循環」（compulsion loops）和AI驅動的非玩家角色（non-player character, NPC）。至於所謂遊戲以外的目標，涵蓋了所有你想得到的人類需求或致力要達成的——包含像是教育、健康、科學、政治、交友、恐怖活動等各種層面，當然還有實質利益。

正因為範疇廣大，遊戲化並沒有很明確的界線，不如說是你從中可以找到一些異曲同工的脈絡，像是《模擬城市》（SimCity）與派樂騰健身器材公司（Peloton）之間的關係，再推到飛行常客獎勵計畫（Frequent Flyer Program）與中國社會信用制度，遊戲化無所不包。這也意謂著即使遊戲化一詞是在二〇〇〇年後才開始廣為人知，你仍可以在幾十年前甚至幾個世紀前的歷史中找到遊戲化的蹤跡。這些過去的歷史有些也會在內文中提及，但只會簡單帶過，本書並不是遊戲化發展歷程的詳盡紀錄。

我之所以會用上這些歷史，主要是為了讓人更容易了解現在的遊戲化是怎麼演進出來的。第一章我會先從二十一世紀的遊戲化興起開始談起，其中有科技層面和社會層面的因素。隨著網際網路的蓬勃發展下，為了提升參與度，便利且即時的Web 2.0被應用在各種應用程式和網站上，輕易地導入了常見的類似遊戲的元素，以提升參與度（即使用者花更多時間瀏覽網站，而且還會無償提供有價值的資訊）。在二〇一〇年代初期，電玩文化和科技樂觀主義雙雙興起，讓電玩的地位一舉從非主流的興趣變成實質上的大神。眼見玩家似乎有著無盡熱忱和創意，遊戲化的理想隨之而來，人們企圖要拿這股動能來改善世界，朝向人道主義的烏托邦邁進。雖然這個理想似乎遙遙無期，理想的魅力光環仍留存在現在的遊戲化當中，我們仍相信它們會帶給人們力量和正面改變。

第二章，我會進一步檢視這個光環是怎麼照亮了消費者和生活型態上的遊戲化。遊戲化告訴我們，我們覺得困難或無聊的一切都可以變得簡單，不論是學鋼琴、記帳、準備考試，或是健身。只要能夠被量化，就能夠被遊戲化，也就能被改進。而隨著智慧型手機隨伺在側，天羅地網的感測器把我們生活中的點點滴滴盡皆量化。生活型態的遊戲化常常誇下海口，背後卻幾乎沒有其所宣稱的科學實證支持，而當資本主義督促著我們改進或等著被淘汰時，我們會因此被迫參與其中也不意外。

持續改進的邏輯進到了工作場所就變本加厲，工作遊戲化讓數百萬的勞工被迫參與一舉一動都被監測量化的遊戲。第三章會探討過去一整個世紀以來，從泰勒主義（Taylorism）演變到遊戲化的脈絡。泰勒主義帶來的科學管理和遊戲化結合之下，利用科技將惱人的微觀管理導入各個層面，計程車司機、卡車司機、程式設計師、倉儲工人、客服人員都無一倖免。工作場所的遊戲化可能不會讓工作變得有趣，甚至也不會讓我們更有生產力，但是它成功地讓勞工將無法達成生產目標的挫敗歸因在自己身上，而不會覺得是因為雇主貪得無厭的要求。隨著整個經濟愈來愈數位化，即使高薪白領的工作也難逃遊戲化的影響。

雖然很多雇主採用遊戲化的動機本來就不是要讓員工享受工作，但讓玩家感到自憐自艾，其實並非不可避免的結果。在第四章中，我會用兩個案例研究說明要怎麼有效地遊戲化：一個是將現實家務變成幻想遊戲的案例，一個是把逃離殭屍變成現實生活的案例。兩者都沒有用到遊戲化中最常見的點數和獎章機制。事實上，我從新聞報導和線上研討會中聽到的其他成功案例，也盡是如此。

在第五章中，我會探究一個奇怪的難題：遊戲的遊戲化。隨著娛樂產業被各種電玩占據，各家廠商無所不用其極想要透過取得最高參與度和利潤，即使犧牲遊戲樂趣也在所不惜。於是各種遊戲機制就被不斷重新設計並強化這方面的內容，像是成就機制、交換卡片（集換式卡牌）和「戰利品箱機制」（loot boxes）。搭配上遊戲固有的互動性和沉浸感時，就成了一條傷財勞神的天堂路。其實樂趣、盈利和尊重玩家所投入時間，這三者並非不可兼得，正如任天堂（Nintendo）長久以來就抗拒了遊戲化機制。

我們在家或在工作場所或許還有機會逃離糟糕的遊戲化的魔掌，但若是在政府單位、軍事單位和金融機構面前，我們就無所遁形。第六章就是針對專制型態下的遊戲化應用，其中包括中國的社會信用體系，這是一套透過遊戲化的獎懲機制來控制公民行為的實驗。另一方面，中國這場實驗吸走了太多目光，我們反而很容易忽略我們自身周遭所面臨的風險。遊戲化滲透到選舉、軍演、政宣、學校和大學等各個層面，即使是深具民主素養的英國和美國都難以抵抗遊戲化的誘惑。

民主環境更成為陰謀論的溫床，匿名者Q的論述就是這樣廣為流傳而造成莫大傷害。在第七章當中，我的論點是現代的陰謀論傳播方式和另類實境遊戲有異曲同工之妙，尤其是在網路與真實世界之間的關係上，兩者都同樣模糊了虛實之間的疆界。另類實境遊戲是從線上遊戲開始發展，最後轉為現實中的遊戲的一種角色扮演遊戲。遊戲中玩家必須面對面直接互動，這需要高度的社交技巧，並且會讓玩家在不安焦慮的狀況下找到樂趣。在我們與假新聞和陰謀論的遊戲化這一戰上，我們唯一的機會就是設法重建對體制的信任，並且將我們從遊戲設計中學到的經驗應用在公民參與上，讓公民參與更有意義也更平易近人。

另類實境遊戲的概念過去看來很新奇，但隨著我們的世界漸漸變得愈來愈像是一場遊戲，在現實世界中創造另類實境的體驗好像也變得不那麼奇怪。第八章廣泛探討遊戲化如何滲入現實生活的每個層面，從金融市場、恐怖主義、社群媒體、消費主義，甚至約會都無一倖免。世界變成一場正在改變我們行為的遊戲。這個隱喻具有啟發的作用，但也可能會讓人產生誤解。若我們將世界視為一場無止盡的競爭遊戲，把其他人當作可用之即棄的非玩家角色，這可不是什麼好現象。

在第九章當中我試著設想未來，想像擴增實境讓遊戲化填滿我們生活的每個片刻，而虛擬實境則讓一整世代的人沉浸其中，不再想要工作。為了建構對於未來的想像，我會從歷史來推測遊戲化最終的走向——其中特別值得一提的是中世紀歐洲包羅萬象的贖罪制度，用來支配人們思想和行動。

在本書的最後，我就如何以合乎道德的方式設計遊戲化並尊重其使用者提出了建議，關於工作場所遊戲化和強迫遊戲化的議題，我則建議政府和公民社會訂定出一套準則來加以限制。儘管我發出了警告，但我並不是要譴責遊戲化。最糟糕的遊戲化是透過侵蝕自由意志來操縱人心換取金錢和權力，最好的遊戲化則是將我們視為獨立個體，幫助我們邁向繁榮。

我希望能確保我們會建立出正確類型的遊戲化——而不是被他人操控或利用。

1 遊戲化的興起

The Rise of Gamification

基督教學校修士會組織出一整套關於特許及懲罰的微觀經濟（micro-economy）：「學生可利用特許來免除一些可能加諸在他們身上的懲罰……他可以利用累積下來的點數來豁免（懲罰）」。

——米歇爾・傅柯（Michel Foucault）在《監視與懲罰：監獄的誕生》（*Discipline and Punish: The Birth of the Prison*）中談及若翰・喇沙（Jean-Baptiste de La Salle）的《基督教學校行為準則》（*The Conduct of Christian Schools*, 1706），描述了直到二十世紀初之前法國初等教育組織的基礎架構。

我一直夢想能讓學習成為孩子的遊戲和娛樂：這樣一來，就可以讓他們自然而然產生受教育的欲望。

——約翰・洛克（John Locke），

《教育漫話》（*Some Thoughts Concerning Education*, 1693）。

現在有數不盡的軟體都用上了積分、徽章和懲罰的機制，只要你遇過，你就會對於三百年前這套在學校運作的原則感到熟悉。對傅柯來說，這一套用在孩童身上、像是遊戲一般的獎懲機制，其目的就是要規訓孩童，讓他們進入規訓社會，再透過從搖籃到墳墓永不止息的監控維持，這個社會也得以維繫。若從他的觀點來看今日的遊戲化，遊戲化不過是規訓的另一環，藉由像是網路和手機的新科技所給予的監控能力維繫。

另一方面，洛克相信若能將學習轉化為遊戲，便能改善學習的過程。他所謂的遊戲並不倚賴賞罰，而是要能將學習本身變成「遊戲和娛樂」。洛克寫下這些文字之後不久，教育性桌遊開始蓬勃發展，開拓跨大西洋的市場，遊戲內容範疇涵蓋了地理學、歷史學、數學和天文學。[1]得益於不同類型的技術進步，製造和發行桌遊的成本隨之降低，促成了這些遊戲的蓬勃發展。洛克應該會讚賞這些教育型桌遊，但他會更喜歡像是《模擬城市》和《當個創世神》（Minecraft）這種教育型電玩遊戲，甚至可以讓玩家學會都市規畫、建築、寫程式。

唯有了解過去遊戲怎麼被用在娛樂以外的用途上，我們才能夠更加了解遊戲化是如何在我們的生活中取得如此重要的地位，甚至未來將如何稱霸全世界。

對於遊戲相關產業和學術界來說，究竟遊戲化的確切定義為何仍未有定論，光是要定義相關名詞的爭論，像是剝削軟體（exploitationware）、遊戲化世界（gameful world）和遊戲化（ludification），這些就夠讓人頭昏眼花了。部分原因是遊戲化本身在快速演變當中，不論是軟體應用的規模還是科技層面，二〇一〇年我們認為是遊戲化的遊戲和應用軟體，和十年後的現在定義就大有不同。不過對於外界來說，當評論家、企業以及政府用到遊戲化這個詞，普遍是指將一個「普通的活動」套上遊戲機制，好比點數、徽章、等級等。話雖如此，在談論遊戲化的時候，我還是會加上一些形容詞做為區隔，如「通用遊戲化」（generic gamification）和「強制性遊戲化」（coercive gamification）以便分類。

• • •

在我成長的八〇、九〇年代的英國，套著遊戲型態的體系隨處可見。我還是幼童軍的時候，就以架帳篷和森林定向的技能拿到了露營專科章和定向專科章。當時我很想拿到游泳專科章，而取得的條件有五項，我得在水中解脫衣履、游二十五、五十和一百公尺，還要從泳池最深處撿回一塊磚，雖然我不太明白最後一項的意義。羅伯特・貝登堡（Robert Baden-Powell）創立童軍運動時，是參考他於一八九九年拿到的《警探術》（*Aids to Scouting*）軍訓手冊。童軍的專科技能勳章可由此向上溯源，一路追溯到軍隊千年來的獎牌、勳章和獎盃形式的傳統榮譽制度，這些也成了最熱門的遊戲化形式中不可缺少的元件。

同樣地，上了中學，分數和排行榜也無所不在。從十一歲開始，我們就展開了和「分數排序表」（the Mark Order）密不可分的學術生涯。分數排序表上填滿了每個學生在該學期每一科的分數。這些科目分數加起來有一個總分，學生的排序即以這個總分為基準，形成分數排序表。到了學期末會舉辦盛大的儀式將榜單掛在教室牆上。對於榜上有名的人來說，不論是金榜題名還是敬陪末座，都會帶來莫大的驕傲或羞恥，對於家長更是如此，因為這份榜單會整份寄到家裡。我在第一次便拔得頭籌拿下全班第一，也只有那一次（你可以猜到我的動機來源了），即使如此你也不可能**每一科**都拿第一。所以壓力永遠不會削減，因為總是還有可以進步的空間。

分數排序表可不只是拿來吹噓的而已。我的學校每學年以能力分班，這會反映在你遇到的老師對你的態度和教學重心上。現在回想起來，這簡直是一套變態又殘酷的系統，別人家小孩成績怎樣到底關我爸媽什麼事？為什麼我某天生物考差了，我的命運就得因此大不相同？——可是當下你不會覺得有什麼奇怪的地方，如同即使在無數遊戲化的應用程式中都看到排行榜，你也會覺得很正常。

到目前為止，都很傅柯。這些冷血的獎懲制度唯一的好處是，它給了沒有方向的人一個目標和架構。最大的壞處則是這套體制是純粹的行為論，亦即把人類視為待操縱的機器人，而不是需要以理相待去啟發的個體。針對傳統教育體制，教育專家艾菲・柯恩（Alfie Kohn）的看法是，我們一直在實行一套「通俗行為主義」（pop behaviorism）。也就是說，我們會正面和負面強化機制來讓學生和員工去做我們要他做的事情，而他認為這套其實根本行不通，因為長久下來只會讓人失去動力。[2]

洛克的願望終究也出現在我的教育歷程之中。我起初學程式語言是透過BBC Micro微型電腦上的海龜繪圖機器人，學的是西摩爾・派普特（Seymour Papert）的Logo語言，這套系統沒有任何獎勵或懲罰，你會看到你寫的程式碼具體從螢幕上的代碼變成真實世界中的動作，讓你從中得到樂趣。當時，在大西洋的另一頭，一整個世代的學生在玩《奧勒岡小徑》（The Oregon Trail），在這款一九八五年推出的遊戲當中，他們可以學到十九世紀的拓荒先鋒怎麼過活，以及痢疾有多危險。到了一九九二年，同一家公司推出了美國第一款關於奴隸制的教育遊戲《自由！》(Freedom!)，這款遊戲的靈感來自卡馬烏·坎布伊(Kamau Kambui)設計的「地下鐵路」歷史重演體驗(歷史重演即是真人角色扮演的前身)。[3]在《自由！》發行的前一年，《文明帝國》(Sid Meier's Civilization)則將數百萬的玩家(包含我在內)帶進了古典時期和中世紀的歷史世界裡。

從一九九〇年代到千禧年前期，個人電腦日漸親民的價格和強大效能讓各種不同類型的遊戲大放異彩，甚至超越了娛樂和教育用途。二〇〇一年，我造訪西雅圖，看到《勁爆熱舞》(Dance Dance Revolution, DDR)的遊戲機，這款街機遊戲移植自日本的PlayStation遊戲，當時還隨機推出了跳舞墊的周邊設備，我為此著迷不已。《勁爆熱舞》是將遊戲和自我改善之間取得最具活力和創新的組合，直到二〇〇五年我開始玩《東北大學未來科學技術共同研究中心川島隆太教授監修大人的DS腦部鍛鍊》(Dr. Kawashima's Brain Training for the Nintendo DS)為止，這款遊戲號稱能透過觸控解謎、小遊戲和數獨讓你的「大腦年齡」更年輕。即使我最初拿到的版本是日文版，讓我有點退卻，但仍澆不熄我對這款遊戲的熱忱。

任天堂在二〇〇六年發行Wii家用主機時，內建了一款免費遊戲《Wii運動》(Wii Sports)，帶來了另一陣旋風。這款遊戲原本是用來展示Wii手把的動作感測功能，裡面有網球、棒球、保齡球、高爾夫球和拳擊的遊戲。這款主機不只熱銷到連續兩年的聖誕節英國都缺貨，它更是唯一可以說服我父親和我一起玩的遊戲

——多虧老爸的羽毛球技巧，我在網球遊戲中被打得一敗塗地。儘管我用Garmin Forerunner GPS智慧心率跑表來培養我的跑步才華，它有一套遊戲一般的虛擬夥伴模式陪練，但這項才華顯然沒辦法轉移到其他活動上。[4]

也正是這個時期，「遊戲化」開始受到重視。雖然遊戲化一詞在一九八〇年便已面世，約克大學教授塞巴斯蒂安．迪特爾丁（Sebastian Deterding）認為，到了二〇〇〇年代後期，這個詞才開始廣泛用在「將遊戲機制套用在非娛樂用途上」。[5]回溯起來，這種遊戲化其實早在幾十年前就開始了，那麼二〇〇〇年初期究竟發生什麼事讓遊戲化被端上檯面並受到重視呢？

事實上還不止發生了一件事，而是兩個結構上的改變：科技快速發展變得又快又便宜，同時遊戲文化大獲全勝。

科技發展

二〇〇〇年時，美國大約僅有一半的成人使用過網路，十八到二十九歲的青年族群則大約有七成。[6]十年後，基本上所有年輕人都掛在網路上，成人的比例則達到百分之七十五。而且不只是網路的普及率提升，網速也大幅成長，寬頻網路和第三代行動通訊技術（3G），分別取代了緩慢過時的撥接網路和第二代行動通訊技術（2G）。隨著日新月異的網路瀏覽器、更快的電腦和智慧型手機以及Web 2.0推出，這些科技讓應用程式變得更加個人化、可以互動而且會隨著用戶操作做出反應。在網路上發表內容和閱讀都變得很容易，從二〇〇四年網路相簿Flickr開始分享照片，到二〇〇六年的Twitter可以分享你的午餐菜色，你在二〇〇八年可以在程式網站Stack Overflow上問編寫程式的問題，到了二〇〇九年則能夠在Foursquare城市指南上打卡分享自己去了哪裡。

Flickr可說是Web 2.0產物中最具代表性的，具有相當直觀的介面，讓用戶將照片分享到網路上，並加以分類、貼上標籤。值得一提的是，每張照片都有瀏覽次數和被列為最愛的次數。Twitter最重要的是追蹤者人數，每則推文也會有受到喜愛和轉推的次數。這為後來的社群軟體建立了一套樣板，像是Instagram、Tiktok都有這種遊戲一般的數字大賽。Stack Overflow則是一個設計給工程師用的問答網站，透過聲望值和徽章來鼓勵用戶參與，參與內容的價值由整個社群共同決定。時至今日，Stack Overflow已然是工程師必備的網站，其內容主題也變得多樣，其中包含了數學、動畫、咖啡和電玩的主題。

不過直到Foursquare城市指南面世，才真正確立遊戲化的模範樣本。從Foursquare城市指南的內容設計來看，不難理解它是如何成為樣本：這個應用程式讓用戶可以在真實世界的地標上「打卡」，像是公園、酒吧、餐廳、商店和辦公室，並藉此換取點數和徽章。剛推出時，有些酒吧和餐廳祭出打卡獲得免費小菜或飲品折扣的優惠，若成為忠實顧客或「市長」甚至會有更好的額外待遇（我就當了好幾次市長）。若是貼上照片、寫下一些場地小祕訣和評論、還有從朋友間的每週排行榜上勝出，你都能得到更多分數。最重要的是，Foursquare城市指南推出後大受歡迎：一年內就吸引了七十萬用戶，僅僅再過五個月，用戶數更高達三百萬人。[7]它初期的成功大致上可以歸功於遊戲化，透過結合分數、徽章、排行榜和獎勵完成一套簡單而完整的遊戲體驗。

Foursquare城市指南當然可以更早面世，只是用戶得辛苦地在桌上型電腦輸入自己一整天去了哪，而它能爆炸性的成長仰賴各種新科技的結合，像是可以隨時隨地上網的行動網路、GPS晶片和內建相機。用戶輕點一下就能打卡，再點擊另一個按鈕就可以上傳照片。應用程式的即時性讓整個體驗感覺更生動而充滿樂趣。

同時，和朋友一起玩也使其更加有趣。個人版本的Foursquare城市指南不難想像，它會像是一個私人日誌一樣。不過，對我這種從一開始就著迷不已的人來說，主要的吸引力還是來自於可以看到朋友們今天又去了紐約或舊金山的哪些地方。我從中找到了許多迷人的酒吧和一些隱藏景點，偶爾也會發現和朋友在同一場宴會或研討會上打卡而意外碰面，當然，我們也因此得到額外點數。若是個人版本的城市指南，我可能只會當成旅途上的備忘錄，也不會那麼熱中於此。換言之，我瀏覽的時間會大幅縮短，我的使用者價值也會大幅減少，對廣告商來說少了一個廣告對象，也少了可以販售的數據（比方說，像是球賽可以對外號稱的觀眾數據）。

Foursquare城市指南一舉成名之後，很多軟體都想要透過加入遊戲機制來複製它的成功案例。LinkedIn早在二〇〇七年就有「檔案完成度」的分數，但是到了二〇一一年才將它變成一個進度條，隨著你增添個人資訊而成長，寫下學經歷會各增加百分之十五的進度，貼上照片、個人簡歷、個人專長、推薦人則各給百分之五的進度。[8]二〇一〇年推出的健身應用程式Nike+，透過定位給予徽章、獎盃和挑戰。[9]在二〇〇九年推出的熱門健身記錄應用程式Strava，從一開始就有排行榜，並且給予最快完成特定路線的自行車手登山王或登山女王（KOM/QOM）的殊榮。登山王可說是真材實料的競賽。

以加入了遊戲機制的應用程式或網站來說，這些都不是首例，但是它們都將規模推展到前所未有的境界。即使是像《勁爆熱舞》和《奧勒岡小徑》這種具有影響性且讓人印象深刻的應用，在幾十億智慧型手機的浪潮下，也只能相形見絀。Stack Exchange問答網站推出兩年後，便吸引每個月超過一千六百萬的造訪次數。Nike+搭配SportWatch GPS運動手表推出一年，就有超過五百萬會員。[10]隨著各種實體和數位的基礎設備持續擴張，我們有了智慧型手表、監視攝影機和互相延續的社群網路身分，這些設備收集到的各種資料都可以輕易套上遊戲化，特別是我們的健康和日常行為成為數據之後，更是促成了二〇〇七年「量化生活」（quantified self）運動的開端。[11]

• • •

點數、排行榜、成就、進度條和挑戰系統被廣泛應用在各種數位追蹤的活動上，這些我統稱為「通用遊戲化」的應用並不是今日我們唯一用到的遊戲化種類。不過以我的經驗，這是**最常被用到**的遊戲化，其原因有三。

首先，通用遊戲化很簡單。它根本不需要什麼設計，你只要決定你要讓使用者做什麼（像是填寫個人資料、去騎單車、以有用的方式回答技術問題）並給予獎勵；相反地，你不想要的行為即給予懲罰。為了辨識方便，獎勵的視覺設計可以直接從電玩遊戲中依樣畫葫蘆，甚至乾脆從其他遊戲化軟體搬過來更好。實務方面來說，因為遊戲化普遍用到的機制很簡單明瞭，而且從二〇〇七年開始就有像是Bunchball這種專門提供遊戲化服務（white-label）的平台，資深的程式設計師只消幾週到幾個月，便能將這種遊戲化套用在現有的應用軟體上。

這樣說起來，在軟體上加進遊戲化不需要多少成本，那又何樂而不為？這也是為什麼通用遊戲化到處都找得到。華盛頓大學教授兼遊戲設計師伊恩．博格斯特（Ian Bogost）對此就有所評論，他認為過度簡化而平淡的遊戲化讓人以為「能輕易以低成本且大規模的方式，馴服遊戲領域這頭狂野的魔法野獸，將牠導入任何脈絡之下。」[12] 這一點會帶到第二個原因，通用遊戲化限制並簡化數據內容，過濾到看似沒有偏差的「乾淨數據」，像是定位訊息、從表單中取得的結構數據等，藉以達到快速而即時的數據判讀。我小時候取得游泳專科章時，得要經過游泳教練現場判定，連續游一百公尺直到泳池另一端為止，中間不能停留過久才能過關。相較之下，通用遊戲化幾乎不需要任何人為判定。因為通用遊戲化一視同仁，無視個體差異，所以可以輕易大規模套用。要達到大規模且快速的判定，便難以針對個別用戶的數據結果去調控、干涉甚至解釋，對於傾向於忽視規則的公平性或是實踐面的組織來說反倒很便利。

最後一個原因是行為主義（behaviourism）。雖然心理學界早已捨棄用行為主義來判定人類行為的過時論點，行為主義仍在文化上留下深遠的影響，這也被稱為「通俗行為主義」。根據行為主義的論述，只要透過獎勵去增強特定行為，就會帶來更多相同的行為，就這一點來說，通用遊戲化**應該**很有用。確實在這個前提下，這是對行為**唯一有用**的干涉方式。既然有用，何不從善如流呢？

這其中還有一個問題：行為主義幾十年來都惡名昭彰。

• • •

我常被問到，我過去學實驗心理學和腦神經科學的經歷對於設計遊戲有沒有幫助。我的答案是沒有，若有的話，我在劍橋的教授們早就致富了。大部分遊戲設計師會應用到的心理學，頂多只有他們用過或聽說過的「變動比例增強」（variable-ratio reinforcement），這是一個簡單的技巧，透過在不可預測的區間給予獎勵來增強特定的行為。這個技巧在大部分的遊戲中都可以找到，特別是吃角子老虎機用得最具破壞性，它讓玩家持續期待下一把就可以讓他們發大財——或至少回本不賠。

我在實驗心理學的第一堂課就學到變動比例增強的概念。例如，巴夫洛夫（Pavlov）的古典制約，他將食物和鈴聲連結，讓他的狗聽到鈴響就流口水，以及史金納（B. F. Skinner）的操作制約理論，他在特定的箱子中以正面的獎勵和負面的懲罰來增強特定的行為（這些實驗以他為名，稱為史金納箱〔Skinner box〕）。史金納以行為主義為原則建構了他的實驗，只是當時聽起來簡直像是歷史軼事，我很難和現代的核磁共振、經顱磁刺激聯想在一起。但是史金納是二十世紀最具影響力的心理學家之一，他的影響力不會一兩天就消散。不僅如此，他的想法還成了通用遊戲化的地基。

史金納有著異於常人的觀點。他的「激進行為主義」（radical behaviorism）將人類行為和動物行為同樣純粹視為環境的產物。當某個行為的結果受到環境的增強，就會產生下一個行為。激進行為主義完全無視人類內心的意志。事實上，這套理論認為我們根本就**沒有**自由意志。愛算什麼？根據史金納的觀點，愛不過是兩個人相遇之後互相強化的行為，他表示：「其中一人取悅另一人，讓另一人也傾向於做出取悅他的行為，受到取悅的一方又再次取悅對方。這樣反覆來回，到了某種程度之後，兩個人都會高度傾向於做出取悅對方而不是傷害對方的行為。我認為這就是我們所謂的『兩情相悅』。」[13]

史金納對於人類行為和動機的觀點過度簡化，在學術界早以人本心理學（humanistic psychology）取而代之。人本心理學以樂觀看待，相信我們有能力自己改變自己的行為。內在動機是這套新的心理學當中的核心元件：我們有時候會單純因為一些事情讓我們內心感到愉悅去做，而不是為了獎勵或是懲罰的外在動機。自我決定理論（Self-determination theory）是研究動機時最熱門的理論框架之一，這套理論認為產生動機有最重要的三大要素：自主感（〔autonomy〕能夠決定自己要做的事）、勝任感（〔competence〕覺得自己有把握做到）和歸屬感（〔relatedness〕和其他人有互動和連結的關係）。

你在最受到歡迎且熱愛的遊戲當中都會看到這三個要素。這類型的遊戲會讓人覺得即使投入大量的時間也不後悔，就像我花了數百個小時玩《農場鄉村》一樣。任天堂推出的《薩爾達傳說：曠野之息》（The Legend of Zelda: Breath of the Wild）被普遍認為是史上最好的遊戲之一，它移除了類似的動作冒險遊戲慣用的人為障礙，讓玩家可以在廣大的遊戲世界裡完全自由地漫遊，想去哪冒險就去哪冒險，賦予玩家自主感和勝任感。每當你獲得一項新技能或者遇到全新的敵人，你永遠有機會可以安全地學習怎麼面對，接下來才會遇到相較之下更恐怖複雜的變體。在這款遊戲中，你不會感覺受到不公平對待，也不需要面對難以捉摸的隨機「幸運骰」賭手氣，你的遊戲進度完全是以你對這個世界的掌握度換來的。至於歸屬感，最值得一提的，就是無比長壽的《魔獸世界》(World of Warcraft)和耀眼新星《要塞英雄》(Fortnite)，這兩款遊戲都能展現出人們願意為夥伴犧牲奉獻的程度，不論是對於《魔獸世界》的公會成員還是《要塞英雄》的隊友來說都一樣。以我的經驗，有時甚至太過頭了。像我以前常常為了和遠在美國的朋友一起玩《絕地要塞2》而熬夜到凌晨兩點。

最重要的是，這些遊戲設計師知道自主感、勝任感和歸屬感都只是調味料，而不是必要條件。不同的玩家在不同的情境下會想玩不同的遊戲。有些玩家想要投入挑戰自我能力的遊戲世界(例如《黑暗靈魂》系列〔Dark Souls〕)，但是隔天同一批玩家也可能想要自由形塑一個自己的世界(好比《動物森友會》、《當個創世神》)。這就是為何在我認識的遊戲設計師當中，沒有人會去看心理學課本。畢竟遊戲不是那樣做的。相較之下，遊戲設計比較像是在做實驗，拿一些舊有的概念放進新的框架，猜想要是把這個前提加進那個遊戲類型會有什麼化學反應。即便如此，就算沒有特意將自我決定理論放進遊戲，好的遊戲設計師也還是會認同這些概念。而且，他們對那套玩家只根據獎勵和懲罰做出反應的理論嗤之以鼻，縱使史金納對此深信不疑。

那要怎麼知道這套理論可行？很簡單，只要把所有點數、獎勵、成就都從遊戲中拿掉，只留下伊恩・博格斯特所謂的「單純反應出真實進度的結構指示」，然後看玩家還會不會買單。[14]從《薩爾達系列》、《俄羅斯方塊》、《瑪利歐系列》、《艾爾登法環》（Elden Ring）和《黑帝斯》（Hades）這些遊戲來看，答案是肯定的。

通用遊戲化和這些有趣的遊戲形成兩極化的反差。通用遊戲化的設計師或許會大力傳播自我決定理論的福音，但是骨子裡，他們所做的完全是跟從史金納的理論。絕大多數的遊戲化經驗當中，少了點數和獎勵就什麼都不剩了。

• • •

技術上來說，教育型桌遊、《吉他英雄》和公民科學實驗都算是遊戲化，但是在近期這些比較有趣且有價值的範例出現前，大部分的人不會想到其他的遊戲化類型。一般聽到「遊戲化」時，腦中會浮現的是像谷歌地圖上評論得到的點數、我們頒給優良Uber司機的獎勵，或是微軟文書套裝軟體中的生產力分數。我們生活中會碰到的遊戲化幾乎絕大多數都是通用遊戲化，不論是大大小小的科技公司，Fitbit、Uber、谷歌、多鄰國（Duolingo）、Strava都在用。雖然從人類心理學的角度而言，通用遊戲化是建立在惡名昭彰的行為主義理論上，我們還是得問一個最關鍵的問題：它到底有用嗎？

後續的章節中，我會深入針對三大類的遊戲化產生的效益進行深究，這裡先不賣關子，大多數的評論都認為通用遊戲化用得再好，能產生的正面效果也有限。它能帶來的正面效果主要是來自「新奇效應」（novelty effect），亦即當你開始對行為進行干預時（例如，加入健身房、開始上語言課程、戴上新的計步器），短時間內你會改變你的行為，但是會隨著時間慢慢褪去，長期下來甚至會產生反效果。[15]

身為一個有學術背景又以「設計遊戲化」維生的人，我得老實說，大部分對於遊戲化的學術研究都沒有太大幫助。很多研究都只是比較有無遊戲化的差異，而不是和其他可以參與的活動做比對。比方說，二〇二〇年的一份研究提出，在新冠肺炎疫情警戒期間，在家不出門的人玩《動物森友會》和《植物大戰殭屍》（Plants vs. Zombies）的頻率和健康狀況的增長有所相關。[16]這份研究成了「遊戲有益健康」的大頭條，可是我們不知道的是，若你讀書、看電視、散步會不會有一樣的效果。

當然，受到研究經費匱乏和發表速度牛步所荼毒的學術界，難免會有這個結果。即使如此，很多人的問題是根本就看錯地方，他們只著眼在通用遊戲化強加的點數、排行榜、徽章和挑戰所帶來的效果，全然忽視熱門遊戲中其他重要的遊戲機制，像是敘事機制為《最後生還者》（The Last of Us）和《勁爆熱舞》帶來的效果。如果你把遊戲化拆解到底，只看點數和徽章機制確實比較容易研究，可是卻沒什麼啟發性。

現在的研究方向中，更致命的缺陷在於將遊戲化視為一劑萬靈藥，好像加進任何遊戲即可讓每個受測者一針見效，然而現實世界裡，每個人的背景和動機都大有不同，有效的配方因人而異。《殭屍大逃亡》有著上百萬的愛好者，但是若你痛恨殭屍，你大概連碰都不想碰。

我在Six to Start設計我們自己的遊戲時，有一套我自己未經實證的遊戲化理論，簡單來說就是：

效益＝遊戲品質×親合度×既有內在動機

（Effectiveness =
gameplay quality × accessibility × pre-existing intrinsic motivation）

意思是說，有效的遊戲化得要迷人有趣、遊戲容易上手，而且最重要的是，要能觸碰到使用者原有的內在動機。這也解釋了像是多鄰國這種語言學習應用程式為何如此熱門。雖然它是典型的通用遊戲化，不過很容易上手，而且用戶本身對學習有高度的內在動機，有可能是因為搬到了不同的國家需要學會新語言，或是愛上了一個說著不同語言的對象。

儘管如此，我並不認為把多鄰國拿給對語言沒興趣的人測試會有什麼幫助，但學術界常常做類似的事情。除非你根本不在乎人們的興趣，只是想要強迫他們玩你的遊戲，不然真的沒什麼意義。不幸的是，這就是工作場所遊戲化和強制性遊戲化在做的事。

遊戲文化大獲全勝

電玩遊戲在一九七〇年代開始出現在流行文化中，其後三十年間，電玩遊戲被視為不務正業的消遣，有時甚至被當成危害。人們對於自己不熟悉的娛樂形式抱持懷疑態度，年輕人則樂於投入消費，這不是什麼新鮮事，同樣的事情過去也發生在小說、電影、電視、爵士樂、搖滾樂上，只是每次這種問題都會以不同的形式出現。就像是一九八〇年代《龍與地下城》（Dungeons & Dragons）帶來的道德恐慌一樣，當時很多人相信《真人快打》（Mortal Kombat）、《毀滅戰士》（Doom）和《俠盜獵車手》（Grand Theft Auto）這種遊戲會教壞小孩，讓孩童沉迷於暴力之中。

遊戲發展的腳步並沒有因此減緩，反而逐漸形成新的產業，凝聚出自己的文化力量。如今，我們一再看到電玩產業有著超越電影的收益，到了二〇一九年，對兒童和青少年來說，電玩的吸引力僅次於電視和影片。[17]每個月都會有新的感官體驗，從《當個創世神》到《要塞英雄》、《太空狼人殺》（Among Us）再到《機器磚塊》（Roblox）。遊戲科技也是年年推陳出新，像是遊戲直播平台推趣（Twitch）、聊天平台Discord，定位實境遊戲和虛擬實境。在疫情期間，電玩產業是少數持續成長的產業。二〇二一年，美國Z世代（十四到二十四歲之間）的消費者將電玩遊戲視為娛樂活動的首選，有高達百分之八十七的人每天或是每週都會玩遊戲，排在遊戲後面的是音樂、瀏覽網路、社群媒體，影視產業則已落到第五名。[18]

當然，金錢和人氣不能代表一切。電玩產業也很想要有頭有臉，所以也持續在文化和政治菁英身上尋求認同。愛好者高度讚揚具有教育潛力的遊戲，好比《坎巴拉太空計畫》和《異星工廠》（Factorio）都稱得上是洛克夢想中的「寓教於樂」的遊戲，或是像《武裝行動3》（Arma 3）推出的戰爭法擴充內容，可以讓玩家學到日內瓦公約。[19]玩家也會透過公民科學遊戲為科學做出小小貢獻，像是辨識天文異常（星系動物園計畫）、珊瑚礁分類《NASA

NeMO-Net》、研究蛋白質構造《Foldit》、繪製神經連結網立體圖《EyeWire》。[20]若有人膽敢挑戰電玩的地位，如二〇一〇年電影評論家羅傑・艾伯特（Roger Ebert）異常地評斷「電影永遠不可能成為藝術」，整個電玩社群都會為之沸騰。[21]

電玩遊戲顯然在推展教育和科學方面深具潛力。我自己也有不少相關的設計，我做過的就有資安議題《Smokescreen》、自然世界中的數學《The Code》、英國歷史《Seven Ages Quest》、兒童識字教學《TapTale》。不過，我們也不能假裝遊戲設計師自然會朝向教育用途開發。尼爾・波茲曼（Neil Postman）在《娛樂至死》（*Amusing Ourselves to Death*）一書中表示，教育用途的電視節目常得要持續屈服於戲劇效果和奇觀上，這樣觀眾才看得下去。[22]形式驅動內容，而不是內容引導形式。大部分的教育遊戲也一樣，它們要不有趣，要不就是有教育意義，極少兩者兼具，甚至常常兩頭皆空。當然我們會注意到少數例外，像是《當個創世神》讓孩子們學會程式語言和化學和生態學，但即使如此，擁護這種說法的人通常不會提到孩子在遊戲中花多少時間學習，特別是和他們在遊戲中消遣的時間相比——不過單純開心玩遊戲並不是壞事就是了。

當然，我們都很想相信《文明帝國》能讓我們學會世界史，《模擬城市》能讓我們學會都市規畫，我們也想相信它們旨在反映真實世界，而且成功了。現實上，它們既不是為了反映真實世界而設計，也沒有很成功達到這個目的。《文明帝國》漂亮地利用「科技樹」讓玩家做出有意義的策略選擇，但是它給了玩家錯誤的觀點，讓玩家對科學發現和文化演進有所誤解。貫穿《模擬城市》的整個概念框架則是基於「資本主義的土地價值生態模式」（captialistic land value ecology），這套框架對於二十世紀末的美國某個新興城市來說，或許很準確，但要用來描述世界上其他城市就不太符合，更別提對於城市的想像就此被單一化，失去其他的可能性。[23]

不過，我得再次重申，將遊戲設計得盡可能好玩並沒有錯，席德·梅爾（Sid Meier）和威爾·萊特（Willl Wright）設計的這兩款經典遊戲做到了這一點。有問題的是大多數「教育遊戲」只是聲稱自己有教育意義和無偏見的內容。同樣有問題的是相信好的教育遊戲會補足其他遊戲的缺陷，這就像是在說自然紀錄片能當作新聞台的平衡報導一樣。這沒有什麼正負相抵的道理，我希望的是電玩文化能被視為讓世界更好的一股力量。

在一九九〇年代到二〇〇〇年代初期，廣義的科技樂觀主義興起，這種對於遊戲不只是對玩家好，而是對所有人都好的想法就是從中而來。雖然早在一九六八年史都華·布蘭德（Stewart Brand）創辦《全球概覽》（*Whole Earth Catalog*）雜誌時，矽谷就開始有著對於科技能夠為世界帶來正面影響的現代觀點，但是大部分的人都是後來才開始相信個人電腦和網路會改善全世界。在二〇〇五年，一童一筆電（The One Laptop per Child, OLPC）計畫開始推行，這個計畫是透過「讓每個小孩，尤其是開發中國家的孩子」都能擁有一台價值一百美元的電腦，藉此改變他們的教育歷程。[24]幾年後，伊朗發起了阿拉伯之春的反極權抗爭，在媒體上被稱為是「推特革命」（Twitter Revolution），學術界同時也認為當時臉書（Facebook）在組織動員群眾的過程中大放異彩。[25]

網路和社群媒體當時看起來就是個好東西，即使有些負面風險，也只不過是一些可以忽視的小缺陷。至於好處則看起來沒有上限，畢竟，科技和遊戲都可以幫人贏得美國總統選舉了。二〇〇七年，巴拉克・歐巴馬（Barack Obama）在他們設立的社群網站（My.BarackObama.com）上有七萬名支持者，從這些人的家人和朋友身上，他們募得了三千萬美元的政治獻金。這個數字就是靠著募款進度表、排行榜、獎勵和成就，種種遊戲化的機制幫助下而達成的。[26]

非營利組織自然也很想要一試身手，看看遊戲能不能用在其他公益用途上，於是同樣在二〇〇七年推出《沒有石油的世界》（World Without Oil）。這是由美國公共廣播協會（Corporation for Public Broadcasting）發起的遊戲，它是一款以網頁操作的另類實境遊戲，玩家在這款遊戲中必須想像如何應對石油危機後會發生的事。次年，美國智庫未來研究所（The Institute for the Future, IFTF）也推出了世界第一款大型多人的預報遊戲《Superstruct》，玩家必須編寫二〇一九年的歷史，想像我們要面臨的問題以及解決辦法，還要發明出能夠組織全人類的新方式，並增強人類整體潛力。世界銀行（The World Bank）也不落人後地在二〇一〇年發動了《Urgent Evoke》，要以十週的速成班改變世界，目標是將權力賦予給全世界的年輕人，特別是非洲的年輕人，讓他們以創意發想為當下最緊迫的社會問題找到答案。

這些烏托邦遊戲所要傳達的訊息，在二〇一〇年兩場深具影響力的演講中清楚地總結。在設計創新溝通娛樂（D.I.C.E）峰會上，卡內基美隆大學（Carnegie Mellon University）娛樂科技中心教授兼遊戲設計師的傑西・謝爾（Jesse Schell）發表了一段演說，內容中構想了一個未來，不論是刷牙、看電視上的廣告還是練習鋼琴，我們每個行為都會受到點數的獎懲。[27]謝爾也承認，「這些系統聽起來可能會是殘酷的商業模式，感覺很糟。」然而，在結論中，他卻認為「另一種可能性是它們會激勵我們成為更好的人，其實只要把遊戲系統設計好就辦得到。」這種說法猶如現代版的史金納。這場演講由TED基金會贊助聯合發表，很多評論家為這套說法感到震驚，不過整體而言，這場演講反應熱烈。

在加州的TED大會上則有另一段演說[28]，其中的看法就相對陽光樂觀，實境遊戲設計師珍・麥高尼格（Jane McGonigal）提出的看法是：遊戲可以改變世界，線上遊戲的玩家每週有三十億的遊玩時數，「如果我們想解決諸如飢荒、貧困、氣候變遷、全球衝突、肥胖症等問題，我相信我們需要讓玩家十年後（二〇二〇年）每週玩至少兩百一十億小時。」要怎麼辦到？要讓她所謂的「超級自主而且充滿希望的個體」，即玩家有動力去玩特定遊戲，像是她設計的《沒有石油的世界》和《Superstruct》。這些遊戲能夠將玩家原本要花在虛擬世界的時間和精力，轉化為改善現實世界的能量。

麥高尼格的演說有上百萬次的瀏覽次數，在自我認同是玩家的社群之間引起共鳴。過去數十年來，這些人的興趣都被邊緣化、妖魔化，如今終於有人告訴他們，他們可以成為這個破碎世界真正的救世主，於是這套新的說法大受歡迎。次年她發表的新書《遊戲改變世界，讓現實更美好！》（*Reality Is Broken: Why Games Make Us Better and How They Can Change the World*）延續了這套說法，承諾一個遊戲化可以讓人們在現實世界感到自己有能力並滿意的烏托邦。舉例來說，若是我們玩《家事大作戰》，就會在做家務的同時得到分數和寶藏，在享受家務之際，也得到乾淨的居家環境。來自《波士頓環球報》、《洛杉磯時報》、《衛報》、《獨立報》的評論家們都紛紛為這本書中的樂觀主義和它帶來的正向心理學發出喝采。[29]《連線》雜誌的記者約翰·布斯（John Booth）寫道：「很難不去想像等著玩家思維解鎖的這股真實力量和潛力。」[30]

隨著擁護者持續的推動，像是SCVNGR新創平台的賽斯·普瑞巴契（Seth Priebatsch）和在二〇一一年的布魯塞爾TEDxKids@Brussel講座上發表「電玩遊戲如何讓孩子變得更聰明」的蓋伯·季徹曼（Gabe Zichermann），謝爾和麥高尼格所構築的未來愈來愈鮮明，其中一切想得到的活動都會更棒、更有趣。當時毫無批判的聲音。在對《遊戲改變世界，讓現實更美好！》的少數負評當中，其中一則來自《石板》（Slate）雜誌的常駐遊戲評論家海瑟·卓別林（Heather Chaplin）寫道：「（遊戲化所倡議的）是要將美好幻想偷渡到現實中，無視日常生活中的現實條件。麥高尼格在遊戲中放滿了各種最高機密的任務，要你扮演超級英雄，然後說『現實不夠美好』是因為人們感受不到生活中的『史詩感』。」[31]但概括而論，遊戲產業中沒有人想要讓這套美好想像蒙上陰影，來自遊戲產業外的評論則會被視為無知而危言聳聽的說法拒絕。

當時這種沉默讓我感到十分挫折。在那之前的幾年間，我在Six to Start成功設計了「嚴肅遊戲」給英國第四台（Channel 4）、英國國家廣播公司、企鵝出版集團做為教育用途使用，在我看來遊戲界這個能夠撼動世界的宣言，似乎很不切實際。我設計的免費遊戲吸引了數十萬名玩家，就預算來說，我認為成效卓越。可是在玩家是以數千萬計的遊戲前便相形見絀，像是《魔獸世界》、《星戰前夜》和《農場鄉村》，這些甚至還是收費遊戲！《沒有石油的世界》有兩千一百七十六名註冊玩家，其中僅兩百七十六名玩家上傳過至少一份資料。[32]《Superstract》成績更好一點，有八千九百零一名註冊玩家，其中有五百五十四名玩家創造出「超級建物」。至於世界銀行的《Urgent Evoke》募集了大約五十萬美元的資金，有一萬九千三百二十四人註冊，四千六百九十三名玩家經常參與，其中只有兩百二十三名玩家可以在每次活動的十週內完成一個小任務。[33]

我們不能單憑玩家人數甚至是參與度來判斷計畫成功與否，然而，如同加拿大康考迪亞大學教育學系教授大衛．沃丁頓（David Waddington）所說的，「《Urgent Evoke》中有許多對於社會創新的嘗試，儘管立意良善，卻不切實際，也沒有經過深思熟慮。」舉例來說，在紐約水牛城的題目下，從社群募集到的神奇環狀重建計畫概念。或許《Urgent Evoke》也激發了玩家以其他方式參與社會創新，但這方面我們幾乎找不到相關證據。

若是整個回顧下來，很難理解怎會有人相信整個世界的問題可以由僅僅一千名玩家投入來找到答案。不過，這就是矽谷，在這裡數字不重要，重要的是背後的夢想，而不是現實。

遊戲化是一種魅力科技

要理解烏托邦式的遊戲化具有的魅力，最好的解釋方法就是看同樣有烏托邦性質的計畫：二〇〇五年一童一筆電計畫。摩根·阿姆斯（Morgan Ames）在《魅力機器：一童一筆電的生死傳奇》（*The Charisma Machine: The Life, Death, and Legacy of One Laptop per Child*）完整描寫了這個故事。阿姆斯將整個計畫依年編寫，並指出計畫的許多缺陷。其中包括這些筆電從未送到計畫所宣稱的目標手上，整個計畫也比一開始宣傳的進度來得慢而破碎，到最後，送出的筆電也因為網路連線和軟體問題而難以使用，幾乎無法用作教育用途。

比起筆電超量賣出卻沒有送出去，更有趣的問題是為什麼麻省理工媒體實驗室教授尼可拉斯·尼葛洛龐帝（Nicholas Negroponte）能夠說服自己和眾多財力雄厚的投資人這個計畫可行，更別提是一個吸引人的計畫。阿姆斯認為因為一童一筆電計畫是典型的「魅力科技」，他表示：「魅力科技的力量來自於透過體驗性或象徵性的行動所帶來的可能性或是前景，重要的不是它用了什麼物件，而是它透過這個希望激發了什麼樣的前景。魅力科技當中的實質層面只是其中的一部分，更重要的是，這個科技在意識形態上的奉獻投入，就會成為『具有魅力的承諾』。換言之，魅力科技甚至不用真的存在或是拿到手上，就會產生效果。」[34]

即便一童一筆電的實體規格讓人失望、根本沒有一開始吸引人的手動充電裝置、軟體會定期把孩子的資料刪掉，這都不重要。一童一筆電的魅力超越了這些物質上的疑慮，它所承諾的是以空投數百萬台便宜筆電來轉化整個世界的教育，藉此改變世界。這些筆電可以從教育體制中移除教師的中介，讓孩子能夠透過自學程式語言，完全發揮自己的潛力，如同一童一筆電的創辦人和贊助人曾經歷過的一樣。阿姆斯稱之為「懷舊設計」（nostalgic design），他在書中描述：「這個筆電的主要特色——著重於可玩性、自由度、連線性，是基於一童一筆電的部分開發者對自身（通常是優於他人且特異的）童年的懷舊想像設計的，而不是以當代全球南方（Global South）的童年生活為準。更甚者，他們還抹平了自己經驗中雜亂不堪的部分，建立出一套科技早熟的孩子們的社會想像來解讀他們的童年，有時更是不經反思地認為其經驗放諸四海皆準。」[35]

儘管一童一筆電有著顯而易見的缺點，在烏拉圭，基層教師和計畫執行人員仍持續透過充滿表演性質的訪視來強化它的魅力。沒有人願意指出國王的新衣。最後計畫有著不成比例的成果：孩子們找到怎麼進筆電的配置選單，學會打開筆電鏡頭，就成了「六個月內學會如何駭入安卓系統」的神童。[36]如果這樣稱得上是駭客，恭喜，你也可以當駭客了。

同樣地，烏托邦式的遊戲化也是因為具有魅力科技的特質，才會像野火般快速擴散。不論是麥高尼格還是其他人，他們實際上用到的遊戲設計和成效並不是重點。重要的是，他們藉此激發了大眾的想像，相信他們有改善世界的潛力。遊戲化的支持者會以遊戲協助自己跨越難關的經驗，去假定遊戲能夠讓每個人都跨越難關，就和一童一電腦的設計師踏入懷舊設計的陷阱一樣。不論是一童一筆電還是烏托邦式的遊戲化都是在TED大會上獨家發表，這對他們有莫大的幫助，因為在那個場合，這些成績斐然的講者不用面對令人尷尬的問題。

不論是要廣發便宜筆電，還是透過線上遊戲改善世界，我相信尼葛洛龐帝和麥高尼格在分享他們的夢想計畫時，都是立意良善。不幸的是，光是立意良善是不夠的。一童一筆電沒有成功地改變教育，烏托邦式的遊戲化也沒能「解決諸如飢荒、貧困、氣候變遷、全球衝突和肥胖症等問題」。即使那時就已經清楚知道這些是永遠無法達成的烏托邦理想，都只是海市蜃樓，人們仍不顧一切想要去相信這一切，即使警訊四起，也不想浪費過去幾年來投入的精力和資源。

老兵不死

到了二〇一〇年代中期，已經很少有遊戲宣稱能夠改變世界或是消除貧困。美好想像幻滅了，人們不再相信網路和社群媒體能夠創造出長久的正面效應。人們開始認為這一切不只沒有帶來解方，甚至在加深世界上的政治分歧和暴力。

於是，烏托邦式的遊戲化現在看來就是一段歷史軼事，它與現在特有的遊戲化沒有關聯。不過這兩者實則相連，籠罩著早期烏托邦式遊戲化的魅力光環並沒有消散，而是轉為較世俗的方式，縈繞在生活風格和工作場所遊戲化，成為現在的顯學，以道德上的正當性來掩飾其操縱人心的層面。我在二〇一九年出席一場遊戲化研討會，其中一位講者說的話，彷如從十年前正念潮流傳來的回音：「為何不讓遊戲啟發我們？既然遊戲如此吸引人。我們還是會玩各種遊戲，當我們玩遊戲的時候就會表現出我們的核心價值。這在市場調查上很有幫助。」台下的觀眾紛紛點頭贊同。

或許這也不讓人意外。阿姆斯認為魅力科技本質上是保守的：「有魅力的領袖會肯定並增強其觀眾既有的意識形態，藉以增長他們的吸引力，即使他們可能心中對世界有更好的想法。魅力科技的吸引力也一樣會肯定現有的刻板印象、機構和權力關係中的價值。這兩者的相似性不可否認，這也是讓魅力科技如此誘人的原因。即使是承諾了某些效益，它同時也會對意識形態上認知的世界觀給予肯定，讓觀眾認為自己是對的。魅力科技只是持續給予強化。」[37]

我們從通用遊戲化的移植當中，就可以找到遊戲化這種保守的特質。它只是給現有的活動套上點數、徽章、等級和競爭，像是調度中心的工作或是開計程車——它們並沒有要解決這些活動背後的限制和問題。在後面幾章我們還會發現，不僅是烏托邦式的遊戲化沒辦法達成它畫出的美好大餅而已。工作場所遊戲化也承諾會改善生產力和勞工滿意度，但是幾乎不曾實現過。工作遊戲化在這一點上非常地保守，它的說法是領導者只需要套用一點小花招，就可以讓每件事情、每個人工作上都更好、更快、更開心，不過並沒有要做出任何真正結構上的改變。就算讓開Uber變得更有趣，你還是在開Uber。

遊戲化的魅力光環和更廣義的電玩世界倒是有意外的互動。經歷了一整個世代，電玩產業從原本被視為是洪水猛獸——特別對小孩更是如此——到現在科學家亟欲展示電玩遊戲的正面效果。二〇〇七年的一份研究指出，比起沒玩遊戲的醫生，經常玩遊戲的外科醫生的雙手更為敏捷。後續研究指出，動作遊戲可以讓健康成人的認知能力得到中幅度提升。[38]新冠疫情警戒期間，電玩遊戲讓人逃避現實的消遣特質成了正面效果，而不再是負面特質，有百分之二十七的美國居民還會用《動物森友會》、《太空狼人殺》來和其他人保持聯繫。[39]

看到玩家在電玩的學術研究結果中大放異彩很有趣，畢竟不論過去還是現在，這些研究通常都只是對他們的興趣嗜子摸象。可以肯定的是，我們研究電玩遊戲的方法已經大幅改善，但同等重要的是一開始研究者設定的假說。[40]如果一開始就假定電玩遊戲是惡習，那你的實驗就會設計成證實它們是不是惡習，這一點放諸四海皆然，只有當你證實了你的假說，你才會發表出來。相對地，如果你是在玩電玩中長大，你就會設定不同的假說。

在這種前提限制下，我們得要對於所有電玩遊戲的學術研究抱持理性懷疑態度，不論結果是好是壞。電玩遊戲的類型和設計涵蓋範圍極大，不太能用一套說法去描述全部的遊戲，若是加進各式各樣玩家間的差異，更是會有不同的化學反應。以道德恐慌而無知的角度來單方面貶低遊戲是不對的。我們**應該**要談各種遊戲的正向層面，像是從現實中抽離、探索奇觀的感受、促進善念，甚至像是透過多人連線遊戲來增進社交行為和紓壓、接受多元性，還有更多說不完的層面，可是我們也不能完全只看正面，一揮負面效果避之不談，只當作是無可避免或不重要的層面，那也不對。

如果電玩遊戲特有的互動性能夠激發正面效果，同時也就能夠激發負面效果。比方說，遊戲成癮、「戰利品箱機制」和無所不在的網路霸凌。而且，若我們要將遊戲視為藝術層級來看待，那遊戲應該要和其他類型的藝術一樣，不論是內容還是傳達出來的訊息，都應該以嚴格的眼光去檢視批判。遊戲內容或是遊戲社群內的性別歧視不應該存在，同樣地，也不該有跨性別恐懼，或是美化軍事行為和暴力。[41]

我們要問遊戲是否是「好的」，就得先知道是對誰而言算是好。我們是要讓政客和家長安心，說服他們不需要擔心小孩每天玩一小時的《動物森友會》嗎？或是我們要把目標設在遊戲可以開始成為身心療程的一部分，因此它們具有商業價值？從證據來看，我不認為電玩遊戲會有什麼特別的損害，至少不會比看電視來得嚴重。

近年來，公開討論變得愈來愈困難，因為遊戲社群慢慢形成一套部落文化。當玩家、遊戲開發者和遊戲記者面對批評，特別是來自他們認為不是玩家的人，他們會變得防衛心十足。（儘管現在遊戲產業總是說，基本上現在幾乎每個人都會玩遊戲。）其中部分原因來自一個奇特的趨勢：玩家會認為商業遊戲產業的利益就是他們的個人利益。二〇一〇年，英國國家廣播公司針對遊戲產業拍攝紀錄片《廣角鏡》（*Panorama*），我在片中提到《農場鄉村》是刻意設計出「強制循環」來讓玩家盡可能持續參與，這個做法其實常常在遊戲產業研討會或是部落格中受到討論，我卻因此廣受玩家和記者的批評，說我是拆自家人的台。[42]難怪電視製作人總是找不到願意上節目的遊戲設計師。

你可能會以為，自認為資深玩家的人不會想幫《農場鄉村》這種小遊戲說話，畢竟它遠比不上《決勝時刻》、《當個創世神》此等「大作」，如同《火線重案組》這樣的大節目團隊不會幫實境節目說話一樣，事實並非如此。正因為遊戲這個詞涵蓋的範疇太廣，遊戲和遊戲化的相關產業也樂於躲在底下逃避道德議題。雖然很多玩家確實對通用遊戲化感到十分不滿，認為那只是空泛的換皮贗品，抄襲其他內容豐富而有趣的遊戲，但是他們只會把氣出在批評遊戲的人身上。相對地，若有遊戲被認為是好遊戲，那所有遊戲都是好的，他們對遊戲的愛好就變得無懈可擊，既然所有遊戲都是好的，遊戲化一定也是好事。這也是為什麼在二〇一〇年代，沒有人對烏托邦式的遊戲化提出批判，時至今日，對於遊戲化的整體批判也仍噤若寒蟬。

少了這一層審查，各式各樣的遊戲化便隨之興盛。有些遊戲化無傷大雅，像是幫你學會新語言、練習鋼琴。然而，也有其他充滿強制性且受到濫用的遊戲化，好比用以監控上百萬名倉儲工人和駕駛員的遊戲化。雖然遊戲化仍持續存在，烏托邦的理想精神卻已滅亡。

曾經，遊戲化是用來拯救世界的。現在只能設法救救你自己了。

2 升級你的人生

Level Up Your Life

每一份必須完成的工作中，都有一個有趣的元素。你只要找到開心的地方，啪！工作就變成遊戲了。

——《一匙砂糖》(A Spoonful of Sugar)，
《歡樂滿人間》(*Mary Poppins*) 經典歌曲

想要改善自己有什麼不對嗎？若你想學會新的語言，塑造自己的身材，就算最好的情況下都還是得不斷重複經歷一段困難的鍛鍊過程，若能讓這個過程變得有趣一點，不也很好嗎？

以自我提升為目標的遊戲化訓練應用程式早已遍地開花。早在一九八七年，《梅維斯・比肯教打字》(Mavis Beacon Teaches Typing)就已置入了街機模式，以打字速度飆車，打得愈快開得愈快，讓使用者在幾小時的勞心勞力之後可以換個模式輕鬆一下。[1]如今在現實世界中，賽車手可以在跑車上獲得自己的數據，透過BMW在二〇二一年為M3、M4研發的M系列漂移分析器，駕駛會在開車的同時依據甩尾距離、時間和角度得到評價。[2]請不起魔法保姆來幫忙家務的人，也可以透過《家事大作戰》的網站讓繁瑣家務變成奇幻冒險，每個「冒險者」都能透過洗碗丟垃圾獲得任務獎勵。[3]熱門語言學習應用程式「多鄰國」在二〇二一年透過各種經驗點數、成就、等級、任務式的「技能樹」和虛擬「寶石」，達到線上同時有高達四千萬名玩家。[4]《語多邦》（Lingotopia）則想透過更沉浸的方式，將玩家放進一座立體虛擬城市，逼迫玩家透過學習語言找到回家的路。

如果我小時候也有《Trala》這種小提琴教學應用程式，我或許可以是個不錯的小提琴手。[5]根據蘋果上的介紹，「它有著像是玩《吉他英雄》一樣的遊戲體驗。拉得愈好，分數愈高，等到你正確拉完整段曲子，即可重播出自己的演奏內容。」但我或許會更想玩《搖滾樂隊3》而不是小提琴，雖然它只能透過舊式搖桿的塑膠按鈕來學怎麼演奏真正的電吉他。

若你有升職的野心，你可以試試看《異星工廠》。在這款遊戲中，你得要建造並維持一套複雜的工廠系統，電商公司都應該買來當作教學，畢竟這款遊戲的目的就是要讓玩家了解供應鏈和物流系統的運作。[6]聽起來太像在工作了嗎？Tinder也導入了一些遊戲元素，像是小知識和約會之夜。「第一人稱互動冒險體驗」在約會前就給你一些共同知識和真實經驗，像是真的一起待過大學宿舍、音樂祭或酒吧的體驗。[7]《記帳城市》（Fortune City）則把個人帳務結合了模擬城市，「透過遊戲化讓記帳變成樂趣。在建立你的城市的同時，建立你的好習慣。」[8]如果你只是喜歡遊戲化這個概念，《Habitica》把《家事大作戰》的概念提升到人生層面，只要是你想要追蹤的習慣都可以變成獎勵和懲罰。[9]

這些大多數都是手機應用程式，這也不是意外。各種無所不在的感應器，讓智慧型手機對萬事萬物瞭若指掌，同時掌握你的一舉一動。對大多數人來說，它們是最貼近身邊的裝置，不像私人教練或是手帳，手機真的是日日夜夜都在手邊。

最致力於推廣透過手機改善生活的公司就是蘋果和谷歌，畢竟其利潤有百分之十五到百分之三十都是來自販售應用程式的抽成，每年達數十億美元的商機。（公開解密：《殭屍，快跑！》在蘋果和谷歌的商店中都多次上到首頁推薦。）[10]蘋果商店中就專文介紹過《gowithYamo》。這是一款透過參觀展覽「收集」不同藝術品的成就積分的應用程式，有點像是《城市指南》打卡的概念。[11]積分可以用來兌換免費票券或是折扣，「你瀏覽過的藝術品愈多，你能解鎖的藝術品就愈多。」同樣概念的應用程式還有《Untappd》，是透過「探索和分享好啤酒」，在不同的酒吧喝虛擬啤酒得到徽章。當然，它也不忘提醒「飲酒過量，害人害己」。[12]

若你想要改善自己的健康狀況，市場上有一堆遊戲化方案。有些醫療型遊戲是針對特定的對象，好比《Playphysio》是對患有囊腫性纖維化的孩童所設計的遊戲，讓無聊而痛苦的呼吸改善療程變得比較不那麼難熬。《EndeavorRx》則是美國第一款通過認證的電玩處方，能用來治療兒童的注意力不足過動症（ADHD）。[13]可惜的是，相關遊戲非常少見，因為要通過醫療認證並不容易，得經歷一段艱難漫長且所費不貲的過程。

相較之下，若只是發行沒有任何醫療背書的「健康與健身」類型應用程式，而且對於自己聲稱的效力真實性不在意的話，就很容易。加上相應的立法資源匱乏，即使所言不實，通常也不會被抓。[14]這也是為何有無數應用程式號稱可以讓你在三十天內減重，卻沒有任何證據，而大多數遊戲化的健康管理裝置可以不經過醫療單位或是醫生就直接賣給顧客，像是《Lumosity》、

《Zwift》、《Fitbit》和蘋果手表，也是同樣的原因。

畢竟消費者可以自由選購或下載這些應用程式和裝置，就很難對它們下手。對於學法文、健身、演奏小提琴來說，學習過程中給點甜頭有什麼不好嗎？事情沒這麼簡單，有時這一帖藥吃下去根本沒有療效，或者有時根本就是包裹糖衣的毒藥。遊戲化應用程式常常過度誇飾效果，有些立意良善的應用程式則是不經意誤導使用者走上歧路，更有許多應用程式投入持續自我監控和彼此競爭的惡性文化之中。

對於遊戲化應用程式來說，這真的是不可避免的結果嗎？還是我們可以有一套原則，使其保有樂趣的同時，也能限制傷害和剝削情況？接下來，要深入探討遊戲化應用程式中的兩大類別：健康與健身應用程式和腦力訓練應用程式，從中我們就能找出真正有效和實際上無效的部分。

健康與健身

很多遊戲化的健康與健身應用程式都無傷大雅。這裡要提到兩個特殊的案例，首先是《Pokémon Smile》，這是一款透過擴增實境鼓勵孩童養成良好刷牙習慣的遊戲，第二款《Pokémon Sleep》則是二〇一九年發表的應用程式，一款「由你的睡眠來影響遊戲內容」的遊戲，要給玩家「一個期待早上起床的理由。」[15] 我們不知道這些應用程式到底有沒有用，但可能會在例行日常中增添一點小小的趣味，既然《Pokémon Smile》已設定避免過度刷牙，所以最糟的情況頂多是寶可夢品牌繼續稱霸全世界的兒童市場而已。

相較之下，Perifit凱格爾訓練器是「讓你用骨盆玩遊戲」的工具，就不那麼老少咸宜。[16]若你玩過《飛揚的小鳥》（Flappy Bird），你會覺得Perifit的玩法很熟悉：「當你收縮骨盆，鳥會往上飛……放鬆骨盆，鳥就會降下來。」它也有著典型的誇大效果，號稱透過其應用程式可以得到「快速且永久的成果」並且獲得「自信而強烈的高潮」。儘管如此，Perifit確實讓日常運動變得稍微不那麼無聊。即使凱格爾運動能否改善性愛品質尚未被證實，至少確實可以有效防止失禁。[17]

這些例子雖然有趣，不過相較於其他著眼於更大客群的健康與健身應用程式就顯得渺小。近年來，誇下海口可以幫助大家健身減肥的應用程式和服務有著穩定成長，到了二〇二〇年新冠疫情導致健身房紛紛關門之後，更是突飛猛進。從二〇二〇年三月開始，《殭屍大逃亡》的下載次數暴增了數百萬次，使用的玩家總數也達到兩倍之多。[18]任天堂的《健身環大冒險》（Ring Fit Adventure）也在疫情警戒期間大幅成長，二〇二一年十月就額外賣出了將近千萬組。[19]《健身環大冒險》是一款有著電玩遊戲風格的「健身遊戲」（exergame），它附有綁腿帶和彈力健身環，透過和任天堂Switch的控制器組合在一起來追蹤玩家的各種活動，包含深蹲、平板支撐、向下推壓和各種瑜珈姿勢。

有別於同樣大賣了兩千兩百萬套的前身《Wii Fit》，《健身環大冒險》的電玩性質強很多，有一個完整的故事線、反派、同盟和支線任務。[20]雖然它並沒辦法真的同時滿足運動和娛樂的需求，就像有評論家指出：「有點遊戲性太重，運動量不足。每當你完成一個關卡，便有幾分鐘的過場劇情，你和健身環、村民們會停下來聊聊天。這會讓你的心率緩和下來，反而失去有氧運動的整體效果。」[21] 話雖如此，這款遊戲對於剛投入居家健身的人來說是很熱門的選項。

遺憾的是，銷量佳、熱度高並不代表效能很好。二〇二〇年一份針對各種運動遊戲的研究報告指出，包含《Wii Fit》、《勁爆熱舞》和《Kinect 大冒險》（Kinect Adventures!）在內的兩百四十三款運動遊戲中，大多數幾乎都無法提供專家建議的激烈運動，「運動遊戲的運動量只能和特定情境下的步行、慢跑、跳舞相比。可以清楚發現運動遊戲遠比想像中的複雜，它不是只要做出一款鼓勵人要動起來的遊戲，人們在玩的時候會運動，運動量便會達到推薦的強度。從現有的數據證據來看，很難說一款花力氣的遊戲能夠產生的效果，比起出去打個球或是其他簡單的運動器材會來得好。」[22]

這份評論和我自己玩《Wii Fit》的經驗吻合。技術上來說，《Wii Fit》很值得讚嘆，可惜它稱不上是個運動工具：遊戲中強度最高的健身也比不上我出去快走一段路消耗的卡路里。然而，《Wii Fit》最大的問題在於它以玩家的BMI（身體質量指數）為基準，這個指數利用身高和體重的比例將人分類為過輕、正常、過重或肥胖的等級。[23] BMI是很常見的數據，我的智慧型體重計每天早上也會告訴我最新的指數，但正如渥太華大學家庭醫學系助理教授約尼．弗里德霍夫博士（Dr. Yoni Freedhoff）在《紐約時報》上指出的，這在「針對個人的時候相當沒幫助。」[24] BMI用於流行病學對大量人口進行統計時是不錯的工具，但是對個人了解自己的健康狀況並不適合：它主要是利用白人男性的數據統計的，所以對於女性或是有色人種不甚準確。此外，也沒有考量到個人的肌肉和骨骼，既無法有效預測代謝健康問題，更可能導致有害的體重迷思。

雖然這些問題在二〇〇七年《Wii Fit》發行前已為人所知，這款遊戲還是以BMI來計算遊戲內的身體年齡。[25]更有甚者，根據安娜・狄亞茲（Ana Diaz）發表在遊戲新聞網《多邊形》（*Polygon*）上的資料，即使玩家的BMI落在「正常體重」的範圍內，這款遊戲仍會建議玩家想辦法降低指數。[26]打開TikTok就可以看到上面充斥著各種《Wii Fit》怎麼讓玩家感到絕望的笑話，雖說有趣，也讓人覺得難過。幸好任天堂在《健身環大冒險》並沒有重蹈覆轍，遊戲中從不會叫你要減肥。

上述並不影響人們玩運動遊戲的樂趣，也還是有人從中得到幫助而變得結實。最大的問題是，運動遊戲並不是萬靈丹。運動遊戲可以用有問題的計算公式，可以用不完全的科學，無論如何，它們應該要被視為其他活動的配套方案，而不是當成更好的高科技替代方案。即使是通過認證的醫療處方級電玩遊戲《EndeavorRx》也會警告玩家，「依據目前的測驗結果，仍不足以將這款遊戲視為對ADHD現有的療程和建議療程的替代方案。」[27]

虛擬實境（VR）或許能改善運動遊戲，讓玩家更加沉浸，並且有能力追蹤更多大幅度的動作。我的公司和倫敦大學學院所共同進行研究的主題，就是使用VR健身遊戲來幫助青少年族群增加肢體活動量。[28]在二〇二〇年，VR遊戲大爆發，一部分是因為Oculus Quest 2這種VR頭戴式裝置變得便宜又容易上手。[29]跳舞節奏遊戲《節奏光劍》（Beat Saber）和射箭模擬遊戲

《Holopoint》發行時雖然不是標榜健身遊戲，但是仍會有很多需要消耗體力的動作。近期則開始有專門健身的遊戲加入行列，好比《Supernatural》和《FitXR》。以現階段來說，滿身大汗配戴VR頭戴式裝置的體驗感不太好，不過硬體未來會改良。若以我在《Holopoint》、《Space Pirate Trainer》當中翻滾和閃子彈的技巧來看，遊戲設計師已經很懂怎麼讓我們動起來。

如果運動遊戲的效果有限，那麼將真實世界的運動遊戲化呢？像是跑步或是騎腳踏車這些活動，本來就有足夠的強度了。回到二〇〇四年，我開始踏入跑步的世界就是因為有了Garmin Forerunner 201 GPS運動表，內建遊戲一般的虛擬跑者功能可說助益良多。我和自己過去的紀錄賽跑，每週都可以超越自己帶給我很大的動力，讓我持續提升跑速和體力——比起越野長跑時被後面的老師追喊來得有用多了。

十年下來，各種健身應用程式和裝置將遊戲化套在現實世界的運動上，帶到了數億的人面前，其中就有像是派樂騰（Peloton）、Strava、Fitbit、蘋果手表。這些遊戲化當中都融入了熟悉的通用遊戲化套裝：排行榜、成就系統、社群競爭、進度條、連勝紀錄（例如三十天連續不中斷的練習）。對這些公司來說，好消息是在二〇二〇年的三十五項研究中，發現智慧型手機應用程式和各種活動追蹤器確實對增進成人體能活動頻率有效果。[30]

壞消息呢？雖然這些應用程式有效果，效果卻不是來自遊戲化，而是來自其他特色，像是目標設定、提醒通知訊息和個人化。不過，派樂騰的遊戲化並不妨礙銷售，在二〇二一年他們對旗下六百二十萬名會員大賣自家的飛輪、跑步機及教學課程影片。[31]

其排行榜、成就系統和連勝紀錄，對於驅動喜歡競爭的高成就者客群來說顯然很對胃口，如同Garmin的虛擬夥伴功能對我有效一樣。不過遊戲化的細節很重要，畢竟即使只有小小的改變就可能有傷人的效果。一名自稱對派樂騰「上癮」的人坦承道：

> 我幾乎每天都在單車上，我放著堆積如山的工作，絲毫不敢鬆懈，畢竟我為了連勝成就如此犧牲奉獻（那是連續幾天甚至連續幾週的成就），我不想感覺自己是個懶惰的混球。我會對自己不夠強而感到焦慮，和其他騎單車的朋友相較之下，我不夠強壯，我的進度不夠快。我會找出職業單車手的策略來研究，看到有人可能作弊就感到不爽，懷疑比我好的那些人是不是根本就偷改了他們的測量結果。[32]

連勝成就可以當作獎勵去驅動人們建立規律的運動習慣，但是如果沒有容許休息的空間，很可能走火入魔反倒造成傷害。畢竟休息日對於身體的恢復和修復非常重要，在運動過度或是生病的情況下，仍繼續運動很可能會有受傷的風險。蘋果手表的活動記錄圓圈也一樣毫不寬赦，「完美一週」和「完美的一個月」獎章並不容許生病這種基本人性需求，這一點也有使用者提出抱怨：

> 我也是那種每天都虔誠使用蘋果手表上的健康和活動記錄功能的人。我現在感冒了，所以我大幅調降我的目標到我可以達成的程度。但是手表並不知道發生什麼事，仍然持續叫

> 我運動，這搞得我煩躁受挫。我也就不得不去想，這支手表應該是要能夠真正地幫助我休息恢復……我有八百天的連勝紀錄，我才不要為了生病幾天就放棄。手表應該要可以請病假，暫停計算目標，讓你可以維持連勝才對。[33]

更糟的是，蘋果手表還會提醒你要「圓滿畫圈」（亦即完成每日的站立、運動和卡路里消耗目標），即使已經接近午夜也不忘提醒，你就得在大半夜跑個三十分鐘。當然有一些使用者會覺得這些叮嚀可以幫上忙，反過來也有一些人覺得它讓人感到煩躁不安，特別是這些通知預設是開啟的，要關上並不容易。若考慮到蘋果手表至今仍是和美國、加拿大、英國、澳洲和日本最熱銷的智慧型手機相容性最好的手表，它的預設選擇可是會影響到上百萬人。[34]

蘋果商店甚至會持續推廣能夠幫助你「圓滿畫圈」的應用程式，讓這種要持續表現的壓力不減反增。大部分電玩遊戲都不會在意你失敗個一兩次，你甚至可以重試上百次，也不會因此在你的帳戶記下永久紀錄。遺憾的是，蘋果選用的這套電玩美學和機制並不會對你手軟，縱使你達成了八百天的完美連勝紀錄，結果不小心得到感冒，它也不會原諒你。

除了連勝紀錄和成就系統，遊戲化健身應用程式還會利用競爭來促進使用者參與。每當你的每週活動紀錄被朋友超車，你就會收到一則通知，這是個萬無一失的手段，可以讓人持續使用裝置。美國幽默作家大衛・塞德里（David Sedaris）描述如下：「我會摧毀每個在Fitbit上的朋友……比方說，我可能每週會走上一百三十哩，他們可能只有每週走三十哩。」[35]蘋果所有的健身裝置都包含競爭。我的健身教練金（Kim）會對著Apple Fitness+上的健身課程大喊：「你怎麼去和每個完成這項訓練的人比？」她指的是標示著我和其他人燃燒卡路里總量多寡的進度條。蘋果手表也會邀請你「挑戰朋友進行一場一對一的七天活動競賽來激勵自己。」[36]

就算這樣，競爭界的王者還是Strava。二〇二一年十二月，這款健身追蹤應用程式上有超過九千五百萬名「運動員」、各式各樣永無止盡的排行榜，還有一些特殊功能，像是只頒給「九十天內在既定路段完成最多活動的運動同好」的Local Legends成就。[37]適當的競爭可以帶來娛樂和鼓勵的效果。《英國醫學期刊》（*British Medical Journal*）特別指出過度競爭可能帶來更負面的結果，「基於（Strava）應用程式中的競爭本質，高風險行為可能因此增加，進一步導致肌肉骨骼系統傷害或是交通事故。使用者可能會忘記什麼是休閒騎行或慢跑的感覺。」[38]

我們很難把我們的競爭天性都怪到Strava頭上。兩千年前，一名斯巴達女孩曾為了自傲的成就留下格言：「我成功跳了一千次**特技舞**（Bibasis，一種跳上斜坡的挑戰），超越其他所有女孩。」[39]另一項斯巴達的成年禮儀式，則是斯巴達青年比賽誰能夠承受最多次鞭打贏得首獎。普魯塔克和西塞羅就曾記載斯巴達男孩因為渴求贏得榮耀，在競賽過程中喪命。

不論是好是壞，遊戲化確實可以激發勝負心。每當排行榜上升激發了某人動力，每當有人登上了登山王的寶座，便會產生一個地位低下的農奴，他可就不會對自己得到的位階那麼開心。排行榜真的是零和遊戲。排行榜會驅使我們持續不斷地前進改善，無視於現實中我們終究要面對的各種生老病死。

我在Garmin GPSTracker智慧心率跑表上鍾愛不已的虛擬夥伴功能，就在這一點出現了轉折。經過幾個月持續不斷地增加跑速之後，某天我忽然發現「過去的我」開始跑得比現在的我還要快，我對此震驚不已。我的跑速並不只是進入停滯期——還開始下降，因為我累了。我感到灰心，懷疑我自己，既然我愈跑愈慢，是不是乾脆不要跑了。我後來才理解，在那個當下，跑步不是單純持續不斷加快腳步就好（至少對我來說），重點甚至不是保持跑得快，而是我得打從心裡享受跑步。現在我還是會追蹤記錄我跑步的數據，但是我不掛心於改善上，並且盡可能忽略蘋果傳來要我跑得更快、更遠的鼓勵。

我仍感激虛擬夥伴在我剛開始跑步時帶給我動力，可以想像上百萬的派樂騰、蘋果、Strava用戶也會有一樣的感受，即便如此，競爭真的不能當作運動的唯一動機。這也是我們在《殭屍大逃亡》盡量不用排行榜的原因，我們也不期待或鼓勵玩家每天都要有進步。我們設計的宗旨就是要在任何速度下都會覺得好玩。

遊戲化健身應用程式為現在社會中充斥的各種競爭應用程式揭開序幕。近期一份針對近四萬兩千名學童實施的研究報告指出，完美主義對年輕族群的影響力自一九八九年以來便持續成長。[40]「今日的年輕人要和彼此競爭，才能夠達到全體社會對於成功加諸的期望，他們會覺得完美主義是必要的，這讓他們得到安全感、與社會連結和肯定自己的價值。」研究者更指出，「完美主義可能是進一步影響這些學生心理健康的部分原因。」

等等，這也有應用程式可以幫得上忙！蘋果商店隆重推薦《GEIST (Memorado)：大腦與心靈》，這是一款集睡眠、冥想和腦力訓練於一身的應用程式，「以全方位的角度來提升你的心靈強度。」[41] 更棒的是：它有遊戲化。

腦力訓練

《GEIST (Memorado)：大腦與心靈》只是眾多號稱可以利用遊戲化讓你變得更聰明的應用程式之一。「大腦訓練」會如此熱門並不讓人意外。過去數十年來，高薪高職稱的工作持續朝需要掌控資訊的方向發展，像是財經、資訊工程和設計。[42] 既然擁有特定的「智力」可以換取特獎，不把握機會增加幾點智商好像有點傻。大腦訓練也利用了我們對認知退化的憂慮。像是阿茲海默症這種失智與神經退化性相關的疾病，每年摧殘數百萬人口，人們理所當然會焦慮，會想方設法避免老年時落入這個地步。[43]

《川島隆太教授監修 大人的腦部鍛鍊》系列就是針對這些焦慮而來。任天堂於二〇〇五年推出這款大腦訓練遊戲（又稱為《腦鍛鍊》〔美版名：Brain Age〕），遊戲開始前，玩家必須完成一項大腦年齡測試，判斷當前腦年齡。腦年齡二十歲是最佳成績，八十歲則是最差結果。（誰說沒有年齡歧視的？）[44] 這款遊戲完美搭配上當時創新推出的掌上型主機任天堂DS。玩家要用搭配的觸控筆解出四則運算和數獨挑戰，並以內建麥克風（可進行語音辨識）回答史楚普心理測驗（Stroop psychology test），過程中需要將它的雙螢幕像是書本一樣直立打開。《腦鍛鍊》承諾，只要你每天勤奮地玩這些小遊戲，就可以像《班傑明的奇幻旅程》（*Benjamin*

Button）一樣讓大腦變年輕。

利用大腦訓練的吸引力這件事，任天堂還稱不上是先行者。在一九七〇到一九八〇年年間，英國門薩學會開始推廣「高智商學會」（High IQ Society），其組織概念就是每個人都可以測量智商，凡擁有高智商皆可入會。[45]我還記得我作弊重複做了好幾次「智商測驗」來挑戰自己可以拿到的最高分，不過我從來沒考慮加入門薩學會就是了。拼圖推理、填字遊戲和數獨都在這時被端上桌，當作提升智商的手段，而《腦鍛鍊》正是其中最受歡迎、也是目前為止做得最精美的產品，從發行至今已售出超過九千萬套。[46]

和《梅維斯・比肯教打字》當中的虛擬人物梅維斯不同，《腦鍛鍊》的川島隆太教授是真正的神經科學家，他為這款遊戲背書。其中，他也提出他的觀察：「進行過單純計算練習和朗讀的受測者（就像你在遊戲裡做的一樣），在記憶測驗中較其他受測者表現優秀兩到三倍。」[47]在一次討論中，任天堂社長岩田聰表示，「當你在玩《腦鍛鍊》的時候，腦部血流量會增加。換句話說，它可以促進腦部運作。」[48]川島教授也對此補充說明，「我們已經證明，如果老年人玩這款《腦鍛鍊》，可以明顯在他們的腦部運作上看到許多改善。」

至於其他的神經科學家，要不是沒有特別留意腦訓練遊戲，就是不太相信這套說法。二〇〇八年的一份法國研究找來四十九名學生做測試，對應另一群以紙筆練習解謎的控制組，發現兩者相較之下幾無差異。[49]研究者在報告中總結，「川島教授只是許多販售夢想的商人之一，他的這套程式不過是款遊戲，僅此而已。」

儘管如此，這款遊戲仍持續暢銷，繼續賣出了數百萬套。它也為後續的大腦訓練應用程式和遊戲建立了一套公式：首先設計一堆謎題和小遊戲，找一位神經科學家進行實驗，直到有正面的實驗結果；接著，製作一款遊戲把類似的謎題和小遊戲都塞進去，把這款遊戲交給和原始實驗不同脈絡下的各種人玩（這一點其實反而讓實驗結果失效，但是不重要），最後讓科學家為這款遊戲背書，大力推廣這款遊戲的科學效力，只要遊走在合法範圍內即可。

《Lumosity》是一款想跟著任天堂這條路走向成功的遊戲。它在二〇〇七年推出大腦訓練的網站和應用程式，有著令人印象深刻的書面背書：該公司宣稱擁有內聘研究團隊，共同創辦人麥可．史坎隆（Michael Scanlon）則是放棄了史丹佛大學神經科學博士學位。（這並不是什麼污點，我創辦公司時也自牛津大學神經科學博士班休學。）[50]到了二〇一二年，Lumo Labs已吸引超過兩千萬用戶，集資達六千七百萬美元。[51]兩年後，共同創辦人昆諾．薩卡爾（Kunal Sarkar）獲高盛集團選入「百大魅力企業家」之列。看來成功在望。縱使史丹福長壽中心（Standoford Center on Longevity）於二〇一四年發出一封公開信，由六十九位神經科學家和認知科學家共同署名，譴責各種大腦訓練遊戲「浮誇和誤導的言論」，也擋不下《Lumosity》在接下來三個月達到七千萬用戶。[52]

一切發展得如魚得水——直到二〇一六年，美國聯邦貿易委員會（Federal Trade Commission, FTC）對該公司開罰五千萬美元。[53]時任消費者保護局局長李契（Jessica Rich）公開表示，「《Lumosity》利用消費者對於隨年齡增長認知退化的擔憂，暗示該遊戲可延緩記憶衰退、失智，甚至阿茲海默症。但實際上，《Lumosity》對這些宣稱無法提出科學證明。」Lumo Labs 同意與美國聯邦貿易委員會和解，並支付兩百萬美元罰款，因其無法負擔五千萬美元的全額罰款。

當然這是很大的一筆罰款，加上美國聯邦貿易委員會強烈警告將會「投入更大的心力打擊沒有科學根據的不實廣告」，這樣是否足以澆熄消費者對於大腦訓練應用程式的熱忱呢？[54]

答案是否定的。倘若有用的話，二〇一四年史丹福長壽中心的公開信其實足矣。相反地，《Lumosity》業務仍蒸蒸日上，到了二〇二〇年已有超過一千萬用戶。蘋果在二〇一四年曾將另一款大腦訓練遊戲《Elevate》列為年度最佳應用程式。[55]這款應用程式至今仍以同樣華美的廣告詞出現在蘋果商店的推薦區：「你的大腦會嫉妒你的二頭肌和腹肌，想著你為何花了多年鍛鍊出漂亮的肌肉，卻不花一點時間鍛鍊大腦。《Elevate》將為你帶來新的平衡。《Elevate》滿載傑出且讓你欲罷不能的大腦訓練遊戲，讓你提高認知技能的同時，增強記憶能力、心算能力、詞彙量和理解能力。」[56]

《Elevate》的廣告詞背後只有一份於二〇一五年提出且未經同儕審查的研究報告，其中指出經過四週的測試，使用該應用程式的人在二十三個涵蓋文法、寫作、聽力和數學的題目上，成績提升了百分之二十三。[57]這聽起來可能讓人印象深刻，前提是你只看表面數字而不去探討它的研究方法的話。不，等等——非使用者的成績**也**提升了百分之十九（或許是因為他們已經熟悉這幾道題目）。相較之下，百分之二十三就沒那麼亮眼了，不過依據兩者表現的相關數據，這小小的百分之四用在廣告詞上就變成《Elevate》可以讓使用者「比起非使用者的表現，（提升了）百分之六十九的成績。」[58]而且會用在廣告詞上表示這大概已經是他們所能找出最好的研究結果。

我並不想要讓人覺得科學研究好像總是在誤導或是提供錯誤資訊。只是我們需要對獨立研究抱持懷疑態度，特別是它們被用在商品廣告上時，可是大多時候為了達到廣告效果，很多研究都被誇飾了。舉例來說，根據一份二〇一六年的大規模審查發現，大腦訓練應用程式確實可以讓你在它訓練的特定事務上有更好的表現，但是改善程度的證據十分有限，特別是針對「密切相關」的事務，同時，幾乎少有證據可以證明大腦訓練應用程式對日常認知表現有所幫助。

最關鍵的是，這份報告的作者們建議消費者：

> 「花在大腦訓練應用程式上的時間，可以用在其他活動甚至其他形式的『大腦訓練』上，可能都會對健康和生活品質有更大的改善。你可以把時間花在能夠改善課業的事情（比方說，閱讀、學習數理相關的知識和技能、科學實驗、藝術創作），或是用在改善工作表現（例如，進一步了解與自身工作相關的知識和標準），或者其他你會樂在其中的活動。如果某項干預措施（像是大腦訓練應用程式）的益處相對極小，你花時間在上面，就失去了可以用來做其他事情的機會。」[59]

大腦訓練遊戲也仍只是一種魅力科技。當殊勛累累的科學家告訴我們腦部依賴肌肉運作，只要透過理應是高科技設計的小遊戲便能訓練，我們都會樂於相信。這就像是充滿希望而閃閃發亮的新穎科技藥丸，可以保證速效又無痛的快速改善，不論背後有無證據支持，都讓人難以抗拒。看到這些人以大眾的希望和恐懼為餌食，用來賺取快錢，實在是一件很令人難過的事情。過度誇下海口是會讓人受害的。如同不實廣告一樣，這會讓人買下本來不該買的東西，將原本可以用來得到更多收穫或享受的時間浪費在上面，並且過度期待不會到來的改善。

這些遊戲是一個縮影，其中充分展現了遊戲化所承諾的光明未來、在現實中遊戲化通常會帶來的失望，以及這兩者之間的落差。身為前神經科學家，我的建議是：如果你想要保持聰穎，不要下載大腦訓練應用程式，不如去下載《陷陣之志》（Into the Breach）、《她的故事》（Her Story）、《奧伯拉丁的回歸》（Return of the Obra Dinn）等遊戲。我不能保證這些電玩遊戲會讓你變聰明，但我可以保證你在解謎過程中享受到很大的樂趣。

量化生活運動

宮本茂或許稱得上是世界最偉大的遊戲設計師，他為任天堂創造出瑪利歐系列、大金剛系列（Donkey Kong）、F-Zero系列、星際火狐系列（Star Fox）、薩爾達傳說系列。宮本茂的遊戲常常是從自己的人生經驗和嗜好取得靈感。《任天狗》（Nintendogs）就是從他和家人一起飼養的喜樂蒂牧羊犬以及認識其他飼主的經驗而來。皮克敏系列（Pikmin）則是源自他四十歲後將時間精力投入園藝的經驗所開發，在遊戲中你得要指揮一群植物般的生物。[60]

在他五十歲生日那年，他也得到一個新的遊戲概念：「我開始每天測量體重，當然為了留意自己的體重變化，我也會追蹤並且做出圖表。我發現這很有趣。事情是這樣的，當我剛開始測量體重的時候，家人也覺得滿好玩的，就買了一台很棒的體重計給我。於是，我開始製作圖表。我一直想要從中找到一個方法讓它變成遊戲，而我在用Wii時浮現了一樣的想法：這玩起來就像是我平常在更衣室量體重時會做的事情一樣。」[61]

於是《Wii Fit》就此面世。就在他提出這個想法的前兩個月，加州開始推行嶄新的「量化生活」運動，雖然宮本茂大概還沒接觸到這個詞，但是他的想法和量化生活運動不謀而合。《Wii Fit》和後續的《Wii Fit Plus》合計銷售了四千三百萬套，但最後是量化生活運動為整個健康生活遊戲化留下了最大的長期影響。[62]

這個運動背後的原理早已存在，不過「量化生活」一詞是在二〇〇七年十月才由蓋瑞．沃夫（Gary Wolf）和凱文．凱利（Kevin Kelly）提出。[63]凱利的說法是，「唯有可以測量的東西，才能夠改善。所以我們追求的是，盡可能用各種個人工具來協助我們以量化的方式測量自己。」二〇一〇年坎城TED演講（又是TED）之後，這個運動快速地傳播出去，隔年便召開了第一次量化生活研討會。[64]凱利在精神層面和科技層面都很快地跟上，他最初的目標是「對自己的身心靈能夠取得自我認知」，但是量化生活運動很快就變了，重點變成用一些新穎的隨身工具（像是Nike+ FuelBand運動手環）或是黑科技（像是Wii平衡板）來測量的事物上。[65]

有心去做即可取得大量的數據，光是這一點就讓早期熱於此道的人著迷不已。沃爾夫蘭研究公司（Wolfram Research）創辦人史蒂芬·沃爾夫蘭（Stephen Wolfram）用他這輩子收過的三十萬封電子郵件做成圖表，同時也計算了他打過的每個字、行事曆上的每一場會議、每一通接過的電話、每一個檔案的修改日期和他踏出的每一步，這還只是在二〇一二年。[66] 他接著還把自己的健康、醫療數據，包含血液報告全都加進去。[67] 二〇二〇年，阿拉·夏拉帕（Ala Szalapak）將一年內的所有日常活動以每十五分鐘一個單位輸入到個人紀錄當中，用來透過遊戲化以「駭入（她自己的）猴子大腦裡來增加生產力」。[68] 夏拉帕對自己想要多做一點的活動給予加分獎勵（工作、自我成長、運動：一小時得四分，聆聽podcast：兩分，拖延：扣四分，以此類推），最後她宣布這個實驗成功，她依此開始構思二〇二一年的改善計畫，像是在「與別人相處」和「外出步行」上多給點分數。

雖然將量化生活運動視為有錢駭客的無聊消遣很簡單，但是其中對於人們以自製工具來找出關於自己身心的答案這一點，卻為平等主義帶來了全新的觀點。熱在此道的人們想要從他們的個人數據當中找到模式，想要知道怎樣可以睡得更好、降低頭痛，或是可以控制糖尿病等個人病況。[69] 自我實驗可能帶來風險，特別是當數據品質參差不齊的時候，但是它也可以帶來解放。

時至今日，量化生活相關的聚會和研討會仍會持續舉辦，只是不再是鎂光燈的焦點。並不是因為這個運動失敗了，而是它的大原則已經整個被科技產業所吸收。這個運動來自陽光普照、樂觀的加州並從自我提升風氣中興起，這不是巧合，同樣在加州，科技專家很快地將這些想法注入數十億的智慧型手機和穿戴式裝置中，特別像是蘋果的《健康》應用程式和谷歌的《Google Fit》等眼花撩亂無所不包的圖表當中。第六代蘋果手表正是量化生活的夢想成真，內建有全球定位系統、陀螺儀、加速度計、羅盤、高度計、血氧濃度感測器、心電圖、心率感測器。[70]它甚至內建了麥克風，可監控環境噪音暴露量以防止聽力受到影響。[71]

比起早期愛好者自己拼湊的感測器和應用程式，如今公司化量產的量化生活儀器成本低廉且更加完備，不過這種便利性是有代價的。一般智慧型手表使用者的個人數據可能得儲存在公司的伺服器上，也無法選擇裝置上要不要有那些惱人建議或遊戲化。遊戲化在其中扮演兩個角色——增加使用者對裝置和應用程式的參與度，同時讓消費者以為這些公司是為消費者的最佳利益著想。然而，這種遊戲化執行上和通用遊戲化依靠的，則是只有數字反應出來的才是真實的假想。每天走路不到一萬步？那你可拿不到閃亮亮的成就。你已經連續十天都有運動？那要不要撐到十一天？

這是一種稱為「純量謬論」（scalar fallacy）的錯誤概念，意指相信所有真實世界的事物（不論是旅館、三明治、人、共同基金，以此類推）都只有一個單向的「好壞」，比方說得到較高顧客評分的旅館，顯然會比較低分的旅館「更好」。[72]但是，當你把這些事情的複雜性全部壓縮到單一面向的時候，你便失去整體脈絡，做出許多以錯誤立場推定的假設。拿羅伯特・派克（Robert Parker）的葡萄酒百分制評鑑來說，這套評分系統從一九八〇年代初期開始讓更多人得以認識葡萄酒。「過去因為酒標上各種令人困惑的語言而望之怯步的消費者，如今有一套簡單的方法來決定要買哪一支酒……滿分的經典老酒可能未來身價高漲四倍——這代表更高的市場價值，促使製造商有動機去製作特定風味的葡萄酒，特別是派克偏愛的果香濃郁、有橡木香氣、酒精濃度高的葡萄酒。」[73]然而葡萄酒作家愛麗絲・費林（Alice Feiring）認為派克選出的最佳葡萄酒「沒有地方感」、「愚蠢」、「葡萄酒中的金髮尤物」、「過度粉飾」，而且「死氣沉沉的」。

如果光是葡萄酒風味就多變到難以用單一數字去評斷好壞，或許我們也不該只以數字來看你的健康。不過這正是量化生活遊戲化在嘗試的事，哄騙你持續不斷地增加活動或是減輕體重，無視於你的周遭狀況。各種計量（例如步數）被轉換成專制的遊戲化目標（例如每天一萬步），然後這些計量數值又因為人們作弊變成無效數據（好比把Fitbit掛在小狗的項圈上、買一個「手機搖晃器」來假裝自己在走路）或是為了達成目標傷害自己。[74]

量化生活運動的宗旨是相信透過量化可以改善生活型態。或許如此。但是，當改善的標準是透過一套單一通用遊戲化的方式來計量，就會與原先承諾的改善天差地遠。

是奪權還是賦權

美國喜劇《良善之地》（*The Good Place*）最後一季中，在來世的兩位主角麥克和艾莉諾得設法讓一個徹頭徹尾的壞人布蘭特成為更好的人。首先，他們嘗試用羞辱的方式，但是沒用，於是他們改用哄騙的方式：他們告訴他，如果他做的好事夠多，他就能夠晉升到更天堂的「極善之地」。布蘭特問，「就像好人好事比賽？那簡單，我肯定會贏！」布蘭特立刻開始變得很禮貌，開始幫人開門和撿起掉落的餐具。

麥克擔心布蘭特「別有居心」，他只是因為自私才行善。艾莉諾則寄予同情地說，「我們只能希望假以時日，布蘭特開始把做好事變成習慣了。」因為在這齣劇剛開始的時候她也經歷過一樣的過程。

遊戲化究竟有沒有幫助我們成長茁壯？還是我們行善只是希望能夠獲得新的成就？在《尼各馬科倫理學》（*Nicomachean Ethics*）中，亞里斯多德是站在艾莉諾這邊的。他寫道：「要獲得美德，首先我們得要實踐……我們得先學會才能去做，透過實踐，我們才能學會。舉例來說，人在建築的過程中成為建築工人，琴手在演奏時成為琴手。同理可證，行正義之事會讓我們成為正義之人，行中庸之道會讓我們成為中庸之人，行勇敢之舉會讓我們成為勇敢之人。」[75]

或許遊戲化可以讓我們出自習慣去做好事，提供我們一套架構、目標及進度。就算是通用遊戲化也可以提供學習新語言或是練習吉他的輔助輪，讓我們未來能夠有自信地獨立向前。

但是如果輔助輪一直拆不掉呢？先前提到的大衛·塞德里，身為「Fitbit朋友殺手」的他寫了當他的Fitbit壞掉時發生的事情：

> 當我點下螢幕最寬的地方，小點點卻沒有出現時，我垮了。接著我感到一陣巨大的解放感，感覺好像我又重新掌握了我的人生。但真是這樣嗎？步行二十五哩，甚至爬樓梯，忽然都變得毫無意義，因為我的步數不再被列入計量，那還

> 有什麼用？撐了五個小時後，我就下訂一只新的，快速到貨。隔天下午它就送達了，我開箱時興奮得發抖。十分鐘後，我的新主人牢牢地綁在我的左手腕上，我人已經衝出門外，像是賽跑一樣狂奔，為的就是要追上我的進度。[76]

從三千步上升到一萬步算是善用輔助輪。但是從一萬步上升到每日二十五哩就不算。這也正是這個比喻無法延續的地方：腳踏車上的輔助輪可不會一天內傳好幾次訊息要你增加騎乘距離或是擊敗你的朋友。而且買輔助輪只要付一次錢，你和商家的交易關係就結束了。遊戲化健身產品可不是這樣，廠商顯然希望你一直參與，每隔幾年就更換新機型，或是讓你持續繳月費。

這些公司也不是出自什麼邪惡的動機（《殭屍大逃亡》主要收入也來自於訂閱），不過確實提供了一個很好的誘因，讓廠商想要用遊戲化來讓使用者持續進行不必要或不健康的行為。我們希望藉由Strava引領我們入門而成為自行車手，透過Fitbit讓我們成為行者。但是當我們達成目標之後，我們還需要這些應用程式嗎？還是我們只是用它們來擊敗自己的朋友而已？

自我完善的遊戲化可以是很有用的工具，前提是你要自願投入其中，它也必須是以你的利益為出發點去設計，它的營利模式得要透明（比方說，不能未經同意就將用戶的位置資訊賣給廣告商），不能誇飾其效果，而且你用起來會從中獲得樂趣。我在這個章節中提到的應用程式和遊戲，大多都有達成部分上述條件。《家事大作戰》和《Habitica》並沒有誇飾成效，而且清楚說明它們的獲利模式。《節奏光劍》非常有趣，它沒有謊稱自己是一套健身計畫，但確實可以讓你玩得滿身大汗。

真正的問題是第一點：「你要自願投入其中。」這些應用程式和遊戲不是憑空而來。就跟自我提升書籍、課程和電視節目一樣，它們變得如此熱門的原因是我們在經濟上感到不安和不穩定。對很多人來說，零工經濟取代了一生一間公司，即使有幸能夠在一間成功的公司工作，也沒有四平八穩這回事——你得要不斷進步，不然很快會被更加年輕、迅速、健壯、有野心的競爭對手淘汰。根據歷史學家約爾根·馬蘇卡（Jürgen Martschukat）的看法，現在的「健身時代」從一九七〇年代就開始了，至少在美國是如此。[77]當時新自由主義興起，著迷於將個人責任與市場的關係融合成一股反文化潮流，將焦點放在個人主義和自我實踐上，就此將自我提升和健身直接推進主流文化。所以，如果我們感到迫切地需要展現出最好的自己——這股迫切感來自企業花上數百萬的廣告和宣傳，推動你使用最新的應用程式或追蹤器——我們就會別無選擇地去使用這些工具。

自我完善遊戲化基本上和近藤麻理惠的《怦然心動的人生整理魔法》節目、葛瑞琴·魯賓（Gretchen Rubin）激勵人心的podcast同屬一個類別。儘管如此，自我完善遊戲化的運作方式相當不同。這些節目激勵了數百萬的觀眾，但是節目具有時效性而且不是互動媒介。你看了《怦然心動的人生整理魔法》，下定決心要清理衣櫃，近藤麻理惠並不會因此每天早上出現在你房門口檢查你的進度。

遊戲化就不同，它會持續入侵你的私人生活，如果你有好幾款不同的應用程式，效果還會持續疊加，讓你更喘不過氣。我只是坐下來，打開我的iPad開始看小說，沒多久便跳出一個通知，恭喜我達到我的「每日閱讀目標」。可是我根本沒設定什麼目標，系統就自動設為每日五分鐘。後來我看到我的姪子興高采烈地慶祝他達到年度閱讀目標，預設是讀完三本書。同時也會有「連續」閱讀紀錄，以你連續達到每日閱讀目標的天數去計算。你當然可以進到設定去更改或關閉預設，可是那會感覺好像你放棄了，雖然打從一開始就不是你設定這些目標的。

再加上一個健身追蹤器、一兩款教育應用程式、一款冥想應用程式，很快地，你就會無時無刻被「鼓勵」要活出更有生產力的當下——不然就會受到懲罰。即便你下班回家了，你還是得要持續為改善自己而工作。你不再有登出的時間，不再有厄文．高夫曼（Erving Goffman）所說的「後台」時刻，可以讓你卸下面具、離開角色。[78]即使是小康階層或富裕階層，都無可避免地受到這種自我監控模式影響。曾經，菁英和富紳是不需要工作的，光靠被動收入和租金就足以過活。[79]如今，社會資本來自於你的工作內容（或是接近工作的嗜好），基本上每個人都得無時無刻地工作。你可能以為中上階層以上的人五點過後便輕鬆自在，實際上他們為了持續自我投資和改善自己的地位而備感壓力。自我完善遊戲化到底有沒有用不再是重點——人們會覺得自己必須參與。

除了改革現代資本主義之外，要改變這種情況並不只是要教導消費者選擇更好的應用程式或是讓市場自己著手改變。科技產業大廠整併讓我們的選擇愈來愈少（谷歌於二〇二一年併購Fitbit，並將旗下智慧穿戴裝置作業系統Wear OS與三星的Tizen整合），僅存的選擇則載有更多預設設定和更少自訂選項。[80]假如你想參與這個現代社會而買了手機，就得把遊戲化不論好壞照單全收。你會被鼓勵去做一些你不想做、甚至不該做的事情。最糟的是，我們還以為那是對我們好的事情。網路寫作平台Medium在二〇二一年收購電子書閱讀應用程式《Glose》，這款應用程式內建了連勝紀錄、挑戰、動章和獎勵，並把這些功能用來讓「閱讀之於每個人都更刺激」，這對於本來覺得小說夠刺激的讀者來說大概會是一件新鮮事。[81]

好消息是，要解決這種情況，我們已有對應的工具和機構。我們可以祭出有百年歷史的《反托拉斯法》讓企業併購胎死腹中，藉此增加競爭、創新以及我們的選擇空間。二〇二一年，美國聯邦貿易委員會就以《反托拉斯法》適時阻止Meta以四億美元收購熱門的VR健身遊戲《Supernatural》*的計畫。[82]強化現有的消費者保護局就能打擊猖獗的不實廣告，代替疲憊忙碌的消費者檢視遊戲化背後的研究，了解其中的益處和弊端——如果你真的很想自己來，你應該從系統化的評論和統合分析下手，並且閱讀獨立研究者提出的報告，不要輕信單一研究，特別是那些和廠商有利害關係的研究。

我們也要支持針對應用程式訂立公開、非營利的條款，規定表列正面效果需要有確鑿的證據。並不是什麼事情都可以留給市場去決定的：在英國，英國國民保健署（NHS）提供一套《從沙發到5K》（Couch to 5K）的podcast和應用程式服務。[83]如果過去幾年下來教會了我們什麼，那就是全體健康對全民都有利。

* 編注：二〇二三年二月，Meta獲美國法院裁定勝訴，並成功收購《Supernatural》的開發商Within。

• • •

某種程度上，魔法保姆麥克菲有如智慧型手機，她輕揮隨身的魔杖就能召喚出神奇魔力來讓一切更有魅力。但她總是為別人著想，這一點跟智慧型手機很不同。她的遊戲化會套用在值得去做的家務上，讓全家人都受益。她給的糖漿是真材實料的藥，而不只是加了糖的飲料。

世上還有許多會帶來正面影響或是至少無害的自我完善遊戲化。這對很多人來說是好事。不過身為消費者，你還是應該知道你買到的是什麼，也要知道你獲得的益處可能大幅受限，遠不及你想像的大。遊戲化終究不是魔杖，應用程式有時候也不是最好的答案：翻開一本實體書、推開大門出去散步、拿起畫筆開始畫畫，這些可能都比較便宜且更讓人感到充實。

即使你被各種預設設定、廣告、不實聲明所包圍，最後的選擇仍在自己手中，你可以選擇怎麼遊戲化自己的時間。你要有意識地去做這個選擇，因為到了公司，你就沒得選了……

3 苦差事與懲罰

Grind and Punishment

每週都會傳來又有一間公司開始採用工作遊戲化的消息。亞馬遜在印度的公司採用「跑任務次數」來為送貨員計分，並且以板球為主題設計出「遞送超級聯賽」（Delivery Premier League），每三十天就會發出智慧型手機和摩托車做為獎勵。聯合航空（United Airline）也曾短暫推出一場實驗來幫助員工「建立興奮感和成就感」，內容是把他們的獎金換成彩券，當然了，只有全勤的績優員工拿得到。[1] Uber、來福車（Lyft）、達美樂、克羅格（Kroger）、微軟、巴克萊銀行（Barclays）、聯合利華（Unilever）、T-Mobile、Instacart等公司全都用上遊戲化來管理旗下數以百萬計的員工。* 到了這種地步，列出**沒有用上**任何形式的遊戲化來管理員工的大型公司可能還比較簡單。

一直以來，我都對工作場所的遊戲化抱持懷疑態度。在大多數情況下，它根本沒打算真的像是我設計遊戲時那樣，讓困難或是重複的活動變得有趣。取而代之的是在表面下工夫，這些「遊

* 編注：網約車Lyft是美國僅次於Uber的第二大叫車公司。Kroger為美國一家零售企業，同時也是世界第三大零售商。Instacart則是美國一家主打「超快速配送」的公司，用戶在線上訂購商品後，由該公司配合的購物者代為於指定超市採買並遞送。

戲」通常只是在現成的業績追蹤系統上，套上一層點數、獎章、獎勵和排行榜，藉以盯著員工加快裝箱動作或是持續開車——這是最極致的通用遊戲化。

雖然如此，我還是得承認，確實可能有些工作場所中的遊戲化能讓員工感到快樂，只是不論遊戲化是好是壞，我們都沒有具體證據。大多數公司都不願意分享內部研究的成果，就算真的公開給大眾知道，也必然是粉飾得漂漂亮亮的宣傳材料。

即使存在先天上的偏差，還是有少數研究有系統地去檢視工作遊戲化是否有效，而結果好壞參半。[2]短期而言，員工會更努力工作，也會更快樂，但是長期下來，只要花上幾個月，這個效果就會消退。在某些案例中甚至會產生反效果，導致員工表現得比原先還要差。有鑑於遊戲化的內容各不相同，很難從中汲取一個概論，不過就短期的改善效果來說，很有可能是因為「新奇效應」，也就是當你遇到環境或科技的改變時，會感到新鮮而有動力。

新奇效應背後的運作原理不難理解。如果有人改變了你的辦公室配置，像是幫你安裝一張新地毯，並且開始給每週最佳員工一張摸彩券，你會感覺受到雇主重視，進而激勵出更好的表現。可是幾週後，你習慣了新的辦公室。你可能抽到過一次獎品，但拿到的二十元美元抵用券有點雞肋，因而回到原本的工作模式。這就是為什麼新奇效應終究會消散，因為工作內容本質上並沒有改變。原本無聊的工作，還是很無聊。事實上，你還可能因此感覺比原本更無聊，因為你清楚發現老闆並不是重視你，只是想要拿你當小白兔實驗一下——於是你更不想工作。

很悶，對吧？不過，其中也有神祕之處。既然實驗證明，工作場所遊戲化並不會大幅增加員工的產值或快樂度，那為何企業仍前仆後繼地嘗試投入？

和其他未被證實的流行趨勢一樣，答案顯而易見：因為大家都這麼做。如果你在一間大公司的人資單位上班，你想要持續往上爬，你就要表現得像是你在做一些很創新而且很有用的事情。遊戲化正好可以派上用場。它很新穎，但又不會太新，它符合千禧世代與Z世代喜歡的潮流，而且還有很多現成的遊戲化平台可以套用，所以你也不用真的設法改變公司結構或流程。那如果它沒用呢？沒有人會怪你，反正大部分公司根本沒有真正評估過這些實驗的成效。這就是魅力科技的優點。

若這個說法成立，可以想見遊戲化很快就會和其他企業熱潮面臨同樣的命運：快速而靜默地消亡。或許現在仍時候未到，過去幾年來其實我一直痴痴等著工作場所遊戲化消亡。然而，現實卻是逆風高飛：它不斷成長。既然如此，一定還有別的解釋。或許遊戲化真的有助於企業提升獲利，只是不是我一開始想的那樣。除了增加員工滿意度或是生產力，企業要增加獲利還有一個辦法：降低成本。人事成本在絕大多數的公司中是沉重的負擔，因此減少人事支出相當重要，然而員工往往不樂見遭到減薪，這對雇主來說可不是好消息。這時就該遊戲化出手了，它給出一套間接減薪的策略。聯合航空在二〇一八年曾嘗試將績效獎金改成抽獎的方式發放，當時他們的意圖過於明顯，很快便引發員工不滿。不過，其他公司就比較順利地利用遊戲化的方式來降低薪資和獎金，尤其是針對低薪的員工。[3]

艾米莉・關德斯伯格（Emily Guendelsberger）在《準時打卡：低薪工作對我造成的影響以及如何令美國陷入瘋狂》（*On the Clock: What Low-Wage Work Did to Me and How It Drives America Insane*）一書中，描述了亞馬遜倉儲工人在一小時內完成一百次貨物揀選的獎勵：得到一兩個「積分」（vendor dollars）*，可用於公司內的一些（還不是全部）販賣機。二〇一九年，另一位前亞馬遜倉儲工人波斯汀・史密斯（Postyn Smith）描述了更為複雜的「履行遊戲」（FC Games，取自「訂單履行中心」〔Fulfillment Center〕，亞馬遜對其倉庫的稱呼）。他在倉庫中離職率最高的部門出入倉揀貨站工作，他的螢幕上會顯示遊戲畫面：「大部分的遊戲都會有一些競爭。象徵你的飛龍會隨著你的進度向亞馬遜的吉祥物飛去，你要一對一和附近的同事競賽，或是參加樓層對樓層的團體賽，看誰的進度最快。另一款遊戲中，你要嘗試盡可能完成任務，於是你就要愈做愈快，愈做愈久。他們也會在你提前結束用餐休息時間時給你獎勵。這些程式都被巧妙設計過，要讓你不自覺想要做得更多、更快、更久。」[4]

在不增加薪水的前提下增長工時，實際上就相當於減薪。更糟的是，長期高壓的工作環境會導致嚴重的人員耗損。正如關德斯伯格在書中所提到的，無數亞馬遜倉儲工人承受著身體不適與疲憊，根據新聞組織《揭露》（Reveal）的報導，其設施的嚴重工傷率超過倉儲業平均兩倍之多。[5]

史密斯表示，「其中一位遊戲設計師向我提起，在倉儲部門

* 編注：亞馬遜內部貨幣稱為「Swag Bucks」，可以用來兌換T-shirt或其他物品。

採用他們的遊戲之後，他們一度很難讓該部門員工參與其中。幾個月下來，大部分的螢幕都被晾在一邊……很多人根本不會去和這些螢幕互動，它們就只是在一旁轉著待機畫面。」

史密斯告訴我們，履行遊戲最有用的地方並不是娛樂效果，甚至不是讓人從工作中分心，而是用來檢視自己當天的工作效率如何，以免被打小報告。對史密斯來說，新奇效應沒有維持多久。「這些『履行遊戲』相較於這份勞心勞力的工作本質帶來的後遺症、日復一日感覺毫無變化、無止盡的工作量，遊戲簡直連OK繃都稱不上。事實上，在一些比較困難的工作層面上，這些遊戲只是雪上加霜。」

即便如此，科技新聞媒體《The Information》指出，在二〇二一年年間，亞馬遜更進一步用了像是築城大師、任務大師、飛龍對決、宇宙揀貨專家之類的名稱，分別將履行遊戲擴大至全美至少二十個州的倉庫。[6]該公司聲稱並沒有監控遊戲結果或是依此來懲罰不參加的員工，考慮到他們先前的名聲，這至少是件好事。《The Information》訪問到的員工對此各持己見：有的人為了避免過勞，會盡可能避開這些遊戲，也有人坦言，「這些遊戲沒有做多好，雖然有些人會覺得至少讓連上十小時的無腦班不那麼無聊，所以還算喜歡。」

其他公司則是將工作遊戲化披上「工人賦權」（worker empowerment，即權力下放給員工）的羊皮。關德斯伯格討論了來自麥當勞和其他速食餐廳的電子設備供應商HME集團業務手冊的一段話：「服務速度計時器要與壁掛螢幕連結，讓員工能在時間上競速，在管理層設定的目標內完成訂單。大型計時器則要維持在員工的視線範圍內，增強完成訂單的緊迫感……在團隊成員之間提供誘因和良性競爭，就能讓他們真的享受工作，覺得有挑戰性，同時提升顧客滿意度並增加銷售。管理層和營運者可以透過計時數據評估員工績效，並做出必要的調整。」[7]

團隊當中，確實有些成員可能會在這些無止盡的數位目標中找到工作樂趣，但真正受益者仍是管理層和加盟主，他們可以從底下的員工身上得到更多產值，還有數據可以用來管訓懲罰績效不佳的員工。給部分團隊成員帶來的樂趣只是順帶的附加價值。

這些公司還厚顏無恥地宣稱自己的遊戲化系統是給予員工更多選擇，現實根本相反。HME集團所說的「能在時間上競速」，好像這是可以選擇的機會似的。亞馬遜的倉儲工人若是遲到或是上廁所回來晚了，就會「獲得」分數。關德斯伯格引用了一段該公司主管說過的話：「你有六分的機會，若你達到滿分，你和亞馬遜的契約就會終止。盡量維持低分，這樣你才有應變緊急狀況的彈性。」

這套選擇心法聽起來有點自由論的味道，比起控制和局限，這種遊戲化給了工作者個人選擇的自由——試著證明自己的價值，你就可以升職。如果你做了對的選擇，維持低懲罰分數，超出你的績效目標，自然就會被升職。如果你失敗了，就算是為了照顧生病的孩子而睡過頭，也不能怪這套系統不公平，因為是你沒照規矩來。

可是這種選擇的概念只是假象。工人實際上只能選擇遵循亞馬遜的所有規則，否則就會被開除。這不是選擇——而是脅迫。

• • •

Uber在遊戲化經驗方面顯得較為老謀深算。它必須如此：因為亞馬遜是聘用員工，內聘員工給了公司工作條件的控制權，用以交換穩定的收入。相較之下，Uber駕駛大致上是獨立接案，照理說他們可以隨意地自由來去。此外，職業駕駛通常還能選擇要和哪間共乘服務公司合作，因此Uber沒辦法像亞馬遜逼得那麼緊。進而代之，Uber在遊戲化的獎勵上是真金白銀的任務和獎金，為誘使駕駛盡可能為Uber多開幾趟車。Uber經濟和政策研究主管強納生・霍爾（Jonathan Hall）在二〇一七年告訴《紐約時報》，「我們設定出最佳預設值，那就是我們希望你盡可能多完成工作。當然，我們不會用任何方式逼你去做。但那是預設值。」[8]

問題來了，若你沒有完成Uber的任務（也被稱為「機會」），像是完成連續三趟的系列任務來換得額外六美元的獎金，或是前往特定區域接案來得到獎金，你要賺到像樣的薪資就會變得更困難。[9]根據「Ridester」網站在二〇二〇年進行的一項調查，美國Uber駕駛的時薪中位數（包含小費）為十八・九七美元。[10]但Uber駕駛不是內聘員工，因此他們得自行負擔各種開銷，像是汽車貸款、燃料費，該網站估計這些成本落在每小時七・五到十五美元之間。這使得實際報酬低於每小時十美元，遠低於亞馬遜付給倉儲工人的最低薪資十五美元。

Uber不是唯一利用工作者的薪資補償來玩零工經濟的公司。來福車會提供接受所有搭車請求的駕駛「連續接案獎勵」（Streak bonuses）。[11] Instacart、Postmates、Shipt等外送公司則是以完成每週最低任務次數的方式發放獎金。[12]喬許・齊薩（Josh Dzieza）在「Curbed」網站的文章中指出，在紐約有些工作者稱這種遊戲化系統為「patrón fantasma」，意思是幽靈老闆。[13]

為了以最低成本達到最高生產力，這些公司不斷調整其額外津貼的複雜條件與真義，藉此混淆工作者對整體薪酬的理解。網路論壇Reddit上一份針對Shipt新手的非官方指南，其中解釋了它以「接案率」、乘客評分、會員配對模式組合來決定哪些工作者會接到哪些工作。[14]這篇密密麻麻兩千四百字的指南，每隔幾個月就會追加「此回覆已過期」、「請閱讀置頂更新資訊」的警語。這種混淆方式讓工作者很難發現他們的薪資變少，也無法預測未來的薪資。

當然，如果零工經濟工作者的整體薪資不是如此之低，這些任務、額外津貼和獎勵也不會有什麼影響。可惜現實如此，每天可以獲得幾次六美元額外津貼就已經占去收入一大部分，這已經稱不上是額外津貼了——只是依照指令（案件量）計算的薪資。這就是另一種強迫的方式。Uber也不覺得有必要和工作者講公平。「the Rideshare Guy」網站創辦人哈利・坎伯（Harry Campbell）就在科技新聞媒體《The Verge》的訪談中表示：「他們鼓勵駕駛在特定時間去特定地點，但是並不保證你到了那裡會載得到客人。」[15]

倒是駕駛肯定得跟著Uber的方向盤走。

• • •

回到我們先前提出的問題：如果工作遊戲化長期來說並沒有

帶來更高的生產力，為什麼仍有許多公司持續不懈地嘗試？答案是，因為它能用看起來吸引人又友善的方式來壓低工作者的薪資。

對於像是亞馬遜、Uber、聯合航空這種大公司來說，有一整個世代的人玩遊戲長大，將點數、任務、排行榜視為「有趣」的東西，公司又能用這些來控制和懲罰這些人，簡直是愉快的偶然。也許不久之後，你的上司會告訴你，由於你沒有完成一項「選擇性」任務，所以他扣發了你百分之十的預期薪資。

當然，躲在工作遊戲化這套系統背後的設計師也不是刻意要重現《黑鏡》(*Black Mirror*)中的反烏托邦。在時間和預算都有限的情況下，他們往往已經盡力讓這些系統讓人感到正面、有趣。可愛的畫面、引人注目的動畫和有趣的文案都有助於降低人們的戒心，特別是它們還套上虛擬城市建築師或是屠龍勇者的角色扮演的時候。它們也真的可以很好玩，至少在剛進去的前幾天是如此。

但我懷疑有多少人過了幾週、幾個月，還會覺得這種工作遊戲化是有趣的，儘管亞馬遜敦促倉儲工人「努力工作，樂在其中，創造歷史」。[16]就算遊戲變得乏味，這種工作遊戲化仍可成功讓工人相信，工作績效不彰——以及相應的低工資——是他們自己的錯，而不是資方的問題。我們認為遊戲設計是公平的，每個玩家都能有贏的機會。但在大多數工作場所遊戲化的系統中，如果你輸了，那是因為它本來就要你輸。

而且，正因為遊戲化通常都是高度自動化並透過數位方式傳遞，管理層心理操縱員工的規模可以達到前所未有的層級。不久之前，若有人想扣你的薪水，他們得當面跟你談。遊戲化會把壞消息粉飾過，變成一則不帶感情的友善通知傳到你手機上：「噢，可惜你不想多做兩小時來賺取額外十美元的獎金。那就下次囉！」

那這些工作者還去參與一場被操縱的遊戲是傻了嗎？不。他們別無選擇。在某些地區，亞馬遜這種巨擘可能是主要雇主，有著壟斷地位，也就是說，他們是勞動力市場的主要買家。[17]在就業變得愈趨不穩定的經濟環境下，麥當勞或亞馬遜可以單方面支配工作者，一點都不讓人意外。

雖然近期疫情導致的人力匱乏暫時減緩了這個趨勢，事情卻可能還會變得更糟。亞馬遜在二〇一二年斥資七億七千五百萬美元收購Kiva Systems，這是一間專做高階倉儲機器人的公司，為的是要減輕人力需求的負擔。[18]整體來說，各大公司每年花費數十億美元研究和量產機器人來取代飯店管家、速食廚師、送貨員，以及計程車司機。[19]對生活抱持樂觀態度的人，會認為機器人只是延續數個世紀以來始於珍妮紡織機自動化過程的下一步；按照這種思路，被機器人取代的工人都可以無縫接軌找到新工作，若是不行，那也不過是為了讓人類邁向更幸福的未來時無可避免的犧牲品，其結局將見單調煩悶的日常工作邁向終點。或許明天真的會更好，但是至少還要等上幾十年。在那之前，人們得在戰壕中與機器人並肩作戰，他們得要和機器人競爭——這對他們來說不是很有利。

二〇二〇年，一家電子零件公司常務董事德克．楊杜拉（Dirk Jandura）在《紐約時報》的訪談中，表達了對於近期在倉庫中配置的Covariant機器人的欽佩：「它不抽菸，不生病，不閒聊，不需要上廁所休息。它的效率更高。」[20]並在稍後提到，一台Covariant機器人在一小時內可以完成超過兩百筆訂單，「若以人類的標準來看，足以領上一筆獎金了。」根據《大西洋》雜誌報導，亞馬遜將機器人引進加州特雷西市（Tracy）的倉庫後，在二〇一五到二〇一八年年間，重大工傷率增加了四倍；亞馬遜旗下其他配置機器人的設施同樣也有高工傷率。[21]特雷西一名倉儲工人受訪表示：「在機器人來之前也很累，但還撐得過去……（之後）我們捲入了一場勝利無望的戰役。」

一旦捲入其中，工作只會愈來愈艱難。亞馬遜員工告訴《The Verge》專欄作家齊薩：「讓工作變得如此筋疲力盡的原因，並不是工作上的體能強度負擔，而是自動化強迫維持工作節奏。系統被改良到不容任何鬆懈的地步，因此也就沒有任何休息恢復的喘息空間。」[22]而且根據《揭露》新聞網的說法，就算有人受傷，他們也不鼓勵員工向上報告。二〇一六年，奧斯丁・溫特（Austin Wendt）在亞馬遜位於華盛頓州杜邦市（DuPont）BF13倉庫的急救站工作，他回憶當時倉庫主管會以連續數天無工傷為名，提供披薩派對做為獎勵，「所以有些揀貨員會為了讓同事可以吃到披薩，隱匿自己的傷勢。」[23]有色人種面臨不成比例的工傷風險，因為在二〇一八年，有色人種佔亞馬遜倉儲人員百分之六十八。[24]

或許是意識到旗下的倉庫嚴重工傷率過高，在二〇二〇年幾乎是同業的兩倍，也或許是被批評「我們的員工有時候會控訴自己心靈絕望，被當作機器人對待」，亞馬遜創辦人傑夫・貝佐斯（Jeff Bezos）在二〇二一年宣布公司正在「開發新的自動化排班系統，採用複雜的演算法讓員工在不同職務內容間輪值，讓他們使用不同的肌腱群，減少重複的動作以保護員工免於（肌肉骨骼系統疾病）風險。」[25]這或許會改善情況，但這也顯示出公司掌握了員工的一舉一動，就像將真人做成機器人讓電腦控制一樣。在Reddit的亞馬遜履行中心主題論壇上，就有成員抱怨螢幕指示他們進行「品味當下」，要求他們「閉上眼睛，想想讓你開心的事。」[26]

一些公司將員工當作希望能用機器人取代的對象，同時透過告訴員工他們是更高使命的一部分來激勵他們。他們稱呼員工為「工業運動員」（industrial athlete）並且要求員工忠誠，但正如學者與遊戲設計師伊恩．博格斯特所強調的，「他們以虛偽的方式回報員工的忠誠，偽造出來的這種誘因既沒有價值，也不需要投資。」[27]當然，這種虛偽就是遊戲化的小玩意——他也稱之為「剝削軟體」（exploitationware）。

不論怎麼稱呼它，總之工作場所遊戲化不需要有趣。它不需要增進技能。它甚至不需要引人入勝。它只要為公司省錢。它透過將懲罰包裝成獎勵和權力下放來達成這一點。是的，這些省下的成本有些最後會讓消費者得利，但是低薪會傷害到所有人，因為說到底，最後仍無可避免地要由納稅人透過各種社會福利來補貼。[28]

• • •

即使你不是亞馬遜旗下數百萬倉儲員工的一員，也不是Uber的駕駛，你仍難以喘息。[29]確實高薪工作者擁有較多的權力和選擇空間，所以即使面對遊戲化，對他們來說可能也不那麼痛苦。但是改變可能來得比你想得更快，感謝不斷持續前進的科技產業吧。

工作場所遊戲化需要兩個元素：你當前的行為數據與改變這個行為的回饋機制。不意外地，受到遊戲化影響最深的工作場所會被數據淹沒。這並不是因為這些公司真的在執行一些「高科技」活動——幾十年前，沒有人會將倉儲工作或是開計程車視為高科技——而是因為這些公司使用科技來追蹤和指揮他們的員工。

理論上，倉儲工人或是計程車司機的每一個動作都是對數位傳遞的指令的回應。這個指令最終仍可能算是人類下的——比方說，在阿拉斯加訂購披薩刀的顧客或是在伯斯叫車的乘客——但執行的工作者並不是聽命於這個人。他們聽命的對象是派送指令給他們的裝置，對於某些公司來說，如果工作者的動作沒有被裝置追蹤到，就視之為未發生，也不會給予報酬。

這種對數百萬人類工作者的數位命令和控制，就是讓他們的雇主能夠達到如此龐大規模的原因。若少了這一點，Uber不會存在，亞馬遜的費用會更高且送貨時間也需要更長，從而侵蝕其龐大的市占率。而且說到底，若沒有「智慧型手機紅利」，這一切控制都不可能達成。

智慧型手機大戰在二〇〇七年蘋果推出iPhone後開打，各家製造商都想要搶先盡可能占據這個龐大的新市場。每年處理器的速度都變得更快、螢幕尺寸更大，感測器也如雨後春筍般湧現。在這一切之中，規模經濟以及每年投在研究開發以及產線上的數十億美元資金，代表著每年廉價裝置的價格都在暴跌。

以我的第一台GPS裝置為例，那是一台厚實的腕戴式Garmin Forerunner201，配備低解析度的黑白顯示螢幕。[31]狀況好的時候，要花上一分鐘鎖定足夠的衛星來取得大致定位，若在高樓旁或大樹下就很難定位，把資料傳輸出來的唯一辦法是透過一條緩慢的傳輸線。在二〇〇四年，這要花上兩百英鎊——或說三百英鎊，若把通膨算進去的話。現在只要三分之一的價格，就可以買到一部安卓系統（Android）的智慧型手機，而且螢幕顯示、準確度、電池壽命、儲存空間、連線性等各方面都勝過我的Garmin。

這就是智慧型手機紅利：用廉價組件製成的廉價手機可以應用在你想像得到的任何地方，又好比裝載了藍牙的嬰兒服、有相機的冰箱、聲控的壁鐘、內建無線網路的泰迪熊——以及，命令倉儲工人去哪、揀什麼貨、何時去洗手間的穿戴式裝置。上頭的觸控式螢幕、相機、無線網路和藍牙晶片都是為智慧型手機設計的，又小又便宜，這就是為什麼可以發配給每個工人。Uber、來福車、戶戶送（Deliveroo）和DoorDash則更進一步（也更節省成本），以工作者自己的智慧型手機進行指揮與控制。[32]就連肯德基、漢堡王、麥當勞等速食店內的數位自助點餐機，都得益於像是大型液晶螢幕這種消費者取向的科技。

這些公司對員工進行持續的科技監控並不是隨著營運額外建立出來的——它打從一開始就是根基，在對客戶需求做出迅速且精準反應的同時，又能夠將人力成本降至最低。一旦你將這些源源不絕的實時數據，與不需要人工參與就能給予工作者回饋的能力結合在一起，輕而易舉就能利用遊戲化讓這個回饋循環呈現積極、正面和愉快的感覺。

• • •

傅柯在《監視與懲罰》一書中，描述了「監獄群島」（carceral archipelago）或監獄國家（carceral state）的概念，這是一套用來控制人類行為的規訓網路，不只透過司法系統，也透過藥物、心理學、教育體制以及社會福利運作。[33]以他的看法，監獄國家在十七世紀和十八世紀間大幅擴張其權力，當時「作坊、學校、軍隊都受制於一整套微型懲罰機制：時間（遲到、缺勤、業務中斷）、活動（粗心、疏忽、缺乏熱情）、行為（失當、抗命）、言論（閒聊、無禮）、身體（態度『不正』、姿態不整、不衛生）、性（不潔、猥褻）。」

這些不合常態的違規都得要被懲罰。傅柯寫道，「各種細微的手段都用上了，從輕度體罰、少量剝奪到小小的屈辱。這涉及既要讓即使是最輕微偏離正軌的行為受到懲罰，也要賦予一些表面看似無關緊要的規訓機制有懲罰的功能：這樣一來，若有必要，再小的東西都可以拿來懲罰；每個人都會落於一個可被懲罰的全面懲罰狀態之中。」

要把這些微型懲罰連上現代公司基於積分的紀律體系並不難。但傅柯的監獄國家和遊戲化之間有一點很大的不同。雖然傅柯的系統緊盯著「最輕微偏離正軌的行為」，不過監獄國家的監控系統是建立在最不可靠的來源上：人為感知。只有被視為偏離正軌的行為會受到懲罰，而其中許多評判基準，像是「姿態不整」和「疏忽」常常是主觀的。毫無疑問，許多評判者將此種人為主觀判斷視為一種美德，但這和遊戲化非常不同，遊戲化的評判是機械化且可複製的，即使仍不完全客觀。

為了理解傅柯和Uber之間的相關性，我們需要重新回顧「科學管理」之父腓德烈・泰勒（Frederick Winslow Taylor）。一八八一年，泰勒試圖透過測量工廠工人每一個動作所需時間及其確切的產出，來揭開為什麼有些工人的效率比其他人快的謎團。[34]有了這些知識，他再試圖制定出完成任務的「最佳方法」，藉此推斷每個工人理論上能達到的最大產出。這種最大產出將成為所有工人的目標及其報酬的基準。這套理論在全球影響深遠，因而被稱為泰勒主義（Taylorism）。

工人痛恨泰勒主義，他們有充分的理由。[35]所謂的「科學管理」一點都不科學，它經常依賴不完整且偏差的測量，而虛假的推斷方法又放大了測量的誤差。工人抱怨工作得筋疲力竭，他們也不喜歡彼此競爭的感覺。美國勞工聯合會（American Federation of Labor）對此發出怒吼：「就算是暴君或是奴隸主在其狂想中，也不會將如此令人厭惡的狀況強加到悽慘的奴隸身上。」[36]

不僅如此，他們痛恨自己被當成不知道如何工作的笨蛋，需要別人來告訴他們「最佳方法」。一九一一年，沃特敦兵工廠（Watertown Arsenal）一群罷工工人在請願書中表示：「鑄造廠中普遍令人非常不滿的狀況……已經到了至急的階段，今天下午有人甚至在鑄造工人工作時使用碼表計時。這對我們來說已是忍無可忍。我們一直致力於向政府展現最好的一面，這太羞辱我們了。」[37]你可以從中感受到他們的憤怒。不論是二十一世紀的工人屈就於將其視為幼兒的遊戲化，還是沃特敦兵工廠的工人被手持碼表的好事者糾正，成年人被當成孩子般對待都讓人難堪。更惱人的是，雇主告訴你這一切都是為你好。

在二十世紀初期，碼表被視為精密科技，其炫目的精準測量讓當權者可以說泰勒主義有「科學」根基。[38]如今，碼表的後繼科技每天被用來收集工作者成千上萬的數據點，遠超過人類主管可以人工處理的範疇。然而，終極目標沒變，仍是從人力榨取勞動生產力並降低人力成本以增加利潤。這也是為何很多人會說二十一世紀的工作場所是泰勒主義2.0或數位泰勒主義的天下。[39]任何以重複性任務組成的工作只要達到足夠規模，都是數位泰勒主義的首要標靶，三百萬名美國電話客服中心人員就在靶眼上。

乍看之下，兩個人之間用博大精深的人類語言進行電話交談，好像不是重複性太高的工作，但是如果你有過被機械似的電話客服中心人員導向特定對話流程的經驗，你就明白什麼是數位泰勒主義。不論是處理高額客訴退款，抑或推銷高價訂閱服務給健忘的顧客，每通電話皆以秒計算，每個對公司有影響的事件都會被斤斤計較。

一個世紀前，泰勒管理的工廠工人是透過隔天放在他們信件格的一張紙條得知道自己的工作表現。如今，在大多數的電話客服中心，你可以隨時得知自己的工作表現，通常是透過電腦上的計時器，你的主管也會偶爾監聽電話並給予意見。[40]《ProPublica》的一項調查發現，Arise Virtual Solutions的管理人員根據一份涵蓋四十項檢查點的清單對部分的電話專員評分（其客戶包括Airbnb、有線電視供應商通播集團〔Comcast〕、迪士尼、連鎖藥局沃爾格林〔Walgreens〕、Barnes & Noble），甚至細至小數點後第六位，清單中包括：

遵從內部員工流程。(7.1429分)

語氣和反應有禮貌、自信、專業、積極。(3.75分)

適時道歉。(3.75分)

掌握電話主導權。(2.857143分)

詢問是否還有任何需求。(2.857143分)

稱呼來電者的姓名。(1分)

使用富同理心的語句。(2分)

試圖緩和來電者的情緒。(3分)

延遲問候。(-25分)

與客戶發生衝突。(-100分)[41]

不過，Arise的管理人員無法聽取每一通電話。這就催生了Cogito，這家公司成功集資超過一億美元開發AI，用以提供實時的對話指導。[42]就執行面來說，其AI 程式每分每秒監控所有電話，分析客服人員是否聽起來睏倦、語速過快、不夠善解人意或是太常打斷對方。如果你出了錯，馬上就會收到來自系統的警告。

Cogito公司於二〇一九年申請專利，將其AI遊戲化，用來讓工作者比較「當前表現與個人目標、個人過去表現、當前團隊平均水準、當前團隊最佳表現（以及公司標準）的差距。」[43]根據他們的說法，這不只會讓工作「更愉快」，當然還會增進績效。這個做法，不過是在複製當今產業界的典型做法，只是把規模推到更大：一如Noble Systems的電話客服遊戲化平台據稱能「吸引當今的MZ世代員工團隊，激勵內部和外在的動機來推動和強化期望行為，並且增加工作認同感。」（身為千禧世代的一員，我對此不太確定。）二〇二一年，數個新聞網站報導了Teleperformance公司對旗下數千名員工進行監控，這些人是疫情期間遠距辦公的電話客服，該公司透過視訊軟體內建的遊戲化平台「予其獎勵並且對成功的行為和結果給予認可。」[44]

• • •

我們很容易假定數位泰勒主義將僅限於行動受限的低薪工作者。如果管理者要把這種侵入性的監控技術用在難以替代的人才身上，應該還是會三思吧？多虧一家大型銀行，我們知道答案是：不會。

二〇二〇年初，《金融城早報》（*City A.M.*）報導巴克萊銀行（Barclays）在其倫敦總部的投資銀行部門試行了Sapience電腦監視系統。[45]這套全自動系統會即時監控員工的電腦，指示被認為偷懶的員工花更多時間「進入工作狀態」，並且「每天兩到三次要求他們將手機靜音、關掉信件及聊天通知，避免休息二十分鐘以上。」

Sapience與泰勒主義息息相關，聲稱它是以「最具成本效益且準確的方法來研究時間與動作之間的關係。」時間與動作研究（time and motion study）是泰勒使用碼表所做的一種「科學管理」技術，吉爾伯斯夫婦（Lillian and Frank Gilbreth）也是以錄下動作的方式來檢驗和改善重複性體力勞動。[46] Sapience則是以收集電腦活動紀錄中繼資料來取代錄影，例如他們造訪的網站、在網站停留的時間，以及他們使用公司軟體的情況。Sapience將這些中繼資料用於「制定提高員工參與度的遊戲……以期達成企業目標的結果。」[47]

前導測試開始不到一週，巴克萊銀行的員工就反抗了，他們將這款軟體的部署細節洩露給《金融城早報》。巴克萊銀行的發言人對此給出千篇一律的藉口：「這種技術在業界很普遍，只是用來幫助確定哪些地方運作良好，以及找出改善流程的機會。」他們還聲稱「員工的福祉優先」，這與吹哨者描述的大相逕庭，吹哨者表示：「這系統帶來了難以置信的壓力……顯示完全無視員工福祉。」

根據《衛報》的報導，巴克萊銀行在第二天就取消了Sapience——或者至少是其中收集員工個人數據的部分。[48]顯然，負面公關和員工反彈帶來的傷害難以忽視。但是可以打賭，巴克萊銀行還會繼續嘗試：《獨立報》的報導指出，就在三年前，巴克萊投資銀行的行員某天上班時，驚訝地發現他們桌子底下藏著黑盒子。作用是什麼呢？熱源與動作追蹤的感應裝置，用於監控員工在崗位上的時間。[49]

巴克萊銀行的這場風波對其他公司來說本應是一記警鐘，但顯然不是如此。二〇二〇年十月，微軟在Microsoft 365套件新增了「生產力分數」（Productivity Score）的功能，讓雇主能以各種指標來審查員工，包括員工發送電子郵件的頻率、參與團隊討論與對共用檔案的貢獻度，以及在線上會議時開啟鏡頭的頻率。[50]值得注意的是，這些指標不必然與工作效率有直接的關聯：你可以發送大量的電子郵件，編輯大量的文檔，但實際上什麼都沒做。更準確地說，生產力分數是評量你使用Microsoft 365的時間。微軟共同創辦人比爾・蓋茲（Bill Gates）曾嘲笑這種過度簡化的思考邏輯，據說他表示，「以程式碼的行數來衡量撰寫程式的進度，就像是透過重量來衡量飛機製造的進度一樣。」[5]然而，微軟卻同樣提供一套秤給所有客戶。

起初，微軟聲稱該功能「並不是工作監控工具」，並向使用者保證這是一種「選擇性體驗」，儘管現實中做出選擇的是管理者，不會是員工。[52]然而，隨著隱私研究員沃爾菲・克斯特（Wolfie Christl）揭露這個功能後，由於反彈聲浪四起，微軟很快地將生產力分數改成針對組織級別的功能，而不是個別用戶。[53]即便如此，微軟仍保留了工作場所分析（Workplace Analytics）工具，讓雇主可以檢視使用者的「影響分數」，根據微軟的說明，這是「用來表示一個人在公司內部與他人聯繫程度的分數。分數愈高表示此人的聯繫程度愈好，有更大的潛力推動變革。（個人的聯繫分數是基於協作活動的頻率，包括與公司內其他人的電子郵件、會議、Teams通話以及Teams聊天。）」

這場戰役雖然失敗了，但微軟仍有可能贏得工作場所遊戲化之戰。

• • •

一旦出現數位泰勒主義，遊戲化就會隨之而來。即使是在看似沒有條理的環境中，如繁忙的生產現場或人潮眾多的咖啡館，只要使用足夠的感測器並應用足夠的運算能力，任何動作都能變成可重複並且可改進的。Percolata是一套「基於機器學習構成的零售業人力配置」工具，利用電腦視覺技術監控來店的客人和店員。[55]它將這些資訊與銷售數據、天氣預報和行銷行事曆相結合，以預測來店人潮，從而優化人力配置水準，使雇主只需要支付最低限度的人力成本。與此同時，它會為員工計算「真實生產力」分數，並將員工依生產力從最高到最低加以排列。Percolata執行長林田中（Greg Tanaka）向《金融時報》（*Financial Times*）表示，「諷刺的是，我們其實並不是將銷售人員本身的工作自動化，而是將管理者的工作自動化，而（我們的演算法）實際上真的做得比他們好。」就像是Cogito的AI旨在消滅監督者的角色一樣。[56]

但是許多產業甚至不需要在工作場所安裝監視器，仍可以讓數位泰勒主義和遊戲化運作，因為他們已經部分或是全面數位化了。數十萬家企業在由思愛普（SAP）、賽富時（Salesforce）、微軟提供的龐大「企業資源規畫」（ERP）和「客戶關係管理」（CRM）平台上協調公司的整體運作。[57]這三個平台每年要處理數兆美元的交易量，而且每個平台都有官方遊戲化工具，只要點個鍵即可套用。

遠距辦公的潮流更是推波助瀾，加速了整個過程。在二〇二〇年新冠疫情封鎖期間，對於能夠遠端監控員工電腦的軟體需求急劇增加，Hubstaff勞動力管理軟體就是其中的領頭羊。[58]一如Sapience，Hubstaff會監控一切，並透過發放成就徽章，如「效率專家」（達成每日活動目標量）和「生產力冠軍」（完成每週代辦事項目標）來鼓勵使用者。[59]隨著我們把家變成公司的分支機構，就會愈來愈難逃離工作場所遊戲化。

泰勒大概從不在意工人的感受，只認為他們會感激他的努力。即便如此，他也會對今日的演變感到印象深刻，從一開始他用每日紙條（通常是送上壞消息），到現在是接連不斷愉快的積分與徽章。遊戲化友善的美學將泰勒主義的懲罰變成了一場虛擬大冒險，縱使遊戲中要打的怪就是同事和自己。

• • •

我們可以就此把工作場所遊戲化的故事描述成冷血的科技演進和嗜血的資本主義令人遺憾但無可避免的結果，但還有第三個不容忽視的因素：政治。

在美國，有三百六十萬人從事卡車司機的工作，佔總工作力百分之二以上。[60]為了減少疲勞駕駛造成的事故，政府立法嚴格限制商業駕駛員的「服務時數」。這些規定限制了他們在一定時段或是「工作週期」內的駕駛和工作時間。自一九三八年訂立以來，服務時數一直在上下浮動，但是從未偏離現行的限制太遠，即駕駛十一小時後或值班十四小時後，接著休息十小時。[61]

為了確保符合規定，駕駛需要記錄他們的服務時數。不久之前，他們還得要以十五分鐘為單位，用紙本記錄他們的工作時間，包含休息時間。就像所有自主登記一樣，有些駕駛會「微調」一下數字。[62]有時候是因為一些不得已的原因，像是彌補他們小憩一下的時間。有些時候，駕駛則會為了按時交貨而短報時數，以符合時數上限。

從一九八〇年代開始，美國政府開始探索使用電子記錄器（electronic logging device, ELD）的可能性，以一個自動化且不可偽造的系統來取代紙本記錄，從而減少超時駕駛，提升道路安全。[63]然而多次嘗試未果，直到二〇一二年，國會通過了《邁向二十一世紀前進法案》（MAP21 Act）。[64]該法案要求美國聯邦汽車運輸安全管理局（Federal Motor Carrier Safety Administration, FMCSA）制定一項法規，強制所有商業駕駛員安裝電子記錄器。正式的法令在三年後發布，自二〇一七年十二月進入緩衝期，二〇一九年十二月開始正式施行。[65]

目前市面上有五百多種電子記錄器可供選擇。[66]從老舊的九〇年代GPS追蹤器到時髦的平板，不論新舊，都以連接卡車引擎來記錄車輛是否在移動以及移動了多遠，也允許駕駛切換自己是否在值勤中。想當然耳，電子記錄器受益於智慧手機紅利，就像其他所有監控員工的公司一樣，使用現成的晶片和顯示器。如果你是三十五萬名自僱駕駛的一員，你可以選自己想要的電子記錄器，但如果你是其他大多數跟著車隊工作的「靠行司機」或「公司內聘駕駛」，電子記錄器就會是別人選好給你的，還可能內建用來追蹤和管理駕駛工作的車隊管理應用程式。[67]

大抵上，自僱駕駛或是小型車隊駕駛都痛恨電子記錄器，自營職業者獨立駕駛員協會（Owner-Operator Independent Drivers Association）就曾大力遊說反對這項法令。[68]他們本來就對僵化沒有彈性的服務時數沒有好感，但至少紙本記錄還保有一點彈性可以讓他們在現實面上斟酌。正如一名駕駛在二〇一七年致川普總統的信中所抱怨的那樣：「紙本記錄我們有七分半鐘的餘地可以調整，因為每一段班是十五分鐘。所以，如果早上我必須記錄十五分鐘的加油時間，而實際只需要七分鐘，那麼晚上我需要多花點時間找停車位時，我就可以補上這個時間。」[69]駕駛們認為電子記錄器會抹殺這個彈性，帶來額外的成本，並且敞開大門讓霸道的業主進來監控他們。

與之相反，代表大型車隊的美國貨運協會（the American Trucking Associations）則在推動這項法令往改善道路安全的既定目標前進。[70]不難想像，為什麼大型車隊業主會希望強制對手也裝設電子記錄器，因為憑藉其規模經濟，他們可以用更少的成本購買這些設備。無論如何，大型車隊長期以來一直使用GPS追蹤和預防性安全系統，統稱為「車隊車載資訊系統」（fleet telematics），這是卡車運輸業的數位泰勒主義版本，用來持續監控工作者，不論他們有沒有在工作。

車載資訊系統給了遊戲化發揮空間。劍橋行動車載資訊系統（Cambridge Mobile Telematics, CMT）共同創辦人山姆．麥登（Sam Madden）表示，他的公司幫助車隊業主「充分利用實時數據」將安全駕駛遊戲化，從而「激勵個別駕駛和團隊為了分數、獎章、獎品和獎金而競爭。」[71]森萬聯公司（Samsara）的車隊管理平台包含了許多排行榜和競賽；萬宙商信（Verizon Connect）的平台也讓車隊業主可以根據駕駛行為來「頒給『本月最佳駕駛』額外特休一天或現金獎勵」，和Uber的遊戲化獎金有些相似。[72]二〇一五年，WEX公司副總裁比爾．庫伯（Bill Cooper）表示，「遊戲化讓老大哥變成現在這樣很有趣。這就是車載系統一直缺少的一塊。」[73]到了二〇二一年，福特汽車（Ford）宣布其新型電動皮卡F-150 Lightning Pro將搭載商用遠端資訊處理系統，包含全套「全車隊駕駛行為儀表板和個人駕駛分數，讓你可以有更佳表現。」[74]

亞馬遜為了達成擁有整套物流鏈的目標，也在組建一支專屬的貨運車隊。[75]其車載系統將包含採用AI公司Netradyne和車用系統公司SmartDrive技術的影像監視系統，以監控駕駛的行為，Netradyne的Driveri平台會持續對駕駛進行評分、排名並給予駕駛「星星」來獎勵他們的表現。[76]對於外包司機，亞馬遜也不忘要求他們在手機上安裝專用的「Mentor」軟體，同樣用來對其表現進行評分和排名。[77]然而，應用程式產生的分數可能只是帶來虛假的安全感；一條署名「obliss1」的熱門評論抱怨道：「該軟體所提供的準確度——將分數轉換為最接近的整數，這種方式極具誤導性。虛假的數據、精確的數值掩蓋了嚴重的不準確性，對雇員或雇主毫無幫助……既然監控技術無效又不公正，還何必去在意安全駕駛呢？」[78]

確實，何必呢？《Vice》新聞的一項調查發現，與亞馬遜合作的「運送服務夥伴」公司的外包司機，曾被老闆告知把Mentor應用程式關掉。[79]藉此，他們就可以放膽開車，以達成工作分配額度。

• • •

貨運業的數位泰勒主義和遊戲化並不是因為智慧型手機或是公司想要更高的利潤所一夜造成的。它是立法的產物，由民選政客依照企業說客的需求量身打造。車隊車載資訊系統和遊戲化終究會席捲整個貨運業，但是強制安裝電子記錄器的法規，若配上電子記錄器廠商的大規模生產，可能就在這上面推了一大把。

這一切值得嗎？根據美國聯邦汽車運輸安全管理局，隨著二○一七年十二月電子記錄器的新規上路後，遵守服務時數的比例大幅提升。[80]任務完成！

但是，等等：遵守服務時數並不一定等同於事故率降低。二〇一九年發表的一項研究分析了美國運輸部的數據，證實聯邦汽車運輸安全管理局關於遵守規定比例提升的結論，但是卻找不到事故次數降低的證據。[81] 事實上，「小型運輸公司的駕駛人似乎增加了不安全駕駛（如超速）的頻率，藉此彌補因為新規定損失的生產力。」

換句話說，電子記錄器法令可能未能實現其提升道路安全的主要目標。該研究總結，「駕駛極力避免事故，在法令發布之前便已如此。考量到在服務時數之外發生事故所涉及的法律責任，駕駛反而會格外謹慎。電子記錄器法令在這方面對於駕駛人的駕駛行為和安全考量並沒有起到多大作用，或許也因此，我們未能發現事故顯著減少也就不足為奇了。」

美國聯邦汽車運輸安全管理局執著於服務時數而非事故率，這和我們執著於步數而不是健身，執著於腦力訓練遊戲而不是進行多樣的知識活動，有著異曲同工之妙。我們見樹不見林，執迷於特定指標讓我們無法悟出遊戲性對整個程序的傷害。

關於貨運業，我還有最後一個故事想說。信不信由你，《美國卡車模擬》（American Truck Simulator）是全世界最熱門的模擬遊戲之一。它精心再現美國的高速公路，有各種型號的卡車，尤其是身臨其境的VR模式，讓玩家愛不釋手。甚至連專業卡車司機也樂在其中。

一般來說，遊戲愈寫實，大家玩起來就愈開心——至少某種程度上是如此。在論壇上，關於在遊戲裡加進電子記錄器的討論中，一名玩家警告說：「身為一個真正的卡車司機，我可不想在遊戲裡還要面對工作日誌或電子記錄器。儘管電子記錄器會幫你計算各種數據，它們仍像是芒刺在背。」[82] 另一名玩家總結道：「若它在RL（現實世界）中讓駕駛失去樂趣，我不認為它會在遊戲中帶來樂趣。」[83]

• • •

數位泰勒主義在蠶食了那些具有可重複性和可分類任務的行業之後，便無法停歇。就像它所服務的資本利益一樣，它必須透過利用新技術滲入規模較小、任務分類較窄的產業，以持續擴展。大量的服務如雨後春筍般湧現，只要付費就可以請人轉錄音檔、撰寫文案、繪圖、測試軟體，甚至代為進行研究——完全不需要聘用、不用見面開會、不用當面付款，甚至不會知道對方是誰。[84]這些工作所需的技能並不比二十年前少，但泰勒主義的原則加上網路的普及，拆解了數百萬人原本可能找到的全職工作。如今，他們淪為可以隨意開關的「勞動機器人」。

這一切服務無疑是受到同一間公司的啟發，繞了一圈我們再次回到這間公司：亞馬遜。二〇〇五年，亞馬遜推出了土耳其機器人（Mechanical Turk），這是讓各家公司得以從世界任何地方聘用「群眾外包」（crowdworkers）的原型服務。不像其他針對特定任務的平台，土耳其機器人具有通用性；眾包工作者可以執行任何類型的線上工作，從衛星影像的物體分類到編輯餐廳通訊錄。據《連線》雜誌報導，在疫情最初幾個月，眾包工作者因為各種停工和裁員激增，進一步打擊原本就很低的工資水準。[85]

土耳其機器人讓公司霸權更加錦上添花，亞馬遜雲端運算服務（Amazon Web Services, AWS）平台支撐了大部分的網路運算，每年賺取數十億美元的利潤。[86]就和所有架構在亞馬遜雲端運算服務中的平台一樣，土耳其機器人是由應用程式介面（application programming interface, API）所控制的。

在網路上，應用程式介面允許不同的應用程式和網站互相交流，比方說健身應用程式向天氣預報資料庫請求天氣數據，或是商店網站請求地圖服務為顧客提供前往最近的分店的路線。在網路發展初期，應用程式介面讓網站之間可以輕易溝通，人類不需要花費吹灰之力，但是當土耳其機器人及其追隨者開始導入自己的應用程式介面後，應用程式就可以要求人類做事了。當然，所有需求的起源也是另一個人類，只不過現在兩個人之間的距離可能非常、非常遙遠。

這提出了一個新的概念，工作要不存在於應用程式介面之上，就是在它之下。[87]如果你是一個Uber司機、機票代訂專員或亞馬遜倉儲工人，你就存在介面之下。你還是有可能與客戶或消費者面對面接觸，但合作關係並不是建立在他們身上。取而代之，和你建立關係的是機器，機器會帶客戶給你，追蹤你的工作進度，付薪水給你，最後也會解僱你。[88]

如果你的工作是在應用程式介面之上，生活便大不相同。你只要下命令就可以控制其他人——不需要面對面，而是透過應用程式介面，即可取得前所未有的控制規模。而且由於應用程式介面必須將所有工作轉為串流資料，你可以透過遊戲化來激勵這些人更勤奮、更迅速地工作，這有助於減輕你的管理壓力和人力成本。

簡單來說：在應用程式介面之上，你是個玩家；在應用程式介面之下，就是遊戲玩你。你只是NPC——一個非玩家角色。

僅有少數人能完全生活在應用程式介面之上。即使我擁有自己的公司，我的工作仍有一部分存在於應用程式介面之下，因為我必須為《殭屍大逃亡》的支援團隊回應成千上萬封的消費者郵件，而傳遞這些要求過來的是線上客服系統Zendesk，用的正是應用程式介面。Zendesk並沒有任何明確標示為遊戲化的功能，儘管眾多的排行榜讓人無法忽視哪些專員回答了最多問題，並且獲得最高的「顧客滿意度」評分。[89]當我建立系統時，我關閉了客戶對我們支援團隊評分的功能。這不僅是一個去人性化的流程，無法準確反映員工表現，而且員工只要挑選「簡單的」案子處理來操縱系統，就會讓其他人反而要面對棘手的「困難」案件，形同不公平的懲罰。

我對於顧客支援系統遊戲化的反感並不罕見。Zendesk的主要競爭對手之一Help Scout在部落格貼文中提出同樣的論點，以捍衛公司排除遊戲化的決定——遊戲化可能會獎勵錯誤的行為，導致客戶服務品質下降。[90]問題是，很多公司都希望在其支援系統中導入遊戲化，因此現在Zendesk主打結合遊戲化平台Kaizo的應用程式。[91]Zendesk的另一個競爭對手Freshdesk則是驕傲地宣傳其「街機」（Arcade）系統擁有完全可客製的積分、等級、任務和成就，可以「打破單調」並且「把服務中心變成遊戲，讓支援變得令人興奮。」[92]這聽起來是很複雜的工作，但如果本來就有扎實的應用程式介面建構出來的平台，工程師要在上面套一層遊戲化並不難。

• • •

即使是技術領域的菁英，也可能受到遊戲化的影響。大型科技公司一直以來都在爭相招聘最優秀的工程師，但由於麻省理工學院和史丹佛大學的資工系畢業生有限，他們只得在茫茫人海中尋覓自學的天才璞玉。但是你眼光放得愈遠，要過濾的人選就愈多，若要花人力在上面會很昂貴。

怎麼辦呢？遊戲化面試流程。或許你聽說過谷歌面試官提出的腦筋急轉彎，像是「為什麼人孔蓋要做成圓的？」或是「你要怎麼估算美國有幾頭乳牛？」這些千奇百怪的問題就是招募端的篩子，穿過這些篩子可不是令人愉悅的過程。

二〇二〇年，科羅拉多州波德市一名軟體工程師傑瑞德．尼爾森（Jared Nelsen）揭露了他稱為「軟體工程面試中可怕的反烏托邦世界」，在軟體工程師社群間引發軒然大波。[93]尼爾森在一篇部落格文章中，描述他在谷歌搜尋引擎輸入一些艱澀的程式碼後，整個網站忽然暗了下來，並且顯示出一行字：

> 你懂我們的語言……你是否願意參加挑戰？
>
> 1. 好。
>
> 2. 不用，謝謝。

尼爾森掉進了谷歌工程師徵才的兔子洞。他輸入了「1」，接著跳出一個要他在二十四小時內解出來的演算法程式挑戰：「設一包含n+1個整數的數列，其中每個整數都介於1到n（包含）之間，請證明數列中必定存在一個重複的數字⋯⋯」隨後又有五個挑戰，最終獎品是⋯⋯電話面試。遺憾的是，隔天他被拒絕錄取。

近年來，愈來愈多工程師招募採用這種演算法挑戰的衍生版本。各家公司解釋，因為太多應徵者其實根本不懂編程，常常只是在網上查找答案，所以才會設下這些無止盡的挑戰。這一點虛實參半。

在我過去十八年僱用工程師的經驗裡，確實有不少人沒有真材實料，只是空口說大話，但是我也發現只要快速瀏覽他們的履歷和求職信，就能輕易地辨識出冒牌貨。至於剩下那些看起來好像沒問題的，我們會請他們分享一些自己寫過的程式碼，花幾小時做場「結對開發」(〔pair-programming〕或稱結對程式設計）的練習。我們那些後來去了蘋果、湯博樂（Tumblr）、推特和GitHub的工程師都認為這套流程很有效。

所以，沒錯：我們會給一些應徵者一場測試。我們不是像技術招聘平台HackerRank那樣，設計一系列自動快速計分的挑戰給他們。[94]我們也絕不像另一間人才招聘平台Crossover，先在網路上廣發英雄帖，讓候選人進入「一系列充滿競爭的遊戲化挑戰，測試你的溝通和工作相關技能。隨著你進階升級，你將會看到你和同儕之間的排名，並且在即時排行榜上看到你的進度。通過這些挑戰，拔得頭籌，然後通過面試，你就有工作機會。」[95]

不如預期的是，這些工作機會並不是來自谷歌或臉書這種大公司——而是Crossover自己的職缺。根據《The Verge》的報導，Crossover支付旗下工程師低至每小時十五美元的報酬，並將他們出租給客戶。[96]這些客戶會透過一套叫做WorkSmart的程式來管理他們，每個動作都會被監視。為了確保工程師不會偷懶，他們的視訊攝影機每十分鐘會拍一張照；如果拍照時他們不在電腦前，或是工作速度不夠快，那十分鐘他們就一毛錢都收不到。毋庸置疑，WorkSmart上的儀表板也會以排行榜列出每個工程師的活動量。[97]

不僅是程式設計，各行各業的徵才流程也在迅速遊戲化。其他人才招募平台如pymetrics、Scoutible和KnackApp使用聲稱可以辨別應徵者的智力、創造力、好奇心和毅力的遊戲，為麥當勞、萬事達卡、聯合利華以及卡夫亨氏（Kraft Heinz）等眾多客戶提供服務。[98]這三家招募公司都以應用程式介面運作。

稍微澄清一下，應用程式介面本身並沒有什麼問題，就像道路或電話線路一樣。我的遊戲也會利用公開或私人的應用程式介面來取得地圖、收款、交換跑步紀錄。但是當你把應用程式介面用在命令和控制人類時，它就把人類變成了資源，而不再是一個個體。

大公司大可將應徵者視為人類個體，而不是一堆用應用程式介面處理的物件，除了一個原因，而那也是它們之所以茁壯的原因：不計一切代價聚焦在公司成長上。像我這樣的小公司不需要透過遊戲化招募平台，畢竟我們一年只招聘幾個人。不幸的是，在這個超資本主義的世界裡，小不再是美——小公司無法駕馭那些尋求增值與擴張的龐大資本。只有宣稱要用應用程式介面和遊戲化成為下一個亞馬遜或Uber的新創公司，才能吸引那些資本。儘管這些新創公司大多數在幾年內就會消失，但由於它們有能力在沒有投資的情況下擊敗競爭對手，其影響力遠超過於它們自身。

• • •

現在，整個經濟像是被朦朧的力道推進應用程式介面之下，只有少數巨擘可以立足在介面之上，透過遊戲化的面板牽動工作者的懸絲。有些人認為這一切早在一九六〇年代就開始了，也就是應用程式介面成為網路的掌上明珠，當時像是麥肯錫這種顧問公司便著迷於公司的「組織再造」（reengineering）上。[99]這不可避免地帶來裁員（或者以他們的說法是「管理費用價值分析」〔overhead value analysis〕），中階管理人則要承擔高於非管理職兩倍的減薪。自從網路革命至今，許多倖存下來的主管也逐漸被應用程式介面所取代，但是不用擔心：對於這些變化，上頭的執行長給了他們優渥的補償。一九六〇年代，美國的執行長等級收入相對慘淡，僅是一般生產線上工人的二十倍；相較之下，如今他們可以賺得三百倍之高。[100]

其他人會說，這是一九八〇年代開始的全球趨勢，用一連串的契約合作來取代組織；應用程式介面可說是這個潮流的新一波。[101]其中的概念是一間公司基本上是由環環相扣的契約關係組成，可追溯至經濟學家羅納德．寇斯（Ronald Coase）於一九三七年提出的論文《企業的本質》（*The Nature of the Firm*）。[102]他提出的疑惑就是為什麼我們要有聘請全職員工的公司，而不是分成很多團各自獨立的自僱承包商。對此他的答案是，雖然善用承包商理論上可以降低成本，但市場競爭會進一步讓人力價格下降，公司若想要採用這種模式，會付出很高的業務成本——包含討價還價、避免商業機密外流、花很多時間找到（並留下）優秀的勞工。

另一方面，選擇聘用全職者的公司，雖然會付出較高的人力成本，卻能避開這些業務成本，所以長期而言可以拔得頭籌。

一九八〇年代之後，管理顧問認為寇斯的理論不再適用，因為像是亞馬遜那些指揮工人要去哪揀什麼貨的神奇電腦，可以降低甚至消除這些業務成本。不論這個說法是否正確，至少聽起來很合理，而且無論如何，只要是拆解大公司都會刺激股價上揚，屢試不爽。於是，在二〇〇〇年開始後的前二十年，投機客和投資人都迫不及待地將數十億的資金投入新創公司，這些公司一開始的設計架構就是靠鬆散的獨立自僱承包商來運作。新創公司包含了Uber、亞馬遜、Airbnb以及無數打著「共享經濟」（sharing economy）和「零工經濟」的旗號的公司，他們旗下沒有員工，甚至沒有實體不動產，而是把一切需要真人執行的功能都用應用程式介面外包出去。

刻意將雇員轉為外包的轉型，讓公司可以將人力成本往外推，讓整個社會一起負擔，藉此在競爭者中取得優勢。亞馬遜現在經手超過四成的美國線上交易；Uber占有紐約市一半的計程車市場；而我居住的城市愛丁堡，二〇二〇年Airbnb上的民宿家數和旅館房間數幾乎一樣多。[103]傳統芝加哥學派相信這種將整個產業集中在少數公司身上，無可避免地會帶來大規模的科技和經濟體，這結果若是對消費者好，那就好。然而，像是法律學者吳修銘（Tim Wu）等反壟斷派人士批評這是未確實執行反托拉斯法的政治疏忽，並進一步提出即使亞馬遜的規模有助於在短期內降低價格，輾壓競爭者的結果就長期而言會扼殺創新。[104]

不管你要在線上賣東西還是在社群媒體上打廣告，你的選項愈來愈少。[105]再者，如果這些公司決心利用遊戲化讓你分心，趁機把你推到應用程式介面之下，你可以逃的地方也愈來愈少。

• • •

到目前為止，我所描述的工作場所遊戲化都明顯缺乏樂趣，不過或許只是因為這些公司沒有認真往這方面嘗試過。如果聘用更好的遊戲設計師，或許可以讓一整天包裝貨物或是接電話變成愉悅的體驗。

這或許對邊際上的情況有所幫助，然而問題是好的遊戲設計無法大規模套用。讓裝箱有趣的遊戲無法讓揀貨也變得有趣，更別提同一個遊戲用在開計程車或是接電話上了。如果要讓這些工作都變得有趣，就得為每種工作開發一個獨特的遊戲。如果不能理解這一點，或是寧可忽略這個問題，套用一個現成的套裝遊戲總是較快也較便宜的方案，而且外頭有很多顧問等著賣你這些遊戲，只是他賣給你的遊戲可能會剛好跟賣給別人的一模一樣。

很多人單純相信只要有個遊戲設計就可以讓**一切**都變得有趣。一如相信物理學只要用一個漂亮簡潔的公式$E=MC^2$就可以描述，很多人認為同樣找到一個簡潔的公式便能（或者應該可以）套用在所有實際應用上。如果可以簡單設計一款完美的遊戲來改善工作，誰想要設計十個遊戲？答案應該很明顯：完美遊戲不存在，因為工作的世界不像是原子行為，工作的世界不可思議的混亂而難以預測。

大規模套用就會無趣——但是大規模套用可以促進獲利，就像我們所討論的，這才是工作遊戲化的終極目標。但如果**樂趣**才是目標呢？如果有個開明的公司真心想要讓工作變得有趣呢？

幾年前，我玩了一款叫做《Ship It》的虛擬實境遊戲，它模擬做為倉儲工人的體驗。[106]這款遊戲由Think On Labs開發，內容是透過輕鬆愉快的解謎讓玩家互相競速，看誰能先將奇形怪狀的積木裝進箱子裡，有點像是《俄羅斯方塊》。它很有趣！我很享受把積木轉來轉去，試著裝出最高價值的箱子的挑戰過程。正是《Ship It》這樣的遊戲讓人覺得把倉儲工作遊戲化很簡單，不過只要稍微想一下就會發現兩者無法比較：即便是最死忠的玩家，要他每天玩十小時，每週玩四天，他也會膩。

除此之外，還有個更根本的問題。《Ship It》之所以有趣，是因為它會適時提供玩家正確的積木、容器、強化道具、遊戲機制的正確組合來讓維持遊戲有趣。這可不是實際倉儲作業的優先順序，倉儲工人可能要連續裝上幾百箱一樣的貨。我很清楚，因為我自己也做過。我們公司曾經送出數千份一樣的「實體賽跑包」給世界各地的玩家，每個組合裡都有一個完賽獎牌、證書和一些有趣的小周邊。我們的首要任務是要快速且正確地組裝這些獎勵包。我們並沒有要讓這個工作有趣。

若這聽起來很冷酷無情，那想一下這點：不像絕大部分的倉庫，我們允許包裝工人在工作的時候聽自己想聽的聲播或音樂。我們給了很多休息時間，而且薪資是根據非官方的倫敦生活工資（London Living Wage）標準，遠高過丟人顏面的國家規定基本工資。我自己也親自組裝了幾千包，對，很無聊。但我寧願付這份薪水，把他們當成人看，提供優渥的工作條件，而不是把人操到筋疲力竭還假裝他們樂在其中。

這樣做的時候，我並不是以公司持股人的最高利益去思考。既然我就是最大持股人，我可以做這個決定。但是我這個行為與傳統上對於公司組織的理解背道而馳，至少在英文語境中，對公司的解釋是：「商業公司是以持股人獲利為主要目標而組織起來並營運」，正如一九一九年道奇訴福特汽車公司案（Dodge v. Ford Motor Co.）裁示的內容。[107]雖然這種解釋並不是所有學者和律師盡皆同意，但是大部分領導人都會據此行動。

我並不懷疑若其他條件不變，大公司的領導人也可能想要讓工作者開心。但事實是，如果公司的成長速度不如競爭者，他們就無法繼續待在這個職位上。只要事情還是這樣，只要政府規定仍寬鬆且工會組織依舊薄弱，情況就不會改變，也不會有人真的去嘗試改善工作條件。公司的優先任務是獲利，而非樂趣。

• • •

身為業主，我非常清楚大部分公司都沒有民主可言。員工出勤時，確實放棄了他們的自由來交換薪資，所以幾乎所有在公司內部的事情都可以算是一種強制行為。我之所以要把工作遊戲化的強迫性（coercive）挑出來講，並不是要說沒有遊戲化員工就會自由，而是要強調它和其他我們可以選擇要不要參與的遊戲化有所不同。事實上，其強制力還加倍，因為在遊戲化中會強迫工作者做出他們原本可能不會做出的選擇（好比，在不想工作的時候繼續接載乘客）或是不符合自身利益的選擇（比方說，為了同儕而隱匿工傷不回報）。

除了工作領域的遊戲化之外，還有其他領域的遊戲化，訓練領域、教育領域、科學研究領域、健康領域，而我們不該讓工作領域的遊戲化背負的眾多原罪污衊了其他領域的遊戲化所做出的成就。但是，工作領域的遊戲化無疑是所有領域當中衝擊最大的，受影響的人多過所有其他領域的總和。它會傷害工作者的健康，瓦解他們的財務安全，而且還會從他們的生計上取走主動性和滿足度。因此，移除工作領域遊戲就能夠改善人們的生活。

幾年前，七千三百萬名工程師使用的程式碼代管平台GitHub，也在用戶資料上加入了遊戲化的每日連續簽到次數。[108]到了二〇一六年五月，GitHub做了一個有趣的自然實驗，無預警地將計數器移除。[109]長時間的連續紀錄就此中斷，結果週末活動量減少了，工程師在網站上做出貢獻的天數也變少了。該實驗的作者的註記如下：任何遊戲設計師都應該考量使用者可能會以預期外的方式參與新遊戲。有些使用者可能會把精力放在收集積分、獎章上，這反而會阻礙他們的活動產出真正的內容。就工程師而言，如果只是為了維持連續簽到而登入寫一點東西，不太可能產出什麼有用或是高品質的內容。這種行為反映出個人行為配合遊戲規則而調適，而不是為了產品的品質調適。

GitHub移除連續簽到可說是逆流而行，但兩年後，它就被微軟收購了，成為不那麼擔憂遊戲化的公司的一部分。[110]目前看來，連續簽到不太可能會再重啟，不過，若微軟未來決定將各種生產力分數放進GitHub也不讓人意外。

說到底，工作領域遊戲化搞錯了重點。工作不需要是好玩的。人們會去做各種困難挫折的事情，就算是出於義務去做一些惱人不開心的事情也一樣，像是臨終安寧照護、管理一班難以控制的小孩或是寫一本關於遊戲化的書。人們之所以做這些事情有很多原因：它讓人感到滿足。它是這些人的使命。它讓這些人可以表達自我。都不是因為它很好玩。

正如大衛・格雷伯（David Graeber）在《40%的工作沒意義，為什麼還搶著做？》（*Bullshit Jobs*）一書中所提到的：「你得要玩一場自己沒有參與設計的假遊戲，而遊戲的存在只是某種強加權力於你的形式，本質上就讓人感到沮喪。」強迫工作者進到充滿哈哈鏡照出來的玩樂的鬼屋是很殘酷的。領適當的工資，做有意義的工作，這本身就是獎勵。少了這些，工作場所遊戲化的調味只是在傷口上灑鹽罷了。

4 把事做好
Doing it Well

你要怎麼在不用到進度條、積分、成就和強迫參與的前提下，將一個活動遊戲化？換句話說，你要怎麼做出好的遊戲化？

這有一大部分要看你的目標是什麼活動。像是刷牙這種單純、快速的活動很容易遊戲化，至少比起氣候變遷要花上數十年去處理的全球危機，要來得簡單得多。從理論觀點來看，我們知道刷牙如何預防蛀牙和牙周病，而從科技觀點，我們能夠輕易偵測你有沒有刷牙，可以用手機或平板的前置鏡頭，或是用內建感應器的藍牙智慧牙刷。我們也不用強制人們去玩，畢竟大部分的人本來就有口腔保健的意識，也不太會在這上面作弊，某種程度上，成人大概根本不需要遊戲化就會刷牙。

對於兒童，遊戲化可能可以稍微讓他們分心，使其不至於厭倦這個無聊且看似沒有盡頭的活動。所以，雖然《Pokémon Smile》和真正的寶可夢系列遊戲相去甚遠，至少聊勝於無，它可以幫助兒童培養習慣，直到他們即使沒有遊戲也會刷牙——這也很好，畢竟這款遊戲到最後還是會變得無聊，所有遊戲終究會如此。

這些條件都在設計刷牙遊戲前就具備了，既然刷牙這項活動本身內容清楚明瞭，需要的科技就緒，玩家也很容易被驅動（或至少受到家長的外在驅動），設計起來一點都不難。或許可以是把牙齒上的小小外星人刷掉，或者要盡量緊跟著漂浮的小仙子刷來刷去，或者他們可以刷去迷霧揭曉深藏其中的故事。適任的遊戲設計師可以輕易發想出一打不同的想法。

氣候變遷就完全是另外一回事了。我們知道全球正在暖化，但是我們不了解整個系統怎麼運作，像是失控的回饋循環（run-away feedback loops）。這樣很難判斷各種變數的重要性，進一步難以依此去調整個人行為。比方說，遊戲應該要優先鼓勵回收還是再利用？要鼓勵騎單車還是搭巴士？要吃漢堡還是在家工作？相關變數無窮無盡。

而且，要確實有效地追蹤個人行為更是難上加難。忠實玩家或許很樂於手動輸入每天的垃圾量和回收量，但是如果還要他們把一切吃的、買的、工作內容全都列入計算，他們大概就會卻步了。（如果他力行素食、騎單車，卻是個石油業說客，你要怎麼給他建議？）能夠自動處理這麼多數據，又讓多數人都能適用的科技還不存在，而且即使存在，也會讓很多人感覺過度侵犯隱私。

這樣一來，很難設計出一套有幫助、可以達成、個人化且可追蹤進度的任務，也很難架構出一款氣候變遷遊戲。如果做出一款遊戲，讓玩家省下了兩成日常用電，但是卻無法使其意識到他們買了一台吃油怪獸級的休旅車，或是每年搭機旅行的次數是過去的兩倍，那麼結果就沒什麼意義。這類型的遊戲大多只能達到教育或是啟蒙意義，而無法像刷牙遊戲那樣，直接去改變玩家做出正確行為。

或許看來天差地遠，但這正是將不同活動遊戲化所面臨的現實挑戰。光是要把個人健身遊戲化就已經夠難了——遑論用遊戲化來降低貧富差距或是經營報社。小心挑選你的戰場。

此外，遊戲化還有更大的挑戰。要讓小朋友覺得每天花幾分鐘消滅口中的小怪獸很有趣，這還不無可能，但是，有些事情複雜到若不簡化成有點抽離的抽象概念，便很難讓人覺得有趣。這一點我稱之為「映照問題」（Mapping Problem）——如何將真實世界中的現時動作映照到遊戲中的難處。

「拖」出好遊戲

映照問題是我在一場遊戲研討會中碰到的，當時有人問我能否讓拖地變得更有趣。好，我不介意做家事，但是拖地確實不太好玩。你的衣服會被弄髒，要耗費比用吸塵器更大的力氣，而且你還不會有那種看到表面由黃變白的成就感。另一方面，這也是一項你知道得要更常執行的任務，所以你已經有動機了，它是很適合遊戲化的選項。

照本宣科去將拖地遊戲化的話，就是設計一款應用程式，每拖地一次就加分，如果定期拖地會有額外的積分和徽章。或許你可以把家裡分區，執行不同區域便有額外的分數——畢竟，拖油氈地板遠比光滑的木地板容易得多。當然，你也可以做排行榜，讓你、你的朋友和陌生人一較高下，看誰是最佳拖地大師。

但這就是個爛遊戲，最通用的遊戲化。你第一次從拖地中拿到分數和徽章可能會讓你感到興奮，但是經過十次、十一次之後，你點下「我拖完地了！」的按鈕時，感覺會變得有點空虛。應用程式無法回饋你拖地的品質好壞，有沒有拖到每個角落，刮下黏著的髒污；對它來說，不管你有沒有拖地，反正你就是按下按鈕了。

所以我要做的是：我會試著讓拖地這個動作變有趣。我不想在你拖完地**之後**給你獎勵，我想要讓你在拖地的**當下**就感到興奮。最理想的結果是，讓你在拖地之前開始感到興奮，因為你知道這會很好玩。很顯然，光靠積分和徽章辦不到：它需要的是即時的激勵。要做到這一點，我的遊戲就得知道地板當下的乾淨度（需要一個輸入介面），也要有辦法回應你和引導你的拖地動作，來拖出最乾淨的地板（需要一個輸出介面）。

從技術上來說，最簡單的輸入方式是讓玩家自行回報地板的乾淨度，可能是在智慧型手機上用按鈕回答一連串的問題。遺憾的是，這也會是最廢的介面：不只最後必定會有誤差和作弊的問題，它也犯了一個大錯，亦即打斷你要協助建立的動作。[1]拖地是需要兩手進行的活動，若玩家還得要每分鐘都停下來把手機從口袋裡拿出來，沒兩下你的遊戲就會被移除了。

那還有什麼其他選項呢？聲音辨識會是個方便的輸入方式，但仍容易出錯。或許，我們可以將感應器放在拖把的把手上，這樣一來，遊戲可以偵測你有沒有在拖地，若內建處理器夠好，甚至能夠偵測到你在拖的是哪個區域。從一些方面來看，這樣方便多了，可是光是如此，還是無法得知地板的乾淨程度。

若要知道地板乾淨度，最好的解決方案顯然是人類會用的老方法：看地板。隨著現代科技進步，電腦視覺（即透過相機影像與演算法計算將真實世界的狀況輸入電腦）的技術已經非常強大，能夠勝任這樣的工作。然而，這又帶來了另一項挑戰：要有能夠涵蓋整個地面的視覺能力。要求玩家購置攝影機安裝整間房子的牆面、天花板有點過火了，而且也有點駭人。另一個便宜一點的方案是要玩家定期拿著手機，用內建相機掃過整個地面，只是這樣做干擾的程度不亞於定期停下來按螢幕。再一次地，我們要往我們身上找答案：將相機穿戴在身上或是頭上吧。這麼一來，只需要一台相機，拍攝角度永遠正確，而且不那麼可怕，玩家不拖地的時候就可以拿下來。

現在我們只要解決遊戲的輸出問題——要怎麼讓它告訴玩家接下來要拖哪裡，以及目前的表現如何。最簡單的方法是利用玩家的智慧型手機，顯示他們的地板平面圖，但既然拖地的時候不能拿著手機，玩家得一直停下手邊的動作來看螢幕。智慧型手表或許可行，但沒那麼普及，而且螢幕很小。有個替代方案是把手機綁在前臂上（跟跑者的手機臂帶一樣），不過這會有點不方便，而且有些人可能很難戴在正確的位置。

聲音也是一種可能性，反正每個人至少都有一副耳機。可惜的是，雖然我很喜歡用聲音做為遊戲輸出的形式，但我很難想像它在這種設定下要怎麼傳達回饋，因為拖地是一種由外在空間驅動的活動：實際上很可能會讓人困惑，而且會讓人煩躁，想像一下遊戲持續在耳邊提醒你拖這裡、拖那裡，這個角落要加強（「不是，不是那個角落，另一個角落！」）。

不過，我們還有別的選項：我們可以利用抬頭顯示器（HUD），好比Google眼鏡或微軟HoloLens，基本上任何看得到外界的實境系統都可以。這種裝置所費不貲，而且在公眾場合戴有點羞恥，不過可以讓玩家輕易看到遊戲的回饋輸出，連手指都不用動。有些擴增實境（AR）搭配抬頭顯示器可以讓遊戲元素直接顯示在視野中，你會看到它們在你眼前的地板上。而且AR系統一定要有相機，所以正好也解決了需要輸入的問題。

就像《殭屍大逃亡》運作的前提是要有內建GPS的智慧型手機。這樣看下來，頭戴式AR裝置可能是唯一能做出一款好的拖地遊戲的技術。其他沒有達到這個標準的技術，也許能夠做出有娛樂效果的小噱頭，但是對於真的要做出有趣的拖地遊戲，用起來就太不方便或是不準確了。既然現在沒有多少人有頭戴式AR技術，我們這款遊戲得要再等幾年，等到技術普及。好在，髒地板未來還是會存在，即使有掃地機器人也一樣。

對遊戲設計來說，科技造成這麼大的阻礙並不常見。大部分設計師會下意識地透過理性先過濾掉以現存科技窒礙難行的想法。他們可能想要設計出可以在畫面或是效能上有所突破的遊戲，但是很少遊戲會想要突破介面限制。通常都是大公司花大錢投資了全新的輸入裝置，好比微軟開發了Kinect感應控制器或是HTC的Vive頭戴式顯示器，新的大門才會對設計師敞開。

我不禁注意到，無論何時，每當遊戲化想要推展到現實世界（相較於完全透過數位活動來進行，例如線上語言學習），往往會需要一些不太尋常或是全新的介面科技。這還只是有效的遊戲化如此困難的原因之一：若你是要開發下一個《要塞英雄》、《瑪利歐》或《俠盜獵車手》，你不需要投資或駕馭一套全新的介面，但如果你是要做出最好的小提琴教學遊戲，你就得先克服最基本的介面問題。

這也解釋了觸控螢幕與智慧型手機的勝利密不可分的關係。

它同時是輸入介面也是輸出介面，一口氣就解決了一大堆問題。讓玩家可以在《要塞英雄》這種複雜的設計遊戲中操作角色的液晶螢幕，也可以用來玩一些像《Candy Crush》之類安靜的三消遊戲，編輯TikTok影片、電子郵件，還有打電話。AR頭盔也同樣具有同時輸入和輸出的介面特性，有潛力可以解決包羅萬象的問題：讓拖地更好玩、自動翻譯路標、教小提琴或者解釋如何修好洗碗機。

說夠科技了，那拖地遊戲的玩法呢？就像刷牙遊戲一樣，任君挑選！你可以讓玩家拖乾淨滿地的蟲子、刷上滿地油漆或是跟著海浪刷過沙灘。玩法有無限可能性，而且沒有正確答案，因為每個玩家口味不盡相同——畢竟，不是每個人都喜歡蟲。最重要的是，我們要把遊戲玩法和玩家實際要做的動作直接連結在一起，讓兩者同步——即推著拖把拖地的動作。我們要做的遊戲不是獎勵你今天**有拖地**：而是要讓**拖地**本身成為遊戲。

這也是最惱人之處：映照問題代表即使我們能解決拖地難題，我們也沒辦法解決小提琴難題、熨衣難題、垃圾桶難題。這些活動截然不同，要讓它們變得有趣得要各自不同的做法。比方說，學小提琴需要持之以恆以及細緻的運動控制能力，相較於拖地顯然難上許多。前面幾個月你的琴聲聽起來可能像在殺豬，甚至可能需要好幾年（我就花了好幾年），相較之下，你只要拖個幾次地便能抓到訣竅。打造一款小提琴教學遊戲，需要比起拖地遊戲更嚴謹的結構和強烈的進度感，這樣才能讓你持續回來練習，或許得借用一些其他「黏著度」較高的媒介特性，像是肥皂劇手法或是大型多人線上（MMOs）遊戲的元素。

當然我們可以簡單地就此把遊戲化當成無意義的撈錢手法。我懂那種衝動，日常生活中實在充斥著太多粗製濫造的通用遊戲化，很難不對此感到灰心。不過，其實我不排斥把燙衣服變得更有趣的想法。事實上，我很樂見這款遊戲面世。我反對的是「遊戲化」現在被當成一套標準程序，甚至是一套標準遊戲機制，被廣泛濫用於各式各樣的問題上，而不是為每個問題找出適合的解決方案。

這些問題當中有一些可能目前科技上還無法解決，在這種情況下，遊戲化設計師必須耐心地在現有科技中找出漂亮的替代方案。也有可能解決方案本身面臨無法克服的財務困境，若是這樣設計師也只能嘆口氣，尋找下一個問題來解決。無論如何，如果想要讓好的遊戲化繼續存在，設計師不能只靠著半吊子的解決方案來中飽私囊，搞得玩家紛紛陷入困惑而失望的窘境。

如何將慢跑遊戲化

好的遊戲化除了科技和經費之外，還有其他阻礙。大部分時候，問題在於對於要被遊戲化的目標一知半解。這不單是在說一些全新或是默默無名的活動，即使是像慢跑這種日常活動也一樣。

在《殭屍大逃亡》之前，早就有智慧型手機的慢跑遊戲。它甚至不是第一款逃離殭屍的慢跑遊戲。但是它從以前到現在，一直都是最熱門且最成功的慢跑遊戲，我相信這是因為它是第一款完全深入了解慢跑的本質之後，配合這項活動去調整適應而設計出來的遊戲。能夠深入了解慢跑並不是因為我們是慢跑專家。我或奈歐蜜·埃德曼（Naomi Alderman）都不是，我們雖然共同創造了這款遊戲，但是我們完全和慢跑專家沾不上邊。實際上，我們投注了大量的時間深入去了解並思考怎麼解決問題。

早在二〇〇七年蘋果發表iPhone時，我就深深著迷於它為應用程式和遊戲帶來的全新潛力。然而，直到二〇〇八年七月，蘋果商店上線，這才正式為第三方應用程式打開大門。第一批走過這道大門的應用程式當中，就有一款是以GPS為基準運作的慢跑追蹤應用程式《RunKeeper》，就像是iPhone面世就將MP3播放器和個人數位助理（PDA）裝置功能整併成一體，《Runkeeper》幾乎是立刻結合了內建GPS的功能。至於第一款慢跑遊戲《Seek 'n Spell》則是在一年後推出。[2]這是一款拼字遊戲，遊戲中四個玩家會同在一張地圖上，同時，地圖會浮現隨機字母。玩家必須搶先跑到字母對應的位置上，試圖組出高分的字。這款遊戲原本與拼字桌遊Scrabble同名，不過我猜後來孩之寶（Hasbro）的律師們大概有找上門。這款遊戲不可思議地充滿想像力，玩法簡單又聰明，但我從沒成功約到當時為數不多的幾位擁有iPhone的朋友同時關在一個小公園裡玩慢跑遊戲，我想也正是因為這種現實上不相容的狀況讓它始終無法風行起來。

這對我們來說是很重要的一課。不論和朋友一起運動鍛鍊聽起來多有趣，回想一下，你在路上遇到的慢跑者幾乎都是獨自跑步，這是有原因的。慢跑吸引人的其中一個原因就是它的條件很簡單——穿著簡單的上衣短褲，套上運動鞋，走出大門，就可以開始了。相較之下，還得先和三個朋友約好時間地點，慢跑的門檻大幅上升。或許在設計《Seek 'n Spell》這款遊戲時，把多人遊戲設定成必要條件是種懷舊設計，設計師可能認為每個人都像他們一樣：一群果粉鄰居好友，全天下最想做的事情就是嘗試酷炫的新遊戲。

《Cache & Seek》為我們上了另外一課。[3]這是一款在二〇一〇年年初由南韓設計師開發，以定位為基準的社交慢跑遊戲，玩家可以在真實世界中藏寶，讓其他朋友尋寶，自己也可以去收集其他朋友的寶藏。和《Seek 'n Spell》不同的是，這款遊戲是非同步的遊戲，換言之，不再需要全體同時玩這款遊戲。然而，儘管遊戲媒體給予不少注目，這款遊戲的下場沒有比較好。

當然，我們很難去斷定一款遊戲成敗的真正原因，但是以我自己初嘗《Seek 'n Spell》的經驗來說，它邀請我去一些我不想跑去的地方收集寶藏，像是熱鬧的大街、無人的後巷、公園的偏僻角落——這一點馬上就讓我滅火了。不論我人在牛津、倫敦或愛丁堡，我總固定有三四條慢跑路線，可能是在公園裡面繞或是沿著河堤或小徑跑，依照當天心情，我會選擇其中一條路線。或許比起其他人，我比較是習慣的動物，但是我猜大多數跑者應該也不會這麼常更換路線。

若以電玩遊戲來說，以沒完沒了的過場動畫和單調乏味的玩法來強迫玩家做不願意的事情是一回事，即便如此，至少你可以為了回到家的舒適感硬撐下去，沿路還能看看手機、聽個廣播。但要人們改變真實世界中的習慣，那就完全是另一回事了。對於一款使用玩家真實定位進行的遊戲來說，把寶藏放在一些不太妙的地方，帶來的風險可不只是多花幾分鐘而已，你可能會搞得滿身泥濘、走進恐怖的小巷冒險，甚至更糟。要冒這麼大的風險，獎勵最好值得這麼做，而《Cache & Seek》只給了萬用的寶藏圖示，這就不及格了。曾有另一款以定位為基準的智慧型手機間諜遊戲，它要我在路上走一百公尺來啟動遊戲，我連這樣都不肯了。拜託，那天下雨耶！

最後，《Seek 'n Spell》和《Cache & Seek》有另一個共通的問題，這個問題我們先前以拖地遊戲為例時就遇過：它們會打斷玩家想要進行的活動（慢跑），要求玩家每次收集另一個字母或是寶藏時，拿出手機看螢幕上的資訊。你出去做有氧運動的時候，最不想要的就是每三十秒、六十秒停下來拿出手機；反之，若你都不停下來，你很可能會出意外。

我也不確定我能否設計出完美的慢跑遊戲，但至少我很清楚我能夠設計出**更好**的遊戲，只要尊重跑者的需求，做出對應的調整即可。也就是說，這款遊戲必須是單人遊戲，你不必特地為此說服那幾位有智慧型手機的朋友（別忘了，那還是手機不太普及的二〇一一年），要他們每次在你想慢跑時配合你加入一起跑。它也不會要你改變現有的慢跑路線；更進一步，它的玩法會畫出任何你想跑的路線，讓你依照你選擇的方式進行。而且完全不會要求你慢跑時看螢幕，不用看地圖，也不需要點擊按鈕。

這些條件林林總總列下來，就成了一套特殊的限制，不過正因為選項有限，反而會更加清楚要怎麼做。如果玩家不能看螢幕上的遊戲資訊，我們得要用其他輸出方法，其中資訊量豐富的第二選項就是「音訊」。幸運的是，大多數跑者已經習慣戴耳機聽音樂或廣播，所以不需要讓他們購買新裝備或是改變他們的習慣。而且，音訊對於Six to Start這種小團隊來說非常理想。儘管音訊不像精美的圖像或地圖那麼令人驚艷，但相較之下，要製作出高品質的音效和對話的成本比較低。

至於輸入方式比較難以抉擇。語音辨識是個刺激的做法，只是連同我自己在內，當時很多跑者的耳機都沒有內建麥克風。利用智慧型手機內建的加速計來偵測搖晃（例如，對於語音指示，搖一下表示「是」、搖兩下來代表「否」）聽起來很誘人，不過實驗過幾次之後，我們發現不太可行。這樣一來，我們只剩下一種感測器是絕對可靠的輸入方式：全球定位追蹤系統。玩家只要加速或減速就可以控制遊戲，除此之外什麼都不用做。我希望玩家能夠依照他們自己實際跑過建立起來的路線來跑，而不是強迫玩家跟著我們的指示跑步。再說，要他們左轉或右轉這方法也不可行，因為GPS數據中有很多雜訊，他們得要跑上幾十公尺，我們才能確定他們有沒有改變方向，而且很難避免玩家跑上車水馬龍的大馬路。

這些規則和限制，現在回想起來或許很理所當然，但是當時並不是那麼顯而易見的選項。有鑑於即使這些失敗條件擺在那裡，仍持續有其他設計師做出以螢幕為主，強迫改道的慢跑遊戲，我想就算現在也還是不那麼顯而易見。我認為，這是因為遊戲設計師著迷於可以指揮玩家怎麼跑的可能性，以至於完全忘記去思考：當玩家想要慢跑時，實際上準備要做的事情是什麼？相反地，設計師單純以為因為他們自己會這樣玩，所以其他人都會這樣玩。

我持續把這些設計原則置於腦海中，二〇一一年的中期，我遇到奈歐蜜，我把這些想法丟給她，試圖激盪出合作的可能性。我提到我有興趣做一款慢跑遊戲，她表示自己剛好加入了一個線上慢跑俱樂部。想當然耳，入會時會詢問大家加入的動機。有些人說他們想要健身，有些人是想要瘦身，其中一位女會員則說，她想要能在殭屍末日活下來。

我聽到這裡，其實是嗤之以鼻的。當時，大家都在做殭屍遊戲、殭屍劇、殭屍小說。光是那幾年，就有《惡靈勢力》(Left 4 Dead)、《惡靈勢力 2》(Left 4 Dead 2)、《植物大戰殭屍》、《死亡之島》(Dead Island)，再加上電影《28週毀滅倒數》(*28 Weeks Later*)(廣受好評的《28天毀滅倒數》續集)，影集《陰屍路》(*The Walking Dead*)也剛成為熱門劇集。我一點都不想跟風，而且我當時(誤)以為整個殭屍類型的浪潮很快就會退燒了。但是，當我們進一步討論殭屍這個主題時，才理解到這個主題有多適合做成慢跑遊戲。

媒體過飽和的優點，就是每個人都已經知道殭屍是什麼了。你不能跟殭屍說道理，也幾乎不可能阻止他們前進，所以生存下來最好的方法就是跑。在殭屍末日的世界觀中，道路封閉、沒有電、沒有油，換句話說，自己的雙腳是逃跑最可靠的交通工具。而且你會有很多持續前進的動力：不只是為了逃離迫在眉睫的殭屍威脅，你還要設法搜集資源、傳遞情報、拯救生還者、找出解藥。不過，這裡我們借用了諜報片和動作冒險遊戲的套路，設定了一個無線電人員，他會透過耳機一邊引導你的行動，一邊和你說故事。

故事設定方面，玩家實際上會以第一人稱的廣播劇模式體驗，玩家扮演沉默的五號跑者(Runner 5)。這是玩家在遊戲中最主要的體驗內容，所以必須做得很好——要比任何有聲書或廣播更好，你才會想聽。而這就是奈歐蜜做為共同創作者兼主要編劇的角色嶄露頭角的地方了。她為我們提供了一個刺激且情感豐富的故事，創作出一系列至今仍廣受數百萬人喜愛的角色。若沒有她的故事加上我們的音響導演麥特．維特斯卡（Matt Wieteska）傑出的選角和指導，《殭屍大逃亡》會一敗塗地。這一點我再清楚不過了，因為多年來我們看著許多仿冒者因為故事太過平庸，最終無聲無息地消失。

除了享受故事之外，玩家沒有跑步的時候，也可以利用跑步時搜集到的資源重建並改造他們自己的基地。為了維持跑步過程中不會有螢幕互動的原則，我們決定讓玩家在跑步過程中自動搜集補給品，而不需要點擊螢幕或是跟著地圖跑到特定的地方。最重要的是，補給品獲取的方式是以玩家慢跑的時間計算，而不是以慢跑距離計算。我們不想要求玩家跑到特定的距離，因為不管怎麼設定，對於大多數跑者來說終究會變得太短或太長。更重要的是投入的心力，我們為此設計了遊戲中的第二套貨幣「資源」，資源比較稀有，只能透過完成任務來取得，因為我們不想讓玩家為了獲勝而以不健康的方式持續長跑。

我們也很在乎其他方面的暢通性（accessibility）。我們不設定玩家必須達到特定的速度（好比時速十公里）才能逃離遊戲突發的殭屍追逐戰。做為替代方式，我們要求玩家要在追逐戰發生的一分鐘內提升兩成的速度。這樣一來，追逐戰會為所有不分能力程度的玩家都帶來挑戰，但同時也會是可以達成的挑戰：如果你原本是慢走，你得要開始慢跑；如果你原本是慢跑，你得要開始快跑；如果你原本是快跑，你得要開始衝刺（若是原本就在衝刺的話，那你麻煩就大了）。當然，被抓到了也不會發生什麼很糟的情況，你會失去一些剛搜集到的資源；多跑個幾分鐘就補回來了。或者你也可以乾脆直接把追逐戰關掉，玩起來便毫無後顧之憂。在我們的遊戲中只有鼓勵，沒有懲罰。

這也成了《殭屍大逃亡》的格言：「只要你能動得比緩慢的殭屍快，你就是有用的人！」我們不想設計一款只是給競速運動員或是想要輾壓朋友的人專用的遊戲——我們想要同時照顧到只能夠慢慢走十五分鐘的人和馬拉松跑者。說實話，這當然有部分是因為我們想要擴大市場多賺點錢，但同時也希望做出一款我們自己會樂在其中的遊戲。我一度擔心會落入懷舊設計的陷阱，不過我們有著一個多樣性十足的團隊，我有信心我們的設計可以拓展出更多受眾，而不是限縮受眾。

我們的小小設計團隊中，還有視覺總監艾斯媞・陳（Estée Chan）和程式設計師艾歷克斯・麥克米倫（Alex Macmillan），有了他們的慧眼，我們得以在開發過程中打造出更多細節。我們知道不可能寫出並錄製足夠的有聲故事來填滿所有任務時間，因為有數十個長達三十分鐘的任務，於是我們採用了切換的方式，播放一小段故事之後，會從玩家自己的音樂庫播放音樂做為間奏。如果玩家在任務完成後仍持續跑步，我們會自動切換到電台模式，音響導演麥特為此特製了一套末日時的電台內容，主持人會讀出末日的新聞並分享生存祕訣。

《殭屍大逃亡》的遊戲當中並沒有需要解鎖的內容。所以你不需要為了解鎖額外的任務而跑上兩百哩，或是閃躲掉五十隻殭屍。事實上，除了發行後應玩家大力要求，我們才隨手加入的一小套成就系統外，遊戲中幾乎不會用到常見通用遊戲化的積分和等級系統（儘管如此，這款遊戲很快就成了遊戲化產業的代表作）。我的目標一直都是讓人們興奮起而加入慢跑的行列，即使是陰雨綿綿的週日早晨，他們也會因為想要知道故事接下來的發展而出發，而不是多賺一個成就徽章。

不過，我們確實還是有標示遊戲進度的方法。在故事進行到某些階段的時候，遊戲中的角色會寄「里程碑紀念信」（milestone emails）到你的電子信箱。如果你在任務中解救了一個孩子，他的父親會寄一封感謝信給你，信中是孩子為你畫的肖像。如果你跑滿五百哩，你的無線電人員會把普羅克萊門兄弟（the Proclaimers）的《我要走上五百哩》歌曲當作笑話寄給你。這些電子信件比起通用的成就獎章來得費工許多，我們要花時間寫出內容、加上插畫，但事實證明，它們會比起你從Fitbit或蘋果手表收到的獎勵要來得更難忘且珍貴。某種程度上來說，你在《殭屍大逃亡》當中完成任務會得到的唯一獎勵，就是可以知道更多我們認為你會樂在其中的故事。

正因為沒有傳統的獎勵制度，我們也從不擔心作弊問題。要在《殭屍大逃亡》中作弊很簡單：我們直接提供「模擬慢跑模式」（Simulate Running mode）給沒辦法跑步的玩家使用，但是這個模式換來的獎勵就和直接把小說翻到最後一頁一樣沒什麼特別意義。

沒有人阻止你用，但用了只是破壞自己的遊戲體驗。相較之下，正因為通用遊戲化的核心是空泛的，它很容易受到作弊影響，不像好遊戲是真金不怕火煉。

二〇一一年年末，《殭屍大逃亡》在Kickstarter募資平台上發起募資計畫，於隔年年初正式發行，接下來的十年間累積了上千萬下載次數，每個月都有成千上萬的玩家開著這款應用程式去慢跑。它成了全世界最受歡迎的智慧型手機健身遊戲，能夠達到這個成就，正是透過深入了解跑步真正的意義達成的。

之所以提及開發《殭屍大逃亡》的心路歷程，並不是要說我是遊戲設計天才，而是藉此分享好的遊戲化是怎麼為活動目的量身打造的。過去幾年來，我們被問過無數次會不會推出《殭屍大逃亡：單車版》（Zombies, Cycle!）之類的衍生遊戲。表面上來看，騎單車和慢跑確實有很多相似之處：兩者都是有氧運動，通常都是獨自進行，而且單車騎士無疑也很需要一點分心和娛樂。從技術層面來說，我們也只要在遊戲中加入一個特殊的單車模式，加進跑得比較快的特殊殭屍，這樣一來，我相信我們可以多賺一點收入。但它不會是一款好遊戲。

為什麼呢？因為單車和跑步截然不同。首先，在大馬路上騎車單時戴耳機很危險，所以我們不能依賴音訊輸出。既然騎單車可以用慣性滑行，我會希望這款遊戲對實際上騎單車時的動量（momentum）做出回應，比方說爬上坡、滑下坡的情況。不像慢跑者需要面對各種不同的地形，單車騎士相較之下，比較容易維持長時間定速前進，因此我會想要把這當作遊戲目標。考量到這些差異，製作成類似大型街機的體驗模式可能會比《殭屍大逃亡》這種故事導向的做法來得更恰當，即使如此，最重要的還是安全第一。

這就是遊戲化最美好的部分：每一種活動都需要開發出新的解決方案。如果你是一個設計師，那是件好事！但這也是遊戲化最具挑戰的部分，因為投資者偏好能夠全體通用，隨規模自由調整的通用解決方案。這就是為什麼我們碰到的都是積分和徽章，而不是量身打造的遊戲。堅持採用人見人愛的通用解決方案，針對少數對象設計的遊戲便沒有發展空間。《殭屍大逃亡》其實也稱得上是懷舊設計——奈歐蜜和我都想要做出一款我們自己想玩的遊戲，如果你對殭屍沒興趣、不喜歡聽有聲故事、或是你的動力來自競爭和社交互動，那你可能不愛這款遊戲——不過還有上百萬人樂在其中。我們不需要也不期待《殭屍大逃亡》人見人愛，喜歡它的人只要多到足以讓我們得以營運下去就可以了。

另一方面，這個故事也展示出《殭屍大逃亡》的設計有多取決於二〇一一年存在的消費者取向科技程度。十年之前，你能買到最接近智慧型手機的是奔邁掌上電腦（Palm）m515，它甚至沒有內建GPS。[4]其後，智慧型手機無所不在且功能強大，才能有像是《寶可夢GO》這種多人連線遊戲，它基本上就是直接告訴玩家要走去哪裡——雖然我得說這要歸功於寶可夢有著現象級的熱門程度，再搭配上本來既有的寶可夢蒐集機制。

十年之後，AR眼鏡會取代智慧型手機成為我們最私人的電腦裝置。屆時，我們不需要依賴音訊，若是那樣的話，我會以完全不同的方式來設計慢跑遊戲。

巨型遊戲化

並不是所有遊戲化都在數位層面上。我曾經在極度緊繃的期限內為新聞和雜誌撰稿，但是我擔任新聞記者的生涯當中，學到最好的一課是來自於一場完全離線的遊戲。

想像一下用電影《世界大戰》的主題辦一場模擬聯合國

（MUN）的研討會，那就會是《Watch the Skies》，一場長達六小時的實景真人大型遊戲，其中有四十位玩家控制八個國家、一個新聞組織和一隊神祕的外星種族。我在二〇一八年玩了這款遊戲的陽春版，每個國家會有四位玩家，分別擔任國家元首、國防部長、科技部長、外交部長，各自被分配到獨特的能力和責任。

雖然遊戲中有一張大地圖，上頭有坦克、飛機的模型，你可以在地圖上推放，也會有資金、籌碼和卡片，但是《Watch the Skies》玩起來不像《戰國風雲》（Risk）那種戰略遊戲，反而更像是一場國際研討會：為了達成目標，你需要確實進行外交，而不是發動戰略然後擲骰子賭運氣。其他很多大型遊戲也是如此，它們會套用各種不同的遊戲設定，像是幕府時期的日本、殭屍疫情大爆發、甚至在《The World Turned Upside Down》這款遊戲中是美國大革命——每一款遊戲都有微妙的角色扮演、外交、徹底恐慌三者之間的平衡。

對——就是恐慌，在這些遊戲當中，沒有任何一位玩家甚至任何一隊能夠完全了解遊戲中發生了什麼狀況。比方說，你的國家正與外星人進行密談，而你和巴西、英國聯手想要在下一次的科學大會阻止法國選上主席，同時，你渾然不知美國和中國正準備聯手，將艦隊橫跨太平洋，目的是襲奪一艘在澳洲的外星人船艦，你也不知道巴西實際上背著你對其他人說壞話，試圖推翻你的政府。

你一無所知，除非看報紙。

我得承認，我和友人麥特．維特斯卡一起去參加時，得知我們被分配到新聞媒體組有點失望。我甚至不知道《Watch the

Skies》還有新聞媒體組，接下來，我們花了十五分鐘聽這款遊戲的解說，其中解釋了所有人的角色，唯獨沒有說明新聞媒體組的角色，這讓我更加擔憂。最後我們被帶到我們的辦公桌前，桌上擺了兩台老舊的電腦、兩台雷射印表機、以及一個說明新聞媒體組工作的資料夾，這才終於解釋我們要做什麼。簡單來說，大概是這樣：

1. 訪問玩家：他們會很樂於和我們進行訪談，因為他們需要能夠增加他們國家公關分數（Public Relations score）的正面報導來提升預算；相反地，若是有負面報導則會有反效果。
2. 每回合出版一張新聞報導（每四十五分鐘一次）。
3. 避免做出「危言聳聽的八卦雜誌」報導，因為其他玩家會很容易反駁我們的報導。

於是有那麼一刻，我滿懷希望地看著國防部長們，聽他們在世界地圖上講解要怎麼調度部隊，然後堅決地轉身離開。雖然不是自願擔任媒體組，但我們還是想做出他們看過最好的新聞報導。當然看起來不會多漂亮，畢竟新聞媒體組的建議人數是三到六人，而我們只有兩個人，還得要在短短的時間內光速產出新聞。最後我們做到了：我們創刊的兩期分別在二十分鐘內完成報導、撰稿、印製，然後親手發送，比遊戲安排給我們的時間還要快兩倍。

其中有很多故事可以寫；創刊號報導了烏干達發生飢荒、各國計畫如何對抗氣候變遷、哈薩克的軍事行動。大部分玩家當時都還在試圖搞清楚狀況，所以這些內容看起來只是報導事件結果，實際上這些事件很快就不那麼重要了——因為有更聳動的大事發生，像是我們在第二期推出的獨家新聞：人類發現外星人真的存在。

我們開始把事情搞砸。比方說，我們錯誤引用了一些話，外交部長變成國防部長，事態很快地每況愈下。畢竟兩個人每二十分鐘就得產出一份報紙。我從沒經歷過這麼緊繃的衝鋒報導，連賈伯斯（Steve Jobs）過世都沒這麼刺激；我當時得在幾小時內寫出一千字訃聞，才能趕上《每日電訊報》（*The Telegraph*）的送印時間。

這就是真人角色扮演遊戲（LARP）的魅力，而真人大型遊戲便是其中一種。在遊戲中你有機會在安全的環境下，換上新的身分、扮演新的角色，如同試穿不同的大衣那麼簡單。做為一名虛擬記者，我們在大型遊戲中所冒的風險比真實世界低很多。畢竟我們不用擔心因為報導不實或是誹謗而被告上法庭。可是，這並不代表完全沒有風險。玩家們都想要贏，我被憤怒的玩家大力抨擊我的情報來源有誤，於是我開始為接下來的報導進行雙重驗證——而且我在國家之間挑撥離間，這樣一來，我就可以換得獨家新聞。遊戲的節奏非常快，所有行動很快就會有回饋，這也讓我們從大型遊戲學到的經驗更加顯著。

我其實很訝異《Watch the Skies》能夠成功做為新聞學的教材，就我所知，它並不是設計來教學用的教育遊戲。和其他玩家不同的是，媒體組在遊戲中並不會計分，我們的表現也不會有任何系統性的認可。然而我始終充滿動力，因為這個設定太刺激了，我不可能不享受其中。光是看到其他玩家讀到我們的新聞時會偷笑或是謾罵，便足以成為讓人心滿意足的獎勵。這也正是好的遊戲化的本質——把無聊且困難的任務轉化為樂趣。

或許我們也不必太訝異。畢竟，大型遊戲和戰棋遊戲的用途，一直以來都是拿來模擬非凡而極端的情境，以達成教育和訓練的目的。二〇二〇年的紀錄片《新生代玩轉政治》(*Boys State*)，記錄了上千名青少年從零開始打造一個代議政府的故事。訪談中，導演特別提到，青少年在真實世界逐漸擁有引領政治潮流的能力的同時，在一個安全環境下的模擬情境，能夠幫助他們了解如何運用政治程序中的替代機制和槓桿。[5]

現在的青少年也從一個非常獨特的遊戲中學習公民素養：《當個創世神》。科技報導作家克萊夫・湯普森（Clive Thompson）曾表示，比起教數學或程式編寫，《當個創世神》更有趣的是能夠讓兒童模擬體驗如何創建小型機構，以避免在公用伺服器上炸了彼此蓋出來的作品。[6]加州大學戴維斯分校（UC Davis）助理教授賽斯・弗雷（Seth Frey）觀察《當個創世神》的玩家學習如何透過交涉談判來維護自然資源的運用，他告訴湯普森：「你看這些孩子，他們創造出世界，他們以為這只是在玩遊戲，但他們其實在解決人類面臨過的一些最困難的問題。也就是所謂的公地悲劇（tragedy of the commons）。」

《Watch the Skies》當然不能取代校刊，更不能當成新聞學課程。沒有人能在一天的大型遊戲中，學會撰寫一篇研究充分的深度長篇報導。大型遊戲和模擬情境不需要面面俱到，只消顧及一個層面即可。遊戲化有其能力可及的範圍，別期待能夠透過通用的積分和徽章機制改變無數人的生活。但是當它小規模轉變一些活動時，就能夠成功，儘管只是讓兩個小小的新手記者報導外星入侵事件。

超越遊戲化

會展產業大概是新冠肺炎疫情期間受創最嚴重的產業。不安全、不必要、不能出國、不能投保，在所有大型活動中都是先被取消的，而且會展所需的前置作業時間較長，預計也將會是最後回歸正常的產業。於是，一整批不論是新創還是現有的視訊會議應用程式如雨後春筍般冒出，試圖拿下空出來的位置，好比Zoom、Microsoft Teams、Hopin、Webex。數百萬人忍受著無數難熬的時光，得要聽講者對著灰暗的視訊鏡頭說話，既沒辦法趁機和熟人八卦閒聊紓解一下壓力，也沒有為了參加會議造訪新城市的興奮感。

對此，有些組織端出了各種不同的虛擬空間來避免這種單調乏味的經驗。某些應用程式有「近距離聊天」（proximity chat）的功能，像是Gather、Rambly、SpatialChat、CozyRoom都將標準的視訊會議方框改成用戶化身，你可以在遊戲空間一般的環境裡面走動。[7]會議中不再是每個人都能隨時和任何人對話（或是蓋過任何人的對話），近距離聊天的意思就是你只能和位置相近的其他化身對話。在這些虛擬空間中走動能給予使用者不同的感受，他們能夠更流暢地在不同對話中切換，或是認識一些有趣的新朋友。

我們在Six to Start也把Gather當作聚會空間，每週五晚上我們會在虛擬的「廚房」進進出出，噓寒問暖打聽彼此的近況。這種方式比起在行事曆上訂好一場視訊會議要來得舒服許多，但還是以和「身邊」的人進行視訊聊天為主要的溝通模式，所以到頭來感覺和Zoom其實沒有太大差別。

二〇二〇年十月，Roguelike慶典（Roguelike Celebration）遊戲設計研討會在線上展開，用了一個很不同的方式成功舉辦。[8]所謂Roguelike（類《Rouge》遊戲）是一種角色扮演的遊戲類型，玩家會進入一系列由程式隨機組合而成的地城關卡冒險。這個類型範圍很大，影響了許多大作，像是《暗黑破壞神》（Diablo）系列、《黑帝斯》、《洞穴探險》（Spelunky）系列、《以撒的結合》（The Binding of Isaac）系列，而這一切始於一九八〇年的一款遊戲——《Rouge》。在《Rouge》中，所有內容皆以ASCII（美國標準資訊交換碼）字元呈現，例如玩家在遊戲中的化身是「@」，怪物的位置也是文字（例如殭屍是「Z」），牆壁、門、隧道都是以文字或符號代表。於是，Roguelike慶典恰如其分地設計出一個以文字代碼顯示的多人連線環境，做為虛擬研討會的背景，這讓人想起早年的多人網路地下城遊戲（Multi-user dungeon, MUD）。

這個虛擬環境加進了一般研討會的會場元素，像是展示廳、發表會場、登記台，同時加入一些好玩的地點，好比酒吧、高塔、舞廳，甚至還有星際空間。其中也有類似近距離聊天應用程式會有的系統，出席者只能和同一個房間的人聊天，如果想看演講的直播影片，就得移步到發表會場。和專為近距離聊天設計的應用程式不同的是，有些房間內會有一些像是遊戲一樣的互動設施，這些互動設施是為了營造真實研討會的社交經驗而特別設計的。

比方說，剛進到會場的人可能會看到其他參加者稱謂旁掛有帥氣的表情符號（emoji）。若新人也想要掛一個在身上，他只得去問這些人怎麼取得的，這讓他們可以主動與其他人搭話，或者在會場逛半天直至找到可以拿到的地方（酒吧），同時熟悉會場環境，而且半路上可能會遇到認識的人。到了酒吧之後，喝下一罐「變身藥水」，他們的名字就會掛上隨機的表情符號，於是又多了一個可以聊天的話題。此外，變身藥水只能在酒吧取得，所以相當於鼓勵玩家在他們想要換個心情或是休息一下時去酒吧聊天，藉此把酒吧打造成可靠的研討會休息室。

還有其他各種好玩的想法。鬧鬼的門廊裡有道神祕的傳送門，會把你傳送到一個小型的多重結局冒險（choose your own adventure）遊戲，除了依照你的選擇改變名字的顏色，裡頭也有個展示桌，你可以從桌上領取道具，像是通用劍或是官方周邊襪子，還有一台可以買到獨特道具的販賣機。

這些像在玩遊戲的社交輔助機制並不是透過嚴謹的遊戲機制所設計出來的，而是從交友的社會科學而來。在一篇部落格文章中，Roguelike慶典設計師艾蜜莉亞・拉澤－沃克（Em Lazer-Walker）解釋了她是如何從丹尼爾・庫克（Daniel Cook）為大型多人連線遊戲設計的作品中得到靈感，設法激勵形成有意義的友誼。[9]庫克相信，線上遊戲中的友誼要透過長期重複的自發性互動形成，社會心理學稱為「接近性」（propinquity）。接近性在Zoom的視訊會議或是聊天應用程式都很難達成，在這些環境下，你是和其他所有人共處在一個巨大的「房間」當中，即便是近距離聊天應用程式，互動行為還是較接近計算出來的。Roguelike慶典的設計師們巧妙地借用了線上遊戲的元素來帶入接近性，比方說玩家變身機制、隱藏密室，加上一些新概念，像是特別設計的魔法酒吧。

更重要的是，慶典設計師們深知一場優質的研討會帶給與會者的並不是看別人演講的影片，而是有機會在一個新鮮而不可測的環境下，和老朋友敘舊、認識新朋友。因為他們很清楚要的是什麼，一切自然水到渠成。拉澤－沃克指出，

> 要提升線上活動的參與度，最有效的方法就是效法遊戲設計以及虛擬世界的設計，找出是哪些地方讓這些空間值得一記。這並不一定就是要做出真正的遊戲。我們做出來的空間在使用者介面及使用者經驗上，比較像是通訊平台Discord或協作中心Slack，反而不那麼接近多人網路地下城遊戲。這不是說要打造更多和現在一樣的線上活動平台，然後只是套上像素風介面或是傳統的「遊戲化」元素（排行榜、徽章之類的）或其他類似的表面象徵。我們真正要從遊戲設計中學的是，去理解怎麼將玩樂的行為和好玩的設計透過心理學上令人滿足的系統創造出一個鼓勵、並且獎勵正向社交互動行為的環境。

只是表面上讓線上研討會模仿電玩遊戲並不是改善。要達到真正的轉變，設計師應該研究線上遊戲的漫長歷史，從早期的多人網路地下城遊戲到現在的《當個創世神》，研究它們是如何在素未謀面的數百萬玩家之間創造出友誼。這就是Roguelike慶典超越傳統遊戲化的地方：透過好玩的遊戲機制打造出嶄新的線上

活動。隨之而來的是新的平台，像是《Skittish》以色彩鮮艷的立體世界搭配具有空間感的音場，讓喜歡熱鬧的外向用戶和想要靜靜待在一旁的內向用戶都能找到自己喜歡的地方。[10]該平台創始人安迪·拜歐（Andy Baio）在科技新聞網《TechCrunch》的報導中表示，他是從一款在疫情中給予他安慰、陪伴他度日的遊戲中得到靈感：《動物森友會》。

• • •

想要把遊戲化做到好，我們被迫得面對一個問題：我們到底要達成什麼？當我們把研討會遊戲化，是想讓與會者在場內跑來跑去和每個人都講上一兩句話，藉此解出「交遊廣闊」的徽章，還是想要他們和其他人建立起一段長久的友誼關係呢？當我們把慢跑遊戲化，是要獎勵今天跑得比昨天快的使用者，直到他們跑斷腿，或者是要試著打造出一個讓他們可以維持好幾年的健康興趣？以上兩題，若是選擇後者，那麼通用遊戲化便毫無用處。

我們也需要放寬視野才能做出好的遊戲化，不單是好的設計，還有持續性和公平性。要做出世界上最好的遊戲化，不能像現在很多公司那樣剝削遊戲開發者，強迫超時低薪工作並不會有好結果，即便能夠改善其他人的生活亦然。與此同時，做出傑出的遊戲化，但是持續虧損，恐怕撐不了幾個月就會被迫放棄。這樣看下來，好的遊戲化需要在設計與財務上取得平衡，這一點其實和任何行業或是藝術創作一樣。以我的經驗而言，並沒有什麼公式能保證一款遊戲會成功，但有個關鍵是，你得要對所有涉入製作及使用過程的人心存敬意。

而要展現這份敬意方法有二，一個是找到對的科技以及機制，如此才能有意義地去改善手上的活動；若是尚未出現對的科技，那就耐心等候，直到它出現。另一個辦法是認知到通用的遊戲化解決方案雖然理論上更容易獲利，且能隨規模調整，但實際上很少會是適用的方案。好比世上不會只有單一尺寸的萬用傘，一套遊戲化同時用在慢跑、散步和單車上也不會比較好。好的遊戲化需要謙卑。假設你心中已經知道什麼對玩家是最好的，那麼能夠幫上其中一小部分人便已足夠。

在我們注重如何設計出好的遊戲化的同時，也需要時時警惕。設計師可能在設計出一套讓人難以抗拒、甚至享受其中的遊戲之際，讓玩家做出有損自身利益的事。不幸的是，有這種能力的設計師已遍布遊戲產業，參與一些世上最熱門的遊戲製作。

5 遊戲的遊戲化
The Gamification of Games

自二〇一五年多人連線遊戲《火箭聯盟》（Rocket League）問世以來，我幾乎每天都會跳進我那台改裝火箭車，衝上足球場，試圖把超大的球撞進對方的球門。如同《斯普拉遁》（Splatoon）、《胡鬧廚房》（Overcooked），《火箭聯盟》也是少數幾款我們每天午休時間會在公司玩的「易學難精」的遊戲之一。每一場比賽只有五分鐘，而且常出現最後一刻壓哨大逆轉，本來只要玩個幾場，一不小心就會玩上幾個小時。

雖然我永遠達不到我同事的等級，不像我同事布萊德能泰然自若地駕車飛過球場，我還是勉強能靠著每天晚上在家玩，爬出新手級。每場賽後，我會贏得一些免費小道具，像是彩色輪胎、車身烤漆、浮誇的空力套件。這些小道具只是裝飾用的，對於賽車性能或操縱性完全沒有幫助，但我還是很享受幫我的車換裝：當你在一款遊戲中玩上數百小時，你很難不依戀你的虛擬化身。而且《火箭聯盟》在PlayStation Plus上是免費遊戲，我不介意花點錢贊助它的開發商Psyonix，買一些外觀升級，比方說花一．九九美元改裝出《回到未來》的時光車，這是我玩過最有趣的遊戲之一，這點費用相較之下就只是小錢。[1]

二〇一六年，該遊戲開發商推出了更炫的道具：戰利品箱，要買到需要透過新的管道。[2]我偶爾也會收到免費戰利品箱，只是解鎖開箱，每次都要另外花約一美元購買「鑰匙」。當我解鎖箱子時，一陣炫目的特效迎面而來，歡愉的音樂、彩帶和火花，讓人開始期待箱子裡面藏了什麼大寶藏：一套不特定稀有等級的裝飾道具。自然而然地，愈好看的道具愈稀有，若想收集一整套主題道具，就得掏錢開更多戰利品箱——雖說我熟知這套手法，但我還是陷進去了。

《火箭聯盟》的戰利品箱正是近年來主導了電玩遊戲產業的「戰利品箱機制」(loot box mechanics)的其中一例。遊戲開發者也得賺錢，這沒什麼錯，但這套冠冕堂皇的開箱機制配上隨機內容變率極高的機制，實際上就和吃角子老虎機那套精雕細琢、操縱人心的機制沒什麼兩樣。[3]而且戰利品箱跟賭博一樣，會讓少數玩家花超出自己能力範圍的錢。[4]

說句公道話，相較於其他遊戲的戰利品箱機制，《火箭聯盟》的戰利品箱已經算善良的了，而且他們在二〇一九年決定將這個機制移除，雖然Psyonix的母公司Epic Games還是為了戰利品箱機制的集體訴訟支付兩千六百五十萬美元。[5]但是除了《火箭聯盟》外還有無數遊戲仍採用戰利品箱機制，而且愈來愈複雜，甚至戰利品箱本身就像是個小遊戲一樣。儘管在遊戲中做小遊戲聽起來很多餘，這就是電玩遊戲遊戲化最直接的例子。

遊戲怎麼會需要被遊戲化？這問題本身聽起來就很荒謬。通用遊戲化是從電玩遊戲的機制中借用概念，像是積分制、成就系統、經驗值、任務系統，目的是要讓不是遊戲的東西變得好玩，但電玩遊戲本身就已經是拿來玩的了。這些遊戲化系統原本在遊戲中被創造出來的目的並不是娛樂用途，不論在遊戲內外都一樣，它們只是用來追蹤玩家的進度，讓玩家設定目標。

然而，就如同工作場所套用通用遊戲化是要強迫人們做自己不想做或是對其不利的事情一樣，電玩產業（再次強調，大家都說這是個比好萊塢電影產業還要大的產業）也給了這些系統同樣的目的：盡可能換取最高利益。

並不是所有遊戲公司都會為了獲利而操縱玩家，但是他們全都在同一個市場上競爭，搶著同一群玩家，也會因此感到競爭壓力。目前還有許多人試圖抵抗這種壓力，其他人則設法讓玩家在遊戲裡的時間愈長愈好，最好是曠日廢時地「農」（grinding）出空泛的成就，當作炮灰提供娛樂性給其他玩家，或期待他們會乾脆花錢跳過。最後有些人完全屈服於此，將大人小孩推進如同賭博的火坑，持續用戰利品箱和「轉蛋」機制（“gacha” mechanics）來賺錢。

成就系統

遊戲化在電玩遊戲問世前便已存在，但電玩遊戲才真正將這些機制系統化發揚光大，成為遊戲化美學——其中最典型的例子就是成就系統。

電玩遊戲中幾十年前就有成就系統了。一九八〇年，動視（Activision）於雅達利2600主機（Atari 2600）推出遊戲時，在說明手冊中承諾達到特定的高分或是完成某項挑戰可以換取實體動章。[6]《改裝賽車》（Dragster）這款遊戲的擁有者，只要拍下一張六秒內破關的照片寄給遊戲公司，即可得到一個色彩繽紛的「世界級改裝賽車俱樂部成員」（World Class Dragster Club）實體動章。

你可以把這個勳章縫在外套上，向全世界證明你高超的遊戲技巧。

十年後，Assembly Line推出了一款名為《E-Motion》的方塊解謎遊戲，其中有一套數位的「祕密獎勵」。要拿到這個獎勵，你得要在「不向右轉」的前提下完成關卡。這些獎勵讓玩家可以即時得到回饋，只是不像動視的勳章可以向其他玩家炫耀。不久之後，微軟MSN Gaming Zone在一九九六年推出了一套虛擬「勳章」機制，玩家可以將自己從西洋棋、橋牌、雙陸棋等小遊戲中贏來的勳章，透過即時通訊軟體分享給其他人。到了二〇〇五年，微軟推出第一款以主機平台為單位的跨遊戲成就系統Xbox 360 Gamerscore，可說是線上社交成就系統集大成之作。

在這之前的電玩遊戲成就系統都只是各自獨立求生的孤島，Gamerscore將其整合為一套公用貨幣，每一款Xbox遊戲可以讓你透過各種成就累計上千「G」分數。[7]玩家的Xbox Live個人檔案上會顯示從每款玩過的遊戲中得到的分數，而且這套系統直接內建在主機裡，所以每當玩家解鎖新成就，就會像是炫耀一樣跳出Xbox標誌的通知。玩家不可能沒注意到這套新成就系統，也就帶來可預期的熱潮和競爭。如今用戶不再止步於成為某款遊戲的玩家，現在他們有機會成為**所有**Xbox遊戲當中最強的玩家。

微軟的目標很明確：增強玩家的參與度。換句話說，只要玩家持續花時間玩Xbox遊戲、討論Xbox遊戲，微軟的獲利就會持續攀高。微軟家庭娛樂事業部資深副總裁羅比・巴赫（Robbie Bach）在Xbox 360發表會上表示：「假設你還不知道（《世界街頭賽車3》）最後的成就是什麼？線上問一下朋友就行了。」[8]兩年後，Xbox 360及Xbox Live產品群行銷經理艾隆・葛林博格（Aaron

Greenberg）提到，「我們看到玩家因為我們會給分數而回流，其他平台做不到這點。」[9]

直到它們跟進為止。維爾福軟體公司（Valve）在旗下的遊戲平台Steam導入了類似的跨遊戲成就系統，索尼（Sony）也在二〇〇八年將獎盃系統導入PlayStation 3，而蘋果也在二〇一〇年加進自己的遊戲中心。這些系統看起來和微軟的大同小異，畢竟已經建好了一套既有模式，他們只要盡可能將之擴大到自己的系統上就可以了。

到了這個階段，值得思考的是玩家是否真的喜歡這些新增的成就系統，畢竟參與度和實際感受到的價值還是不同。理論上來說，成就系統能夠讓玩家有效追蹤進度，了解自己的技巧究竟成長了多少，也可以激發玩家以沒有想像過的方式把遊戲玩得更有趣，像是《E-Motion》中不能轉向的隱藏任務一樣。以這種方式提升可玩性，能夠讓玩家和遊戲開發者達到雙贏局面。但最糟的情況是，成就系統在背後戳著玩家，逼玩家堅持進行無聊、重複且令人感到挫折的差事，要不是為了達到「全成就」而不只是「全破」，玩家可能早就放棄了。問題在於，玩家百百種，同一款遊戲可能產生兩種截然不同的結果。正如麻省理工學院遊戲實驗室（MIT Gamelab）研究總籌麥凱爾・傑考布森（Mikael Jakobsson）所指出的，當遊戲設計師置入太多這種「非強制的未完成元素」來讓玩家重複進行遊戲，就會很難真的完全完成一款遊戲。[11]

我們可以聽到很多玩家過度執著於收集成就的故事。二〇一七年四月九日，哈卡姆・卡里姆（Hakam Karim）得到了他的第一千兩百個PlayStation白金獎盃，為此他每週花七十到一百二十小時玩遊戲。這當然是個特例，但確實有許多玩家因為成就系統而影響他們玩遊戲的方式，即使他們會因此感到困惑或是羞恥，GayGamer.net Podcast中一個暱稱「水果野人」（Fruit Brute）的玩家便坦承：「《Rez HD》是一款很棒的遊戲。說真的，它推出時我超興奮的。某天玩過大部分之後，你知道，有一些成就在那裡……我常常討論成就系統，但我完全被成就奴役了。這很糟糕。我渴求那些成就，哈哈哈哈，我不懂為何會這樣。」[12]

另一個暱稱「達斯汀堡」（Dustin Burg）的玩家在Xbox 360 Fancast訪問中解釋了為何即使惡評如潮，他還是下載了《Yaris》這款由豐田汽車為推廣同名車款所開發的遊戲。[13]《Yaris》唯一的優點是，它是一款有成就系統的免費遊戲，對達斯汀堡來說這就夠了：「我看到我的好友名單上有人有《Yaris》的成就。所以當時我忽然覺得，噢，我也想要那個成就。我不知道是看到誰拿過……我其實不喜歡《Yaris》，但是我想既然都玩了，至少該拿個成就吧，因為那款遊戲實在……太蠢了。天啊，我恨死那款遊戲了。」傑考布森將成就系統中這些社群間相互比較的層面稱為「共同監視」（coveillance），專指這種同儕版本的監視系統，這在工作場所遊戲化時也很常見。

顯然很多玩家可以在收集成就的過程中得到樂趣，而且能夠以理性健康的方式取得成就，但不可否認，成就系統同樣造就了讓許多玩家感到沮喪的遊戲嗜好。微軟的產品群行銷經理葛林博格聲稱，這一切只是一場美好的意外。[14]微軟在二〇〇九年慶祝Xbox Live線上平台達到二十五億的成就點數里程碑時，他便表示：「我們從沒想過會有如此回應……甚至有粉絲成立成就解說的

網站，（為了取得成就點數）人們開始玩一些他們絕不會去玩的遊戲。」他驕傲地補充說，這些成就有效促進了遊戲業績的增長。[15] 二〇一三年，Steam平台跨出下一步，導入一套複雜的虛擬交換卡片商城，將成就變成一種商品。[16]收集成套的卡片可以拿來「合成」徽章，用來升級獲取獎勵，還能自訂個人檔案背景、換取商城優惠。這帶來了龐大的商機，需求高到二〇一七年維爾福公司不得不移除一百七十三款在Steam平台上的「假遊戲」，這些遊戲幾乎沒有內容，就只是讓人容易拿到成就給的交換卡片而已。[17]

我某次和一位沒在玩電玩遊戲的朋友解釋成就系統的風潮後，他表示完全可以理解。因為他和太太都熱中桌遊，他們很常用稱為「BoardGameGeek」（BGG）的免費桌遊百科網站。網站上有桌遊評論、論壇和市集，使用者不僅可以登錄自己擁有的遊戲，還可以記錄自己每一場遊戲的細節。他坦言自己會為了增加網站上的「分數」而執著於盡可能多玩幾場，到最後他甚至不確定自己是不是在玩遊戲了。就算發行多年以後，Xbox和PlayStation的成就系統已經失去新鮮感，微軟成就系統所打造的樣板仍超越了數位領域的範疇。

如果電玩中的成就系統已經無法忽視，至少我們可以嘲笑它們。二〇〇八年，一款叫做《Achievement Unlocked》的遊戲面世，這款遊戲就是在戲仿成就熱潮，遊戲裡你光是站著或是往左邊走就會得到成就，但內容僅只於此。[18]該遊戲還熱門到推出兩款續集。或者，我們可以改變它們：《殭屍大逃亡》當中也用上了成就系統，這並不是我們想要的，是應一些玩家要求才加進去。如今，我們將重心放在努力創造出充滿故事感的「里程碑信件」。玩家完成任務後，遊戲內的角色會寄這些信給玩家。事實上，在一九八二年的《陷阱》(Pitfall!)遊戲中，玩家若達到某個高分門檻，就會收到由遊戲主角哈利(Pitfall Harry)親自回覆的信件(透過動視公司)，我們所做的相去不遠。[19]

• • •

電玩遊戲不需要以成就系統來讓玩家感到疲憊。還記得二〇一四年推出的動作冒險遊戲《刺客教條：大革命》(Assassin's Creed Unity)，我打開遊戲中的巴黎地圖時頓感恐懼。該系列會將各式各樣遊戲內可以進行的活動標在地圖上，但是，《大革命》的地圖標示已然密集到除了塞納河之外什麼都看不到。Reddit論壇上，就有一篇貼文抱怨遊戲內多達兩百九十四個寶箱和一百二十八個收集用的帽徽：「每次打開《大革命》的地圖，都會害我輕微恐慌症發作。每看一眼就恐慌一次，因為上面滿滿的圖示。到處都是寶箱。我不知道該怎麼清掉它。要想拿到我的《大革命》(白金獎盃)，我就得要開所有的寶箱、收集所有帽徽……我感到害怕，我不知道怎麼才能辦到。」[20]

大多數人玩《刺客教條》都不是要來開寶箱或找遺落的緞帶，而是享受充滿歷史感的城市和地景中自由穿梭，或沉浸在豐富的故事當中。然而與前作不同，《大革命》在遊戲中放滿了幾乎和遊戲主線完全無關的一堆小任務：支線任務、跑腿任務和貨真價實的「收集」任務。某個玩家表示，這系列前所未有的農：「我知道死忠玩家還是會喜歡，這代表他們有更多事情可以做。我喜歡這款遊戲、喜歡這個系列，但是當我看到地圖時，我不禁思考他們到底對我做了什麼？我要花上天荒地老去收集完全部的東西，滿滿的寶箱，真的覺得是在農，因為你需要拿到那些道具或是錢，才能夠在愈來愈困難的任務中表現得更好。這款遊戲對於不喜歡農的人來說肯定不容易。」[21]

當然，死忠玩家就跳出來說話了，「我愛這款遊戲。我能玩上半小時到一小時，就只是到處閒晃玩樂。」

有些玩家確實很享受無止盡的尋寶過程，或者說至少覺得這很讓人放鬆（在《Vice》的訪談中，製片人亞當・柯蒂斯〔Adam Curtis〕便認為這能讓人感到平靜而解放）。[22]這款遊戲有著受人詬病的高定價，有鑑於市場定位要達到七十美元的定價，只要能讓可玩時數增長，他們不介意隨便塞一些東西進去。如果你只考慮遊玩時數，那麼一款遊戲平均長達八十小時，就比平均遊玩時數四十小時多上一倍。[23]大多數人會認為這樣計算過於簡化，忽略了遊戲品質和多樣性，然而玩家仍會持續以遊戲時數來評斷遊戲價值，藉此給予正面或負面的評價。

如此，遊戲開發者和發行商自然盡可能塞滿內容，利用無關的額外任務讓遊戲達到宣傳中的遊玩時數——畢竟，就是有人愛這味！所以，儘管育碧（Ubisoft）在《大革命》於市場上慘遭滑鐵盧之後試圖改變方向，後續的系列作《刺客教條：奧德賽》（Assassin's Creed Odyssey）和《刺客教條：英靈殿》（Assassin's Creed Valhalla）大受好評的同時，堅持要讓玩家農等這一點還是飽受批評。[24]遊戲評論網站《多邊形》的班・庫契拉（Ben Kuchera）就提到在《刺客教條：奧德賽》中，「對於大多數玩家來說農等都是必經的過程，因為到了後期，遊戲有一道磚牆，你得要把角色升級到某個程度才爬得過去。」[25]

庫契拉坦言這不是什麼大問題，因為就其他方面而言這款遊戲還是很有趣，直到你發現到你可以購買「快速升級」的加成。永久經驗值加成要一千點Helix點數，相當於九・九九元美元的遊戲貨幣，還不含在售價五十九・九九美元的遊戲當中。[26]這怎麼看都是想要削你兩次的策略，先用能玩上數十個小時來引誘死忠玩家，同時從那些後來發現這些時數只是在無聊農等的人身上再撈一筆。

不過，這裡還是要幫育碧說句話，至少在它旗下的遊戲當中，你耗費的時間和金錢仍有上限。至於那些不需要購買的免費增值（freemium）遊戲就不是如此了。這類型遊戲的收入來源要不是透過遊戲內的廣告，就是透過日益增長的「小額付費」模式（儘管「小額」的說法已經不太正確），你在遊戲中花的錢可能從一次不到一美元到一次高達一百美元。雖然自認為是玩家的人通常都看不起所謂的免費大型遊戲，比方說《Candy Crush》、《夢幻家園》（Homescapes）、《部落衝突》（Clash of Clans），不過這些手機遊戲的流行程度和利潤堪比大型主機遊戲（console game）。其收入多半來自於大量課金的玩家：根據蘋果商店二〇一七年的整體數據，這類型遊戲百分之八十八的收入來自百分之六的消費者，平均每人每年投入超過七百五十美元。[27]另外百分之九十四的玩家仍有收入貢獻，只是少非常多，他們只是看看廣告，偶爾在特價時小額消費，用來跳過令人挫折的難題或是敵人，省下一點時間。

在多人遊戲當中，小課玩家有另一項難以估算但極為重要的貢獻：他們要擔任炮灰。某個《部落衝突：皇室戰爭》（Clash

Royale）的玩家就表示「（對大課玩家來說）一部分吸引力來自站在數百萬玩家之上的優越感。如果只有幾百人或幾千人，沒有人會想在遊戲上再多花半毛錢。」[28]另一個《戰爭遊戲：火力時代》（Game of War）的玩家則分享了自己和「每天花超過五千美元、兩位來自約旦的王子」一起玩的經驗，還有他在杜拜時遇到暱稱Stayalive77的VIP玩家，後者「每天會花上數百萬美元，好讓自己連續六個月在競爭最激烈的活動中衛冕王座。」[29]這些可不是什麼幻想文——我曾從其他經營免費遊戲的執行長口中聽過一樣的故事。

Epic Games推出的《要塞英雄》也是一款免費遊戲，其中巧妙地利用每季的戰鬥通行證（Battle Pass）系統來將農等和獲利結合在一起。戰鬥通行證要價十美元左右，購買後可以取得無數的服裝、角色造型、虛擬舞蹈以及裝飾背包。[30]然而，這些不是你買了就有的——你還得「升級」你的通行證才能解鎖使用。當然，這代表你得要打無數場《要塞英雄》來完成遊戲中的挑戰，像是「摧毀三個馬桶」、「找到三個汽車零件」或是「爆頭殺敵一百次」。有評論家估算解鎖戰鬥通行證全部內容至少要花上五十個小時。這聽起來可能還不算太糟，不過戰鬥通行證是有時效性的，你得在一季大約十到十二週當中完成，最好順便解鎖每日任務和每週任務，加上和朋友組隊一起玩才能達成。另一個記者則以場次估算，預計每天得要打十五到十六場遊戲。[32]確實，沒人逼玩家一定要解鎖戰鬥通行證的全部內容，《要塞英雄》只是在玩家介面不斷提醒你要解鎖，而且沒完成的話，你總會覺得自己好像浪費了十美元。戰鬥通行證現在在遊戲產業已經是很普遍的系統了。

在《最後一戰：無限》（Halo Infinite）中，每天要花十六到十八小時完成每日挑戰，順利的話你還可以睡上幾個小時。[33]

就像《刺客教條》一樣，如果你有錢，你也可以花錢跳過解鎖《要塞英雄》戰鬥通行證的過程。若是不花錢呢？你還是可以繼續玩，每天被殺死十幾次，知道自己至少讓某個比你有錢的人感到優越。

• • •

《要塞英雄》並不是因為遊戲中的挑戰而流行起來，而是它很好玩，遊戲過程讓人感到新鮮、充滿互動、容易上手且製作精良。伴隨長時間農等而來的煩躁和挫折感則是其無可避免的副產品，這些負面情緒之所以存在就是為了滿足廠商無盡的獲利欲望。《要塞英雄》二〇一九年的收入達三十七億美元，這對任何遊戲無疑是令人稱羨的數字，可是《要塞英雄》例外，因為它前一年的收入是五十五億美元。[34]對Epic來說，無疑會有營收再創新高的壓力，也因此影響到遊戲中的農等元素。

遊戲商對無限上攀的資本收益上癮至極端的境界，於是帶來了更黑暗、操縱人心的戰利品箱機制。戰利品箱又稱轉蛋機制，名稱源自於日本流行的轉蛋玩具販賣機。只要投入幾枚硬幣，即可轉到你想要的小模型，湊成一套——不過大多時候你會轉到同一隻。電玩遊戲中的轉蛋機制大同小異，玩家只需付幾塊錢買一個戰利品箱，裡頭會有各式各樣的獎勵，從改變遊戲玩法的武器和護甲（這在《原神》〔Genshin Impact〕中很受歡迎）到純粹裝飾性的虛擬道具都有，如同我在《火箭聯盟》買的那些汽車塗裝那樣。

[35]玩家在遊玩過程中，偶爾會收到幾個免費的戰利品箱嘗鮮。這些遊戲中的小遊戲目前並沒有受到嚴格管制——而且兒童也能玩。

戰利品箱已經成了充滿爭議的政治議題。英國國民保健署身心健康部門主任克萊兒・梅鐸（Claire Murdoch）在二〇二〇年表示，「說實話，不該有任何公司教小朋友以賭博來得到戰利品箱的內容，讓他們上癮。不該有任何廠商向兒童販售將這種具有機會元素的戰利品箱的遊戲，就此，應該中止這些銷售行為。」[37]不久後，英國皇家公共衛生學會（Royal Society for Public Health）成立的賭博健康聯盟（Gambling Health Alliance）指出，每十個年輕玩家就有一個會因為借錢買戰利品箱而造成財務負擔問題，每四個就有一個會在破關過程中花超過一百英鎊來買戰利品箱。[38]根據賭博防治慈善機構GambleAware的詹姆斯・克洛斯（James Close）博士與瓊安・洛伊德（Joanne Lloyd）博士的報告，雖然大多數玩家在戰利品箱上花錢有所節制，可是少數高消費的課長們其實並不像遊戲業界所暗示的都是富裕階級，他們無法負擔這種消費，只是單純賭博成癮。[39]

有些玩家深受其害。記者蘿拉・凱特・戴爾（Laura Kate Dale）認為，戰利品箱是針對有身心障礙的玩家下手，像是注意力不足過動症、強迫症以及躁鬱症的患者。[40]她提到自己身為一個有自閉症的《鬥陣特攻》（Overwatch）玩家，對於遊戲中「毫無意義的收藏品」變得執迷的經驗，她說：「給我一些免費道具，讓我自己去湊齊全套，建立起稀缺性，然後提出花錢就有機會湊齊幾乎完成的全套的方法，有陣子這個循環真的把我抓得死死的。我成為《鬥陣特攻》的課長不是因為我有大把收入想要拿來獎勵開發者，而是我有身心缺陷。這款遊戲的小額付費模式正是設計來利用這些強迫行為獲利。」

美商藝電（Electronic Arts）是戰利品機制中的最大受益者之一。它推出了各種系列的體育遊戲，包括《國際足盟大賽》（FIFA）系列、《勁爆美式足球》（Madden NFL）系列、《勁爆冰上曲棍球》（NHL）系列，遊戲內全都有終極球隊組合包，每組皆有隨機混入的球員、強化道具和其他道具。遊戲市場調查公司Niko Partners的分析師表示，美商藝電光是二〇二〇年透過終極球隊系統的收入就高達十四億九千萬美元，佔淨利的百分之二十七，在加拿大廣播公司新聞網（CBC News）二〇二一年取得的一份公司內部文件當中，稱之為構成《國際足盟大賽》系列的「基石」，還說「我們正盡一切所能讓玩家買單」。[41]

出於兒童可能受到影響的擔憂，荷蘭賭博管理局（Kansspelautoriteit, KSA）於二〇一九年依據該國的《投注與博弈法》（Betting and Gaming Act）對發行商處以最高一千萬歐元罰鍰。對此判例，當局做出解釋如下：「保護未成年等身心脆弱的團體，避免他們接觸賭博至關緊要。出於此故，（我們支持）嚴格區分遊戲和賭博。遊戲玩家少不更事，特別容易成癮。」（這項裁決後來在二〇二二年由該國最高法庭駁回，理由是戰利品箱「並非獨立出來的遊戲」）。[42]

這也就難怪，美商藝電的法務暨政府事務部副部長凱瑞．霍普金斯對英國政客表示，「我們不稱為戰利品箱。我們稱作『驚喜機制』，」並將這個機制套用在轉蛋機制上，「（玩家們）享受驚喜。這是玩具界行之有年的產物，健達出奇蛋（Kinder eggs）、魔法寵物蛋（Hatchimals）或是驚喜寶貝蛋（LOL Surprise!）都是如此。」[43]英國下議院對這套避重就輕的說法感到吃驚，並且在GambleAware提出的報告提出反駁。報告中註明「戰利品箱機制的規模、範疇、可取得性以及科技上的複雜度都遠遠超過傳統的『驚喜』玩具——這些會導向傳統道具中前所未見的『持續遊玩』效果。如同把玩吃角子老虎機那種一玩再玩的『不停機』特質，說成是時不時買一張的樂透彩券一樣。」英國政府預計於二〇二二年公布對戰利品箱的規範計畫，但即使這樣步步進逼，仍阻止不了二〇二一年年底發行的《國際足盟大賽22》(FIFA 22)用上遊戲資訊網站《Eurogamer》的編輯衛斯理·殷－波里(Wesley Yin-Poole)口中所謂的「道德淪喪的賺錢模式」。[44]

美商藝電在一九八〇年代初期激勵人心的口號：「我們看得更遠」、「電腦能讓你落淚嗎？」相較於這番「驚喜機制」的言論顯得荒謬可笑。[45]沒有人會怪一間公司設法找出新的賺錢方法，但是對多數人來說，戰利品箱機制真的太具操縱性了。不只政治人物會這麼想，其他遊戲開發者也有同樣的想法，Epic Games執行長提姆·史威尼(Tim Sweeney)都曾跳出來警告：「我們應該非常謹慎地去創造任何(玩家)可能在其中得到能由花錢帶來結果的遊戲經驗……在戰利品箱中，玩家玩的就是賭博機制，只是最後一毛錢也拿不到。」[46]正巧，無法將戰利品箱的內容轉回現金，正是英國賭博委員會何以無法有效規定戰利品箱機制的漏洞之一。[47]

當以賭場為主題的遊戲出現之後，電玩遊戲和賭博之間的界線變得更加模糊不清。這類型的遊戲直接跳過以戰利品箱為中介的步驟，單純模擬玩各種賭博機具的體驗，例如俄羅斯輪盤、黑傑克、撲克遊戲和吃角子老虎機。就和戰利品箱一樣，玩家要花錢買虛擬代幣，而且無法將贏得的虛擬獎勵兌回真錢。然而一如賭場，這些遊戲總有說不完的神祕傳說，有些玩家可能投入成千上百的資金玩《大魚賭場》（Big Fish Casino）、《累積獎池神奇老虎機》（Jackpot Magic）等賭博遊戲。[48]其成癮機制和真實賭場如出一轍（正如娜塔莎・舒爾〔Natasha Schüll〕在《設計成癮》〔Addiction by Design〕一書中所述），例如會用VIP階級、VIP專屬客服和免費籌碼來避免玩家退出，同時不斷加進新的機制，像是玩家俱樂部讓玩家彼此競爭，這些都是為了鼓勵玩家持續參與並且花更多的錢。[49]

這些小手段終究還是讓大魚遊戲公司（Big Fish Games）付出了代價。二〇二一年該發行公司在一場團體訴訟中被控經營「非法賭博遊戲」，判賠一億五千五百萬美金。[50]部分玩家有機會為他們花掉的錢得到補償，但是該公司並不承認自己做錯任何事，而賭場主題的遊戲如今在美國仍舊合法。[51]然而，這可能會有所改變。研究顯示，玩過模擬撲克的青少年在一年後相較於其他人有更高機率以真錢參與撲克賭博，而玩賭場主題遊戲的賭客也會受到影響，後續賭博時會砸下更大筆的資金。[52]或許有鑑於此，二〇二〇年泛歐遊戲資訊組織（the Pan-European Game Information, PEGI）宣布將任何「帶有鼓勵或教導賭博性質元素」的新遊戲都列入限制級。[53]有趣的是，舊版《寶可夢》因為內含模擬賭博機具的機制，若以這套新標準來看也算限制級。[54]

同時，線上賭博也在從電玩中學習怎麼加快節奏提高互動性。他們開始加入一些新的特色，像是即時下注、小事件下注（比方說，在網球賽中賭誰會拿到下一分或下一局，而不是整場漫長比賽的結果）以及立刻兌現的機制（這樣一來，獎金可以馬上拿來下注），這全都有助於加速「線上運動博弈迴路」，讓投注者玩得更久。[55]許多博奕公司現在會提供全天候的虛擬系列賽事，例如每分鐘都有一場六十秒的虛擬賽狗，輔以堪比最新電玩等級的電腦畫面和解說音效。[56]最後收尾的部分則有官方授權的非同質化代幣（non-fungible token, NFT），像是美國職籃的NBA Top Shot球員卡交易平台，平台上以帶轉蛋風格的數位球員卡讓球員和球迷能夠將賽事中的精采時刻拿來收集、交易並從中投機獲利，賺取大筆金錢。[57]

• • •

立法機關也正聚焦於將玩家無可避免的挫折感拿來兌現的手段，以避免電玩遊戲刻意去設計消耗玩家無數遊戲時數的機制。不過，這也不代表我們就應該忽略其他那些看起來沒那麼嚴重的遊戲，以「強制循環」（compulsion loop）來浪費玩家時間的遊戲到處都是。

「強制循環」聽起來是個很可怕的術語，實際上它的流程很簡單。[58]首先，建立起玩家對某種獎勵的期待，比方說一把更強大的劍、開放新的遊戲區。接下來，給玩家一個挑戰，殺死怪獸或是解謎什麼的都好。完成這個挑戰，玩家即可贏得預期的獎勵，同時也會提出或解鎖更多的挑戰和更多的獎勵（舉例來說，你一走進新區域，就會看到一群頭上掛有驚嘆號的新角色）。這聽起來若是很像前面提過的行為主義者的做法，那是因為它就是行為主義，雖然遊戲中的挑戰通常還是比通用遊戲化那些挑戰來得有趣多了。大部分有趣的遊戲中，這個循環會比較鬆散，你在玩的過程不太會注意到它，抑或是它的循環過程很漫長且巧妙，總之會比較像是建議你要做什麼，而不是一套強迫你機械化地去執行的系統。但既然是「強制循環」，是否有時在特定情況下會引發強迫性的行為——這就是重點了。有些人甚至會說那不只是強迫行為，而是成癮了。

電玩遊戲會讓人上癮這點，大多數玩家都會認同。事實上，在這個圈子裡可說是一種誇獎——用來形容可以玩很久或是一玩再玩的好遊戲。與此同時，遊戲產業則極力否認這一點，因為業界擔心遊戲會被與毒品相提並論，因而遭受批評人士的攻擊。

二〇一〇年，我曾上BBC電視時事紀錄片節目《廣角鏡》談論這個議題，描述部分遊戲如何刻意設計出強制循環來讓玩家一直玩，研究人員則坦言除了我以外，沒有任何業界人士願意受訪，大概是擔心引起同業反彈。[59]在訪談過程中，我小心避開「成癮」一詞，就是考量到業界的法匠堅持這個詞只能用於實質物件，儘管如此，業界寫手們還是對此勃然大怒[60]，無視於一直以來「強制循環」都是遊戲業界重要研討會和出版品中經常推廣的主題，也沒多少人反對。[61]

二〇二一年，澳洲調查新聞節目《四個角落》（*Four Corners*）報導了電玩遊戲的掠奪性營利模式，作家金妮・麥斯維爾（Jini Maxwell）也因此收到同樣的防禦性反擊。[62]澳洲互動遊戲與娛樂協會（Interactive Games & Entertainment Association）發表聲明稱該節目「未盡平衡報導之責」，並強調電玩遊戲的正面性，特別是在疫情期間有所幫助。[63]然而，他們對戰利品箱機制隻字不提，甚至把所有的過度超額消費全怪罪到玩家身上，認為是玩家無法約束自己行為造成的。就算是最溫和的電玩產業評論，都會因為這種反射性的防禦姿態而有寒蟬效應。這有效地讓電玩產業不需要面對自己產品帶來的連帶責任。同時，以法規來威脅產業也有點不成比例，尤其是考慮到限制兒童不得接觸戰利品箱機制，這在大多數國家基本上都還只是理論上的空談。

《文明帝國》系列遊戲是我最喜歡的電玩遊戲之一，這款於一九九一年推出的回合制策略遊戲中有著精心設計的強制循環，精美到堪稱藝術品的程度。每回合，你會透過操作單位揭開地圖上的迷霧，迎面而來的是各種驚喜、財富和威脅，你在城市中多建設幾間新的穀倉、寺廟，城市就會成長得更快或是快樂度得到提升，同時你的科學家會為你多研究出一點新科技，讓你解鎖更加令人興奮的新建築、武器和科技。這套讓人愛不釋手的強迫機制讓該遊戲有個外號：「再一回合就好。」

玩了幾年的《文明帝國》後，我終於放棄這款遊戲，因為我發現只要我一打開遊戲，接下來六小時就會進入「精神時光屋」，什麼也做不了，就算是到凌晨三點也一樣。即便我設鬧鐘提醒自己或是下定決心該睡就去睡，到點時我還是會想再玩上一回合、兩回合、五回合、十回合……直到我打造出世界奇觀、組成進攻艦隊或完成一個複雜的交通網。過程還是很迷人有趣，可是無法控制自己這一點讓我感到不安。更尷尬的是，我玩《農場鄉村》那幾年也有一樣的感覺，不斷地種田、犁田、收成，為的是……買一台新的牽引機？

遊戲設計師米羅・韓—泰尼（Melos Han-Tani）在《洞穴探險》、《黑帝斯》以及《盜賊遺產》（Rogue Legacy）這類流行的隨機地城遊戲當中都有找到相似的機制，他稱之為「跑步機」機制（treadmill）。[64]這種機制是改良後的強迫循環，如同跑步機設計來讓玩家無止盡地跑，「透過在各種系統後台置入遞增機制……意圖占據你大量的時間，盡可能延長你和其他玩家分享的時間，藉此讓玩家之間的『討論』綿延不絕。」我很喜歡《黑帝斯》，而且對我的睡眠時間影響完全不及《文明帝國》，但是了解到它是怎麼透過每三十分鐘一次循環層層遞增的解開謎團和增強玩家戰力，這讓人感到不安。

儘管玩家之間可能只會把《文明帝國》和《洞穴探險》帶來熬夜不睡的熊貓眼當成笑談，頂多表示大家要自己斟酌適量遊戲，但若真的要說沒有遊戲是打算讓我們玩到超出預期時間，玩到超過熬夜看影集、讀小說、甚至任何一種單獨活動所花的時間，這種說法只是在自欺欺人。美國加州大學爾灣分校電影與媒體研究助理教授布萊斯頓・索德曼（Braxton Soderman）認為，電玩遊戲有效地利用心流理論（由正向心理學家米哈里・契克森米哈伊〔Mihály Csíkszentmihályi〕提出的概念）誘導玩家進入不被打斷的集中狀態——其效果更勝於電視——部分原因是遊戲能夠動態性配合玩家調整難度，因此挑戰難度總是剛剛好，不會太難也不會太簡單。[65]不能說因為遊戲有著獨特的互動性質，會為玩家帶來娛樂，讓玩家感到開心而有成就感，就不算造成傷害，即使不是刻意要造成傷害也一樣。

承認這一點，並不代表我們就應該拒絕遊戲或禁止遊戲，但是它確實意謂著我們要更注意強制循環和跑步機機制的力量，去思考怎麼進行適當調整。韓一泰尼表示，「我能接受把跑步機機制當成放鬆的來源，不過我總覺得它們從一開始就不是設計用來鼓勵以健康的方式參與遊戲。如果某人想要我和遊戲有所牽絆，願意投入一千小時去玩它，我完全可以接受。但是我不想看到某些設計元素被加進去，只是為了**利用**強制循環和逼玩家停滯不前的技巧來鼓勵玩家玩久一點。那感覺像是在逼迫玩家。」

這種遊戲化十分有效，這一點很可怕。而且雖然比不上賭場主題遊戲帶來的傷害——畢竟在大多數電玩遊戲中，你不會花上大筆真錢——我們仍能從賭博世界中找到借鏡，幫助玩家適度控制他們自己行為，例如可以設定「超時期間」(time-out periods)。當然這些措施很容易被一笑置之，畢竟，玩家大可無視時限繼續玩，或者乾脆開別的遊戲，但是從經驗來說，還是有幫助的。

我從不熱中於賭博，然而在二〇二〇年美國總統選舉期間，我最後在各式各樣的政治競賭當中花掉了幾百英鎊。當時我下載了一款賭博應用程式，它要求我設定帳戶支付上限，於是我輸入了一個我覺得算是滿高的數字。不出一天，我便達到上限，還下載了另一款賭博應用程式來規避支付上限。幾天後，我又達到上限，所以我又抓了第三款應用程式。不過，當我**第三次**達到上限時，我煞車了——阻力終於大到足以勸我不要繼續下去。雖然賭博支付上限並不盡完美，最終還是對我起了成效，而且這可能讓我少花幾百英鎊的冤枉錢。

同理，我們不該把超時機制當成電玩遊戲的萬靈丹，但是我們也不能完全不把它當一回事。如果在遊戲平台設下時限（例如，家用主機、Steam平台、Epic遊戲商城、iOS系統、安卓系統等），而且設定成只有在重複超出總遊戲時數時才跳出提示，遊戲設計師就不用每一款都單獨設定解除機制，玩家也會更難逃避這種自我節制的限制。誰知道呢，說不定這樣我就能重回《文明帝國》了！

• • •

成就系統、農等系統、戰利品箱機制、跑步機以及強制循環，這樣一連串聽下來，電玩遊戲看似變得有點骯髒齷齪。但其實可以不用如此。有間大公司就決定不跟隨微軟的腳步，不在家用主機置入成就系統，而且至今仍大受歡迎。那家公司叫做任天堂。[66]

任天堂和其他電玩公司比起來，總是特立獨行。雖然任天堂的健身和腦力鍛鍊遊戲中也有遊戲化，但它旗下最好的遊戲不是靠農等或是成就系統。任天堂於二〇一七年推出的《薩爾達傳說：曠野之息》被廣泛譽為史上最好的遊戲，其中沒有任何成就獎勵。遊戲中還是有像是隱藏的神廟和撿不完的「克洛格種子」（korok seeds）等著玩家去探索，不過光是解開謎團就已經稱得上是種獎勵了。儘管大多數的電玩遊戲中仍有某種強制循環，但是其強制性鬆散到你甚至可以還穿著內衣就打敗最終大魔王。

即使沒有成就系統，似乎一點也不減玩家參與遊戲的熱忱，也沒有阻礙其取得市場佳績，於二〇二一年銷售兩千四百萬套的成績。[67]在Reddit論壇上有個半開玩笑的討論串，其開頭即直言：「我們來假裝自己是惡魔，想像怎麼改寫《曠野之息》，從最令人放鬆的玩家取向遊戲體驗，花上幾年讓它變成枯燥乏味、像是地獄一樣農到底的體驗」，有人建議加進成就系統，例如「製作過所有食物和藥水的配方」、「以不攀爬任何東西的方式破關」，這兩者都會讓遊戲體驗變得糟糕至極。[68]

《曠野之息》也不是一枝獨秀的特例，任天堂其他熱門遊戲像是《斯普拉遁2》、《瑪利歐賽車8》（Mario Kart 8）、《寶可夢　劍／盾》（Pokémon Sword/ Shield）都在沒有明確的成就系統下仍熱賣，而像是《超級瑪利歐奧德賽》（Super Mario Odyssey）這種有成就系統的遊戲，也比較不會強調成就系統。這些遊戲人們還是會大玩特玩，但並不是因為要在裡面農等。但就算是任天堂也不免玩上一些遊戲化的概念。二〇二〇年三月推出的《集合啦！動物森友會》將玩家帶到一個無人小島上，以經典的「模擬生活」風格，讓玩家將未開發的田園景緻改建成自己打造的度假天堂。這比聽起來還有趣，你可以進行各種休閒活動，像是抓蟲、釣魚、潛水抓魚以及收集水果，透過這些活動你會獲得遊戲中的現金，並且拿來購買新的工具和道具。

不過當中有個小轉折：有些道具只能用「Nook哩數」（Nook Miles）兌換。Nook哩數主要取得途徑是完成遊戲中兩百七十八項成就的任一項，即可獲得獎勵（例如，抓到二十種不同的蟲子、擴建五次房子、在被螫傷的情況下又受到傷害），在遊戲後期，遊戲中虛擬手機上的Nook Miles+應用程式會持續提供簡單的任務，讓你可以從中獲得額外的哩數，像是「和三位島上居民交談」和「敲擊五次石頭」。幾乎做任何事情都可以得到哩數。[69]

乍聽之下，「Nook集哩遊」（Nook Mileage program）似乎是最

糟的那種遊戲化——只不過，它呈現給你的其實就是在諷刺遊戲化這件事。從一開始讓人感覺像是航空公司的哩程數計畫，到後來你很快會有多到用不完的點數，不難看出這個設計是任天堂的設計師在向競爭者吐舌頭，像是在說：「我們也略懂遊戲化喔！」「親切是很重要的狸！」這個成就會在你滿足其他島民的委託時得到，助人為快樂之本的意思很清楚：「做好事本身就是一種獎勵。但在幫其他島民完成委託同時，別吝嗇拿一些Nook哩數吧。好，讚！」

不管你有沒有收集幾十萬Nook哩數，或是從遊戲中的「快樂家協會」取得所有大獎，《集合啦！動物森友會》都是一款非常好玩的遊戲。它不像《刺客教條：奧德賽》，若你不農等就沒辦法破關，也不像《要塞英雄》，你不用趕著在時限內去收集人為造成稀缺的道具，只因為怕道具永遠消失。《集合啦！動物森友會》中的遊戲化是溫柔而自覺的遊戲化。

這款遊戲發行時遇上全球因新冠肺炎進入全面封鎖時期，於是成了三千五百萬名玩家得以逃離現實，獲得放鬆的寶地，我也不例外。[70]它有著能輕易讓人沉迷的潛力，但貼心地置入了一些細微的限制，讓玩家不至於玩過頭而沉溺其中。島上的雜貨店到了晚上就會關門，服飾店早上九點才會開門；你每天只能挖出四、五個化石。所以，每天玩上一段時間後，就沒什麼事情可以做了，只能等候幾小時或明天之後再回來，因為該遊戲相信單單每日、每週、每季的新鮮變化便足以讓你一再回味。

但即使是任天堂，除了該公司的核心作品外，仍難以免於遊戲化的甜頭，一如前面提過的《川島隆太教授監修 大人的腦部鍛鍊》系列就用上了遊戲化手段。二〇二一年於大阪開幕的超級任天堂世界（Super Nintendo World）主題樂園看來似乎走上《動物森友會》完全相反的另一種極端。遊客會戴上三十美元的「能量手環」，這個手環可與手機連線，讓遊客得以透過園區內的實體互動來集章、獲得金幣和鑰匙，而且有些活動必須收集到足夠的鑰匙才能參加。園區內四處可見高分排行榜，科技網站《The Verge》指出「該系統顯然設計要鼓勵遊客多次造訪。」[71]

任天堂那套易如反掌的遊戲化在《動物森友會》中非常有效，然而用於一趟累人、昂貴且擁塞的主題公園，還加上了明確的排行榜和門檻，可能就行不通。話雖如此，它大概還是能達成主要目的：增加遊客參與度和提升遊客回流率。

• • •

電玩中的遊戲化可以讓遊戲變得更好玩，但大多時候不會成功，只是帶給玩家不受歡迎的重複農等和強迫行為。遊戲產業獲利年年屢創新高，對玩家的操縱卻有增無減，因為整個產業貪得無厭。我們該為此感到詫異嗎？畢竟，那就是資本主義。而我們猜得到這個產業會這樣做，並不代表我們就不必小心謹慎地去思考我們要買什麼遊戲、該制定什麼法規。

資本主義醜陋的一面更超出了遊戲化的範疇。整個遊戲產業口口聲聲說自己屬於未來產業，業界卻充斥著各種勞動問題。從小玩遊戲長大的年輕世代，對於可以製作遊戲自然充滿熱忱，但在少有工會的情況下，他們面臨著高工時的工作環境，經常性受到同事和玩家騷擾，到了上市前的「共體時艱」時期更普遍要熬夜加班、連日不休的趕工。[72]這些惡劣的工作條件不可避免地導致職業倦怠，退出遊戲產業的年齡相較之下非常年輕：僅百分之三・五的遊戲開發者在五十歲以上。[73]缺乏機構性知識的結果意謂著整個產業陷入惡性循環之中，無止盡地製作出一樣的遊戲，犯下一樣的錯，一年又一年地剝削職場新鮮人。

據《彭博社》(*Bloomberg*) 報導，在眾人高度期待的《電馭叛客2077》(Cyberpunk 2077) 發行前幾個月，遊戲開發商CD Projekt Red為了完成遊戲，強制員工每週工作六天。[74]公司以遊戲化的方式承諾員工可獲得獎金：團隊在開發期間可以發給彼此貢獻代幣，最後可依此兌換獎金——但有個前提，遊戲必須準時發行，並且要在著名的評論網站《Metacriti》獲得超過九十分的總評分。[75]

在惡劣的工作條件下（或許也正因為如此），《電馭叛客2077》延後超過六個月才上市，且推出時遊戲仍未完成而充滿問題，其後還從PS Store下架，CD Projekt Red則允諾玩家可選擇全額退款。[76]到了二〇二一年一月，這款遊戲在《Metacritic》得到的分數掉至八十五分——算是不錯的成績，但是仍低於九十分目標。該公司管理層決定無視先前的條件，還是照發獎金。[77]

於是，CD Projekt Red試圖收買員工的做法正式壽終就寢。我們只能希望這一課，也能夠傳授到唯一比大型娛樂企業還要大的組織身上：政府機關。

6 華麗的賄賂

The Magnificent Bribe

一九六三年，美國歷史學家暨科學哲學家劉易士．孟福（Lewis Mumford）在紐約的共和國基金會（Fund for the Republic）做為會議嘉賓發表演說，主題是「未來十年的民主挑戰」。[1] 孟福警告說，「威權技術」可能會對民主構成威脅：

> 從近東地區的新石器時代一路延續至今，人類史上有兩套科技始終同時存在：一套是威權，另一套則是民主，前者是以系統為本，有著極大的控制力，但是本質上不穩定；後者則是以人為本，相對薄弱，但是善於對不同的情境做出應變而持久。如果我沒猜錯，我們現在正快速地接近一個轉捩點，除非我們能夠徹底轉變我們現在的走向，否則我們現存的民主技術將會完全被壓制或取代，剩餘下來的自治權全都將被抹滅，或者只以某種政府准許下的遊戲機制存在，就像是極權主義國家中空有形式地為內定人選發起全國投票一樣。

孟福所指的，不只是冷戰時期的核子武器和彈道飛彈這種戰爭科技，甚至也不是傳說中可以用來操縱整個社會走向的嶄新電腦系統，而是整套龐大、複雜並由中央統一控制的科技化系統，比方說工業化農業和大眾媒體。孟福認為，一旦公民將這些科技的控制權讓給無形而不負責任的當權者，就回不去了。人們將被迫依照系統支配的方式做事。

半個世紀過去，我們理當懷疑究竟孟福的迫切警告是否成真。民主看起來沒有被抹滅，但也稱不上多健全。二〇一九年，有百分之五十九的美國公民對於民主運作的方式感到不滿，相較之下僅百分之三十九的人感到滿意；至於英國則有百分之六十九的人感到不滿。[2]根據美國皮尤研究中心（Pew Research Center）調查指出，接受調查的三十四個國家當中，有百分之五十二的人感到不滿，滿意的人只有百分之四十四。其中表示極度不滿的人相信民選官員並不會聽從普通老百姓的意見。這數字看起來可不太漂亮。

讓人對民主感到不滿的眾多威權技術當中，我們比較熟悉的是由亞馬遜、臉書、谷歌、資安公司Cloudflare、蘋果以及推特所營運的準公共設施（quasi-public utilities）。少數幾間科技公司累積了巨大的權力來監控數十億人的言論，甚至只要一位執行長就能下個人決定，將其無所不在的巨大平台上的任何一個人消音——即使對象是美國總統也一樣。[3]我們先撇開個別案例的因素不提，當這種高度威權的特質呈現在我們最基礎的科技上，就算再民主的社會也可能因此有威權傾向，甚至是會鼓勵它們走上威權。根據新聞網站《Rest of World》的報導，中國以微博社群網站進行的嚴厲政府言論審查制度正成為趨勢，像是印度等民主國家正開始效法，印度在二〇二一年命令推特及臉書刪除任何批評政府對於疫情處理不當的批評貼文。[4]

遊戲化正是另一套正在興起的威權科技。我們先前已經討論過，工作場所遊戲化只要利用簡單套用遊戲化即可達成削減工資和控制勞工的目的；全世界的政府都在試著實驗用同一套工具來達成其擁護者所謂無傷大雅的「引導」公民改善素質的目的，若換作傅柯的說法，中國的社會信用體系可能是最顯而易見的特例，不過實際上西方民主國家也有他們自己的評分體制，不論是直接由政府實施或者利用像是醫療體系這種企業營運的私人服務來計算都有。

當政府直接實施這種體制時，用到的遊戲化基本上還算是保守的技術，通常都用來維持現存系統及關係，而不是去改造它們。它被用在政治宣傳上，用來支持軍隊或是執政中的政黨；或者用來將入侵占領其他國家合理化；也可能用來讓學生和孩童不自覺地習慣被持續監控。但是，就算你在政治上是保守派，你相信遊戲化可以讓政府更有效率地達成目標，還能讓更多公民配合服從，或者有個問題：這樣做究竟值得嗎？

如果政府施行遊戲化，我們從中得到的，真的值得我們放棄對自己生活的控制權去換嗎？

社會信用評分制度的神話與現實

在二〇一九年的紀錄片《獨生之國》（*One Child Nation*）中，導演王男栿回顧她自身在一九八〇年代到一九九〇年代間的成長經驗，當時正值中國實施一胎化政策時期。[5]如果第一胎是個女孩，有些鄉村地區的社群會默許這些家庭生第二胎，這也是為何王男栿有個小她五歲的親弟弟，她回憶道，「我記得我們村裡，政府每年會在每家門上都掛上匾額，表揚每個家庭對中國共產黨的價值認同。每塊匾額上都標有幾顆星星，用以展示每一家的表現有多好。其中一顆星星就是用來表示這一家只有生一個小孩。我們家永遠拿不到那顆星星。」

即便在電腦時代來臨前，遊戲化也存在於資本主義之外的領域。一九一七年，列寧提出了一套「社會主義競賽」理論，以分數、階級和獎章來促進工廠提高產量。[6]幾十年後的中國共產黨用了同一套機制也不讓人意外。

如今，中國政府最為人所熟知的遊戲化形式就是「社會信用體系」。在西方的想像中，這是一套將無數的監視攝影機、官方紀錄以及社群媒體審查中的資料全部加總起來，再透過一套難以理解的演算法計算出來的數字。準時繳交帳單、下班後去做志工，這樣你的分數就會上升。在微博上批評政府或是玩遊戲玩太久，你就會被扣分。最後拿到高分的人會有一些財務特權，並且能夠取得更好的公共服務。低分的人呢？你可能因此不能搭飛機或是高鐵。猶如科幻小說裡的反烏托邦社會，你無處可逃。

雖然現實中並沒有這麼戲劇化，但是情況仍讓人憂慮。二〇一四年，中國國務院宣布將要在二〇二〇年之前建立起一套全面「社會信用體系」，不過就跟許多政府計畫一樣，它聽起來什麼都包而細節都有待商榷。[7]最後的結果是一套拼湊出來的前導測試計畫，由各地區及地方市政府、科技公司、監管局處共同營運。它完全稱不上是一套俐落的系統，而是很多套不同的系統，收集了各種不同的資料，再透過各種不同的演算法來算出不同的分數，再給出不同的獎勵和懲罰。

對於那些不信任中國政府的人而言，很輕易就會歸咎於他們不切實際地去實施社會信用體系，卻沒有相應的技術導致的結果，尤其是在外國人能讀到的相關法律文件翻譯素質奇差的情況下。中國政府提出各項天馬行空的大型計畫，進一步加深了這種扭曲的觀點，他們提出像是一帶一路倡議或綠色長城植樹計畫這種巨型計畫，希望能夠藉此震懾國內外的眾人。正因為在理論和現實上有所差距，在我們將之視為洪水猛獸或是洋洋得意之前，我們應該先深入了解社會信用體系實際上是怎麼運作的。

首先值得探討的是蘇州，一座位於江蘇省的城市，有著上千萬的人口。根據《全球之聲》(Global Voices)的報導，在二〇一八年，蘇州被選為模範實驗城市之一，用來測試一套「透過獎勵與懲罰方案來對市民行為進行排名與矯正」的系統。[8]根據《彭博社》報導，蘇州以桂花之名推出了「桂花分」系統，讓每個市民以一百分為起始開始計算，並且隨時可以透過無孔不入的微信積分查詢。[9]這個分數會根據二十個政府局處所收集到的行為資料而有所起伏，不良行為會導致扣分，優良行為以加分表彰。究竟什麼行為算是不良行為並沒有明確定義，但是優良行為則有表列，包含了付清債款和擔任志工的行為。只要達到一百分以上的市民，就能申請較低利率的「信易貸」，同時高分者據稱還會有更長的圖書借閱期限、大眾交通優待，以及非緊急醫療服務的優先待遇。

在《彭博社》的訪問中，部分居民擔心桂花分最後可能會因為他們只是車停錯位置就被嚴厲懲罰，或是像中國另一座城市義烏曾發生過的情況，該市實施相關計畫時，居民因為沒有禮讓行人而導致無法申請銀行貸款。[10]不過，截至二〇一八年八月為止，蘇州受監控的一千三百萬人當中，有超過一千一百萬人仍維持在一百分，也就是說，他們的分數並沒有受到預期中的數據潮所影響。《彭博社》的報導指出，這是所有政府嘗試新計畫時都會遇上的問題：部門機關之間不願分享數據，對於個人訊息轉移過程有法律上的疑慮，而且也完全沒有妥善進行公共宣導。

然而，據《全球之聲》報導，二〇二〇年，蘇州市政府雄心再起，提出了全新的「文明碼」積分制度，以一千分為基準開始計算，並透過「文明交通指數」與「文明志願指數」來調整分數。[11] 蘇州的公安局表示未來將進一步監管「垃圾回收的文明指數」、用餐禮儀、線上禮儀以及其他量表。[12] 高分表現可以得到的福利也隨之倍增，不再只是幫市民找工作或是錄取好學校這種小特權而已。

當初隱晦不清的桂花分系統推出後，實行了一年也還有很多市民根本連聽都沒聽過，但是新的文明碼系統不同，這套系統難以忽視。因為這套系統是建立在該市的「健康碼」應用程式上，健康碼是二〇二〇年二月新冠肺炎爆發初期推出的系統，用來監控市民的健康狀況以及他們的流動情況。[13]

新的文明碼系統起初是以健康碼系統的升級版（蘇城碼 2.0）的名義推出，於二〇二〇年九月三日上線。[14] 照理說，只是個選擇性使用的實驗性功能，不過根據非營利組織《Algorithm-Watch》報導指出，有人就在微博上抱怨：「我還得要下載並出示這款應用程式的畫面，才能把我的小孩從幼兒園接回家。」反彈聲浪立即湧現，各種批評的聲音充斥在社群媒體上。中國社會學家于建嶸撰文直批造成不滿的核心，他在微博上寫道，「問題是：

一、誰有權確定文明的標準和定量分值？二、誰有權以文明的名義剝奪公民平等享受公眾服務的權利？」[15]

眾多微博用戶將新的評分系統與影集《黑鏡》中的一集「急轉直下」（Nosedive）相提並論，認為這展現出全世界其實有多麼渴望電視中的反烏托邦社會，其中一個匿名評論更譴責這套系統堪稱是反人類罪：「這套系統就類似中日戰爭期間的『良民證』，或是納粹時期要求猶太人戴上的星星標章／本質上是一樣的／它們就是惡徒用來壓制普通老百姓／用來『標示、分類並消滅』的做法。」[16]

或許是為了防患於未然，蘇州市政府在文明碼推出僅僅三天後便宣布「測試階段」結束——就跟巴克萊銀行和微軟推出其悲劇的遊戲化之後，緊急髮夾彎的情況沒有兩樣。據《全球之聲》報導，在蘇州的案例中，政府機關將輿論批評解釋為「一場誤會」，宣稱僅五千八百六十一名用戶自願註冊（相對於該市人口不是很高的數字），並表示尚未有任何市民因為低分受到懲罰。[17]

與西方普遍想像中的情況相反，根據蘇州多年以來的嘗試顯示，許多中國公民因為對於政府以遊戲化掌管他們的生活感到不滿，甚至願意冒著受到社群媒體審查的風險公開發聲，最後導致整個系統關閉，即使只是暫時的。同時這也顯示出地方當權機關有足夠的耐心不斷嘗試，他們會把握任何機會，甚至利用新冠疫情下的健康碼應用程式所成功建立出來的監視系統。到下一次當權機關再度嘗試時，將會同時有正反兩方的聲音浮現：《南華早報》引述微博上的內容表示，「如果文明碼針對的是在街頭吸菸的人、騷擾女性的人或是在地鐵上大爺坐的那些人，那我可能真的會滿喜歡的。」[18]

• • •

蘇州還只是其中一座城市；中國其他城市、地區和科技公司都各有自己的一套社會信用點數體系。只是做為地方性計畫，他們的範疇不比全國性計畫，而且能給出的獎勵也很有限。同樣地，他們能給予的懲罰也同樣受限於他們的權力——不過有個例外。自二〇一三年起，中國的金管機構有個稱為「老賴」的共用黑名單，意指那些老是賴帳不還的人，若是你的社會信用點數掉得太低，你就很可能被加進這份黑名單當中。[19]

上了黑名單是會有真實後果的，主要是讓人生活變得悲慘，逼迫人們因此改變行為模式，比方說限制奢侈消費，不能搭飛機、高鐵旅行，保費限制，不能就讀私立學校，不能購置房產。[20]根據《中國日報》的報導，截至二〇一九年七月，有超過一千四百五十萬人被列入黑名單，總計拒絕了兩千七百三十萬張機票和六百萬張火車票。[21]為了維持這些禁令，就得在科技平台上同步共用這份黑名單，這也同時助長了這些人在社群媒體受到公然羞辱的情形，甚至像在石家莊這座城市，還會被列在微信的即時地圖上。[22]由中國央行所掌控的「數字人民幣」計畫將可能讓政府更容易在任何違規發生時，立刻發出罰單並收款，或是對良好行為即時發出現金回饋。[23]

這其中是否有任何一點能夠幫助中國國務院透過「獎懲機制」來達成「褒揚誠信、懲戒失信」的目的呢？[24]由於缺乏數據，我們對此不得而知，然而整套社會信用制度的計畫說到底，還是和通用遊戲化背後是同一套有待商榷的行為主義原則。其野心也與儒家原則背道而馳。南韓成均館大學哲學系教授菲力・艾芬豪（Philip Ivanhoe）寫道：

> 在持續不斷的大規模監視之下，我們幾乎永無寧日；我們被剝奪了（踏上儒家之道的）成長機會，不再有機會培養關照自己的想法與感覺的能力，無從自律、自序、無法透過持續修煉自己的過程來調整並改善自我。在這種環境下，會失去學習儒家的中心道德思想的機會，例如「誠信」或「知恥」。不再向內關照理解，不再透過持續修煉的過程來培養自己評估和打造自己的想法與感覺的能力，我會被迫以取悅國家和人工智慧監督者為目標來安排自己和我的生活。在這種條件下，我看不見我真正相信的良善與美德，我失去了對這類事物做出獨立判斷的動力。我們對自己的個人責任感以及我們理解、形塑並改善我們的共同社會生活的集體努力將被外包給國家，更準確來說，是交給了（中國共產黨）並且授權給一套演算法來判斷。[25]

中國這套不受歡迎、零散而且經常是草率行事的社會信用制度，實際上並不像艾芬豪擔心的大規模監控那麼無所不在或強大。《黑鏡》中的反烏托邦世界可能永遠都不會到來。面對大眾抵制的情況，中國的領導者可能改變心意，像是蘇州那樣。也或許，有了早期應對新冠肺炎的成功案例在先，利用強制的健康碼系統帶來的機會，加上不斷降低的技術成本，他們會繼續嘗試。

若是他們找到對的方法，就會像孟福所斷言的，可能永遠都回不去了。

「我們不可能會那樣」

我們很容易將中國的社會信用評分制度視為一套特殊案例，認為那永遠不可能發生在西方民主國家。然而，如果說近年的狀況給了我們什麼啟示，那就是民主國家遠比我們想像的來得脆弱許多，而且專制領袖在哪裡都能獲得權力。更甚之，要施行威權技術不一定要透過公開的威權政府。耶魯大學法學院蔡中曾中國中心（Paul Tsai China Center）駐北京資深研究員唐哲（Jeremy Daum）在《連線》雜誌的訪談中表示：「因為中國經常被視為光譜上的一種極端，我想這讓整個對話門檻因而改變。因此，任何比我們想像中的社會信用評分制度來得較為不具侵略性的體制，好像都還在可被接受的範圍內，至少聽起來我們沒有像中國那麼糟。」[26]

這一點值得探討，但願這是因為美國的評分方式做得太糟了。

二〇二〇年，Podcast節目According to Need主持人凱蒂·明各（Katie Mingle）調查了為何她的家鄉加州奧克蘭市始終沒有人去處理街友問題。她發現阿拉米達郡（Alameda）有一份街友名單，根據他們需要住房補助的程度予以排序。[27]有鑑於街友的平均壽命比起一般人短約百分之三十六，明各認為，「有家可歸相當於能多活好幾年，而在那份名單中列為優先就是回家的路。」

能否進到這份「八千強」名單中，靠的是街友在一套評估系統中得到的分數。殘疾是得到高分的其中一種方式，還有無家可歸的時間長短、是否得到愛滋病、是否有縱火或製毒的前科、或對酒精或毒品成癮。這套評分的方式還算可以理解，畢竟這些條件會讓人更難自己獨立找到住處。不過同時也很扭曲，因為這套評分系統不只是在獎勵有毒品或犯罪前科的人，更因此助長了結構性種族歧視。明各指出，由於種族因素造成的財富斷層，對於同樣無家可歸的街友來說，相較之下白人的環境通常較為優渥，所以要歷經更多苦難（例如，工傷、身心疾病、成癮問題）才會落到無家可歸的地步，而有色人種的街友表面上經歷過的苦難比較少，特別是黑人，他們本來在財務上就比較不受保障，很容易落入居無定所的境況。就系統而言，受過的苦難愈多，得到的分數愈高——因此白人更容易「名列前茅」。

稱這種評分系統是一種遊戲聽起來似乎很詭異，但是正因為住房市場競爭激烈，感覺上更像是一場遊戲。如果每個名單上的人都能很快找到家，就不會有什麼競爭可言。然而，美國的街友救助服務資源貧乏，這個分數決定了這八千戶當中，誰會是得到幾百份救命大獎的其中一位，因此變得格外重要。我們也不太能去責怪設計出這套系統的人，他們也是被迫得要有一套評價系統，真正的弊端是出在他們無法控制的政治決策上。

評分體制對美國來說其實並不陌生。早在一九八九年美國就開始採用FICO信用評分制度，後來又加進了其他財務金融信用評估系統，用以幫助銀行及信用卡公司決定個人放款額度。雖然這套評分制度並不是由美國政府掌管，但是你實際上逃不出這套信用評分制度，而且它現在可以影響你租屋或求職的能力。這些分數或許不像中國的社會信用制度那樣以增加誠信為目的，它們帶來的獎懲卻和中國一樣切實。否則，怎會有人透過特定手段來幫人增加信用評分，好比註冊特定信用卡或是加進現有信用卡的授權用戶的方法，這甚至成了一套小型產業。

正如消費者辯護律師哈維・羅森菲爾德（Harvey Rosenfield）與勞拉・安東尼尼（Laura Antonini）指出，其他商業評分系統正如雨後春筍般在全世界擴散，大肆收集個人數據來改善公司決策，像是決定要提供病人什麼樣的醫療服務，依據駕駛習慣決定汽車保險的保費，依據租戶的財務狀況評估其「吸收租金上漲」的能力。[28]和美國公民能自由查詢的財務信用評分不同的是，美國於二〇〇三年通過《公平與正確信用交易法》（FACT Act）以及二〇一〇年通過《陶德法蘭克法案》（Dodd-Frank Act）之後，這些分數通常不會提供給個人使用，其背後的演算機制也不開放查詢。[29]少了直接回饋的機制或是可供查詢的分數來鼓勵或是強制改變個人行為，究竟能否稱得上是遊戲化還有待商榷，然而一反常理的是，若是增加相關規定或是其透明公開的程度，反而會助長它們走完最後一步。

社會信用評分和財務信用評分只差一步便踏進遊戲化的領域。相較於大多數生活型態或是工作場所遊戲化機制，它們從行為到回饋之間的循環迴路要來得緩慢而模糊許多。政府和財務機構也沒有要嘗試透過挑戰或成就來取悅使用者。但是情況可能很快就會有所改變。隨著我們線上與線下的行為成為大數據，收集、處理的速度和量都與日俱增，我們可以預見很快就會有即時更新的信用分數；而隨著電玩遊戲成為主流文化，信用分數設計師採取遊戲美學來設計系統只是早晚的事。所以，如果不久後你收到邀請，要讓你踏上一段史詩般的旅程來改善你的信用分數，也是在意料之內。

政治宣傳

政府應用遊戲化的其中一種形式，是透過精心設計的娛樂活動來達到政治宣傳效果。二〇一九年是中華人民共和國七十週年國慶，騰訊順勢推出了《家圓夢》這款遊戲。遊戲設定是要打造自己的繁榮城市，這個概念乍聽之下像是《模擬城市》類型的策略經營遊戲，實際上卻是一款很單純的「點擊放置遊戲」，幾乎不需要任何技巧或策略。[30]玩家只要把建築蓋好、升級，即可持續獲得金幣，再透過這些金幣多蓋一些建築和升級。

為了符合「愛國」的國慶主題，《家圓夢》將中國各省的真實城市做為遊戲背景，其中也包含了香港和備受爭議的台灣。[31]每座城市都會有對應到現實世界的成就，比方說香港能達成「一國兩制」的成就。玩家也可以透過啟動「政策」來獲得遊戲增益，像是「一帶一路：效率加倍」。《南華早報》記者葉嘉栩稱這款遊戲因為容易上手且持續給予獎勵而「過度容易上癮」，他強調這個遊戲機制組合是「一種諷刺，尤其是當中國官媒持續強調要加強打擊遊戲成癮現象」。[32]該遊戲推出兩年後，同一個政府將立法限制線上遊戲，兒童及青少年每週只能上線短短的三小時，但是想要玩《家圓夢》的成年人則不在此限。[33]

《學習強國》（或稱為《學『習』強國》）也在二〇一九推出。這套應用程式設計上就是要推廣中國國家主席習近平的政治思想。它要透過觀看習近平的影片及新聞來取得分數，遊戲中有各種小考，考試範圍涵蓋中國娛樂圈的各種瑣事到中國共產黨的黨綱。[34]當然也少不了遊戲化最常見的元素：每日簽到獎勵和豐富的虛擬贈品。在《外交政策》（*Foreign Policy*）雜誌上，菲利浦·史賓斯（Philip Spence）直批中國政府虛偽地「樂於將免費遊戲的邪術套用在政治宣傳上。」

如果這款應用程式單純只是政治宣傳工具，很難想像整群人會特意去下載來用。不過，根據史賓斯的報導，《學習強國》中的免費課程也包含了程式設計，很多人從中學會Python和C語言（C++）並通過各種考試錄取公家機關或私人企業，該應用程式因此大受好評。《紐約時報》則報導了它的黑暗面：有些雇主要求員工每天都必須在阿里巴巴集團的釘釘（DingTalk）工作群組上傳得分截圖，這也就代表他們得在這套排行榜一分高下。[35]學生甚至會因為得分較低而在學校被辱罵。

這些特色使其在二〇一九年四月達到上百萬的用戶，藉此登上蘋果商店排行榜榜首。他們甚至計算出最划算的搶分方式，儼然成了一套生態系：「每天登入（+0.1分）、閱讀文章（+0.5）、觀看影片（+0.5）、加入書籤（+0.1）、分享（+0.2）、留下評語（+0.2），這些是每日必做的加分項目，總計1.6分，每日學習時間加2分，總計3.6分。再新增兩個追蹤，就有3.8分。有追蹤就不要答題，要答題就不要追蹤，要注意每日任務限時，以免錯過期限。」[36]

當然，很多人都因為這款遊戲將廣泛應用的遊戲化和強制力結合在一起而深感不悅。根據《外交政策》的內容，就有人抱怨：「讓更多人民了解國家發展是好事，但是當用戶被要求每天在特定等級得分，就變成一種公式化的日常負擔。」確實如此。

若要在遊戲中找樂子，現在中國沒有多少選擇。根據二〇二一年《南華早報》的報導，中國立法加強遊戲審查，強調遊戲必須傳達「正確價值觀」。葉嘉栩在報導中提到他看過一份備忘錄上寫著：「有些遊戲會模糊道德疆界。玩家可以選擇善惡陣營，但是我們不認為遊戲應該讓玩家有這種選擇，這一點必須改變。」[37]

如同中國的社會信用制度，當大家的焦點都在檢視中國透過遊戲化做政治宣傳，很容易忽略世界上其他地方其實也有類似的事情。以先前提過的烏托邦式的遊戲化《Urgent Evoke》為例，世界銀行就用來間接達到政治宣傳的功能。康克迪亞大學教育系教授大衛・瓦廷頓（David Waddington）認為，教育性的另類實境遊戲的目標在於將「創新方案的發想」群眾外包來解決食品安全、能源、貧窮以及人權等種種問題，其中隱含的哲學是「政府似乎效率低下且無力，而根據市場需求自產的解決方案則是便宜、民主又具改革性的做法。」[38]瓦廷頓以倫敦發生過的案例說明，當時倫敦面臨一場洪災，城市即將陷入霍亂流行的邊緣；人們說服彼此共同構思解決方案，說這是「一個向世界證明我們的水是安全的獨一無二的機會。」

最近，以色列於二〇一七年推出的「Act.IL」應用程式引導使用者在社群網路以及新聞網站上共同操縱輿論，對所有支持以色列的貼文分享點讚，同時噓爆並檢舉任何批評以色列的貼文。用戶會透過「任務」來協作，藉此獲取點數、徽章以及獎品；據《前鋒報》報導，高分用戶能贏得的獎品還包含政府部長寫的祝賀信。[39]儘管「Act.IL」是由赫茲利亞跨學科研究中心（Interdisciplinary Center in Herzliya）、以色列美國委員會（Israeli-American Council）、馬加比專案小組（Maccabee Task Force）共同執行的一項私人計畫，但是其創辦人亞登・本・約瑟夫（Yarden Ben Yosef）告訴《前鋒報》，以色列軍方以及情報局都曾要求他協助移除臉書上呼籲對猶太人或以色列人施行暴力的影片（本・約瑟夫後來收回了他的說法，表示他們只是經常有非正式接觸）。[40]「Act.IL」的用戶不多——截至二〇二一年十一月為止，Google Play商店僅有數千次的下載量——但據稱它成功讓美國匹茲學院（Pitzer College）保留以色列的留學計畫，並以反猶太主義為由推動美國加州公立學校修改族裔研究的課綱。[41]

其他政治宣傳的案例就沒這麼難發現，比方說真主黨所推出的《Special Force》系列電玩遊戲，玩家在其中扮演對抗以色列國防軍（Israel Defense Forces）的部隊。伊斯蘭革命衛隊（Islamic Revolutionary Guard Corps）的一名指揮官則於二〇二〇年提出一款扮演伊朗的巴斯杰（Basij）民兵參與喬治・佛洛伊德（George Floyd）事件對抗美國警方的遊戲[42]，試圖以這種方式從美國手上「取回網際空間主導權」。[43]然而，這並不是一件簡單的事：因為自從二〇〇二年《美國陸軍》（America's Army）系列遊戲發行之後，美國政府便投入大筆預算進行遊戲化政治宣傳，美國在這方面遙遙領先。

《美國陸軍》遊戲表面上是一款針對玩家的公關措施及徵兵工具。內容基本上和《決勝時刻》這類第一人稱射擊遊戲沒有太大差別，但是它有著更逼真寫實的武器與戰鬥細節，還有一套「榮譽」排名系統，要求玩家遵守美國陸軍的七項核心價值以及士兵教條（Soldier's Creed）。[44]截至二〇一八年為止，該系列有一千五百萬名註冊玩家，線上總遊戲時數超過兩億七千八百萬小時。[45]這種觸及率有著昂貴的代價——根據遊戲網站GameSpot報導，該遊戲每年要花費數百萬美金營運——但是軍方大概認為相較於在電視上打廣告，這樣很划算。[46]除了遊戲中的價值觀外，軍方也「大方承認」這些遊戲就是政治宣傳。[47]

軍方和娛樂產業合作也不是什麼新鮮事。好萊塢早在一九二七年就開始與美國國防部合作，由軍方派遣的娛樂聯絡官負責修改劇本，例如電視影集《24反恐任務》（*24*）、《變形金剛》（*Transformers*）和《鋼鐵人》（*Iron Man*）這類型的電影，目的是要改善軍方形象；做為交換條件，軍方會為片商提供軍事顧問及軍事裝備供拍攝使用。[48]在《衛報》（*Guardian*）的報導中，動視《決勝時刻》遊戲系列共同創辦人表示，長久以來都有軍方顧問協助修改故事內容以及增添寫實感。[49]軍方甚至在沒有參與的情況下也會設法加強其存在感。二〇二二年，第一人稱射擊遊戲《法魯賈六日》（Six Days in Fallujah）推出並引發爭議，內容以虛擬重現的方式描述伊拉克戰爭中一場實際戰役，該戰役中許多平民被殺，而且美軍還動用白磷武器，遊戲中請到了軍方人員以私聘職位的身分擔任顧問。[50]玩家會以美軍士兵的身分參與街戰，體驗他們充滿「勇氣與犧牲」的故事。[51]

美軍於二〇一八年開始派遣自己的電競團隊在Twitch平台上進行直播，目的也是擴大官方招募範疇。[52]二〇二〇年，美國眾議員亞歷山卓・歐加修—寇蒂茲（Alexandria Ocasio-Cortez）提出一項修正案，禁止軍方透過電玩遊戲平台募兵。她認為美國應該

「克制並限制自己，不能在孩童用來玩《動物森友會》和《決勝時刻》等遊戲的平台上，有明確的招募策略。……我們不能將戰爭與服役透過這種遊戲化的形式混為一談。」[53] 歐加修—蔻蒂茲並指出，美國海軍陸戰隊曾直言，「品牌和與戰鬥有關的問題太過嚴肅，不可能以負責任的方式『遊戲化』論之。」然而，她這項修正案並未通過。[54] 截至二〇二〇年五月，美軍電競計畫吸引超過一萬六千人對加入軍隊產生興趣。[55]

戰棋遊戲

以色列國防軍採取徵兵制，意謂著他們不需要像美國那樣將精力專注在擴大兵源上，但是也在其他方面配合年輕人的經驗進行調整。以色列的「卡梅爾」(Carmel) 裝甲戰車的原型機上配置了Xbox搖桿來控制轉向、武器系統以及各種操作，螢幕畫面則採用了以電玩遊戲為概念設計的類遊戲介面。[56] 理論上，士兵對於Xbox搖桿配置的熟悉度將讓他們能夠更快精通這套系統。

更常見的情況是：軍隊利用電玩科技進行訓練。我在英國就讀的中學，學生必須參加海陸空三軍訓練（〔Combined Cadet Force〕類似美國初級預備役軍官訓練團〔JROTC〕計畫）或是進行社區勞動服務。由於我向來都對飛行有興趣，我加入了空軍部門的軍訓計畫。在皇家空軍基地參加住宿營隊時，我們體驗了以特製的SA80步槍射擊大投影幕的模擬訓練，感覺就像是大型光槍遊戲機台，只是比較無聊一點。

訓練科技在過去二十年來也有了很大的進步。現今使用的主流訓練系統當中，其中一套是由波希米亞互動模擬（Bohemia

Interactive Simulations, BISim）開發的第四代虛擬戰場系統（Virtual Battle Space 4, VBS4）。該系統涵蓋所能想像到的各種軍事應用，能夠模擬在地球上任何地點操作直升機、無人機、坦克、船艦、防空砲等等。波希米亞互動模擬為二〇〇一年從一間總部位於捷克的電玩遊戲公司波希米亞互動工作室（Bohemia Interactive）獨立出來的子公司，他們採用廣受好評的《武裝行動2》（ARMA 2）電玩遊戲引擎打造出第四代虛擬戰場系統。該工作室號稱與超過五十個國防組織有業務合作，其中包含美軍。他們現在更提供以虛擬實境進行集體訓練（換句話說，就是多人連線遊戲）。

美軍長久以來都和波希米亞互動模擬有合作關係。美軍於二〇〇四年採用的「DARWARS Ambush!」襲擊遊戲模擬訓練計畫，就是以波希米亞互動模擬於二〇〇一年推出的遊戲《閃擊點行動：冷戰危機》（Operation Flashpoint: Cold War Crisis）為核心去模組化改製而成。DARWARS計畫因此無意間和波希米亞互動模擬自家剛起步的第一代虛擬戰場系統打對頭，最後這場混戰直到二〇〇九年軍方與其簽下「Game After Ambush」合約，從此正式採用波希米亞互動模擬的虛擬戰場系統為核心，這場爭議才畫下句點。[59]

DARWARS計畫是美國國防高等研究計畫署（Defense Advanced Research Projects Agency, DARPA）推行的眾多遊戲化研究計畫之一。[60]計畫中最有趣的案例莫過於二〇〇九年的國防高等研究計畫署網路挑戰賽（DARPA Network Challenge），一場為紀念網際網路推出四十週年所舉辦的比賽。比賽目標是探索線上社群將如何去解決不尋常、大範圍、時機敏感的問題。於是，主辦單位宣布在二〇〇九年十二月五日，美東標準時間早上十點整，於全美各地十個定點放出八呎高的紅色氣球，並提供四萬美元的獎金給第一個找出所有位置的團隊。他們預計把汽球放置兩天，但是最後，來自麻省理工學院的團隊只花了近九小時便獲得勝利。[61]他們是怎麼辦到的？——多層次傳銷手法。他們對外宣布將鼓勵目擊者向他們團隊通風報信，不只是看到氣球的人可以拿到兩千美元獎金，邀請目擊者參加的人也會有一千美元獎金，而邀請者的邀請者也有五百美元獎金，以此類推。

國防高等研究計畫署提出的計畫中，並非所有概念都能開花結果。他們於二〇一二年宣布「網路安全X計畫」（Plan X），用意是讓發動網路戰打起來像是玩《魔獸世界》一樣容易，尤其是針對那些不是技術腦的士兵和指揮官。[62]該計畫主持人丹・羅爾克（Dan Roelker）在《連線》雜誌訪談中表示，「比方說你玩《魔獸世界》，裡面有某把武器，能力可能是+^{5}之類的。你未必會知道這把武器是用什麼咒語創造出來的，對吧？你知道的就是他的數值是多少，可以怎麼幫你。概念是一樣的。你不需要知道技術上的細節。」

這套以遊戲為靈感啟發的介面，在「網路安全X計畫」轉型為二〇一八年成熟後的「IKE計畫」過程中被淘汰掉了，但是高等研究計畫署對於遊戲化的熱忱仍絲毫不減。[63]二〇一六年，他們宣布了一項名為「將搜尋戰略驚喜遊戲化」（Gamifying the Search for Strategic Surprise）的新計畫，「透過將線上遊戲與社群媒體技術及其他科技結合應用，來讓大量的專家與深度思想家參與」以「防備科技意外發展」。[64]次年，國防高等研究計畫署開始探索次世代的戰棋遊戲，將整套從總統及內閣階級的高層次戰略思想到地面部隊的戰術決策建立成模擬模型，該計畫明白地引用了《文明帝國》之類的回合制戰略遊戲、多人連線的即時制戰略遊戲以及第一人稱射擊遊戲。[65]

美國政府運用電玩遊戲科技的方式並不代表整個遊戲產業；該政府只是不擇手段地用上了任何可用的工具。然而，我們應該對此更加留意，因為政府有可能將遊戲機制用在起初看起來無害，但是卻可能導致不良後果的用途上。國防高等研究計畫署網路挑戰賽對於參與團隊來說是個很刺激的經驗，同時也為美國國防部提供了無價的數據，藉此研究如何透過整合線上社群，以廉價的手段眾籌獲取軍事情報。

將遊戲機制納入戰略規畫中，也可能造成參加者的思維以危險的方式受到扭曲，吉兒・萊波爾（Jill Lepore）在《輿情操縱》（*If Then*）一書中就對此有所描述。一九六一年美國高等研究計畫署（Advanced Research Projects Agency, ARPA），即國防高等研究計畫署的前身，以「AGILE計畫」為名針對越南以及泰國展開各項反叛亂研究計畫。一九六四年，其中一項計畫以研究「作戰動機和士氣」的名義，派出了一個由蘭德公司（RAND Corporation）的研究者組成的團隊前往西貢，與北越人民以及越共戰俘、逃兵進行訪談。該研究指出，越共軍隊戰鬥的毅力比任何人想像得還要高。時任副國務卿的喬治・鮑爾（George Ball）在讀到這份報告後提出警告，「如果要有任何能夠戰術性撤退的機會，現在就是時候了。」遺憾的是，鮑爾的警告並未受重視。

在該年同步展開的另一個計畫中，高等研究計畫署、蘭德公司以及西模麥堤公司（Simulmatics Corporation）合作，試圖以「動態建模」的方式開發一套新型態的即時制戰棋模擬系統。不同於以往的電腦模擬系統，過去一次只能改變一項變數（例如，軍隊人數、天氣因素、戰鬥事件）並且將計算出來的結果以靜態圖片的方式展示出來，新的模擬系統可以讓實驗者改變多項變數，並且即時看到產生出來的效果。當然，以當時的科技，想也知道這是白費工夫，在西模麥堤公司以魅力科技的模式承諾會將全世界人口列入模擬的前提下，幾年內仍砸進了數百萬美元的預算。

西模麥堤公司還有另一個失敗的計畫稱為「村莊評估系統」（Hamlet Evaluation System, HES），這套系統目標是將南越四十五個省份中，一萬兩千五百個具有戰略性的小村莊相關的統計資料彙整成一份每日報告。之所以會有村莊評估系統，一部分是因為國內有想要了解越戰具體進度的聲浪，用歷史學家伊恩．貝克特（Ian Beckett）及約翰．皮姆洛特（John Pimlott）的話來說就是：「某種衡量遊戲進度的評分卡。」[66]因此，即使戰事在現實中的進度是場災難，仍然可以透過不準確且偏頗的數據（舉例來說，美國的數據收集員不會說越南語、越南翻譯官翻譯時改了問題、農民答非所問、翻譯官翻譯時更改了答案……諸如此類的數據偏差）來表示有所進展。[67]

一九六九年，甘迺迪總統及詹森總統特別助理的理查．古德溫（Richard Goodwin）總結美國犯下的錯誤：「關鍵因素始終是河內的意圖、越共的意願、南越政治狀況以及農民的忠誠度。我們不只愚昧地忽視這些因素，而且因為這些意念永遠無法被簡化成圖表和算式，所以也就沒有下工夫深入研究。會議桌上沒有任何一位了解越南文化的專家。我們被圖表和電腦、五角大廈和戰爭遊戲所迷惑，我們公開依賴著並計算著這些難以計量的東西。」[68]

但是，高等研究計畫署其實知道越共的意願以及農民的忠誠度，因為先前曾做過「作戰動機和士氣」研究。只是他們為了繼續玩這場戰爭遊戲，忽視了這些資訊，延續這場害數百萬人喪命的戰爭。

五十年後，我們或許正要面臨重蹈覆轍的風險。下一代的戰爭遊戲將會有更複雜的科技，靠著更細緻的即時世界數據，光是最新的電玩遊戲引擎就能辦到。Unity科技公司（Unity Technologies）所研發的同名遊戲引擎是全世界最受歡迎的遊戲引擎之一，該公司目前在協助改善美國國防部以AI模擬戰事的業務，這一點讓公司員工感到擔憂。[69]另一方面，英國一家以SpatialOS技術方案聞名的跨國科技公司Improbable，最近也以他們創造的「合成環境」（synthetic environment）戰棋遊戲系統開始轉向國防領域發展。Improbable負責美國國防部業務的總經理凱特琳·多爾曼（Caitlin Dohrman）將該公司的業務比作二十一世紀的SIMNET。[70] SIMNET為模擬器網路（simulator networking）的縮寫，是美軍於一九八〇年代到九〇年代時啟用的初期網路訓練及任務演練模擬系統之一，當時的出資者正是高等研究計畫署。

Improbable的合成環境無疑比西模麥堤公司當初破舊的模擬系統來得先進許多，不過其背後原理和目的是相同的。Improbable國防與安全部門執行長喬·羅賓遜（Joe Robinson）將他們的產品稱作「假想機器」（what-if machine），它可以讓軍方以大量不同的虛擬情境進行模擬，每一項模擬都可以有各自的全新變數。他對《金融時報》表示，「我們的長期目標是……要讓政府能夠在虛擬世界測試不同的想法、測試不同的行動選擇，之後再於現實世界中實行。」

根據《金融時報》報導，截至二〇二〇年，英國國防部與Improbable的合約已超過兩千五百萬歐元。[71]無獨有偶，就和中國地方政府伺機推廣其社會信用制度時一樣，新冠疫情成了刺激這筆預算的主要原因。英國國防部高層認為合成環境能夠用來應對未來的疫情、自然災害以及戰爭，提前規畫對應策略。

選舉

讓某人當上自由世界的領袖的過程看起來總像是一場競賽遊戲。近年一場難分高下的美國選舉，就展現出最終決定總統人選的選舉人團制度的奇妙規則，更不用提早期初選時那套像是奧術一樣的神祕過程。

愛荷華州民主黨黨團會議（the Iowa Democratic caucuses）被比作史上最具影響力的大風吹遊戲，支持某位候選人的支持者會在房間裡占據自己的一方，並試圖說服其他人在接下來幾輪選舉中加入自己這方。長久以來，專家都認為這套枯燥且混亂的程序對於年輕人沒有多大的吸引力。佛羅里達大學專門研究選民投票率的麥克・麥唐納（Michael McDonald）在《時代雜誌》上表示，「傳統智慧對於那些依賴年輕選票的候選人有個稱呼：輸家。」結果二〇〇八年，歐巴馬靠著大批的首投族拿下愛荷華州的黨團會議，麥唐納表示，「顯然，這次不太一樣。」

歐巴馬在愛荷華州這場驚人逆轉鼓舞了他的競選活動，讓關鍵的黑人初選選民相信其他普通選民實際上也會投給他，尤其是白人選民。這也讓他的競選團隊更有信心決定以小型黨團為主的州做為目標，像是愛達荷州這種「黨團代表所需成本」（cost-per-delegate）相對低廉的地方（這些代表在民主黨全國代表大會上將會決定提名人選）。[73]這套策略成功與否，取決於「超級志願者」（super-volunteers）的人脈網，也就是那些不惜輟學或離職來為競選工作效力的熱情支持者。這些超級志願者會幫助培訓其他支持者，讓其他人參與黨團作戰計畫，同時也會組織電話募款及登門拜訪的活動。不過，他們可不是孤軍奮戰：他們背後有一場更大的遊戲支持著他們。

二〇〇七年十二月九日，南卡羅萊納大學的足球場外發生了一件很有意思的事件。當數萬人排隊進場時，每個人都拿到了一張小紙條，上面寫了四組人名及電話號碼。根據新聞網站《Politico》班・史密斯（Ben Smith）的報導，在該場活動中，要求每個人打電話給紙條上的人，請他們在接下來的初選投給歐巴馬。[74]於是，締造了上千名與會者在十分鐘內達成金氏世界紀錄，金氏世界紀錄的發言人登上舞台宣布為史上「最大規模的電話募款活動」。

這個紀錄可能只維持了幾個月，因為到了二〇〇八年八月二十八日，丹佛的景順體育場（Invesco Field）外排了足足六哩長的隊伍，據說有將近八萬人等待入場。[75]這些人都是為了歐巴馬正式獲得民主黨總統候選人提名而來，於是，他們再一次收到請求，打出更多電話來為選戰效力。

當然，大多數的電話募款都不是在造勢大會的體育館外打的，而是從家中或是競選辦公室撥出。歐巴馬的競選團隊向來精通科技，他們試圖追蹤並分析每一通電話。甚至早在二〇〇七年九月，歐巴馬甫加入選戰時，其競選團隊就已經開發出線上工具和排行榜，展示每天前十名的電話專家。[76]進入普選階段後，歐巴馬競選網站MyBO（my.barackobama.com）還會為舉辦聚會以及募款的人發給點數獎勵。歐巴馬的共和黨對手麥肯也跟進，將他的官方網站（McCainSpace）遊戲化，加進了點數和排行榜的系統，然而相較於歐巴馬的網站，可說是既難用又簡陋。

儘管MyBO以現在的眼光來看顯得過時，但在二〇〇八年就有這種以類似遊戲的經驗來鼓勵玩家在現實生活中採取行動的想法，可說是革命性的創舉。當時，哈佛大學伯克曼網際網路與社會研究中心（Berkman Klein Center for Internet & Society at Harvard）研究員金・顧（Gene Koo），將之比做另類實境遊戲。[78]然而，他也指出歐巴馬競選網站的點數系統無法辨識出條狀貢獻的寶貴支持：「一月時，我和我的夥伴開車南下到南卡羅萊納州，花了一週待在戰壕當中，最後我們協助管理一個意見領袖集結地點。為此，以及在麻州、佛州、賓州的後續工作，我們拿到了一個大鴨蛋，因為我們無法讓歐巴馬競選網站知道我們在做什麼。」與此同時，其他人則利用舉辦假活動和假裝打出電話的方式來玩弄這套系統。

顧對此提出的批判預示了通用遊戲化的部分失敗原因，但是MyBO很快就解決了許多的問題。設計師清空了長久累積下來的排行榜，讓更廣泛的新進支持者能一起從零開始，接著他們將支持者的點數設為會隨時間減少，這樣一來，就能鼓勵支持者更常態的持續參與。至於阻止作弊的方面，他們減少了排名高的人得到的實質物質獎勵；取而代之的是，點數效力變成一種指引，讓人知道哪些活動對於競選活動來說比較重要。最後，MyBO的使用者舉辦了超過二十萬次活動，募得超過三千萬美元（佔歐巴馬競選募款總額的百分之五），光是選前最後四天的競選活動中，就撥出了超過三百萬通電話。[79]

由於沒有實驗對照組，我們無從得知MyBO上的遊戲化究竟帶來多大的改變。不過，儘管點數和徽章本身沒辦法提供動力，只要將之與現有的動力結合，就能讓支持者得以用來設定目標，讓無止盡的電話募款得到直觀的進度感——尤其這還是渴望將巴拉克．歐巴馬送進橢圓辦公室的巨大動力。

競選活動的遊戲化延續至今，希拉蕊陣營推出的「希拉蕊2016」（Hillary 2016）助選軟體超越了單純的分數和排行榜，從《農場鄉村》和《卡通農場》（Hay Day）這種日常小遊戲中取經。[80]使用者一開始只有一片空蕩蕩的數位總部辦公室，隨著他們參與遊戲獲得星星獎勵之後，使用者得以改建辦公室，獲取獎勵的方法像是在社群軟體上公開支持希拉蕊、登錄信箱接收競選文宣、在活動時打卡簽到等。星星也能拿來兌換真實世界中的獎勵：一百二十顆星星可以換得競選周邊商品八折優惠，如果拿到三百二十五顆星星，你還能拿到希拉蕊親筆簽名的紀念品。[81]

川普陣營後來也在競選連任時推出了「川普2020」（Trump 2020），同樣使用和希拉蕊陣營的軟體高度相似的遊戲化策略，獎勵點數可以換取周邊商品優惠，甚至有機會和總統合照。[82]川普的軟體證明了遊戲化本身是沒有政治忠誠度的中立工具——

另外，它也證明了遊戲化未必就會有效。

公民參與

如果遊戲化只是一種誰都可以利用的工具，那勢必有比起推廣中央集權或是國家強制力以外更好的用法。公民和政策制定者可以利用複雜的城市模擬，了解政策與制定政策，這就是公民參與遊戲化的一種方式（也被稱為「e化政治參與」），但是大多時候，遊戲化只是在民主和政治制定的過程中加點樂趣，像是參與式預算和城市規畫。[83]公民遊戲還不是很常見的做法，坦佩雷大學（University of Tampere）遊戲化研究團隊的盧布娜．哈珊（Lobna Hassan）和約和．哈瑪利（Juho Hamari）就認為通常遊戲化還是僅限於由上而下「支持政府，而不是挑戰政策的用途」。

除了定期選舉外，很多民主政府都還在拿捏要怎麼（或要不要）回應公民觀點，公民參與的遊戲多數還僅限於風險不大的計畫階段。偶爾也會有一些民主政府試圖透過大規模遊戲化來施行政策，其中台灣的發票系統就是傑出的一手，這套系統透過彩券式的獎金讓公民透過消費索取發票，藉此促使商家合法繳稅。另外還有「vTaiwan數位經濟法規線上諮詢」平台，目的是透過遊戲讓公民在議題上增加共識，減少分裂。[84]

畢竟公民參與遊戲也可能說翻臉就翻臉。「聖地牙哥在一起計畫」（Juntos Santiago program; Together Santiago）是二〇一六年由彭博慈善基金會（Bloomberg Philanthropies）在智利聖地牙哥提出的市長挑戰，遊戲內容是鼓勵當地孩童健康飲食、多運動。[85]參加隊伍由十到十二歲孩童組成，他們可以透過建立健康生活習慣來得分，並且選擇游泳池之旅或是新遊樂器材之類的獎勵。縱使該計畫立意良善，但是它將孩子們應得的資源變成一場彼此惡鬥的絕望競爭。無情的競爭模式和資本主義顯然太好用了，連彭博都忍不住用在慈善機構上。

當政府利用彩券基金做為窮困階級的基本社會福利基金時，這種邏輯更顯得清晰。希歐斯智庫（Theos think tank）在二〇〇九年針對英國國家彩券提出的報告指出，「低社經地位族群比其他較富裕的人更常購買彩券，但是他們從彩券基金中獲得的利益是最少的。這或多或少證實了國家彩券是對窮人『課稅』並將利益轉移到中產階級身上的說法。」[86]一九九四到二〇二〇年，英國國家彩券基金收益高達四百二十億英鎊。這筆錢被用在各種「慈善用途」上，像是藝術、體育、健康、教育和環保。然而這筆預算大可透過更有社會公正性的方式籌得，例如提高商業稅或所得稅。[87]美國州營彩券有類似的現象，二〇一一年的研究指出，「社經地位最低的五組群體參與賭博形式彩券的比例最高（百分之六十一），同時在前一年參與賭博的平均日數最高（每年二十六．一天）」[88]

雖然購買彩券是個人選擇，但是它利用了人性的弱點，透過心理學讓人自願踏入財務危機，這也正是賭博受到重重法令限制的原因。縱使將彩券基金收益用在慈善用途上，也難以粉飾其背後帶來更大的傷害。無論如何，它都是利用了人們的希望和夢想換來的。作家莉亞．蒙西（Leah Muncy）提到她母親購買加州彩券的惡習帶來的切身經驗：「加州彩券帶來的是另一種形式的資本競爭騙局，它有著飄渺的希望，讓彩券玩家誤信可以從中如願以償地獲得報酬。加州彩券說到底就是將美國夢化為一場遊戲。我母親努力工作、抱持夢想，但是並不足以維持穩定收入。彩券為美國畫出了經濟流動的大餅，卻沒有要實踐的意思。」[89]

教育

教育可說是遊戲化應用的原型範例之一，早在數個世紀前，就開始利用點數、獎勵、排行榜、桌遊、電玩等各種方式做為教育輔助。遊戲化的教學工具從平庸的（《神偷卡門》〔Where in the World Is Carmen Sandiego?〕）到真正啟發人心的（《坎巴拉太空計畫》、《自由！》）都有，但即使是最受歡迎的遊戲，也受限於設計因素，涵蓋範圍仍十分有限：《奧勒岡小徑》再怎麼走就只能走上一小段路。另一方面，若是將整體教學經驗遊戲化，而不是針對特定主題或技能，就有著能在大上許多的範疇上改變行為的潛力。

我老家在愛丁堡，那裡有一間童年博物館（Museum of Childhood）展示了十九世紀到二十世紀初學生千辛萬苦收集的各種獎章和證書，例如亞尼思．羅伯森（Agnes Robson）在布倫茨菲爾德學校（Bruntsfield School）連續十年全勤換來的一系列獎章。全勤獎章現在已經很少見了；我們通常不會鼓勵家長或學童只是為了全勤獎勵冒險搞壞自己的身體，甚至讓別人也生病。但取而代之的是，以全校為基準的評分和獎勵系統。

以中國部署中的校園人臉辨識系統為例，根據新聞網站《Sixth Tone》薛玉傑（Xue Yujie）的報導[90]，漢王教育負責開發校園管理系統（Class Care System, CCS），該系統聲稱能夠利用攝影機和深度學習演算法來辨識學生，並將學生的行為歸納為聆聽中、書寫中、睡覺中、回答問題，以及與其他學生互動。這些行為加總後會統計成分數供教師透過手機應用程式查看。

漢王教育總經理張浩鵬（Zhang Haopeng）在二〇一八年向該記者展示了赤峰第四中學採用的系統：「家長也可以查看（分數）。例如，這個學生的報告顯示他在課堂上很少主動回答老師的問題。所以他的英語課參與程度標示為低。回答問題的次數：一次。」張讀著自動生成的報告，「本週，該名學生於課堂時間有百分之九十四．〇八在專注狀態。該年級平均為百分之八十四．六四。他花在書寫的時間為百分之四．六五，比年級平均低了百分之十．五七。」

浙江省杭州第十一中學選用了另一套由大型監視系統公司海康威視所開發的「智慧型課堂行為管理系統」。[91] 這套系統採用即時分數的模式，將分數顯示在教室內懸掛的螢幕上，各班的平均分數則以排行榜形式顯示在川堂的大螢幕。該系統採用六項不同的行為來計分，類似前述的校園管理系統，另外加入七種臉部表情統計，其中包含面無表情、開心、難過、憤怒以及害怕。根據二〇一九年GETCHINA Insights網站的一篇文章，上海中醫藥大學附屬小學採用了另一套AI臉部辨識系統，計分依據學生是否有微笑、向師長打招呼或是撿垃圾。

據稱開發人工智慧系統的目的是要改善學生表現並提升課堂紀律。如同社會信用體系一般，家長對此的反應不一。部分家長認為評分系統能夠降低霸凌，提供更安全的教育環境。其他人則提出反對，認為除非所有家長都達成共識，否則小學不應該導入這些系統。但仍有少數學生似乎對此感到開心。薛玉傑實際在線上與來自杭州第十一中學的學生訪談後表示：「一名學生告訴我，在安裝這套系統後，他的同學完全被『擊垮』。因為這套系統會給學生公開評分，他和他的同學不敢打瞌睡，甚至連打呵欠都怕被懲罰，這種激勵方式未必能增加學習專注度。事實上，學生的專注力都放在設法在下課前保持清醒。他說，『下課時間沒人離開教室，我們全都倒在桌上睡覺。』」

當中國採用臉部辨識系統的新聞在二〇一八年登上國際新聞版面時，震驚了全世界。但實際上，類似的課堂行為管理系統早在至少七年前就出現在西方學校，只是用了另一個名稱ClassDojo。

ClassDojo是一間先進的「教育科技」公司，旨在幫助教師利用遊戲化應用程式來追蹤學生行為。自二〇一一年創辦以來，在九千六百萬美元的鉅額投資下，該公司得以藉由免費使用的方式，規避掉教育採購必經的繁文縟節，並透過電話推銷的方式接觸數百位教師。[92]到了二〇二一年，美國的八年制學校（K–8 schools）中有百分之九十五的學校採用ClassDojo平台，並向一百八十個國家的用戶提供服務。[93]

儘管ClassDojo包含許多功能，像是建立數位學習履歷和專供學生、教師及家長用的課堂社群，該應用程式對於教師來說，最大的吸引力是能夠透過自訂的行為清單給予學生Dojo點數的加分獎勵或扣分懲罰。例如，在上課期間，老師可以根據學生表現，點擊學生頭像給予「友善」或「團隊合作」加分；或是以「不守規定」、甚至「上課時間去洗手間」給予扣分。[94]有些學校會有Dojo商店，讓學生可以拿點數來換獎品；以英國紐波特的聖朱利安斯小學為例，八十分可以換到提前用餐的資格，一百四十分則能讓你和朋友一起玩十五分鐘的Xbox。[95]在美國田納西州的士麥那小學則是能以二十五分換兩枝棒棒糖，或是以一百分換一罐雪碧。

在這個模式下，ClassDojo成為一套遊戲化的規訓系統——而且是備受教師讚賞的系統。二〇一八年，英國兒童事務專員（children's commissioner）指出，「根據教師回饋，ClassDojo在課堂上是非常有價值的工具。它能幫助教師與原先較愛搗亂或不感興趣的學生互動，並且讓教室變成一個對於大多數學童來說更有趣的學習環境。」[96]我們不難聽到教師讚美其中的行為管理工具，還會讓他們更容易直接和家長溝通，尤其是那些想要盡可能得到關於自家小孩資訊的家長。[97]至於任何對它有所批評的言論，通常都被其他教師認為是使用方法的問題（「它就只是個工具」的辯護模式），或者，也許獎勵和懲罰向來是維持教室秩序的必要手段。從這個層面上來說，ClassDojo算是在別無選擇下最好的方案了——對於苦於過勞的教師就像是雪中送炭一樣，況且比起把彈珠放進獎勵罐裡的老招，它用起來要簡單的多。以一個用在這麼多學童身上的應用程式，相關學術研究無疑是不夠的。

根據二〇二〇年在馬德里針對二十一名中學生進行的研究發現，該應用程式實務上在僅僅四週內，就消滅了課堂上使用手機以及未經允許說話的問題。[98]二〇二一年，另一項於土耳其馬爾丁省針對三十名英文課學生進行的小型研究中也發現，學生行為在八週的課程中有所改善——儘管學生對於上英文課的態度變得更消極。遺憾的是，這兩個研究都太短，無法確定行為改善是否只是短暫的新鮮感帶來的效果，而許多人都認為ClassDojo這套行為主義式方法會導致這種結果。

然而，很多教師聲稱ClassDojo帶來的好處來自該應用程式的課程計畫和培養「成長心態」（growth mindset）的影片。成長心態的概念源自於史丹佛大學心理系教授卡蘿・杜維克（Carol Dweck），在成長思維中，能力、智力和天賦源自於勤奮、好奇和毅力。[99]相對概念是「定型心態」（fixed mindset），也就是相信能力與智力是天生而無法改變的特質——所以，若你對小孩說：「好棒，你好聰明！」你給予的概念是定型心態，然而，如果你是說：「做得好，你很努力！」便能培養出成長心態。

成長心態的概念在二〇〇〇年開始的前十年變得很受歡迎，到了二〇一〇年代，其原則已獲許多公司及學校於教育訓練中採用。二〇一六年，ClassDojo與杜維克合作，在史丹佛大學拓展教育研究專案中心（The Project for Education Research That Scales, PERTS）打造其中的成長心態相關內容。[100]若是瞇著眼睛看，你還能說服自己那些看似通用遊戲化的內容（以點數獎勵「團隊合作」或「堅持不懈」的行為）實際上是在鼓勵學生的成長心態，藉此給予孩童信心去發展自己的能力。

只是還有個小問題：成長心態對於學校的學童未必有所幫助。二〇一八年發表的兩份統合分析報告中發現，為了增強學生的成長心態設計的干預措施，對於他們的學術表現只有幾週的薄弱影響，而在二〇一九年一份隨機對照測驗，針對一百零一所學校中的五千零一十八名學生進行測驗，發現成長心態對於他們的識字或算術能力發展並沒有影響。[101]這有可能是因為課堂環境下要教學生成長心態是很難的事情，抑或是目前的學術成就衡量方式無法測出成長心態帶來的效益。無論如何，近期這些研究顯示ClassDojo的非行為主義理論基礎可能搖搖欲墜。

但是，如果ClassDojo的遊戲化真的能夠改善課堂行為——即便沒有適當研究證明這一點——我們不是應該為此感到欣慰嗎？你的答案可能會取決於你對於被應用程式管理的經驗為何。在研讀麥可・伯格（Michael Burger）針對ClassDojo在學校課堂上的感知效果所做的研究時，我對於教師和學生多常討論到該應用程式中的聲音元素更感到訝異。[102]有些教師喜歡將學生分數以畫面顯示在螢幕上或投影出來，但真正被視為不可或缺的卻是聲音元素。

儘管我自己也做過一個以聲音為主的應用程式，每當我聽說對於聲音提示在其他環境下多有效時，總會感到驚喜。我們生活在一個圍繞著螢幕生活的文化裡，很容易認為視覺效果會激起最強烈的反應。然而，我實際在外面測試《殭屍大逃亡》的時候，當殭屍在我背後咆嘯，我還是衝得像第一次試玩時一樣快。在ClassDojo中，同樣也會在老師扣分時有一聲凝重的「咚！」音效。學生認得那個聲音，而且他們會害怕：「（這些音效）有時候很重要，因為當你聽到就知道有事情發生了。所以，若是負面音效，你就會想說，『希望不是我。』所以，我都盡量全力以赴。」

「那些音效背後代表扣分，聽了會像被電到一樣。如果（老師）接連扣分，大家就會『噓！』，然後便安靜下來。」

「所以只要聽到扣分，大家就會自動安靜下來。」

伯格推測，ClassDojo的音效成分比起視覺更不容易讓人分心，這也讓它和其他班級經營應用程式有所不同。教師們很清楚音效的魔力，其中有人將之比做一種操作制約：「我絕對相信音效有所幫助。學生會習慣這些音效，所以當他們聽到的時候，就會改變他們的行為。（原句）」若是扣分還達不到效果，在ClassDojo的官方部落格文章中，該公司的思維夥伴（Thought Partner）奧莉維亞・布雷哲（Olivia Blazer）進一步提出了完美的解決方案：

> 根據經驗，當學生看不見是誰在評分，加分與扣分音效產生的效果會更好。聽見音效時，學生會立刻自我審查自己的行為。他們稱之為「Dojo效應」。學生只要一聽到聲音，真的就會「正襟危坐」認真念書。他們心想，「是我嗎？我現在這樣做對嗎？」你甚至可以在班上設一個不存在的稻草人，利用幫他加減分的方式來實施「Dojo效應」策略。[103]

對有心人士來說，沒有比這更適合打造出傅柯的全景監控的方法了。

ClassDojo讓家長感到五味雜陳。[104]有些家長喜歡這套應用程式，對於能夠隨時掌握小孩的行為給予讚賞。[105]其他人則在美國教育工作者協會（Association of American Educators）網站上抱怨分數不公，或是為何所有大小行為都要計分：「剛開始幾週很棒，但是現在孩子已經為了一些小事被扣三次分數，像是上課發出噪音或是在地毯上玩。我不需要知道你到底認為他做錯了多少小事。糾正他就好。」另一位家長則為孩子的焦慮感而擔憂：「我女兒是個模範生，向來表現良好，老師們都對她稱讚有加。不過短短兩天，我就能看得出她受到負面衝擊，她回到家都在擔心她的分數，問我到底要怎麼拿到分數。今早她問能不能不要去上學，因為她害怕做錯事被扣分，她才六歲而已。」

先前提過，有位兒童事務專員曾說教師們喜歡ClassDojo，但同時也轉述了他們的憂慮，「這會讓孩童習慣無時無刻受到監控，可能導致其發展及童年經驗受到衝擊。」至於孩子們的想法呢？《紐約時報》採訪的一名三年級學童表示：「我喜歡它，因為你做了對的事情會得到獎勵——就和狗狗一樣。」[106]

愛丁堡大學數位教育研究中心（Centre for Research in Digital Education）特聘研究員班・威廉森（Ben Williamson）是在自己的小孩從學校接觸ClassDojo時開始留意到它。威廉森對ClassDojo的行為主義機制提出批評，他認為這套機制所帶來的純粹是外部動機，而不是發自內心對讀書本身產生興趣。[107]但是他的批評並不止於動機問題：如同中國社會學家于建嶸曾質疑誰有權力決定什麼才算是公民的質與量，威廉森也質問，「誰來決定什麼是『正確』的行為，又要依照什麼基準來做判斷？」如今，生殺大權掌握在每位教師和學校手裡，他們有權自行調整ClassDojo提供的預設清單，也就是說，正確的公民行為並不是由更高層或是要負起民主責任的當權者決定的。

威廉森也擔心ClassDojo是否會進一步加劇不平等的情況；舉例來說，我們無法得知這些分數評估標準，是否公平考量到社經地位的差距、種族以及性別的特質等差距。數年來，他呼籲學界針對這些議題進一步做更多研究，但是從該應用程式推出至今，十年來相關效果的詳細研究仍相當匱乏。

ClassDojo是一間公司。它背後不是研究單位或是政府機關，正因為不像這些單位需要負起民主上的責任，它能夠為政府所不能為之事。不過，ClassDojo並非站在政府的對立面。至少就英國和美國而言，它達成了兩黨共同的目標：持續衡量透過鼓勵或遊戲化來讓學生改變行為的成效，而且幾乎不花納稅人半毛錢。由於該公司是由尋求高速成長的創投業者所投資，並且廣受正向心理學家、政策影響者的支持，他們得以在公共諮詢遠少於政府措施的情況下，以比政府更快上許多的速度達成目標，威廉森稱之為「保持政府距離下的快速決策模型」。[108]

部分研究者研究得更加深入，認為ClassDojo將「學校紀律數據化」這點就是讓監控學生這件事正當化的說法，持續評估行為的方式導致權威得以內化到學生心中。[109]儘管ClassDojo聲稱該系統對於如何共享學生數據有嚴格的管控措施，但是從技術層面，對於這套系統或是類似的平台來說，要搖身一變成為全國級的學生社會信用體系是輕而易舉的事，屆時將延伸到小學以外，被用作更重要的評估手段。類似的應用程式也已經存在於大學校園之中，例如出勤監控應用程式《SpotterEDU》、《學位分析》（Degree Analytics），它們透過學生手機上的藍牙及Wi-Fi來追蹤學生是否出席，並給予全班即時的「出勤分數」。[110]雪城大學教授傑夫・魯賓（Jeff Rubin）曾在《華盛頓郵報》上盛讚《SpotterEDU》：「學生想要這些分數。他們知道我會看，也會依此給分。所以，他們會做出行為上的改變。」

他也談到他們如何改變。許多學生將教育遊戲化內化到他們會自我實踐的地步，學生們透過學習網站、YouTube頻道、Discord聊天室以及各種社群媒體組成了一個相互連動的網絡，作家費德克．阿迪布伊（Fadeke Adegbuyi）為此創了「讀書網」（Study Web）一詞加以形容。讀書網的形成有一大部分是複製了在圖書館一起讀書的經驗，但是比起讀書會的規模更大，而且經過高度的遊戲化。在「共讀社」（Study Together）的Discord社群中，溫習室（study rooms）會有超過三十一萬人同時在線，同時聽著一樣的音樂念書，在部分聊天室，他們甚至會分享自己的螢幕畫面或是開啟視訊來表示自己確實投入其中。[112]學習的天數、時間都會被計入會員的數據中，並且列入「連續學習紀錄」（Study Streak），依此進行全球排名。[113]要進到頂尖的「學習大師」（Study Master）角色群，需要每天至少學習七小時，每個月至少兩百二十小時的學習時數。幸運的是，當然也有幫助你完成這項壯舉的應用程式：該Discord社群結合了《專注森林》（Forest）這款手機應用程式，這款「遊戲化計時器」可以幫助使用者「放下手機並且專注於將手上的事情完成」，成員藉此協調安排他們的讀書時間。[114]

與ClassDojo不同的是，讀書網上大多數的資源和社群都是由學生自主營運，並且以免費形式提供給使用者。最關鍵的是，當中並沒有任何脅迫成分，取而代之的是學生自己對於在學業上取得成功的巨大壓力。由於缺乏內在動力，學生們會採取所有手段，設法抓住每一根稻草來撐過漫長的學習旅程。或許，這也就是為何當共讀社在部落格上聲稱他們的遊戲化是「將強大的動機用於遊戲之外，能夠幫助你在享受更多樂趣的情況下維持讀書進度」（然而，並沒有提出任何科學或是實證來佐證這個說法），學生們仍欣然接受這個說法。[115]

遍布整個讀書網的徒勞感以及集體的折磨感，在一位以讀書為號召的網紅口中有了絕佳總結，來自柏克萊大學的安潔莉卡·宋（Angelica Song）表示：「成績不是一切。學科成績平均績點（GPA）不是一切。這我都懂。遺憾的是，當今許多產業仍然依據你拿到多少分數：醫學院、法學院、研究所。因此，在我們身處於這套學術與教育機制的生態圈當中，你要在這個系統下取勝，成為佼佼者很重要。我們得要在擬象（simulation）中取勝！我們全都處於這個擬象之中，然後我們必須取勝。」[116]

擬象的範疇也超越了教室的界限。在阿拉巴馬大學，學生們要參加阿拉巴馬的體育賽事，並從應用程式上得到出席的「紅潮忠誠點數」（Tide Loyalty Points）。每出席一場主場賽事，學生就會得到一百點，如果他們待到比賽第四節，還會得到兩百五十點；此外，如果有相關學分，每學分可以再獲得一百點。這一切都是為了讓體育場座無虛席。[117]根據《紐約時報》的報導，二〇一九年有超過四十所大學有類似的計畫，這些點數可以用來兌換周邊商品以及優先購買季後賽門票。[118]

• • •

新冠疫情重創了企業打造遊戲化平台的野心，但是有些人很快就找到了新方向。ClassDojo於二〇一八年推出的服務「超越校園」（Beyond School）在疫情期間大受歡迎[119]，該服務打著「將ClassDojo的魔力帶進你家」的口號，使其收益獲得三倍成長。

截至二〇二一年，ClassDojo擁有高達五千一百萬名用戶，每六戶美國小學生家庭就有一戶使用ClassDojo。[120]歐美人士一邊對想像中的社會信用制度感到畏懼，但卻似乎對於自己國內以類似的遊戲化和脅迫科技打造出來的系統視而不見。

與此同時，對於在學校推出臉部辨識系統，中國慢下了腳步。[121]二〇一九年，中國教育部科技司司長雷朝滋在《澎湃新聞》的訪問中表示，政府將會對於人臉識別技術應用「加以限制和管理，」他表示，「包含學生的個人信息都要非常謹慎，能不採集就不採集。能少採集就少採集。」我們執著於譴責中國政府採用各式監控措施的同時，反而讓我們不會注意到我們自己的政府在做什麼。

• • •

孟福針對威權技術帶來的風險所做的演說中，他質問道：「這樣說吧，我們真的要為了一輩子住在『桃源二村』，放棄在桃花源般的『湖濱』生活幾年的可能性嗎？」

大家都熟知亨利．梭羅（Henry David Thoreau）在《湖濱散記》（*Walden*）一書中，寫下自己在華爾登湖畔離群索居的自我探索之旅。《桃源二村》（*Walden Two*）則是史金納（Burrhus Frederic Skinner）於一九四八年出版的一本烏托邦小說，書中描述一個圍繞著他的行為主義原則設計出來的村莊。村裡的人從出生開始就被訓練出各種條件反射，因此，整個村莊充滿了快樂且生產力旺盛的成年人，構成他心目中的完美社會。只需要透過一些溫和的訓練，不需要有懲罰或脅迫，因為人們都已經被條件設定成只希望做出對社會「有利」的事情。若是成員得去做一些苦差事，他們會得到「信譽」（即點數），就像貨幣一樣，可以用這些點數換取休息時間。

撇開小說中試圖為了製造幸福而抹除自由意志的想法，這個故事的眾多盲點之一，就是我們現在已經知道史金納的行為主義技術並沒有他想像中的那麼強大。你要是把棒棒糖（像是掛十字架一樣）掛在小孩頸上，然後對他們說，如果你們現在不偷吃，等一下會給他們更多棒棒糖，或是要求他們上桌五分鐘之內不能吃晚餐，試圖藉此訓練他們，這一套根本行不通。

遺憾的是，我們還是會這麼做，好像行為主義真的有用一樣。對於那些擁有自己的內在動機，不會為點數和動章這種小伎倆動搖的人，這一套沒有太大影響；問題是用在其他人身上，像是罪犯、孩童或是外國人。許多人可以接受用分數和遊戲化來分配稀缺的居住資源、控制孩童和大學生，但是卻會反對將這種概念強加在眾人身上，這顯示了他們實際上相信有些人是要透過行為主義去控制的。

各國政府以及科技平台上披著遊戲化外衣的行為主義，與《桃源二村》中操縱村民的手法如出一轍。儘管對現代讀者來說，《桃源二村》是一本反烏托邦小說，史金納確實是樂觀地相信行為主義將帶來一個不需脅迫的完美社會。他筆下的教師不會以懲罰的方式來塑造學生性格；取而代之的是一套沒有分數也沒有必修學科或活動的學校制度，正如蒙特梭利教育法所提倡的自主學習教育計畫一樣。史金納想要以最輕柔的方式達到他心目中的烏托邦境界，但是他也知道，要讓他心目中的公民能夠中規中矩地做人，就得要持續一輩子給他們指示。

社會信用分數和ClassDojo也同樣建立在這個前提上，亦即所有人一輩子都需要持續受到監控或是計分，不會有人覺醒到能夠自主行事。就像《桃源二村》中所描述的一樣，他們不會受到任何身體上的懲罰，而是會收到一些蠅頭小利來獎勵他們做出善良的行為。如果你行為不檢，就得要忍受處處不便的生活以及受到大眾公開羞辱。隨著居住和商業中的信用制度獲取的數據日漸龐大，意謂著更深層且精準的監控系統將會更有效地改變人們的行為——因而誕生了即使教師背對學生也會持續運作的臉部辨識評分系統——隨之而來的是更多你可能不小心就踏到紅線的地方。

若有一套避無可避的系統會持續強化指定的行為，那就相當於是極權主義。我們接受這種威權技術是一件很令人意外的事情嗎？孟福將我們接受這些技術這一點視為「華麗的賄賂」的一環：為了換取我們渴望的一切——「食物、住處、便捷的交通、即時通訊、醫療照護、娛樂、教育」等需求，我們得要「不僅是不能向系統要求任何無法提供的東西，還要接受系統所給予的一切，亦即依照系統需求而生產的粗製濫造的東西，而不是針對我們個人需求去量身打造。」有了高度中心化、由政府掌控的遊戲化，我們相信其他人的行為受到了適當控制。相對地，我們得要付出賄賂的代價，那就是我們自己的行為也要受到控制。

孟福並不是想要斷絕科技。他是希望科技的使用、設計以及控制都能維持在個人層面上。同時，他也希望政治人物和立法者能夠更著重於檢視科技本身的性質。他如此說道：「我希望能做到的是，說服這些關心如何維繫民主機構的人，讓他們在努力建構這個體制的同時，也會考慮到科技本身……我們必須要挑戰的是這套威權系統，它將屬於人類對自身個性的決定權，交到了一個過於平面的意識形態和科技手上。我要再次重申：生命不可委派。」州營彩券、軍事宣傳、戰爭遊戲、社會及財務信用分數、課堂監控——這一切都是以遊戲之名，將對生命的決定權委外交給遠方的權威當局決定。

我並不反對有助於教師教學的工具。但是我們若想繼續生活在民主社會中，整個社會不論家長還是孩童，都要更清楚知道這些課堂管理工具是怎麼被設計出來的，實務上又是怎麼運作的，唯有達成適當的共識之後，才能用在他們身上。ClassDojo並不是所有學校每個教師最好的選擇，但因為是免費的（這是新創資金的功勞），所以也成了教師的唯一選擇。相較之下，只要投入適當的政府預算去開發一套開源工具，就能提供更好的選項，藉此讓教師、家長和學童都能夠根據自己的需求去制定並改善新的系統。

二〇二一年，安妮．朗菲爾德（Anne Longfield）結束了她擔任英國兒童事務專員的職涯。她在最後一場演說中提出了警告，提醒大家有一套「對孩童的制度性偏差」，並表示，「透過政府機器的運作，有很多應該要為這些孩子的生活負責的人根本不會接觸到任何孩子。實際上，在政府機器的運作當中，這些孩子只被視為一個遠端的概念或在年報表上的一個數據點。這正是許多孩童受到忽視的原因——因為太多時候，負責處理他們需求的那些系統背後的藏鏡人，根本看不到也不了解他們的世界。」[122]

若某些人自願接受遊戲化，將他們的生活交給手上的智慧型手機控制，那是一回事。但是政府和當權者在未經同意下將數百萬人的生活化為數據點操作，像是遊戲中與非玩家角色互動一樣，那又是另一回事了。他們採用的遊戲化通常是無效或零碎的小伎倆，這還算比其他方法好一點，重點是嘗試做這件事情將會加速該技術的成長，未來只會更具侵入性，權力更集中。

這一切都是可以避免的。二〇二一年，歐盟執委會（European Commission）提案禁止AI用於建立社會信用制度。雖然稱不上是完全禁止分數制度且提案中充滿漏洞，然而正如歐盟專員瑪格瑞特・維斯塔格（Margrethe Vestager）所說的，這是表態認同這種類型的應用程式「違背我們基本的價值觀」。[123]就算是在中國，公民的反對聲浪也成功阻止了社會信用制度的施行，即使只是暫緩也好。以西方民主體制而言，只要我們願意，人民其實擁有更大的權力要求透明化及自主權。少了這些，很難獲得人民的信任，而一個少了信任的世界，就是陰謀論孳生的溫床。

7 「我研究過了」

“I’ve done my research”

對於明知不真實的事，我們都會有願意姑且信之的可能，然後，當有人向我們證明那是錯的，我們會魯莽地扭曲事實，好證明自己才是對的。在知識層面上，這個過程可能無限輪迴：而唯一能阻止這個輪迴的方式，便是總有一天，讓錯誤的信念以及有憑有據的現實正面衝擊，而這通常就是在戰場上了。

——喬治・歐威爾（George Orwell），
《近在眼前》（*In Front of Your Nose*）

陰謀論不是什麼新鮮事。光是想想網路時代好了，我自己在九〇年代期間就曾下載過一些號稱是與外星人接觸的紀錄文件。我還記得，當時有個網站上，有長篇大論說明新發現的海爾・波普彗星（Comet Hale-Bopp）其實是幽浮，我甚至印出來給我在學校的朋友看。架設該網站的正是鼎鼎大名的天堂之門（Heaven’s Gate）教派，也就是後來在一九九七年發生大規模集體自殺悲劇的宗教團體。

儘管當時的網路規模小到和現在完全沒得比，對於想要招募新成員的團體來說，仍是個快速又省錢的方法。《西雅圖時報》

報導該起大規模自殺案件時，認為有必要指出「架設網頁『比起在機場或公園或柏克萊周圍街角站點發傳單要來得簡單多了』。」[1]自那時起，網路便成了無數新興陰謀論的溫床，只是有一點與天堂之門不太一樣，天堂之門是一九七〇年代從線下的實體活動開始的，而這些新的陰謀論則是在即時的新聞群組、聊天室、論壇以及社群媒體等線上活動中醞釀而成。

有鑑於在網路上要爭取注意力的競爭十分激烈，大多數新的陰謀論都沒能留下什麼痕跡。然而，即便只有少數例外就足以帶來傷害，特別是由政治人物和名人在社群媒體上再三複誦加持之下——比方說，二〇二一年美國國會大廈被搞得天翻地覆，其中一部分原因正是極右派的「匿名者Q」陰謀論。

人們會對各種廣為流傳的現代陰謀論買單，不只是因為有名人加持或是極端的政黨對立環境養成的，還有一點是因為這些陰謀論有著真正的參與式線上論壇，讓人感到參與其中，覺得自己是在做有意義的事，甚至從中得到樂趣。形形色色的人們多可從中感覺自己受到歡迎、有價值，而且在論壇上，人們受到鼓舞，可以去臆測、集思廣益，就像是線上粉絲社群、大型多人連線網路遊戲，以及特別值得一提的另類實境遊戲。我們發現，陰謀論者和遊戲玩家不同的是，陰謀論社群不會出手制止任何毫無根據的臆測，這也就帶來了一個危險且致命的後果——即便人們是出於善意也不例外。

• • •

由於匿名者Q的論壇無所不在，無從掌握消息來源。這星期可能是關於5G網路基地台會致病的傳言，下星期就是Wayfair.com上的昂貴家具其實是人口販子用來運送小孩的工具；天知道再下星期還會有什麼消息？[2]但是不論是什麼消息，該論壇中上百萬的追隨者踏進陰謀論之旅時，嘴邊常掛著同一句話便是：「我研究過了。」[3]

這句話聽起來耳熟能詳。二〇〇一年，時值史蒂芬．史匹柏（Steven Spielberg）剛開始為新電影《A.I.人工智慧》進行宣傳。當時距離YouTube亮相還有四年，眼睛夠尖的人才會在海報和預告片中發現一個不尋常的名字：與主要演員海利．喬．奧斯蒙（Haley Joel Osment）、裘德洛（Jude Law）和法蘭西絲．歐康娜（Frances O'Connor）並列的，是珍妮．薩拉（Jeanine Salla），這其實是電影中的知能機器人治療師（Sentient Machine Therapist）的名字。[4]不久之後，新聞網站「Ain't It Cool News」上，一名讀者便貼文提醒大家：

> 把她的名字輸入Google.com搜尋引擎，看看會有什麼結果……超酷的！幹得好啊，老皮！」——ClaviusBase5

（對，當時連谷歌都還新到得完整說出Google.com人們才會用。）

在谷歌上的搜尋結果先是跳出了珍妮．薩拉的網頁，而接下來便出現了一連串的虛擬網站。有些網站是未來版的警方網站和生活雜誌網站，諸如「知能財產犯罪管理局」（Sentient Property Crime Bureau）以及《大都會生活家居》雜誌（*Metropolitan*

Living Homes），後者完美重現了《大都會生活》雜誌（*Metropolitan Home*），描繪出以AI打造的智慧家居。另外還有一些高深莫測的網路商店以及看似被駭客入侵過的網誌，其中有一些以德文及日文呈現。全部加總起來有超過二十個讓人感到值得調查的網站和電話號碼。

光是那一天，這些網站總共就獲得超過兩千五百萬次的點擊，全都只是因為新聞網站上那篇建議讀者「自己查看看」的文章。[6]後來，我們才知道，這一切盡是一場前所未有的另類實境遊戲的一環——一項由微軟開發、為史匹柏的電影宣傳的廣告活動，暱稱為「野獸計畫」（The Beast）。

光聽我這麼說，野獸計畫聽起來似乎很有趣。若有機會踏進二一四二年的世界，試圖解讀這些神祕網站、電話號碼以及謎題，幫助逃跑中的機器人，甚至在世界各地參加相關活動，誰不會感到好奇呢？這猶如是在一面無遠弗屆的大棋盤上遊玩，跨越許多不同的媒介和平台，玩家感覺像是活在另一個不同的現實世界——因此才被稱為另類實境遊戲。但是，讓我們來仔細想想，要了解「野獸計畫」背後的故事，知道它是怎麼從「看電視」的樂趣慢慢變成「爬文地獄」的樂趣，這一切需要花多少工夫。玩家們不只得要隨時追蹤數十個網站即時更新的內容，還要破解魯特琴琴譜中的謎題、解開以二進位的Base64編碼寫出來的祕密訊息、重建整組島鏈的立體模型來找出背後的訊息，最後還要從全美各地的報紙和電視廣告中蒐集線索。

這種充滿目的性，卻同時令人困惑的複雜性，與大多數人心目中傳統的流行娛樂背道而馳，照理說，享受娛樂的路上應該是一路安穩平順，好讓你能立刻參與其中並且產生最大效益。但是，一直以來都有另一種形式的娛樂，持續在不同的時期吸引著不同的人，這種娛樂鼓勵主動探索發現、拼湊線索，讓人預感自己大可在花上幾小時或幾天的工夫之後得到甜美的回饋。解謎書籍、懸疑小說、探險遊戲、密室逃脫都在此列，甚至科學研究也不例外——它們都有著一樣的目標。

在野獸計畫以及隨之而來的另類實境遊戲當中，創新之處並不在於用上了什麼謎題和故事，而是他們創造出的世界規模前所未有的巨大——在這個巨大且瞬息萬變的世界裡，沒有任何人能單獨理解全局。於是，玩家被迫要合作，分享彼此的發現和解法，彼此交流，並且創造出資源讓其他人跟得上。我很清楚這一點：因為當時在劍橋讀書的我，就曾為野獸計畫寫了一大篇教學攻略，完全忘了念書這回事。[7]

匿名者Q本身並不是另類實境遊戲，也不是角色扮演遊戲，甚至連實境角色扮演遊戲（LARP）都稱不上。匿名者Q是危險的陰謀論，既然是陰謀論，即使沒有遊戲也會有很多讓人理解的方法——但是它背後驅使人們的方式，不論是有意或無意，一律採行和另類實境遊戲相同的手段。匿名者Q與另類實境遊戲都會用「你自己查看看」這種話術，讓好奇的旁觀者一步步跟著麵包屑掉進糖果屋。

換句話說，匿名者Q或許是全世界第一個採行遊戲化的陰謀論。

據估計，有百分之十五的美國人相信匿名者Q。[8]過去，沒有任何另類實境遊戲達到這等市場規模：另類實境遊戲生不逢時，當時網路革命才剛萌芽，單靠搜尋引擎不足以推玩家們入坑。但是，也許當時遊戲中那套刻意打散、生於網路、長於社群的敘事型態及解謎手法，只是在等待對的時機而已……

看起來像是故意的一樣

我中斷牛津大學的神經科學博士學程之後，製作的第一款遊戲便是《Perplex City》，它成了世上最受歡迎且最長壽的另類實境遊戲之一。[9]《Perplex City》從二〇〇五年持續到二〇〇七年，我則在其中擔任製作人及首席遊戲設計師，我的工作正是將故事和玩法巧妙地結合成一個連貫的作品。我很愛這款遊戲，尤其是在遊戲中編織出新的故事線。我會畫出一張複雜的流程表，上面寫滿各種要讓玩家去發掘的資訊和線索，以顏色標示出不同的網站和角色。這其中有個小訣竅，那就是要維持好幾條平行線索，讓玩家可以調查，這樣一來，玩家便不會覺得自己被迫走在設定好的路線上，卻又不致因為太多線索而手足無措。看到那些表面上毫無相關的故事線，在幾週或是幾個月後互相交錯，對我來說格外具有成就感。

我的流程表上有著清楚明瞭的故事線，這和「Q網」（Q-Web）上那些糾纏不清的連結截然不同。Q網是匿名者Q當中惡名昭彰的圖表，其中有著數百條假設性的連結，試圖把#MeToo抗議活動、孟山都公司、水門事件的胡佛都串在一起，不過原則其實是一樣的：從一個線索去找到下一個線索。[10]當然，我的圖和它比起來，就像是完全不同品種的野獸。Q網本身是將各種數據以想像的方式回溯，讓人誤以為這些數據彼此相連，而我的流程圖則是事先就設定好一系列完全由我的團隊規畫好的事件。

只是，其實也並不完全是如此。在現實中，《Perplex City》的玩家不會每次都能像我們想像得那麼順利快速解開謎題，或是他們想到錯誤的解答卻深信不疑，另一種尷尬的情況是，我們的謎題搞砸了，根本沒有解答。當這些情況發生時，我們就得臨機應變改寫故事。

換作其他的媒體形式，大多數情況下你只要高舉雙手說：不好意思，我們搞錯了。以電玩遊戲來說，你就是發布線上更新，然後希望沒人發現。但是對於另類實境遊戲來說，公開修正內容將打破其獨有的特質：在故事中長期的集體懷疑所帶來的懸疑感。這正是構成部分另類實境遊戲所不可或缺的想法，我們稱之為「TINAG」——「這不是遊戲。」（This Is Not a Game.）我們都體驗過那種沉浸在迷人的電影、劇場表演或是電玩當中帶來的忘我感，所以我們當然也不希望有任何人每隔幾分鐘便粗暴地提醒我們這只是個故事。同樣地，在沉浸式劇場、實境角色扮演遊戲和另類實境遊戲中，對於參與者來說，假裝這一切都是真的會更好玩，即使人人心底深處都知道這一切不過是虛構的。

幸運的是，在線上要達到這種「這不是遊戲」的逼真感並不太困難。如今有成千上萬人透過狹隘的網路瀏覽器和臉書來認識現實世界，因此，要創造出一個平行宇宙成本意外地低廉：你只需要一個經驗豐富的網站設計師，就能創造出特定網站的複製品，相較於搭建出好萊塢等級的場景來說只需吹灰之力。我們為《Perplex City》創造出的諸多網站中，其中之一便是用來虛構一間稱為「科尼維亞」（Cognivia）的藥廠。我們直接仿造所有美國藥廠會用的那套人畜無害的設計風格，並且用上各種正確的行話，寫出一堆虛構的企業新聞和公關稿來為它背書。憑著我在神經科學的背景知識，我扯出了一篇偽造的《自然》（*Nature*）期刊論文，內容提到，有款稱為「賽瑞廷」（Ceretin）的新「聰明藥」初步實驗結果出爐，而這將在故事後段成為重要伏筆。

科尼維亞網站太逼真了，我們簡直不堪其擾。在美國舉辦的一系列現場活動中，我們一心以為，或許製作一些特製的M&M's巧克力，上頭印上「賽瑞廷」的標誌，並分送給玩家，應該挺好玩的。於是我們位在紐約的設計師安德莉雅·菲利普斯（Andrea Phillips）便著手執行計畫，結果我們的訂單卻被拒絕了：M&M's巧克力公司上網搜尋賽瑞廷，顯然他們認為那真的是屬於科尼維亞公司的商標。安德莉雅只好耐心地向他們的客服代表解釋什麼是另類實境遊戲。

這場誤會正是「超真實」（hyperreality）的代表性案例，這是由尚·布希亞（Jean Baudrillard）所提出來的概念。[11]這個概念是描述現實的模擬與現實本身混合在一起的時候發生的現象，此時模擬品的真實感已經寫實到足以讓人無法區分何者為真的現實，甚至會被認為比現實更為真實，就會成為超真實。主題樂園、電視節目、虛擬實境中就會顯現出超真實的現象，還有新近加入此行列的社群平台。如果人們是透過六吋的智慧型手機螢幕認識一切，那麼，要以假的臉書頁面或推特帳號來打造出一超真實世界就很簡單，這是多麼令人不安——這比起資助整個電視網或報社要來的容易多了。

• • •

打造線上平行宇宙要用到的技能，和寫出傳統的故事或電玩遊戲不太一樣。那比較像是一個單純由情節驅動的世界退居次要，而是以資訊打造出來的網絡創造出一套足以說服人的共同歷史。它不一定要很完美——事實上，太完美反而令人起疑——但是要維持一定程度的連貫性，好讓最重要的那種懷疑產生的懸疑感得以持續下去。

所以，若我們在《Perplex City》中不小心寫了不連貫的內容，或是前後有連接上的差錯，我們會盡可能避免以修改網站的方式解決——那無疑擺明了這實際上只是一場遊戲。為了取代這個做法，我們經常會以加入新故事線的方式來覆蓋問題；此時一組以作家和設計師組成的精銳團隊會很有幫助，成員包括奈歐蜜・埃德曼、安德莉雅・菲利普斯、大衛・瓦瑞拉（David Varela）、丹・韓、傑伊・比杜夫（Jey Biddulph）、費・絲克（Fi Silk）以及艾瑞克・哈希巴格（Eric Harshbarger）等眾多優秀的伙伴。當這些轉移焦點的做法成效斐然時，我們會有個說法：「看起來像是故意的一樣。」

每一名製作過另類實境遊戲的設計師都能說出類似的戰地故事。二〇〇六年大受歡迎的網路實境影集《lonelygirl15》的編劇賈許・菲阿爾科夫（Josh Fialkov）曾在推特上和我說：

> 我們的粉絲／觀眾會在我們已經編好的故事上，再打造出詳盡（而且很有條理）的理論和故事，此時我們會將這些想法再融入我們的敘事內容當中，讓他們產生更大興趣。我

> 最常想起的例子是，我們有陣子以游擊機動的手法（run and gunning）拍攝外景。我們卻搞砸了，我們有個當地團隊的製片助理在一段自拍的長鏡頭中穿幫，出現在背景當中。而我們根本沒發現。那百分之百是個錯誤。我們的粉絲卻相信，那表示角色其實有危險。後來，當那個角色揭露自己的身分其實是邪惡陰謀的一環——觀眾認為，那段影像便是她一直以來都和壞人合作的證據——「這就是為何這一段的背景裡面有人！」
>
> 他們真的找出錯誤——甚至把它變成故事的一環。而且以此錯誤來證明他們事先就猜到結局了——儘管實際上，再次強調，那真的就是我們太累而犯下的草率失誤。而當時有成千上百人參與其中，共同打造並編織出一個錯綜複雜的虛構宇宙。

陰謀論和邪教在面對說法不一或是預測被推翻時，也會採用同樣不拘小節的做法；這兩者總是能編出一些新故事和新理論來解釋錯誤之處。讓匿名者Q和另類實境遊戲與眾不同的是，這些錯誤幾乎連懷疑或吐槽的空間都還來不及，就能夠立刻得到修正。匿名者Q真正特別之處在於，它是集一切陰謀論之大成的「原初陰謀論」（ur-conspiracy），所以即使指出它前後不一也毫無意義。[13]站上的陰謀論集結了來自四面八方追隨者的說法，甚至和創始人「Q」一點關係都沒有，你連要找出戰犯都沒辦法。

然而，就另類實境遊戲而言，創始人和玩家之間其實也一直沒有很清楚的界線。還記得野獸計畫，有個叫ClaviusBase的網友在新聞網站上貼文，後續才引發主流媒體大規模報導嗎？該計畫設計師多少承認他們也參與其中。事實上，長久以來，另類實境遊戲都有著「操偶師」（puppetmaster）的傳統（這是熱中者之間確實會用到的術語），他們會從「幕後」（同樣是術語）溜出來，在論壇上創造一些「傀儡帳號」散播線索、提示解答，通常是為了要把玩家推到他們設計好的路線上。

身為一名另類實境遊戲的設計師，我起初堅決反對這種形同作弊的手法，但是實際參與幾年後，我的態度稍微有所轉變，主要是因為這種手法可以讓遊戲更有趣，而且說到底，現今玩家都希望有這種提示。匿名者Q則不是如此。

任何資深的4chan和8chan論壇成員都知道，在這個匿名者Q的大本營，靠著深植系統的匿名性，很多貼文串其實常常根本是同一群人用匿名帳號自己和自己爭辯的結果。然而由於匿名者Q聲名遠播，許多不經意來到論壇的追隨者根本搞不清楚這套匿名方式是怎麼運作的。煽動和被煽動之間其實不難分辨；論壇上很常見到有人嘲諷似地貼文支持一些怪異或是理應受到譴責的立場，只因他們覺得反串很好玩，結果最後卻真心相信他們寫下的內容。專門貼一些離譜內容來鬧版，試圖擾亂話題的「噓文作者」（shitposters）常常都會落得這種下場。這些人在社群網路和論壇套用遊戲化機制的動力刺激下，為了換取更高的網路點數，像是推特上的收藏和Reddit論壇上收到的「推」，他們會寫出更加離譜的內容，這也就導致這些原本沒有特定政治立場的人，往往逐漸走向極右派。

這種社群性的鼓勵模式，讓匿名者Q和流行文化中常見的陰謀論者大有不同，後者只是躲在陰暗的小房間裡，在他們的「瘋狂推理牆」上貼滿照片和新聞報紙。在少數這種行為帶來有效結果的案例下，這種行為仍被視為不太舒服的追尋模式。因此，任何選擇這種生存方式的人，通常都會被社會排擠。然而在這個刻板印象的背後，還藏著另一項不合時宜的事實：自行拼湊出理論這件事，真的會讓人有滿足感。我自己幫野獸計畫撰寫攻略的過程中，內心滿是成就感，像是在做件有意義的事情，因為那得到了來自熱忱社群的具體迴響，相較之下，我自己本科的分子生物學論文肯定沒那麼受歡迎。當時在BuzzFeed新聞網擔任資深文化評論作家的安妮·海倫·彼得森（Anne Helen Petersen）訪談其中一名「匿名者Q」時，也從他身上得到類似的回饋，對方說，他會在哄孩子去睡後，分析並撰寫出他的「故事」，並且打從心底深處感到愉悅。

長久以來，線上社群被視為在各方面都不如「真實」友情，只不過是讓無路可走的人有個聊勝於無的陽春選項。然而，另類實境遊戲和匿名者Q（以及各種線上遊戲、粉絲團等各種其他線上社群）證明了線上社群有著即時、某種規模、切題的優勢，比起社區園遊會可能要來得更有影響力、更具成就感。對於你們大多數人來說，這大概也沒什麼好意外的，但是對於傳統媒體和政治圈的決策者來說，這可就是件新鮮事了。

好的另類實境遊戲會刻意設計出一些需要特定才華方能解決的謎團或挑戰，或是設定成需要眾人集思廣益來解決的規模，如此一來，所有玩家都會覺得自己做出了重要貢獻。瑪格麗特·邁特蘭（Margaret Maitland）博士時任牛津大學埃及考古學家，也是

《Perplex City》的工作伙伴，她設計出一個需要對古埃及的象形文字有所研究才能解開的謎題。對很多人來說，他們在生活中極其缺乏這種被需要、受歡迎的感覺。一名玩家曾對我說，「另類實境遊戲通常是能展現在其他地方不受賞識的特殊才華的所在。我從中認識太多天賦異稟、上知天文下知地理的狂人。」[14]

如同另類實境遊戲設計師丹・韓曾提到的，如果你搶先解開一道謎團或是推理出線索，你會在該另類實境遊戲獲得「地方聲望」（local fame）。[15]像是《Lost檔案》（*Lost*）和《西方極樂園》（*Westworld*）這種布滿謎團的電視影集也會有廣大的線上粉絲社群，他們會獎勵那些提前猜到故事轉折的人，或是拍出很棒的解說影片的人。[16]沒錯，說起來所謂獎勵就只是論壇上的推和讚這種興趣點數，卻仍給人貨真價實的讚賞感。《Lost檔案》和《西方極樂園》也都用上了另類實境遊戲來宣傳，這可不是巧合。

凡是需要深入解析的地方，不論是敘事、內容或機制，你都會找得到這類線上社群。例如像是《血源詛咒》（Bloodborne）、《當個創世神》、《星露谷物語》（Stardew Valley）、《矮人要塞》（Dwarf Fortress）、《動物森友會》、《星戰前夜》、《Neurocracy》、《精英：危機四伏》（Elite Dangerous）等：這些遊戲統統都屬於要玩家深入探索的遊戲。人們探索發現的內容最終將整合成更容易理解的解說影片和懶人包，促使更多人理解，進而支撐起由內容創作者為主的蓬勃生態系，於是任何人只要上YouTube，便能釐清最新的漫威宇宙或星際大戰的影集中眾多角色的來龍去脈。

現代的另類實境遊戲也有相同的情況，其解說影片有趣到比玩家本身還要來得多（一如推趣〔Twitch〕直播平台上，觀看別人玩遊戲的人比玩家還多）。另類實境遊戲新聞網（Alternate Reality Gaming Network）的站主麥克．安德森（Michael Andersen）就傾向於將另類實境遊戲視為一種被動、讓人躺著便可以觀賞的媒體來消費，或用哲學家馬素．麥克魯漢（Marshall McLuhan）的專業用語「酷媒體」（cool media）稱之，不過他也懷疑，這是否剝奪了玩家們拓展批判性思考的能力需求：

> 想閱讀（或觀看）另類實境遊戲的總結概要？所有遊戲中的假說和邏輯都有人幫你整理成懶人包，打上漂亮的蝴蝶結送到你面前。裡面一切看起來都很合理，你可以看到這一切是怎麼拼湊出來的。但是，若是真的下去玩？根本是一片混亂。瘋狂的猜想和理論漫天飛舞，各種間接證據和瞎猜主導了一切。事情存在於一個同時是也不是的賦格狀態中，唯有將證據慢慢堆積起來才能解開謎團。於是，掌握如何從眾聲喧嘩當中篩出可信理論的「訣竅」成了一項極其寶貴的技能——無論是積極參與另類實境遊戲時，抑或是日常生活當中皆然。
>
> 有時，我會擔心當人們慣於這些把一切整理好、包裝得漂漂亮亮的懶人包時，他們會錯失那些有助於他們拓展批判性思考能力的錯誤前提和巧合……因為陰謀論也會提出看起來同樣完美的懶人包，試圖用來解釋那些難以解釋的理論。該死的是，要認清這些完美的懶人包是如何引導眾人走上歧路是件非常重要的事情。

「猜想」

在AICN新聞網上那篇關於野獸計畫的貼文引起全世界的注意力之後不久，玩家們便以「雅虎！群組」(Yahoo! Groups)設立了信件群組，並且用故事中的船名命名為「造雲者」(Cloudmakers)。隨著相關貼文每天從幾十則上升到幾百則，對於群組管理者們（包含我在內）來說，顯然開始需要某種型態的組織來管理內容。我們建立了一條規則，那就是所有貼文都應該要在主題前面有分類(prefix)，讓成員們得以輕易分出哪些是網站更新，哪些是謎題解法。

其中我最喜歡的分類是「猜想」(SPEC)，這個分類廣涵了任何未經證實的猜想，其中大部分都是一些有趣的荒謬想法，而有些最後則會得到驗證。這種貼文的篇幅不受限制，但是你必須記得使用這個分類，其他人才可以選擇性略過。其他的社群也有類似的準則，理性主義的部落客會在文章前面寫上「知態地位」(epistemic status)的免責聲明，不厭其煩地解釋他們對於自己這段想法有幾分信心（或沒有）。[18]

若少了這類緩衝，各種猜想終將壓垮社群，因為胡扯比實證要來得有趣多了。而且，若是一再重複同樣的說法，而說法看起來又夠細膩的話，就會變成公認的事實，導致具毀滅性甚至致命的後果。我個人就在製作另類實境遊戲時經歷過這種歷程——而且不只一次，是兩次。

我是「SCP基金會」(SCP Foundation)的熱中讀者，這是一個創意發想的寫作網站，其內容不外乎是一個類似《X檔案》(*The*

X-Files）的怪異架空宇宙中的故事。[19]站上得分最高的故事，可說是我讀過最優秀的科幻和恐怖小說中數一數二的。[20]幾年前，我自己也寫過一個相較之下很愚蠢的故事，名為《SCP-3993》，故事中，紐約街頭無所不在的「LinkNYC」網路基地台，實際上是用來掩飾一個神祕的扭轉現實的入侵行動。[21]

就像站上其他故事一樣，故事內容純屬娛樂，但是我最近卻發現「LinkNYC」深陷匿名者Q的陰謀論中糾纏不清。老實說，幾乎所有現代科技多能套用這套說法，但是這些如龐然大物般的強大存在感會引起陰謀論者的注意力也沒什麼好意外的，畢竟我也是因此才注意到的。[22]二〇一六年，紐約公民自由聯盟（New York Civil Liberties Union）向市長投書討論「LinkNYC系統中存有大量的私人訊息，而且其隱私政策中缺乏用來保護使用者不受政府無端監控的有力用語。」[23]兩年後，位於中城區第三大道的基地台發生了一起神祕事件：它們忽然播放起減速版的富豪雪糕（Mister Softee）冰淇淋車主題曲。[24]所以，會被懷疑也不是沒道理的。

當懷疑被強化成現實的時候才是問題。

我第一次變成陰謀論者的目標其實是件很單純的事件。在《Perplex City》中最著名的謎題便是「萬中尋一」（Billion to One）的挑戰，這道謎題是一張男子的照片。[25]就這樣，沒別的。挑戰內容即以「六度分隔理論」的概念，迅速撈出這個人。有些設計師和玩家以為這很簡單，但是我不這麼認為。十四年來，該名男子的身分始終是個不解之謎，不過，這可不是說沒人試圖解開這道謎團。每隔一陣子，這道謎團便會在各種YouTube和Podcast

中再度被提起；我對此一清二楚，因為每當這種情況又發生時，就會有人透過推特和Instagram私訊給我，要我提供更多線索。

在這道謎題中有個明確的線索，那就是他的名字：Satoshi（聰）。這不算是罕見的名字，而且，他剛好和比特幣創辦人的網名——中本聰（Satoshi Nakamoto）同音。[26]也因此，有些人也就理所當然地認為，《Perplex City》中的Satoshi就是中本聰。雖然不多，但是我每個星期都會收到這類訊息——直到二〇二〇年十二月，來自漢堡的湯姆路卡斯・塞格（Tom-Lucas Säger）以「PimEyes」AI臉部辨識搜尋引擎找到了一張二〇一八年的照片，照片中的Satoshi握著一大杯啤酒，這才找到本人。[27]整體來說，這過程滿單純迷人的。

「蟬3301」（Cicada 3301）就比較令人擔憂了，這是一個以一系列難度極高的線上謎題來招募密碼破譯員的團體。[28]早在二〇一一年，當時我們公司與英國廣播公司合作，為BBC第二台的紀實影集《自然密碼》開發一款偽另類實境遊戲，該劇主題為我們生活中的數學無所不在。[29]在創造這款另類實境遊戲時，我們把一些線索直接藏在影集裡，例如我們用數位後製讓畫面上整群椋鳥在一瞬間變成數字「六」的隊形，同時也有線上教育遊戲和尋寶遊戲。

為了闡述質數（prime numbers）的概念，《自然密碼》劇中深入研究了蟬的繁衍期。[30]我們對其內容無從置喙，只是拿到劇本後便照著劇本開發另類實境遊戲。即便只是如此，便足以滋養出一套全新的陰謀論，一套名為《破解蟬3301的密碼》（Cracking the Code of Cicada 3301）的熱門YouTube影片因應而生。[31]其中第二集正是我的訪談：

訪談者：為什麼要選蟬（來設下謎題）？

我：很多人都知道，蟬的繁衍期和質數有關。質數是自然界裡最重要的核心，也是數學的核心。

訪談者：謎題是在二〇一一年六月推出的。

我：沒錯。

訪談者：六個月後，蟬3301首次登上國際舞台。

我：這是個天大的巧合。

訪談者：有些人指出，不論蟬3301的幕後主腦是誰，想必是個非常精通此道的遊戲作者。

我：當然。

訪談者：你也符合這個人選的條件。

我：確實，我是說，蟬3301的確和我們設計過的遊戲有很多共通點。我想，其中一大差別是（輕笑）通常我們在創作另類實境遊戲時，都是為了賺錢。至於蟬3301究竟要從哪裡取得資金，我們就不太清楚了。

我們當然只是在開玩笑——我知道，訪談者也知道。這也是為何我會順水推舟地說下去。然而，觀眾是否全都知道呢？節目開頭沒有標上「猜想」的標誌。顯然有少數人把這場訪談當真了，下面這則評論收到了超過兩百六十個推和幾十則後續回覆：

喬伊：有沒有人注意到（安瑞恩．韓）下意識地說溜了嘴，

> 他說，「他很樂見沒人找得出他是誰（此指蟬3301）」在此之前，大家都把蟬當成「他們」一群人……蟬3301曾說過，答案自始至終都在他們眼前。會不會這遊戲就是答案，而答案正是遊戲本身？他們在招募的是心智最聰穎的人。而心智最聰穎的人，通常會覺得不夠有挑戰性，而且感到孤單。這挑戰了他們當中的一些人，讓他們團結在一起。對我來說，聽起來答案呼之欲出。[32]

猜想就此成為現實。

要說完全不擔心是騙人的，蟬3301如今正中匿名者Q的下懷，被Q網緊緊糾纏。[33]對於《自然密碼》用上了蟬的謎題，我只說是場「天大的巧合」（儘管臉上掛著大大的奸笑），而這套說法顯然不夠買帳。在陰謀論者的眼中，天底下沒有巧合這回事。雪城大學政治科學系的榮譽教授邁可．巴肯（Michael Barkun）認為，在大多數的陰謀論背後都有著三大基本原理。首先，沒有巧合這回事。[34]第二，事情總是沒有看起來那麼單純：即便某件事情看起來很單純，也不代表真是如此。第三點，萬物之間皆以某種隱藏的模式彼此相連。

相信這些原則在玩另類實境遊戲或是觀賞刻意安排成千迴百轉的電視影集時會很有幫助。胡亂猜想並且把一些看起來截然不同的想法串在一起是件有趣的事情，尤其是創作者也會以獎勵來鼓勵這種行為時。但是對陰謀論者來說，給彼此一句「對，而且……」最後導向披薩店槍擊案或是首都暴動，這就沒那麼有幫助了。而且，在匿名者Q的社群當中，不像是造雲者一樣有著固定使用「猜想」標籤的慣例。因此，為免誤會，YouTube起初會在所有匿名者Q的相關影片中，自動加上連到匿名者Q的維基百科說明頁面，後來很多都乾脆直接強制下架；根據美國國家廣播公司（NBC）報導，推特也封鎖了七千個帳號，限制了十五萬個帳號的權限；臉書則是關閉了所有和匿名者Q相關的社團及粉絲專頁。[35]

以下是一些有用的解決方法：從平台上封鎖確實有效。[36]這種做法能夠限制極端主義內容的擴散範圍，有效摧毀信徒間的密切聯繫網。即使有些人會轉換到其他可用的社群網路或論壇，而很多人根本懶得應對。即便如此，光靠技術性的做法是沒辦法阻止匿名者Q在社群媒體的評語回覆、私人聊天群組或是不受監管的論壇上滋長。唯有當人們願意區分猜想與事實，這一切才有機會停下來。

解密的環節

在實境遊戲中，讓玩家們遇上一些難解之謎向來是件好事，因為這樣一來玩家多少能打發時間，而可憐的操偶師也能乘機設法創造出更多謎題和故事來滿足玩家們永無止盡的需求。好的謎團能讓整個社群一連猜上好幾年，像是《Lost檔案》中的數字之謎或是《權力遊戲》（*Game of Thrones*）中主角瓊恩．雪諾（Jon Snow）的身世之謎。[37]只是這些謎團必須和細節內容取得平衡，以免整個故事攪和成一團；比方說，就算我們再怎麼嘲笑《Lost檔案》最後的真相大白有多令人失望，要不是每一集之間的敘事那麼完美、有力，根本也不會有人看到最後。

《Perplex City》中過多的謎團缺點亦然，玩家為了找出加密過的訊息，徒勞亂猜，結果反而為了追求他們自己的理論而忽略了整個故事發展。這對我們來說可不是好事，因為我們設定了極其嚴格的時程表，好讓故事按時推出，才能夠和我們發行的實體謎題卡緊緊相扣，而我們整個事業可都是靠這些謎題卡建立起來的。萬一玩家遲遲沒有找到故事結局的二十萬美元寶藏，我們可能反而沒資金繼續營運下去。

匿名者Q可以仰賴加密訊息生存，是因為它並沒有一個特定的時間線或目標，更遑論什麼專案預算或是員工薪資要處理。即便追隨者誤讀訊息，匿名者Q仍毫髮無傷。事實上，這正是它之所以強大之處，因為追隨者將能自顧自地花時間衍生出自身的版本，甚至是更勝於匿名者Q的理論。丹·韓（我的親兄弟）曾提到：「在所有我和我朋友曾參與過的另類實境遊戲當中，當你做的是以敘事為基礎的遊戲時，玩家社群的消化／完成／解決速度永遠會比你製作來得快。我想，這種在內容產製／消費／遊玩上的不對稱，就是個不爭的事實。但是匿名者Q『解決』了這個問題，因為它能夠吸收所有既存內容，並且——鼓勵你、任由你去創造出新的內容，並承認這個內容，讓它成為公平遊玩的一環。」[38]

然而，即使是匿名者Q，也不免需要有細節內容去對應，因此它經常指涉一些真實人名、地名、事件之類的內容。

把訊息加上層層密碼的做法，在我需要控制玩家解謎速度時格外有用，尤其是用在《Perplex City》中那些特別重要的謎題上，像是我們最後把二十萬大獎藏在哪裡的大關卡。謎題卡總共有兩百五十六張，分三波段發售。為了故事手法和行銷目的，我們希望玩家只要集齊全部的謎題卡，便能盡快找到最後的大獎。我們同時也希望玩家在收集卡片的過程中，就能夠感覺自己有所進展，但是我們又不希望他們一拿到最後一張卡，隨即找到藏寶地點。

以上這些條件某種程度上互相矛盾，對此，我的答案是：以多張謎題卡的解決方式來呈現藏寶地點。其中一道謎題指向英國的侏儸紀岩層（Jurassic rock strata），我將這個答案以背景的方式分散在十四張卡片上。另一道謎題則是用一個極小的微點（micro-dot）來指示我藏在一堆卡片中的三個字母要怎麼排序。只要對排序後的字母及數字的值進行模數運算（mod arithmetic），你就會得出一、二、三或四的解答，得出對應的DNA核苷酸排序。如果你以DNA的三字碼來解讀，它們就會組成字母。組合後的字母會變成一個詞：「勃根地公爵」（Duke of Burgundy），這是一種稀有品種的蝴蝶名稱，只在特定地區出現。輔以先前知道的侏儸紀岩層，即能縮小尋寶的範圍。

這種錯綜複雜的層層包裝有個好處，若是玩家社群卡關了，我們便可在線上提供額外的線索來幫助他們。重點是，你不能把簡單的謎題變難，卻可以讓困難的謎題變簡單。

超越另類實境遊戲

將另類實境遊戲和造成這麼大傷害的陰謀論拿來相提並論，可能會感覺有點糟。但是這其實正顯示出兩者之間最關鍵的差異：在匿名者Q的論述當中，陰謀論背後的風險之高，為此可以不惜一切代價。如果你真心相信某個網路商店或是披薩店實際上是在販賣人口，而且所有相關單位都同流合污，為此做出任何極端行為都會被正當化。

對於將另類實境遊戲的社群置入到攸關人命的情境的結果，我們已經有過實際的案例。緊接在「野獸計畫」結束之後，便發生了九一一恐怖攻擊事件。很快地，造雲者的社群當中就有一小群人開始提議要用社群的力量，發揮所長來「找出」恐怖攻擊的幕後主使者。隨之而來的是一場短暫且激烈的爭論，並在接下來的數年間，成了另類實境遊戲的玩家之間的警世良言，提醒玩家切勿過度自滿而失去分辨虛實的能力。然而，這個故事有一點錯誤：事實上，該社群和管理員很快就將這些想法視為不切實際、不識時勢且充滿風險的想法。「造雲者們試圖解決九一一事件」是個好故事，但是完全偏離事實。

不幸的是，在Reddit論壇上繼承了這個精神的鍵盤偵探，在「揪出波士頓炸彈客」（r/findbostonbombers）時未被及時阻止而釀成大禍。[39]在二〇一三年波士頓馬拉松爆炸事件發生後，立刻有人創立這個分類群，用來傳遞相關新聞以及交換關於犯罪主謀的理論。起初，管理員和使用者都還很負責任地避免揭露「犯嫌」的個人資訊，將偵查工作留給執法機關處理。隨著該社群逐漸引起更多人的注意——基於Reddit論壇的設計以及演算法，這是無可避免的結果，更不用提普遍社群媒體的傳播力——管理員無力審核大量湧入的每一篇貼文和評論，這些潛規則很快被打破了。後果慘不忍睹。

當時聯邦調查局釋出了兩名犯嫌的幾張模糊照片，幾個小時以後，該社群成員就從社群媒體上誤認了三個年輕人，並且公布他們的姓名及照片。很快地，貼文和評論四起，指控他們要為攻擊事件負責，這些貼文透過一些高知名度的推特帳號傳遍全世界。這幾個被誤認的犯嫌當中，有一人已經失蹤數週（而且後來才發現他根本已經過世），他們承受了激烈的網路霸凌，他們和家人從此受到心靈創傷。[40]

《紐約時報》的杰・楷斯平・康（Jay Caspian Kang）訪問了其中一名積極參與的社群用戶「_supernovasky_」，他問對方，為何會覺得自己非得散播這些未受驗證的新聞，對方回答，「我們會得到推數（upvotes）——這些毫無價值的點數會顯示在你的名字旁邊，表示你對此做出多少貢獻——我想我就只是希望我的貢獻點數持續成長。」

自二〇一三年起，Reddit論壇便著手限制這些充滿調查精神的成員，而調查相關的熱門分類群，諸如「r/RBI」分類群（Reddit調查局〔Reddit Bureau of Investigation〕）則有著嚴格的規定以避免造成傷害，其中包含所有犯罪事件都應交由警方處理。[41]只是Reddit上的社群眾多，執行的力道又不夠，尤其該公司還過度渲染他們辨識假訊息的能力。該公司執行長史蒂夫・霍夫曼（Steve Huffman）於二〇二一年向美國眾議院金融服務委員會表示，「我們的使用者非常善於找出謊言、假訊息以及假故事，不論是在社群當中還是以整個Reddit而言皆然。」這段話恐怕是連Reddit最熱中的辯護者聽了都會感到新奇。[42]

TikTok無疑接下了業餘偵探在社群媒體上的基地這個棒子，先是蓋比・裴蒂托（Gabrielle Petito）失蹤案調查，後有全國尋找「西榆迦勒」(West Elm Caleb)的身分調查案，不過，後起的街坊守望應用程式《Citizen》又把線上人肉搜索的等級推到新高。[43]這套應用程式原先稱《Vigilante》，使用者得以根據警方的監視系統以及群眾回報內容，在犯罪事件發生當下便提醒周遭的人。某次洛杉磯突然發生大火災，該公司的執行長安德魯·弗萊姆(Andrew Frame)懸賞高額的三萬美元，任何用戶所提供的姓名和照片，若有助於順利逮捕到縱火犯，就會發給提供線索的人賞金。根據《Vice》報導，這則懸賞的消息透過該應用程式的即時新聞直播功能(OnAir livestreaming service)傳到了該城的八十四萬八千八百一十六名用戶的手機上，其中一名主播直言：「尋找(某某某)。快找他。某某某的家人，他不是自己來到這世間的，我們需要你們的幫助。我們需要你們幫我們聯繫他，找到他在哪。我們要聞聞他衣物上的氣味。我們要把他揪出來，這樣我們才能阻止整座洛杉磯陷入火海。」如果這還不夠像是當年《魔鬼阿諾》(*The Running Man*)電影裡面那種反烏托邦的遊戲節目，更像的還在後頭，很快地，他們便發現他們找錯人了——即使他們已經為此發起一場有一百四十萬人參與的獵巫行動。

不論是「揪出波士頓炸彈客」、《Citizen》、匿名者Q，都同樣有著看上去不受管轄的陰謀分子，這些人將沒有依據的猜想當成事實散播出去，卻絲毫不覺得自己需要為此負責。沉浸式環境與敘事設計師蘿拉·賀爾(Laura Hall)就說，他們感受到的是任何事情都應該有解決方法，「人們普遍認為，『這應該能解決／能找到……以此類推』，你可以在很多Reddit論壇的社群上看到這種說法，他們通常都是為了一些不解之謎之類的原因而成立。感覺好像因為所有訊息都能在網路上找到，在某個角落必定也能尋得現實和真相的證據。」[44]

這種感覺所言不假。網路上可以取得的資訊量非常龐大，而在極少數的情況下確實有可能解決一些「謎團」，因此很難就此批評人們何以試圖這麼做，尤其出發點是想要阻止他們所認定的不當行為。但也正是因為網路上可以取得的資訊量過於龐大，讓人輕易就能把一些事情隨意串在一起，而且這個過程有趣到會令人手癢。

尋找解方、拼湊線索、分享資訊、溝通協調，這個過程中的樂趣能用來成就一些事情，也同時能夠用來做出一些糟糕的事情。如同《lonelygirl15》影集的前編劇菲阿爾科夫所說，「這種腦力以負面的方式聚焦在（陰謀論者眼中）生死交關的議題上（而實際上只是被愚蠢地操縱出來的妄想），這一點讓我害怕至極。」[45]

我們能從另類實境遊戲中學到什麼？

面對網路上的假訊息和匿名者Q這種陰謀論雙雙帶來的風險，各機構也試圖為了抵擋它們的誘惑，設計出遊戲來為玩家打預防針。劍橋大學的《Go Viral!》遊戲正是用來幫助用戶辨識關於新冠疫苗的陰謀論，他們先前也曾在二〇一八年推出針對假新聞的《Bad News》，約翰・庫克（John Cook）也曾推出《Cranky Uncle》。[46]要讓思想先進的對象下載這些應用程式不難；遺憾的是，很難想像匿名者Q的信徒也會依樣畫葫蘆。儘管這種打預防針的方式能夠有效幫助人們拓展批判性思考能力，我仍得承認，即使一輩子都在受這種訓練，我也難免偶爾落入一些古怪理論的陷阱裡，尤其是它們來自一些看似可靠的資料來源時。

到了這種時候，我們不得不接受一點：期待或一味責備我們的公民應該要有完美的媒體素養根本已成敗局，特別是還有像俄羅斯的網路研究社（〔Internet Research Agency〕又稱網軍工廠〔the troll factory〕）這種以豐沛的國家資源培養的參與者，他們盡其所能地散播錯誤訊息，甚至花錢僱用不知情的獨立記者，打造出從頭到尾都是偽造的假出版品。[47]接著又還有我們該如何判定一個人是否具有媒體素養的問題。

數據與社會研究所（Data & Society research institute）的社會學家法蘭西斯卡．特里波里（Francesca Tripodi）博士認為，諸如美國保守派和福音派這些常被懷疑是欠缺媒體素養的團體，實際上已諮詢過各種原始資訊以及其他媒體來源，才建立出自己的觀點，而不是單純因為看了假新聞而被「誆騙」出他們的觀點。[48]

至於針對數位媒體素養的問題，要訓練人們以此解決散播假新聞的問題，有點像是訓練人們在馬路上跑快一點來閃車，而不是加強道路安全執法並且建立安全行人穿越道路——也不是說完全沒有意義，只是這種做法是將原本應由更大的社會層面來解決的負擔，加諸在個別市民身上。我的公司在二〇〇九年為英國第四頻道（Channel 4）教育計畫設計了一款名為《Smokescreen》的遊戲，這是一款大型的沉浸式線上遊戲，旨在教導青少年認識社群網路的危險性。[49]它贏得了西南偏南互動媒體獎（South by Southwest Interactive award）中的最佳遊戲獎，遊玩次數超過五十萬次，但是我對於它在玩家網路隱私和安全習慣上留下多大的影響仍心存懷疑。畢竟，在隱私設定朝三暮四持續改動的情況下，很難說服青少年持續更改他們的隱私設定，而且所有其他動機都在驅使他們分享更多、揭露更多。

那麼，若是設計一款針對匿名者Q的反制另類實境遊戲呢？有些人曾希望我協助設計出一款隱密的另類實境遊戲，藉此滲透陰謀論社群，由內而外地摧毀他們的信譽。儘管這些請求是出自好意，我仍一概予以拒絕。我完全不相信會有任何另類實境遊戲能在與真正的陰謀論競爭下博得注意，不過更根本的問題是，這不能夠用來當作解決陰謀論思維的方法，反而是火上加油。光是把這種想法寫在書中就已經夠糟了——無疑地，光憑這本書就會讓我被某些人冠上「反情報」的罪名。匿名者Q和其他危險的陰謀論所帶來的傷害，深切的不信任感、恐懼感以及經濟上和心靈上的不適感，這些不是光靠另類實境遊戲便有機會治療的，更不可能是一款操縱人心的遊戲辦得到的。

確實，有些類似另類實境遊戲的方式能有所幫助——並不是直接和匿名者Q對抗，而是要人們將建立以社群為根基來解決問題的能量和熱忱用在更好的用途上。以新冠疫情追蹤計畫（COVID Tracking Project）為例，這個計畫正是試圖打造出全美國最完整的新冠疫情數據資料庫。疫情期間，每天都有志工蒐集最新的數據，包含各地的實驗數據、最新案例、住院情況、感染人數等資料。在缺乏可靠政府數據的前提下，這個計畫不只成了美國最可靠的資料來源，甚至可說是全世界最可靠的資料來源。

而且其內容極度公開透明。你可以從Google試算表上深入研究志工蒐集回來的原始數據、用GitHub檢查每一條程式，還能在Slack上直接發問。數據中若有任何錯誤或模糊不清之處，很快就會被揪出來並加以解釋，而不是隱瞞或視而不見。該計畫中有著像是遊戲般的每日任務，旨在蒐集最充分的數據並且持續擴張及改善追蹤的指標。除此之外，有如最優秀的那些另類實境遊戲，來自各種不同背景和具有不同專長的志願者都廣受歡迎。這個計畫是我見過最印象深刻且組織精良的資訊回報計畫；光是「群眾外包」（crowdsourcing）根本不足以描述此計畫的規模。

又或者「啤令貓」（Bellingcat）*，將鍵盤偵探推向最高境界。如果你把另類實境遊戲中的技巧運用在調查性報導上，你所得到的便如同這個共享情報團體，該團體查出二〇一四年馬航MH17班機在烏克蘭上空被擊落的真相。啤令貓的志願者費盡千辛萬苦將可取得的各種公開資訊拼湊在一起，最終確認該航班是遭俄羅斯駐庫斯克第五十三防空導彈旅以山毛櫸飛彈擊落。[50]由荷蘭領導的國際聯合調查小組後來也得出相同的結論。[51]啤令貓則繼續在超過二十個國家中，透過其成員和撰稿人構築出來的人脈網，持續調查各種犯罪活動以及反人類罪。[52]

缺乏信任正是滋養陰謀論的溫床。如今，人們不再相信權威當局，因為這些當局機關一再地展現出自己不值得信任的一面——延遲公布政府調查結果、銷毀過去的暴行紀錄、部屬無標誌的聯邦軍力。[53]在新冠疫情期間，許多政府機關誤報並操縱相關實驗數據，而專家在說明口罩的防疫效力時，根本就是在對大眾撒謊。[54]也許真要說起來，二十年前、五十年前或一百年前，權

* 編注：一家位於荷蘭的調查性新聞集團，專門從事事實核查和開源情報。

威當局同樣不可信，但是時至今日，我們理當對他們有更高的期望。

《紐約時報雜誌》特約作家馬塔堤亞・施瓦茨（Mattathias Schwartz）就相信，正是因為缺乏信任，人們才會走向如匿名者Q這類陰謀論中：「匿名者Q（的信徒）……渴求資訊。他們追逐麵包屑的意願正是無知且無力的症狀。他們相信國家機器對於一般人來說是遙不可及的，這不無道理。很難去責怪他們轉而信奉幻想和祕密信仰，畢竟，政府當下活動的正確資訊輕易就會被掩埋，只剩下破碎的資訊。」[55]

因此，我們的目標不能只是恢復人們對於現存權威當局的信任感。更進一步地，我想我們要恢復的是人們對於真相與知識本身的信仰。新冠疫情追蹤計畫和啤令貓讓我們看到如何透過集思廣益的方式揭露真相。他們透過超文本（hypertext）和開放資料（open data）來呈現他們的成果，創造出一個結構，讓更高層次的分析和報導能夠建立在其上。萬一他們找不到真相，他們也樂於承認。

• • •

匿名者Q乍看之下同樣是開放、共享的。一切攤開在線上。所有討論、所有想法、所有理論一律集結在匿名者Q這個怪誕的大廈中，猜想在此化為事實，而事實導向行動。發現新天地是一件刺激的事，當你知道在谷歌輸入新的關鍵字，就會找到更多線索得以編織理論時，你會覺得自己好像是個貨真價實的研究者。這個過程會讓你屢試不爽。你永遠有還沒搞懂的新資訊、永遠有新的謎題要解、永遠有新的敵人等著你去打倒。

匿名者Q填補了政府機關留下的資訊空洞——用的不是事實，而是幻想。如果我們不想讓匿名者Q有機可乘，就有人得先填上這個洞。理想狀態下，民主政府會出資打造專門的機構來擔任這個角色，如台灣，便有一系列的數位透明措施、以尋求共識為目的而非促進分裂所打造的審議式線上平台，以及社群媒體上為了對抗假訊息快速做出回應的活動。[56]遺憾的是，西方民主政體中主導的政府經常對於要維持這種機構興趣缺缺；及至喬·拜登（Joe Biden）贏得二〇二〇年總統選舉後，美國疾病管制與預防中心（CDC）和其他聯邦機構這才著手改善關於新冠肺炎的報告，最後到了二〇二一年年初新冠疫情追蹤計畫才終於塵埃落定。[57]傳統的新聞報導也同樣受到不透明和缺乏資源的挑戰而苦苦掙扎。所以，或許能幫得上忙的只剩下……我們。

問題在於，我們能否在整個世界的其他部分都變成更誘人的遊戲的情況下，仍心無旁騖地打造這些機構。就如同匿名者Q一般，社群媒體有著遊戲般本質，而這已經扭曲了數十億人的行為。隨著生活中的一切都被遊戲化，從性愛、戀愛、購物到股票市場無一倖免，我們的人際關係、生計以及相關機構都面臨著風險。

8 當世界是一場遊戲

The World as Game

整個世界就是一個大舞台，世上的男男女女都不過是來走個過場。

——威廉・莎士比亞（William Shakespeare），《皆大歡喜》（*As You Like It*）

一六〇五年，試圖了解天地運作原理的德國天文學家約翰尼斯・克卜勒（Johannes Kepler）在一封信中和筆友討論他的著作《新天文學》（*Astronomia Nova*）時提到：「我的目的是要呈現出天體機器並不是某種神聖的活物，而應該像是時鐘那樣運作（他相信時鐘也有靈魂，出自於製造者對作品所投入的榮光）。幾乎所有流形運動都是由一個最簡單、磁性的物質力量所引發的，一如時鐘所有的運作都是靠著一個簡單的鐘擺引發的。」[1]

我們可以從這迷人的比喻中理解世界運作的道理，而且很合理：這啟發了我們富有成效的全新研究方法。克卜勒當然知道宇宙並不是真的靠著鐘表機械運作，但是這個比喻有助於他的理論發展——太陽和星星是依照一套簡單且可預測的機械性法則在運作，而非難以捉摸的任性思想。

比喻也可能讓我們誤入歧途。[2]例如「向癌症宣戰」這種說法或許能幫助人抬頭挺胸面對病痛，卻也在敗給疾病的同時，歸咎於「士兵」，因為自己沒能奮戰到底。在《關於大腦：神經科學的過去與未來》（*The Idea of the Brain: The Past and Future of Neuroscience*）一書中，作者馬修・科布（Matthew Cobb）寫道：大腦曾被視為時鐘，接著是管線系統、一套閥門、電話總機以及相機。[3]近來，我們的心智已經被當成電腦看待，以不同的「模式」或「系統」在思考運作，而且還有可能像是改寫電路板一樣加速超頻。

將人腦比做電腦的有利之處在於，我們理解到大腦處理資訊的方式或許和電腦大同小異；我在劍橋大學就讀期間，曾測量過神經元上的電流活動，為的是要找出訊號量達到「尖峰」時，是否就是在傳遞關於生理時鐘的訊息，我當時運用的，正是電腦科學的核心——資訊理論中的科技和演算法。但是，一九九〇年代到二〇〇〇年代初期電腦科技急速發展，一九九七年，我們甚至目睹IBM的深藍（Deep Blue）擊敗俄羅斯棋王加里・卡斯帕洛夫（Garry Kasparov），人們漸漸將人腦直接視為是電腦。個別的神經元代表了晶片上構成邏輯閘的電晶體，而尖峰訊號等同於在電線上流動的電子訊號。電腦科學家也就此預測，等到晶片上的電晶體數量和大腦中的神經元一樣多的時候，電腦就會有等同於人類的能力。[4]這意謂著要有大約一千億個電晶體在一個晶片上運作，這個數字雖然遠超過iPhone 13的一百五十億個電晶體，但是並非遙不可及的數字。

只是這個比喻有個致命的缺陷。相較於電晶體之間只有三到五個連結，神經元之間則有數千個突觸連接，而且這些突觸會依照傳送的訊號隨時間改變。換句話說，單獨的神經元遠比單獨的電晶體來得複雜許多，這意謂著即使你能將好幾台iPhone串在一起，也完全比不上人類大腦的複雜性和運算能力。不幸的是，這個比喻致使人們投入無數的時間和資源，試圖達到打造出勘比人類大腦的電腦這無法企及的野心，更不用提那些史詩般（代價也同樣高昂）的計畫，例如試圖將所有神經元和突觸都找出來，繪製出「大腦連接組」（connectome）的計畫。

離開神經科學的世界後，我逃離了這個比喻，卻落入另一個更難以招架的比喻：這個世界就是場遊戲。除了模擬論者外，僅少數人相信我們生活的世界實際上是由某種異世界的存在設計出來的遊戲，只是在過去這個世紀裡，此比喻戲劇性地改變了我們認識這個世界的方式以及我們的行為模式。

如今，我們很難不去把我們的生命想成一場遊戲：生命就是場無止盡的競爭，我們一律平等地從零開始，儘管有運氣成分在，但是憑藉能力便足以克服一切障礙，作弊會被懲罰，不過一旦這場比賽你表現得好，你就能獲勝。這個顯然是一個由資本主義和公平社會假說組成的現代混合體，並沒有反映出現實世界真正的運作方式，可是我們仍表現得一副世界真的就是這麼運作的樣子，不只是在政治場域和工作場域，連我們彼此互動的方式也是如此。

我們很難說這不是遊戲對文化帶來的廣泛影響造成的。早在十九世紀，波斯軍隊便以「戰爭遊戲」（Kriegsspiel）來教導軍官戰術，其最初的概念來自西洋棋。[5]與此同時，英國也將爭奪中亞和南亞的戰事視為一場「大博奕」（The Great Game）。[6]近年，我們也有《飢餓遊戲》（The Hunger Games）這個以反烏托邦死鬥競技場為舞台的遊戲，其靈感正是來自《當個創世神》中的一個模組，而《絕地求生》（PlayerUnknown's Battlegrounds）也相應而生，開啟了一系列「大逃殺」主題的電玩遊戲（名稱則來自一部二〇〇〇年出品的日本電影），很快地，接下來就推出《要塞英雄》。《良善之地》影集中想像出一套由天堂和地獄中的使者所控制的遊戲化系統，將人們做的好事和壞事進行評分；二〇二一年萊恩・雷諾斯（Ryan Reynolds）在電影《脫稿玩家》（*Free Guy*）則主演了一名發現自己實際上是電玩中的非玩家角色（non-player character）的銀行員。如果光靠故事沒辦法打動我們，流行文化也肯定強化了「世界是場遊戲」的比喻。

有時候，其結果無傷大雅或是單純有趣。有些Podcast會持續討論電影、書籍和遊戲要如何以設計圖、實際競賽、繪畫作品等呈現出來，例如「最佳玩伴」（The Besties）、「縱觀大局」（The Big Picture）、「無與倫比」（The Incomparable），在與電影同名的Podcast「小鬼富翁」（The Blank Check）中，主持人會為彼此的笑話依照好壞給出「笑料點數」（comedy points）——有些節目甚至會認為，應該用遊戲化來改善奧斯卡獎。[7]在極為熱門的中國實境節目《創造營2021》當中，大量採用遊戲化的投票應用程式，並且以復古的遊戲風格製作片頭。[8]

在其他情況下，這個比喻有助於人們理解內容。香港抗爭團體以群眾集思的方式製作了一本關於抗議和公民不服從原則的《HK19教學手冊》，其中引用了美國政治科學家吉恩・夏普（Gene Sharp）的著作以及塞爾維亞「Otpor!」青年抗爭活動的內容，而該手冊中最引人注目的，是用了角色扮演遊戲的術語來描述以不同形式投入抗爭的方法。[9]對此，作者群解釋，「為了暗中推動抗爭，初期嘗試的其中一個方法就是將它形容成像角色扮演遊戲一樣，於是用了像是『火魔法』、『水魔法』、『黑魔法』這些名詞……所以，當我們描述角色的時候，自然也以『職業』和『角色』稱呼（一如玩角色扮演遊戲）。」於是，「體能系職業」就包含了年輕的「先鋒」（front-liners）和「火魔法師」（fire-fighters）專門快速處理催淚瓦斯彈；「輔助系職業」則有醫療人員和提供心理支援的「樹洞」團隊（引用自粵語中「找一棵樹，挖一個洞，將祕密告訴它，再用泥巴堵住洞口」的概念）。

即使用上了這些天馬行空的口號和類比，這本手冊可沒打算輕視公民不服從這件事。反之，其運用這些角色扮演遊戲的術語是為了幫助讀者——這自小到大都在遊戲中成長的年輕一輩——能夠了解擁有不同技能的重要性及其脈絡。手冊中指出，猶如在真正的電玩遊戲中一樣，「抗議者常常需要有『多重職業』，同時扮演不只一個角色。這一點在打造團隊之間的信任時非常有幫助。」

而有些時候，把真實世界當成遊戲反而令人感到不安。當新冠肺炎從中國向全球擴散時，許多網站即時追蹤了當下的確診及死亡案例的數據，眾多評論者不由得憂心忡忡地和《瘟疫公司》（Plague, Inc.）這款遊戲比較。因為在這款遊戲中，玩家的目標正是要刻意散播病毒，並讓病毒進化到足以毀滅人類文明。[10]這無疑也是中國在二〇二〇年二月便針對這款遊戲下禁令的原因；同時也促使該遊戲開發者在隨後的三月捐出二十五萬美元來對抗新冠肺炎，並且在同年十一月推出擴充內容，玩家得以透過追溯接觸者、無薪假及紓困方案、疫苗開發等方式拯救世界。[11]

更令人擔憂的則是極右派將電玩遊戲當成新的武器。二〇一九年三月，基督城清真寺槍擊案（Christchurch mosque shootings）的主嫌在發動攻擊的同時，頭上竟戴著一台攝影機，以現場直播的方式轉播整起事件，令人不禁想起第一人稱射擊遊戲的畫面。[12]該名主嫌為極右派論壇「8chan」的用戶，在論壇中，後來也有人對於他帶來的死傷數字發表感言，並表示他們希望能夠「超過他的高分紀錄」。六週後，波威市猶太會堂槍擊案（Poway synagogue shooting）的主嫌同樣試圖現場直播，據信他也是該論壇成員之一。[13]同年八月，又有一名疑似為該論壇的成員犯下艾爾帕索賣場槍擊案（El Paso shooting）。到了十月，德國發生哈雷猶太會所槍擊案（Halle synagogue shooting）時，主嫌同樣也以頭戴式攝影機在推趣上現場直播。[14]啤令貓的記者羅伯．伊凡斯（Robert Evans）認為，這些事件正意謂著「恐怖行動遊戲化」。問題並不是電玩或第一人稱射擊遊戲會讓人變得暴力（至今仍無證據證明兩者相關），而是極右派的線上社群正在利用特定的競爭、以戰鬥為核心打造的遊戲類型所建立出來的美學，讓成員更加激進，進而成為境內恐怖分子。[15]

這些案例並不是真正的遊戲化，至少不像是Uber、《多鄰國》或是《ClassDojo》等應用程式的做法。然而，當我們聽人說起「恐怖行動遊戲化」，我們多少也猜得出意思，那意謂著有些人將恐怖主義視為一項競技遊戲，有著參賽者們熟悉的分數、規則和排行榜等用語。若以此類推，幾乎所有活動都能以遊戲化來談，其概念直接連結到「後設」（meta）或「後設遊戲」（metagame）的概念，這是冷戰時期遊戲理論所衍生出的產物，旨在透過遊戲的視角來描述多方互動（例如，囚犯困境〔prisoner's dilemma〕）。[16]不論是就遊戲理論而言，抑或是遊戲化的環境當中，我們無不被鼓勵要將其他人視為玩家，而不是真人。這並不會排除合作或是雙贏的結果，可惜這種觀點確實會讓我們將複雜的局面扁平化，變成簡單的規則、分數和輸贏。隨之而來的便是脫離現實的氛圍，讓人感到任何後果都不會有任何意義。

一旦參與其中的人對這套看法買單，它就會影響我們行為的方式。一旦一名創作者相信世界上有公平正義這套假說，他就會認定被關進監獄的人都是罪有應得，而警察擁有權威是因為他們打從心底是好人；該創作者所完成的電視節目中，基本上警察是賞善罰惡的，也就因此再進一步地強化公平世界的假說。

而在相信世界就是場遊戲的人眼中，如今能夠更直接地改變這個世界，而非只是電視節目的橋段罷了。我們已經見識到政府和企業控制的能耐，藉由持續擴張的網路感應器和裝置下，他們如同玩家控制非玩家角色（NPC），控制著市民和工人。在這一章，我將解釋各家公司是如何將消費行為轉變為一場遊戲，線上社群和應用程式開發者又是怎麼將股市遊戲化，而社交網路中的「網路點數」（internet points）如何扭曲公共論述的走向。而在此之前，不如我先告訴你這比喻是如何逐漸改變約會和性愛的世界。

角色扮演的人生

將角色扮演遊戲拿來當成教學工具的，可不只有香港抗爭團體而已。在維基百科的編輯圈之間，有個圈內的笑話正是說，整個維基百科實際上就是一個超大型的多人連線網路遊戲，其中玩家（編輯）要對抗試圖破壞這個世界（維基百科的條目）的網軍。

[17]在遊戲過程中，他們可以透過編輯賺到經驗值（編輯次數）或是更上一層的編輯服務，諸如達成打敗魔王（寫出典範條目）的優秀成果時，還能得到「星章」（barnstar）；最後便能升級成遊戲主理（管理員）或是十五名大祭司中的一員（介面管理員）。

就我而言，我也曾天真地想像整個世界是一場角色扮演遊戲，每個人生下來即有一組點數可以分配到不同的特質上，像是智慧、魅力、力量之類的。我們所面臨到的升學、就業等要求，只要努力，總有一天都能夠完成。如果你相信麥爾坎・葛拉威爾（Malcolm Gladwell）提倡的那套備受爭議的一萬小時法則（ten-thousand-hour rule），即不論任何能力，只要你持續練習一萬小時，你就能成為世界級的專家，那麼你也會覺得「世界是個角色扮演遊戲」的這種比喻很貼切。[18]我們的整套教育體系拋給我們的各種挑戰，不論是上課、考試、課程單元、取得證書以及取得學位，再再讓人覺得像是在電玩遊戲中取得成就和升階一樣。近年來，人們從終生職位轉向零工經濟轉型，致使這兩者之間的平行關係變得稍微複雜了一點，但是，另一種形式的電玩概念仍十分貼切：短期任務，亦即Uber和來福車所開發出的工作模式。

在這個脈絡之下，這些對比聽上去還算有趣或是帶點啟發性，只是一旦它們扭曲了人們的思考模式，可就沒那麼有趣了。如今，在許多角色扮演遊戲中，都會加入一些戀愛機制，像是《闇龍紀元：異端審判》（Dragon Age）和《女神異聞錄5》（Persona 5），玩家可以和非玩家角色建立戀愛關係，只要用心完成一些支線任務、謹慎地選擇對話內容，就能夠提升兩人之間抽象的「戀愛熱度」（有時真有個量表供參考）。只要達成目標，玩家即可將關係提升到下一階段，經常還會有一些親熱情節。對部分角色扮演遊戲而言，戀愛情節不過是支線故事；對「約會模擬器」（dating simulator）來說，戀愛情節則是整個故事的重點。有些在智慧型手機上的約會模擬器還會以真實時間運作來增加真實性，如《神祕信使》（Mystic Messenger），一整天不時傳送聊天訊息和語音留言。[19]這些戀愛模擬器大有潛力：以AI聊天機器人《Replika》為例，根據其創辦人的說法，在二〇二〇年每個月固定有五十萬人使用該應用程式，其中有四成的用戶將聊天機器人視為伴侶。[20]當然，在該應用程式中的戀愛關係也會以等級和經驗值來表示進度。[21]

遊戲中的戀愛機制正反映出遊戲設計師眼中真實世界運作的方式，延伸出一種「紳士」就該得到性愛獎勵這種令人嗤之以鼻的觀點。這背後廣傳的「販賣機」理論令人大感不快，一副男人對販賣機（女人）投入一些情感硬幣（喜善意作為），直到掉出性愛的樣子，和尼爾・史特勞斯（Neil Strauss）書中所謂「把妹達人」（pickup artists）的手法沒有兩樣。[22]電玩記者威廉・休斯（William Hughes）就曾批評電玩遊戲中對戀愛關係的這種決定論觀點，並表示既然如此，所有主要的非玩家角色都應該讓玩家可以追求，因為他認為，電玩中「多年來都幫玩家挑好了對象，所以對玩家來說角色有沒有發展機會，只消看一眼就知道了……無論有意無意，這教導了玩家能否與別人構成戀愛關係靠的是正確的選擇——只要選得對，一定會得到對應的結果——這種類型遊戲帶來這種醜惡的副作用，化為我們集體接收到的一些最強烈的情緒。」[23]

這種謬誤的思維最近體現在最新一代的AI性愛娃娃上。作家崔西．克拉弗里（Tracy Clark-Flory）曾訪談RealDoll公司的創辦人馬特．麥克穆倫（Matt McMullen），他解釋，該公司的性愛娃娃使用的AI，「不論是以獨立應用程式而言，或是裝載在機器人上，都和一九九〇年代的電子雞（Tamagotchi）沒有兩樣。一旦你沒有和它互動，程式中的『社交量表』就會下降。同樣地，『愛情量表』會隨著你給AI的讚美以及你表達出的情緒而上升——比方說，你提到你很享受和『她』共度的時光。」[24] 麥克穆倫補充道，AI設計來就是要「模擬建立一段關係中所需投入的善意及心力，」藉此讓使用者成為更好的人。

問題在於，少有電玩遊戲會模擬受到拒絕和心碎的那種痛苦卻又必要的人生體驗，更別提性愛娃娃了。它們追求的是吸引性和娛樂性，它們教給我們的是只要你堅持到底，你永遠有機會找到真愛。或者說，只要你的荷包夠深：在最熱門的免費約會模擬器裡，「最浪漫」的選項就深鎖在小額付費（microtransaction）的機制後頭。

消費與資本主義

由於新冠疫情爆發，「ComplexCon」潮流服飾慶典將其在加州長灘舉辦的例行性現場活動改為以遊戲形式進行。活動於二〇二〇年十二月舉辦，借助饒舌歌手崔維斯．史考特（Travis Scott）不久前才在《要塞英雄》中以虛擬形象露面帶來的靈感，舉辦方讓參加者在一個充滿科幻感的虛擬城市中逛街，藉此鑑賞獨家推出的最新款帽子和運動鞋。[26] 該場慶典的統籌主管尼爾．萊特

（Neil Wright）在與科技新聞網站《The Verge》的安德魯・韋伯斯特訪談中表示，「在我設想的完美情境中，你的虛擬化身四處採購，逛到一半時會收到通知說，馬上會有空投物品。於是，你停下手邊進行中的一切，試著找到這些物品會落在世界上的哪個角落。」而他所提到的空投物中，包括一系列限量獨家商品。

這個情境中埋入了好幾層的遊戲化，光是要理解就讓人眼花撩亂，尤其光是有限量商品的空投就已經有著樂透大獎的意味在其中，不過，大多數的零售商並沒有這麼直接地將這件事當遊戲看。反倒是消費者常常將消費行為視為一場遊戲，而零售商也只是樂於逢場作戲。以「LuLaRoe」這間多層次傳銷公司為例，他們的營運靠的是將服裝賣給旗下的「顧問」（consultant），再由顧問賣給客戶。[27]但是和一般盤商不同的是，這些顧問沒辦法自己對特定商品下訂單，新聞網站BuzzFeed的史蒂芬妮・麥克尼爾（Stephanie McNeal）報導指出：

> 雖然顧問能夠下單訂購特定風格和尺寸的服飾，在開箱前他們永遠不知道衣物上的花樣，而且，每個顧問拿到的貨都不盡相同。因此，他們的客戶通常會加入好幾個LuLaRoe的臉書社團，試著找到自己想要的商品，因為有些衣服的風格或顏色會比較熱門或罕見。（LuLaRoe的愛好者稱之為「獨角獸」。）至於其他設計則會在網路上受到無止盡的嘲諷，它們要不是難看至極，就是怪異無比（例如印上戴著聖誕帽的健身教練的緊身褲）。這樣一來，購買該公司的商品便像是尋寶一般。每當該公司宣布即將發行一批新商品，會有新

風格、設計或顏色時，死忠粉絲就會開始挖遍臉書社團，想要找到哪個幸運的顧問手上有好貨。[28]

這如同電玩遊戲中的轉蛋機制，貨箱中的半隨機內容激勵著顧問持續訂購，為的正是要拿到最受歡迎的商品，接著又會誘發另一波尋寶熱潮——客戶們的尋寶熱潮。差別在於，轉蛋和戰利品箱通常花不了多少錢，而LuLaRoe的顧問光是入門就得花上四百九十九美元，下單更是以數千美元為單位計算。[29]除此之外，遊戲和多層次傳銷之間有更廣義的相似之處，例如LuLaRoe有贈品和複雜的領導層級，以及「領袖基金」(leadership pool)的獎池點數制，以此決定顧問能領到多少獎金。[30]

很多零售商甚至有常客獎勵計畫，不過少見如星巴克的要求條件那麼高或是那麼複雜的應用程式，他們的做法遠超過常見的「集滿十點，免費兌換一杯咖啡」的集點卡，而是個人化且具時效性的「星禮程」活動和額外星星挑戰。只要顧客配合相關活動，例如在一週內買三份培根乾酪三明治或是連續六天來店消費，就會送給顧客額外的星星，用來換取免費商品或優惠。在新聞網站「石板」的海瑟·舒威德(Heather Schwedel)訪問中，某個顧客總結星巴克帶給他的體驗：「以購買咖啡這個行為的遊戲化來說，我認為他們用來吸引更多人的做法很漂亮……有太多次我其實不是真的想買咖啡，『我不需要咖啡，但是我想拿到雙倍點數，所以我要額外多花點錢。』」[31]

星巴克究竟有沒有將這個獎勵計畫視為一場遊戲，我們不得而知，不過顯然顧客是這麼認為的。星巴克的粉絲會在社群網站和論壇上熱烈交換如何以最少的錢拿到最多星星的訣竅，就和電玩中試圖用最快的速度破關的速通玩家沒有兩樣。顯然有些顧客很吃這套，或許是因為追星星的過程讓他們手上的「免費」星冰樂更具滋味。正是這個追星星的過程，讓星禮程相關行銷活動和傳統的顧客獎勵計畫有所不同：它不再是深埋在錢包中的集點卡，而是能在手機上發出通知的限時優惠活動——光是美國就有超過兩千萬的顧客會收到這些通知。[32]

星巴克的安卓版應用程式狡猾地將更能發揮效益的訂單進度通知和這些宣傳通知歸在同一功能群，於是這些通知基本上不會被關閉；一旦關閉，意謂著兩者同時關閉。[33]如果你樂於當一個星巴克玩家，這當然也是遊戲的一環，而不是什麼系統問題。但若你不想呢？沒關係，總有一天你會收到讓你回心轉意的優惠通知。

如同所有的獎勵計畫，星巴克要鼓勵顧客做出預期外的消費，可是這個過程中，也成功讓他們旗下的咖啡師日子過得悲慘無比。在一個為星巴克的咖啡師建立的Reddit論壇群組中，有篇貼文回憶道，「我有個常客永遠，真的是**永遠**，要等到活動最後一天才來，但又想要達成最高的獎勵目標。有天她遞給我四盒蘋果汁，說想分開結帳，同時，她**還要**另外加點四杯飲料和三明治，全部分開取單。」[34]這就不是那麼有趣好玩的遊戲了——這帶來的只有耗損和壓力。

即便如此，要說星巴克浪費資源，相較於航空業的常客計畫，只能說是小巫見大巫了。自從美國航空（American Airlines）在一九八一年將公司的「AAdvantage哩程計畫」電腦化之後，其他航空公司前仆後繼地跟進，各種以免費機票獎勵顧客哩程數的計畫紛紛出爐。[35]打從一開始，這些計畫就複雜到讓所有人一頭霧水，曾任美國國會參議員的尤金・麥卡錫（Eugene J. McCarthy）便向《紐約時報》抱怨，連他都很少有資格拿到優惠，因為這些公司似乎只會「獎勵提前三個月訂機票，或是願意在中午前搭乘星期二去星期日回的機票的人；要不就是得要買諸聖節的八日慶期內來回的機票。」

但是對某人來說很複雜，對別人來說或許只是場遊戲。專門分享旅遊祕訣和「哩程優惠機票」的新聞群組和留言板很快成了發展蓬勃的產業，他們會分享像是達拉斯到奧斯丁當日來回十次就能換夏威夷免費機票一張等訊息，二〇〇〇年，也曾有過只要整個週末都在拉丁美洲搭飛機，即能贏得拉丁通行證（LatinPass）的百萬哩程大獎的紀錄。當哩程計畫不再僅以實際飛行距離為基礎，而是採用抽象的點數來計算，依照特定的旅行路線贈予兩倍到三倍的獎勵，還能透過無數的信用卡和購物消費來集點時，這套系統變得更像是場遊戲。記者傑米・勞倫・凱莉絲（Jamie Lauren Keiles）寫道，「在哩程計畫的社群裡，幾乎每對伴侶的關係中都會有一個熱中者和一個願意合作的伴侶，後者通常被稱為『第二玩家』。透過婚姻，兩人可以結合兩份收入、兩個信用點數以及兩個社會安全碼，解鎖更高級別的獎勵關卡。」

二〇二〇年，常客點數分析公司（On Point Loyalty）評估，達美航空公司（Delta Air Lines）的飛凡哩程常客計畫（SkyMiles program）市值高達兩百六十億美元，而AAdvantage哩程計畫則以兩百三十億美元緊追在後，至於聯合航空（United Airlines）的前程萬哩（MileagePlus）則是兩百億美元。[36]新冠肺炎重創了航空業的資產負債表，反觀這些哩程計畫，或許還能救他們一命。Stifel金融顧問公司的分析家喬瑟夫・德那第（Joseph DeNardi）在二〇二〇年九月的《金融時報》報導中表示，「這些常客計畫的獲利性和規模，正是美國航空如今尚未破產的唯一原因，也是聯合航空還沒破產或是瀕臨破產的唯一原因。」[37]

飛行常客獎勵計畫（Frequent-flyer programs）近日被英國的氣候變遷委員會（Committee on Climate Change）盯上了，他們在二〇一九年提出建議，希望英國政府參考挪威於二〇〇二到二〇一三年的做法，「針對鼓勵過度搭乘飛機的飛行哩程以及飛行常客陰謀訂下禁令」。[38]新加坡理工大學助理教授沃洛迪米爾・比洛特卡奇（Volodymyr Bilotkach）認為，把全部的獎勵旅程和哩程路線加總起來，在航空業的總排放量中也不過是增加幾個百分比而已，然而，航空業每年數十億噸二氧化碳排放量當中的幾個百分點，仍相當於丹麥或愛爾蘭的總排放量。[39]旅遊作家賽斯・庫吉爾（Seth Kugel）對此進一步提出反駁，身為飛行常客的身分象徵價值，也會為浪費無度的商務艙和頭等艙帶來更高的市場需求。即便是對那些不太在意自身哩程階級的人來說，當他們收到一封信警示說，如果不搭飛機，他們的哩程數將會失效時，可能多少會覺得可惜，也或許便足以改變他們交通方式的意向或安排一段離家不遠的小旅行。這就是「損失規避」（loss aversion）的實務操作，意思是說人們會為了避免損失，寧願失去獲得等量的收穫的機會。在遊戲化的產業中，這是很常見的一種手段，而且很難想像還有比這種方法更糟的手段。

相較之下，你可能會以為把健康保險當成一場遊戲相對無害。很多保險公司會以點數來獎勵保戶進行健身活動，例如上健身房、每天走路達標之類的，點數則可以用來換取按摩療程兌換券、免費智慧型手表或是限定優惠保險方案等獎勵。我以前投保「活力」(Vitality Health) 健康保險計畫時，我發現我幾乎什麼都不需要做，賺到的點數也足夠讓我換來價值不菲的一整年健身房會員資格。我的策略包含了幾乎每天都要「去」一趟健身房——對，就只是去健身房，刷一下會員卡，在系統上登記我今天已來報到，就可以回家了。

健康保險遊戲化同樣會帶來其他失常的行為。英國第一次發布新冠疫情封城的頭些日子，好友奈歐蜜・埃德曼告訴我，「活力健保現在真的就是想引誘我去實體超市，不讓我叫宅配，因為要得到『點數』的話，就只能到維特羅斯超市網路商店 (waitrose.com)，不能到奧凱多網路超市 (Ocado)，但是他們從現在到七月只有現場領貨，並沒有配送服務。所以活力健保相當於是在提供誘因，好讓我暴露在新的冠狀病毒風險之下。」這些所謂的誘因，相當於每年會讓你省下或是失去數百英鎊，讓人難以忽視。

要當旅遊達人或是精通健保遊戲來省錢，可不是每個人都辦得到的。你得要有時間，也樂於冒險，還要口袋夠深。對大多數人來說，用多少錢來買服務才是最終的分數，很難不讓人覺得資本主義本身便是一場遊戲。

這場遊戲如果真如資本主義所宣稱，是一場「公平競爭」，我們每個人都有同等的機會，或許還能接受。而儘管不夠精確，這種說法對於資本主義中的勝利者來說很是合理，因為在運動比賽中，比賽場地是**平坦的**（意即「公平」），而所有隊伍也都遵循同樣的規則。遺憾的是，在真實世界中，在種種腐敗、管制俘虜（regulatory capture）以及歷史上的種種不公所加諸的影響下，所謂的公平競爭，更像是在一個泥濘崎嶇不平的場地上，由站在上方的隊伍向深陷泥淖深處的另一隊猛丟球的比賽。

這或許也就是為什麼在二〇二〇年輿觀公司（YouGov）發表的民調中，僅百分之五十五的美國人贊同資本主義，相較於二〇一八年的百分之六十一，下降了六個百分比。[40]針對千禧世代的年輕人來說下降趨勢格外明顯，只有百分之四十三的人贊同。有鑑於美國社會流動性長期持續衰退的情況，哈佛大學來自收入最高的百分之〇．一的家庭的學生人數，和來自收入最低的百分之二十的家庭的學生人數幾乎一樣多，同時典型白人家庭淨資產，相較於黑人家庭有將近十倍之多這殘酷的現實，如此看來，會有這個結果也不意外。[41]

對於大多數人來說，這個世界確實是一場遊戲——充滿黑箱的一場遊戲。

你的分數就是你的餘額

二〇二〇年發行的電玩中，最有意思的莫過於《雙曲線交易遊樂場》（Hyperbolic Arcade Trading）。[42]這款遊戲有著復古的八〇年代遊樂場美學，承諾要把股票交易市場內一整天會發生的事，濃縮成兩分鐘，讓玩家可快速學會交易基礎和技術分析技巧。《雙曲線交易遊樂場》當然不會是第一款模擬股市的遊戲，可是有著「羅賓漢」交易應用程式的先例在，不禁讓人好奇這會不會是最後一款這類型的遊戲。

羅賓漢市場股份公司（Robinhood Markets, Inc.）在二〇一五年承諾要為散戶完成金融市場「大眾化」，其中部分是透過免手續費的交易方式，同時也藉由一個充滿彩帶、刮刮卡以及免費股票的簡易介面推行。[43]該公司很快吸引到許多資金，到了二〇二一年尾聲，已經累積了超過一千八百萬名用戶，只是整個過程充滿無止盡的爭議。[44]

所有股票交易中，總會有虧損到無法承擔的用戶；因此，羅賓漢的用戶中也不乏悲慘故事。問題是，在追求便利和成長的過程中，羅賓漢採用的股票交易遊戲化或許鼓勵了一些沒有經驗的投資者，冒然做出高風險的交易。根據《紐約時報》的研究，在二〇二〇年的第一季，相較於另一個數位交易平台「E*TRADE金融公司」（E-Trade）的用戶，羅賓漢市場股份公司的用戶交易股份高達九倍，至於高風險合約的交易次數也是德美利證券（TD Ameritrade）用戶的十倍之多。[45]最悲劇的事發生在二〇二〇年，二十歲的羅賓漢用戶艾利克斯・科恩斯（Alex Kearns）一打開應用程式，便看到自己因為一筆「多頭賣權價差交易」，當下的餘額為負七十三萬一百六十五美元，最後為此自殺。[46]根據《富比士》（*Forbes*）報導，科恩斯留下的遺書中部分提到：「怎麼能給一個沒有收入的二十歲學生將近百萬美金的交易槓桿呢？」

然而，科恩斯並沒有負債七十三萬一百六十五元美金。事實上，他還賺了一萬六千美金。這是因為選擇權交易需要時間運作，才會產出最終結果，而顯然科恩斯並不知情。科恩斯的表姊夫比爾・布魯斯特（Bill Brewster）是蘇利瑪資本集團（Sullimar

Capital Group）的研究分析師，他向《富比士》表示，「可悲的是，我甚至不覺得他犯了什麼大錯。這是介面問題，他們（此指羅賓漢）用了浮華的介面，程式一打開，畫面淨是綵帶拉炮的，他們試圖把股票交易遊戲化以做為投資的一種表達方式。」布魯斯特並在推特上補充道：「我強烈相信該產品用的是帕夫洛夫式的賭博制約。」[47]

儘管羅賓漢市場股份公司對此控訴一概否認，其用戶仍持續將該應用程式與賭博和遊戲相提並論。[48]《金融時報》的悉達斯．斯里卡斯（Siddarth Shrikanth）在二〇二〇年寫了一篇文章，關於一名千禧世代的投資者後悔自己曾進行一「日漸升高的高風險賭注」，最後在兩週內便上攀到數千元，並表示「羅賓漢將投資遊戲化了。股票交易簡單到你可以輕易憑著一時衝動便做出決定。封城也意謂著我有更多時間可以花在該應用程式上。」[49]這個投資者可不是對數字不敏感的人：他們可是就讀於哈佛大學經濟系的博士生。甚至羅賓漢的其中一個投資者艾希頓．庫奇（Ashton Kutcher）都曾在該公司的一場內部會議中，將該公司的成功與賭博網站的成長指數相提並論（儘管他後來在《紐約時報》的訪問中表示，他絕對不是要暗指羅賓漢是個賭博平台）。

羅賓漢打從一開始就是將交易遊戲化。在「Viral Loops」部落格上，板主以欽佩的口吻寫下羅賓漢的應用程式如何在推出前便吸引了一百萬名用戶，這要歸功於一份等候名單，用戶可以在名單上清楚知道自己的順位；而心急的用戶透過分享推薦連結即可提升自己的順位，由此帶來戲劇性的大幅成長。[50]後來，推薦連結又被一套新機制取代，用戶只要每天打開應用程式並點擊畫面一千次，順位又可以往前一名。[51]這不是什麼複雜的遊戲，卻促使他們每天都會打開應用程式，以免順位往後退。想當然耳，當用戶終於千辛萬苦敲開大門，也就會更珍惜得來不易的更高順位。得知科恩斯自殺的消息後，該部落格板主更新了解釋這些機制的貼文，並加上一則告示：「我回頭審視了這個平台，可見其頁面最上方供各公司參考的財務細節，對於任何一個有資格稱為投資者的人來說，無不顯得幼稚且毫無內容可言。這已經不再是投資仲介了。它就是個賭場。我無法再向任何人推薦羅賓漢了。」

新用戶一旦加入，會立即得到號稱價值兩百二十五美元的免費股票（雖然通常價值不到六美元）做為新進獎勵，而且如果又推薦其他人加入，還能分配到更多。[52]若想要贖回免費股票，他們得在三張刮刮樂彩券中挑一張，刮開後才會告訴他們拿到的是哪一間公司的股票及其市值。[53]另一項值得一提的設計要點是，當用戶買入前三筆股票時，畫面上會以綵帶大肆慶祝——但是賣出就沒有。

科恩斯自殺事件後，羅賓漢市場股份公司在應用程式中加進教學資源，並捐出二十五萬美金給美國自殺防治基金會，並於二〇二一年年初，將綵帶特效更新為「以全新、動態的視覺體驗來為顧客歡呼。」[54]只不過，免費贈股的機制依舊不變。[55]

當然，羅賓漢之所以讓人覺得像是一款遊戲並不只是因為綵帶特效，甚至也不是因為免費贈股：而是交易行為本身，尤其是在社群網路發達的這個年代。在《華爾街日報》的訪談中，一名用戶坦承，她經常把交易結果傳給朋友，來比較彼此的戰果，她因此覺得如同在《Words With Friends》當中和朋友競爭一樣刺激。[56]股市交易市場並不是羅賓漢打造出來的，但羅賓漢卻是將入門的門檻拆除，使得新手也能輕易加入。

羅賓漢選擇這麼做只是在追隨矽谷的中心法則：所有人都能平等地獲得一切，不僅對商業有益，對個人、對世界也有益。這無可厚非。畢竟都成年人了，想要開個銀行帳戶、出版新聞通訊或是賣一些手工禮品，為什麼還要一等再等？從某個角度來看，讓所有人都能取得入場資格，就是公平競爭，如此一來，賺錢的工具不再僅限於富有和消息靈通的那些人，大眾也有機會入場了。從另一個角度來看，這如同是把已上膛的手槍遞給新手一樣。

我很好奇這種散戶投資應用程式實務上到底是怎麼運作的，所以，二〇二一年，我也下載了「Freetrade」（當時英國仍無法下載羅賓漢）。值得讚許的是，除了用戶在註冊或邀請朋友時會得到隨機的免費股票外，Freetrade避免了使用遊戲化的機制。我買了幾千英鎊的股票，接下來又花很多時間來檢查我的投資組合的表現成果，我花掉的時間比我預期來得多上許多。在股票交易期間，我隨時都能打開程式，一看到上面的數字變化，我要不打了一劑強心針，不然就是失望不已。這簡直像是我口袋裡放著一台吃角子老虎，隨時隨地遞上有趣的新股票問我要不要買。

股票這台吃角子老虎過去數十年來都擺在散戶面前，不久之前，還只是綁在家裡那台桌上型電腦中，買賣審核程序冗長，玩起來比較沒那麼容易上手，你得有更多的股本，而且多數人不大會去討論。毫無疑問，羅賓漢的部分用戶從中找到透過指數基金進行相對安全的長期投資的樂趣，這仍要歸功於該應用程式簡化的介面。但是，羅賓漢之所以想讓股票市場大眾化，並不是為了一個採用購入持有（buy-and-hold）策略的股票世界，而是不停進行買賣的世界，一個交易槓桿隨手可得，短短幾分鐘、幾小時內就能讓你飛上天，也能讓你住套房的股票世界。光是交易狗狗幣的加密貨幣交易，在二〇二一年第一季就為該公司貢獻了總收入的百分之六。對於羅賓漢市場股份公司來說，股票市場正是個遊戲場，而且他們希望每個人上場玩。[57]

羅賓漢為一免佣金的應用程式，該公司採用另一種稱為「委託單交易回饋」（payment for order flow, PFOF）的方式來獲利。[58]這套機制並不算少見，問題是這種機制意謂著只要用戶進行交易，不論賺或賠，都要付費給羅賓漢，所以該公司有強烈的動機鼓勵用戶盡可能交易愈多次愈好。[59]或許這也就是為何麻州州務卿會在二〇二〇年年底控訴羅賓漢，「利用諸如遊戲化之類的策略來鼓勵並引誘人們持續且重複使用該交易應用程式」。[60]

羅賓漢與遊戲化之間的連結多次被提及，其中一次最具影響力的，便是在二〇二一年二月，眾議院金融服務委員會的聽證會前，提供給國會議員的備忘錄中再次提起。[61]這一場聽證會是為了什麼而舉行的呢？是為了一家名為遊戲驛站（GameStop）的公司股票暴漲後引發的事件。

無聊市場假說

若想知道為什麼全世界的金融市場和美國立法者，一再把焦點放在羅賓漢以及遊戲驛站這兩家公司，我們就得先知道「華爾街賭博論壇」（r/wallstreetbets）是怎麼一回事。[62]這個在Reddit論壇上大受歡迎的論壇裡，描述他們自身「猶如4chan論壇拿到彭博終端機（Bloomberg Terminal）」一樣，其用戶會貼出各式各樣透過股票交易賺大錢的花招來博取其他人的注意。

二〇二〇年年初，我第一次接觸到華爾街賭博論壇，時值新冠肺炎才剛在亞洲爆發，後來傳到歐洲。該社群成員不過近一百萬人，其中許多人仍執意於做空他們準確預測將要跌落谷底的股票。最受歡迎的預測往往不是那種貼滿詳細分析和資料來源的貼文，反而是那些精心製作且常帶有冒犯性質的迷因哏圖（memes）。其中一張令人印象深刻的迷因圖用了《權力遊戲》中史詩般的戰爭場景，畫面上的龍被換成新冠肺炎，而步步逼近的多斯拉克人則換成了賣空者，至於那些徬徨無助的守軍，就是像航空公司、辦公室物業管理公司、郵輪營運公司這類弱勢股。

我猜想，沒有多少人在加入華爾街賭博論壇時，會期待在論壇上看到負責任的金融建議。與此同時，每天都有數十名用戶貼出羅賓漢之類的交易應用程式截圖，號稱他們從中賺到一大筆錢。有些用戶因此受到激勵，開始進行一些同樣高風險高槓桿的交易，不過多數人很可能都只是把論壇當成是小賭怡情的管道，在一些平易近人的應用程式上賭一些無傷大雅的小錢。要找樂子還有很多其他方法，而把真金白銀砸在真實存在的公司上，讓他們的股票受到來自現實世界的洗禮，這給了他們某種獨特的快感。

《彭博社》專欄作家麥特・萊文（Matt Levine）稱這種吸引力為「無聊市場假說」（boredom markets hypothesis）。二〇二〇年散戶投資者激增，萊文指出，這是因為疫情導致生活變得無聊的同時，股票交易反而顯得更有趣，這要歸功於「羅賓漢金融股份有限公司的遊戲化交易應用程式、伊隆・馬斯克（Elon Musk）的……

嗯……種種事蹟以及（二〇二〇年）三月起表現不俗的牛市。」[63]萊文並提到，散戶投資者「似乎特別喜歡一些股票已經大幅下滑……接近破產或是已經宣布破產的公司，尤其是在疫情中受到重創且不受青睞的公司，或許是因為比起表現優秀的公司，這類公司是更有趣的賭注、更具有試煉和救贖等引人入勝的故事情節。」[64]

無聊市場假說結合了華爾街賭博論壇中的熱門迷因哏圖以及羅賓漢一手打造的新手交易者門檻，解釋了遊戲驛站（GameStop）股價在二〇二一年年初如曇花一現般的起落風波，該公司股票從一月十三日的僅僅二十美元，到了同月二十八日便攀升到將近五百美元的最高點。雖然遊戲驛站擁有五千家實體商店，但是他們在電玩產業轉向數位發展的潮流下，顯得相對無趣許多，以一間乏人問津且面臨存亡之秋的公司來說，並沒有任何有意義的訊息足以說明他們要怎麼生存下去。

然而，華爾街賭博論壇上，逐漸可見用戶貼出一些毫無根據、聽來卻滿有趣的理由，試圖說明遊戲驛站是一間市值被低估的公司（諸如新老闆可能有某些計畫、梅爾文資本這種賣空公司刻意打擊該公司股價來獲利等），而且他們共謀要將該公司股價炒到新高（以他們的說法，就是「一飛沖天」）。為此，他們要購入高額槓桿買權，以造成「軋空」效應。由於華爾街賭博論壇在此時已經有將近兩百萬名用戶，即便只有一小部分的用戶決定一起出手，也足以撼動股價——他們也真的出手了。隨著股價在一月時水漲船高，許多人貼出自己獲利的截圖，這讓更多用戶加入購買選擇權的行列。與此同時，社群媒體和主流新聞媒體紛紛追起這條新聞，由此又帶來了每天成千上萬的新用戶加入社群。因為遊戲驛站的股價流動性太高，甚至導致紐約證交所光是在一月二十五日就暫停交易了九次。[65]

除了各種截圖和迷因圖之外，在遊戲驛站一役中，還瀰漫著一種正義感和虛無主義混合的奇妙氛圍。部分用戶相信，只要他們團結一心，就能擊垮邪惡的賣空避險基金（後者代表了萬惡的金融機構）。至於其他人的想法，就像《紐約時報》採訪到的高中生雅各·查爾芬特（Jacob Chalfant）所言，「我們活在一個公平正義不再的系統中，整個世界分崩離析。沒什麼真的是重要的了，既然如此，不妨好好享受當下。」[66]訪問當時，他在自己投資的一千零三十五美元當中，已經賠了超過八百美元，但是他相信，他投入股票至少賺到了華爾街賭博論壇中的「網路點數」。對於所有參與其中的人來說，因為這場遊戲對現實世界帶來的效應，以致變得愈來愈有趣，參與者以看笑話的心態在看新聞報導和政客，後者更是被迫得解釋一些他們壓根不懂的論壇術語，如「stonks」（股漂）和「tendies」（大快朵頤）等。

整個熱潮在一月二十八日來到最高峰，此刻羅賓漢開始限制禁止買入（但依舊可以賣出）遊戲驛站的股票，同樣被禁的還有另外三個「迷因股」（meme stocks）——美國連鎖電影院（AMC）、黑莓公司（BlackBerry）以及諾基亞（Nokia）。[67]儘管羅賓漢聲稱，此舉是因為這些公司當時的現金不足以符合美國證券交易委員會（SEC）所規定的清算資金要求，但是許多看熱鬧的人不免對此感到失望——不只是華爾街賭博論壇的用戶們，意識形態各異的兩黨政治人物也同感失望，像是民主黨聯邦眾議員亞歷山德里雅·

歐加修－寇蒂茲（Alexandria Ocasio-Cortez）以及共和黨聯邦參議員泰德．克魯茲（Ted Cruz）。[68]

隨著包含德美利證券和盈透證券（Interactive Brokers）在內的其他股票經紀公司也加入限制交易的行列，遊戲驛站的股價接著下跌，由此更是令人摸不著頭緒。對此，美國消費者新聞與商業頻道（CNBC）的主播訪問了盈透證券董事長湯瑪斯．彼得菲（Thomas Peterffy），他問道：「你是否理解客戶的憤怒來由？畢竟，在比賽進行到一半的最關鍵時刻，你突然改變了遊戲規則。即使你的條款和條件允許你這麼做，你是否理解他們的憤怒情緒，因為在局勢變得火熱時，你改變了他們的交易條件？」彼得菲回答：「我理解，但是當你說比賽進行到一半，你指的是當軋空正持續加劇時。但是那就會是非法的，是操縱市場，而我沒有辦法這麼做。」[69]

這不是第一次股票被拿來和遊戲相提並論，這樣的類比在華爾街賭博論壇的論壇中屢見不鮮。論壇用戶經常將這個共同興趣當成電玩討論；在一則貼文中就開玩笑說，「羅賓漢的『股漂交易』這款擴增實境遊戲很快會成為全世界最熱門遊戲。」[70]在遊戲驛站事件達到最高峰後的二〇二一年一月三十日，《金融時報》以頭版頭條寫著「美國的『看門狗』（〔Watchdog〕引用自同名遊戲）在與避險基金大戰之下守住了論壇大軍」，而用戶說道，「如果這是在玩《文明帝國》，那我們已經快要達成文化勝利了。」也有人說，「什麼股票？我只是在課金玩我手機上的免費遊戲而已。」[71]

一年後，遊戲驛站的股價維持在一百三十美元上下——相較於一月高峰低了不少，但仍是原本的六倍。遊戲驛站和華爾街賭博論壇留下的不只是傳說，很可能也留下了更深遠的後果。二〇二一年尾聲，美國證券交易委員會要求關於數位金融平台使用遊戲化的資訊以及公共意見，以便著手進行相關管制措施。[72]金融監管單位可能也將進一步以更短的結算循環期方式，來阻止羅賓漢這類平台用這個理由來終止交易，這也將使這些公司極端交易事件所準備的現金量大幅縮小，這個改變將帶來大幅度且難以預測的影響。[73]

另一點則是，人們終於發現社群媒體能夠用來協調一些彼此沒有聯繫的個體，凝聚出足以撼動整個市場的作為。在眾議院金融服務委員會二月舉辦的聽證會上，其中一名證人就是被認為要為遊戲驛站軋空事件負最大責任的基思・吉爾（Keith Gill），他在推特和YouTube上以「咆嘯小貓」（Roaring Kitty）的暱稱發表相關言論而為人所知。吉爾本身是財務分析師，他否認曾從事任何不當或非法的金融活動，例如刻意鼓勵人們買特定股票以謀取私利的行為，他辯稱，他只是提供謹慎的金融建議：「避險基金和其他華爾街的公司有整個分析師團隊共同工作，編撰研究報告及評論投資理念，相較之下，散戶可就沒有這種優勢。像是YouTube、推特和Reddit上的華爾街賭博論壇等社群媒體平台不過是在創造公平競爭的環境。在這個新冠肺炎隔離在家的年頭，和其他投資者在社群媒體上交流至多是個安全的社交方式。我們都很開心。」[74]

吉爾並不在乎羅賓漢有沒有遊戲化。遊戲驛站軋空事件即使沒有羅賓漢也可能發生，但是若沒有社群媒體，就不可能會發生——而社群媒體之所以能夠精準地將焦點集中在遊戲驛站的交易上，正是遊戲化的功勞。

對於在遊戲中長大的世代來說，把整個世界視為一場遊戲，自己則是其中的玩家，這並不是什麼奇怪的想法，甚至未必有害。讓這件事情與眾不同的是，當數百萬計的人在同時玩同一場遊戲，想要達成同樣的目標：將特定一支股票的價格炒到前所未有的新高。這場遊戲可就不只是買賣股票而已，同時包含在社群媒體上轉貼、按讚等行動。這樣一來，有個人即使只夠有能力買一股，也可以確實感受到自己對這個世界有所影響；甚至就算是買不起**任何**股票的人，也會認為，自己轉貼這些訊息，正是在改變世界。

股市不時在《金融時報》頭條或《美國消費者新聞與商業頻道》的即時新聞之間起起落落，但是對大多數人來說，從來都沒有像遊戲驛站事件這樣具有互動性——這麼**好玩**過。

網路點數

眼見遊戲驛站事件後的世界有機可乘，辛迪卡特資本公司（Cindicator Capital）開了一個不太尋常的職缺，稱為「情感交易員」（sentiment trader）。[75]除了要有基本的三年以上的交易經驗外，應徵者必須是「華爾街賭博論壇的活躍成員，帳號註冊一年以上且具有超過一千點的貼文分數（karma）」，而且還要「懂得善用哏圖」。應徵通過後，「絕大部分的工時都會在Reddit論壇、Discord聊天室以及推特上，以感受數千萬散戶的最新脈動。」

要獲得Reddit論壇上的貼文分數，你的貼文和回應必須要得到其他用戶的推（upvote），若是得到噓（downvote）則會扣分。

要累積到一千分並不難；我過去十年來，斷斷續續使用論壇就已經累積了五千分，相較於其他更為活躍的用戶來說，不過小巫見大巫。除了能夠用來應徵這種離奇的量化交易職缺外，Reddit的貼文分數基本上沒有任何實質用處，只除了在一個非常有限且特定的情況下：貼文和回應的排序方式。大多數的Reddit社群上，都會依照收到的推數排序內容，最高推數代表該內容吸引到更多注意力和回覆，也就會顯示在畫面最上方。如果你善於貼出容易引起迴響的內容，不論你寫的是聰明的見解、哏圖或是地獄哏笑話，你都能獲得數百萬人的注意。

即使各家社群網站總是吹噓自家演算法有多複雜，其實像是推特、臉書、Instagram、TikTok以及LinkedIn等社群網站，基本上都是以同樣的邏輯進行排序、推播特定內容能見度讓人有所互動，不論這些是有意的互動（如按讚、收藏或回覆）或是下意識的行為（如在特定照片或圖片上多停留幾秒）。所有互動當中，最大的回饋就是追蹤，因為追蹤會帶來後續不斷的關注以及推播。

很多人將社群網路比擬為遊戲。《黑鏡》影集的主創編劇查理・布魯克（Charlie Brooker）就將推特稱作是「多人線上遊戲，你大可選擇一個化身，扮演一個以你自身為藍本改造出來的角色，藉著按下鍵盤上的字母組成有趣的句子，試圖累積追蹤者人數。」[76] 撰寫《Garbage Day》的萊恩・布羅德里克（Ryan Broderick）解釋了二〇二一年的「豆罐老爸」（Bean Dad）事件爆紅現象，事件起因是一位知名音樂家在推特上發布他如何教導九歲的女兒使用開罐器，進而引發來自網路上的一片撻伐聲浪，布羅德里克認為，這就是推特透過追蹤人數、轉推數、按讚數以及回覆數來讓使用者的行為遊戲化的必然結果，嚴重到已經沒有可靠的消息可言了。「任何事都會被當成是在炒作，就算實際上不是也一樣。」[77]根據《華爾街日報》的調查，二〇二一年，臉書內部研究發現，應用程式會對青春期少女的身心健康帶來傷害，一名高層在在內部留言板上對此回應：「人們會用IG，就是因為那是種競爭。而這正是有趣之處。」[78]

一般來說，即使是要承受大眾撻伐的公眾人物和名人，也是透過大眾媒體做為中介調和輿論。社群媒體有著聚焦以及放大注意力的能力，這意謂著過去可能要經過一小時或是幾天才會被散播出去的失言（或是根本不值得發布出去的新聞），如今只要幾分鐘內便能傳遍世界——快到連事件主角根本都還來不及冷靜下來，更別提道歉了。

在遊戲驛站軋空事件中，亦能見識到同樣的加速動力，二〇二一年一月六日，馬斯克不過在推特上發了一句「Gamestonk!!」給他超過四千兩百萬名的推特追蹤者，股價隨即三級跳，光是當天收市就漲了百分之九十二。[79]馬斯克也發過其他關於比特幣、網路商店「Etsy」和狗狗幣的推特，全帶來股價暴漲的結果。即便只是和他的推特內容沾上一點邊，公司股價也會水漲船高，諸如醫療設備公司Signal Advance, Inc.（他在推特上寫了「用Signal」，指的是另一款完全無關的組織旗下的應用程式）以及「Clubhouse Media Group」（他聊到「Clubhouse」，但這同樣是別家公司旗下的應用程式。馬斯克有著豐富的操作經驗。麥特·萊文指出，「馬斯克在推特上不經審核的言論，讓特斯拉（Tesla）融資起來比起史上任何公司來得容易，也讓他的股東賺進大把鈔票。」[80]

馬斯克那些滿是迷因的推文，多數完全不像是常見的上市公司會釋出的資訊內容，然而，這些推文仍撼動市場，因為他的追隨者會覺得好像和他直接有一層個人連結。萊文在〈伊隆行銷假說〉（Elon Markets Hypothesis）文章中描述了馬斯克基於遊戲化社交媒體自由協調活動的能力，其本身就是一種價值來源：「金錢和價值是協調遊戲；我們用來做為衡量價值的事物，取決於我們用來協調社會活動的管道。過去整個社會都是經由政府居中調和價值，所以我們使用政府的法定貨幣。當今的社會變成是由推特、Reddit和伊隆．馬斯克來調和價值。」[81] 一旦市場遊戲化，市場上的見解也就會如此。

二十一世紀期間，社會也受到掌握資訊流通的出版者調和。這並不代表過去的資訊更正確或更有用，而是說過去是由更少的一群人，花上更多的時間來決定哪些資訊值得被放大，從受眾的一方收到的回饋更是小上許多。隨著時代演進，我們漸漸可以知道報紙的發行量、隔夜的尼爾森電視收視率，即便如此，對於個別新聞文章或是故事的回應仍然不可能被量化，這使得編輯們在決定要刊出那些新聞時仍保持一定程度的謹慎。

而網路改變了一切。網路不只擾亂了新聞的傳統商業模式，廣告收入如今被搜尋引擎、分類廣告網站（如Craigslist）以及社群網站三巨頭所瓜分，不僅如此，就連如何選擇刊登內容的方式也就此改變。

二○○○年年初，我剛開始經營部落格，當時英國的部落客少到連一間倫敦的酒吧都坐不滿，我成天緊盯著我的網站統計數據。當時光是能即時算出每一頁的閱覽次數都讓人印象深刻，我甚至看得到他們是從哪個網站點進來的。一如其他部落客，我漸漸譁眾取寵了起來，針對他們閱讀過的內容而寫。很快地，新聞報紙也起而效尤。我在二〇一〇年開始幫《每日電訊報》（*Daily Telegraph*）撰寫科技部落格，內部的排行榜中會列出全站上閱覽次數最高的文章。通常高居榜首的都會是知名的政論家，偶爾我的文章也會打入排行榜，我便會被要求要針對該主題再多寫一點，或是增加字數到報紙能夠刊出的篇幅。由此，我也可以多賺一點錢，這是好事，只是由於我當時仍有Six to Start的正職工作，也就沒特別為進入排行榜而忙碌。

對於職業部落客和記者來說，可就沒辦法像我這樣輕鬆看待了。二〇一五年，研究人員凱特琳．佩特雷（Caitlin Petre）調查了量化指標在新聞業中扮演的角色，她發現，基於流量的排名對記者的情緒和士氣有著強大的影響，而且通常遠超其他形式的評鑑帶來的影響。[82]美國數據分析公司龍頭「Chartbeat」旗下的客戶包括美國有線電視新聞網（CNN）、《紐約時報》以及《華盛頓郵報》，各個記者如今無不緊盯著公司的數據不放。[83]一名自稱「Chartbeat上癮」的記者表示，「在高客傳媒（Gawker Media）工作時，我簡直就像在哥倫比亞度假的古柯鹼上癮者一樣，」無止盡地追求更多瀏覽次數和分享次數。而毒品、賭博、電玩這三者被拿來互相比較一事，已是司空見慣。

從那時起，量化指標變得更加根深柢固。《衛報》在二〇二一年年初的報導中揭露，《每日電訊報》告知其員工，該公司計畫將依據一套諸如由新聞頁面的瀏覽次數和回應以及由此而來的訂閱次數，統整出一套「星等」制度，而該制度將會和員工的部分薪資有所連動。[84]不出所料地，此舉引發員工的不滿，員工間醞釀起「抗議」的情緒；某個員工向《衛報》表示，「以演算法來計佣的酬薪方式對新聞業來說形同犯罪。《每日電訊報》將因此淪為標題黨（clickbait）的釣魚網站之列。」擔任《每日電訊報》編輯的克里斯．伊文斯（Chris Evans）則表示，相關新聞「完全是不實報導」，儘管如此，早在二〇〇八年高客傳媒便曾有過相同的先例，即直接依照頁面瀏覽次數來計算寫手的稿費。[85]

追求閱覽次數帶來的後果，可能不只是讓新聞業變成釣魚網站而已。二〇一三年，康深入研究「揪出波士頓炸彈客」的慘劇時，曾好奇為何當時許多來自不同背景的記者，會覺得必須以推特發布未經證實的炸彈客身分資訊。他做出結論表示，「若把現代新聞業想成一種電玩遊戲，就能幫助我們理解這情況。如果你是網路媒體的一部分，你向這世界發布的任何消息都會有自己的評分系統。推特會有轉推數、收藏數，報導則由頁面瀏覽次數評分，而臉書則有讚數……想像現代網路記者就是某種超級Reddit編輯者——不貼文就不會有分數。要有轉推才有分數。為了得到『貼文分數』而貼。」[86]連專業記者都不得不為了更高的分數和讚譽而將謹慎拋在腦後，也難怪一如我們在前一章所認識到的_supernovasky_，曾描述他是如何追求推數（「這些毫無價值的點數」），而自譽為Reddit記者的人也就依樣畫葫蘆了。

我想，多數社群媒體的用戶，當然也包括所有的記者，都不會承認他們在玩一場遊戲。_supernovasky_在自白時提到：「新聞都被過濾過了，既官僚又耗時。Reddit正好相反。它能快速以未過濾的方式揭露資訊。我們永遠都對這類資訊有需求。」於是，噓文作者刻意鬧版，記者無的放矢，新聞成癮的人每天轉貼數百則新聞——不論是為了娛樂效果或是在開導大眾，他們都可以說自己是在為社會服務。可是，社群媒體平台以增加篇幅的方式鼓勵任何形式的參與，便意謂著眾多使用者，尤其是最受歡迎的人，最終都會像是在玩遊戲一樣，不斷地測試、調整策略，只為了博得最高的點擊數、按讚數和追蹤數。我知道我這樣做，一部分是因為受到關注的感覺很好，也因為關注數和追蹤數會轉化為地位、機會和金錢。

對一些人來說，要贏得這場遊戲，就要向極右派一步步靠攏。來自《紐約時報》的斯圖亞特・湯普森（Stuart A. Thompson）與查理・瓦爾茲（Charlie Warzel）調查了臉書的演算法是如何獎勵關於反疫苗及選舉詐欺陰謀等主題的誇大不實內容。[87] 其用戶通常一開始會公開一些和自己生活相關的日常貼文，至多得到適度的按讚及回應，接著，某天他們貼出一些極端言論，比方說宣稱二〇二〇年的美國總統大選「被偷了」。這些極端言論會得到更多的互動，於是擴散給更多的受眾者。以多明尼克・麥基（Dominick McGee）為例，他因此受到激勵而成立一臉書社團，吸引了數萬名想要推翻選舉結果的人加入，最終他也加入了二〇二一年一月前往美國國會大廈的抗議遊行活動（只差沒有衝進國會大廈）。麥基試圖解釋自己一路以來的所作所為如何轉變時，聽起來與電玩遊戲中設計的強制循環驚人地相似：「我公開一則貼文，並有了互動。我告訴自己，『我得再貼一篇。』接著，我所做的，僅只於重複先前曾取得成效的事。」

如同麥基所發現的，情緒化的訊息比起冷靜分析能夠引來更多的注意力。《紐約時報》曾對其頭條標題做了多變項的A/B tests，試著找出什麼最吸引讀者；軟體工程師兼部落客的湯姆．克里夫蘭（Tom Cleveland）寫了一道程式用來分析哪一條頭條標題能夠吸引最多讀者，結果無非是比較辛辣且戲劇化的標題。[88]因此，有意散播情緒化不實資訊的右翼出版品和極右派臉書社團，就能夠得到更多關注。然而，社群媒體的平台會強化這些訊息並不是基於一套自然法則。而是一個源自於對廣告收入的追求所帶來的選擇，正是如此；但是同時，也源自於一種信念，亦即各種思想應該在某種競爭狀態下，最終真理才會愈辯愈明。在二〇二〇年到二一年發生的諸多事件中，這種信念受到嚴峻的考驗，雖然這些平台刪除了部分宣揚極端主義的帳號，可惜對於日漸極端且情緒化的內容反而受到獎勵的強制循環，各平台仍未做出多少重大作為來試圖重新導向或緩和這些極端言論。

社群媒體成了世界輿論的新公共廣場。人們更能自由發表資訊，每個人也因此能夠將自己的想法傳遞給數十億人，而這過去是富人和權貴才有的特權。這太重要了，以致不能像是兒戲一樣被玩弄和操縱。

• • •

當《模擬市民》（The Sims）在二〇〇〇年發行時，我簡直如痴如醉。這款遊戲玩法有著獨有的想像力以及自由奔放，你大可蓋起奇形怪狀的房子，在裡頭上演一場私密的肥皂劇，但我不是這麼玩的，而是以最無聊的方式樂在其中：試圖將我的「市民」變成一個家財萬貫且事業有成的科學家。

在《模擬市民》中，每個角色都有一套自己的「需求量表」，包括飢餓、玩樂、社交、尿意、體能以及衛生條件等需求，你得維持所有量表在滿足的狀態，不然你的市民就會沮喪、拒絕上班、累倒在地，甚至還可能會當場尿褲子。要確保市民有足以發展其職涯的時間，還要同時滿足他們所有需求，這猶如在玩轉盤雜技一樣，你得忙著讓他們去洗澡（滿足「衛生條件」需求），接著邀請朋友來作客（社交需求），再把他們趕走，如此才有時間在第二天上班前睡飽（體能需求）。遊戲中部分內容需要先和其他角色建立出一定程度的關係才能解鎖，屆時你還要開始擔心其他角色的需求——杆子上又有更多轉盤了。

我玩《模擬市民》太過，以致有了幻覺。這是種常見的現象——在西洋棋、拼圖、魔術方塊和《太空戰爭！》（Spacewar!）等遊戲中，人們便曾描述過類似的經驗。其中最為人所知的，莫過於《俄羅斯方塊》，這種現象普遍到大多稱之為「俄羅斯方塊效應」（the Tetris Effect），或者安潔莉卡・奧提絲・德戈塔里（Angelica Ortiz de Gortari）所稱的「遊戲轉移現象」（Game Transfer Phenomena）。[89] 在持續一陣子的《美女餐廳》（Diner Dash）之後，每當我走進餐廳，難免會想像起自己快速地在外場穿梭。玩過《刺客教條》之後，我得克制自己一看到樓房就想爬上去的衝動。而在玩過《模擬市民》之後，我把自己和身邊的朋友都視為非玩家角色，有各自的「需求量表」得維持在滿格的狀態。

透過各種比喻，人們可以更有效的全新方式來認識這個世界。如果把自己的尿意視為一需求量表，就能夠讓你記得，在長途旅行前，務必要上廁所，這無非是正面效果。克莉絲汀・米瑟蘭迪諾（Christine Miserandino）曾提出一眾所皆知的「湯匙理論」（spoon theory），描述慢性病患因為每天能夠用來活動的能量有限（她以「湯匙數」做為比喻），因此被迫必須提前謹慎規畫如何利用時間。[90]

比喻也有其局限性。在《模擬市民》中，要滿足你的社交需求只需要和另一個人互動一下即可。如同遊戲中的其他行為，玩家並不需要真的設法讓這段互動時間變得多充實——不論互動的品質為何，互動帶來的社交量都相同。這猶如即使你和朋友說話時漫不經心地滑手機，互動的品質仍相當於認真坐下來談心。而接下來出現了一波像是UpHabit和Dex這種「個人關係管理」應用程式，如賽富時（Salesforce）等個人版的客戶關係管理程式，且處理人際關係的方式與《模擬市民》如出一轍——機械化地以每月或每季的方式計算互動量，簡直像是在繳水電費一樣。這就是將純量謬論（scalar fallacy）再次外推到友誼上。互動愈多，互動值會愈高，也就代表了互動關係愈好。

當克卜勒證明「天體機器」並不是由神聖活物打造而成的，而是如同時鐘般機械化運作時，他讓我們對宇宙的理解從此改觀——宇宙沒有心智。從此我們不必再思考究竟是什麼原因驅使神做出這些決定，而是去思考影響機器運作背後的原理。將世界視為一場遊戲可能會再次移除心智因素，只是，這次是將心智自人們身上移除。將遊戲視為世界的新制度，將會是把人類豐富的思想和動機化為一貧瘠的行為主義主導的世界，徒留獎勵與懲罰，屆時，把其他人視為非玩家角色不僅合理，而且是值得嚮往的方向。

社會信用制度和其他評分方案受到廣泛支持，正代表著，即使並不是每個人都贊同，但是許多人是非常樂於活在這種遊戲般的世界裡。然而，遊戲和真實世界終究不一樣，遊戲體驗完全是設計出來的。遊戲中能真正擁有公平競爭的世界。在遊戲中即使有運氣成分，那也會是設計師刻意寫入的。精心設計的遊戲乍看很難，最終依然有獲勝的可能，即使失敗了也沒關係，你永遠可以再來一次——你所失去的，不過就是幾分鐘或幾小時的時間罷了。同理，當我們將遊戲套用到現實世界上時，我們帶著的觀點就會是只要花上足夠的時間，最終仍會獲勝；每個人的起跑點都一樣，不論遭遇任何不幸也都能克服。

當然，這並不是真的。人非生而平等。現實世界中的挫折遠比遊戲中來得難以克服多了；受傷了可不是喝瓶藥水就能治好；死了更不僅是失去一點時間而已。人生中沒有「勝利條件」，也沒有任何量表能拿來測量人生進度中那一條、甚至多條路線是否實現，因為人們的喜好和環境是持續變化的。有時我們難免生病，沒辦法也不應該在那種情況下仍必須有同樣的表現。這不過是人生的一部分，不代表就此失敗——然而，當我們因為未達到滿格而受到苛責，那感覺竟像是失敗一樣，難以置信的是，這正是我的Apple Watch帶給我的感受。而且隨著我們的人生漸漸被量化計算，失敗和成功的機會亦隨之倍增。

在維基百科上有個稱之為「維基百科是真實世界的一環」的頁面，該頁面同時要表達的，是對笑稱維基百科為一場角色扮演遊戲的人所提出的警示和巧妙反駁：「編輯們並不是遊戲中的角色；他們也是真實存在的人。你在此的目的不應該只是為了獲得經驗值、創造自己的現實、和他人玩一場心智遊戲或是為滿足自身的品味而參與這場競逐。」[91] 然而，儘管我們有責任記得這世界不是一場遊戲，飛行常客計畫、Chartbeat、羅賓漢、Reddit、臉書、推特，以及現今的虛擬貨幣、非同質化代幣和去中心化金融體系（decentralised finance, DeFi）等各個平台，無不竭盡所能地說服我們相信世界是場遊戲。

二〇二一年，區塊鏈平台公司Solana募資高達三億一千四百萬美元，該公司營運長拉傑・高卡爾（Raj Gokal）在《The Information》網站的訪談中便明確表示：「我想，去年所發生的一切，不外乎是大型企業所在的傳統資本市場也愈來愈像遊戲。而這無疑促使了遊戲驛站事件以及所有『哏圖股票』相應而生。伊隆・馬斯克也是。所以我想這些世界將繼續合而為一。而且，我想，若這樣會更有趣，我們何樂而不為呢？」[92]

9 恩寵寶庫

The Treasury of Merit

要預測未來，其中一種方法即是透過現有的科技和社會趨勢來推測。這種做法雖然粗糙，難以推估細微差別，但是仍能夠找到可能的範圍以及需要留意的領域，尤其是對於較近期的未來而言。隨著網路科技無止盡地在我們的個人生活和工作生活中雙雙蔓延，遊戲化也隨之而來，合力持續地以日漸緊密的方式監測並驅動著我們——想像一下，當以AI運作的感應器、穿戴式裝置以及AR頭戴式顯示器也逐漸普及時，會發生什麼事？

我們已經見識到，凡是智慧型手機可追蹤的一切都能遊戲化；有了AR後，我們會不會從此被困在一個無止盡的地獄裡，生活中的每一次的小小互動都將以各種鼓舞人心的點數和勳章增添歡樂氣氛？設計師「松田K」（Keiichi Matsuda）在二〇一六年製作了一部名為《超－現實》（Hyper-Reality）的短片討論AR的未來。在他的想像中，未來並不是一個充滿喜樂和無限可能的世界，而是一個遊戲化無所不在的世界：超市購物點數和搭公車兩者同樣煩躁擾人，卻也都是生存之必需，而上教堂不過是另一個升級的機會而已。[1]

AR將帶來的衝擊之大，無論有多誇大都不為過。如果你整天戴著一台電腦，它能看到你所看到的一切，而且更關鍵的是，還能改變你看到什麼——在街頭畫出路標、在人臉上掛上人名、照著食譜教你做菜、在抗議活動中標出警察的位置——你和這個世界的關係將從此截然不同。不論你對智慧型手機和網路是多大程度地改變我們的生活有什麼想法，抹除現實世界與數位世界的疆界都將對社會次序帶來重要的改變。如同在當今，沒有電腦或智慧型手機，你幾乎不可能使用公共服務和從事任何工作，AR的實用性和涵蓋範圍也將讓它同樣成為生活中不可或缺的一環。對銀行來說，比起要顧客到實體分行，讓顧客使用線上服務既省錢又省事，而且大多數的顧客似乎也偏好線上服務（即便不是所有服務都能線上處理）。同樣地，對各行各業來說，單靠AR便能提供實務訓練，比起需要安排講師一對一教學要來得省錢又省事——而且，凡是能夠數位化的事，也能遊戲化。

要研究、開發AR，並且有能力製作出平價的AR裝置，唯有最大的科技巨頭才辦得到——亦即蘋果、臉書、谷歌、微軟、華為以及其他屈指可數的大公司。他們將會吹捧AR有多強大，同時也會警告人們，愈是強大的科技就愈容易被濫用：想像一下，萬一安裝了一款惡意程式，怎麼也沒料到，系統竟偷偷錄下你看到的一切！如此一來，顧客就會被唬得一愣一愣地乖乖接受封閉式平台，讓新平台的業者得以從每一筆交易中分一杯羹，政府也有了更多機會對公民監視、控制——以及獎勵和懲罰。由中央管控及配銷的AR成為集權技術後，將難以擊破。

我並不是說AR是一套前景慘澹毫無希望可言的科技。人們會買AR眼鏡，會是因為它能夠用來解決生活中的問題，比方說，你能夠透過眼鏡和至親彷彿在同一間房間般遠距相會，或者是透過線上講師學會木工、抑或是在客廳裡享受劇院般的大畫面。身為設計師，我也真心對遊戲化的可能性感到興奮，並透過遊戲化學習另一種語言、練習小提琴，或是，別忘了，還可以拖地。AR有著能夠將具挑戰性以及平凡無奇的活動變得具娛樂性的潛力，再怎樣至少都能讓這些活動不那麼無聊難耐。

AR同樣也為社會帶來正面的影響。我偶爾會拿著垃圾袋出門，清理住家附近的街頭，這可是一件吃力不討好的差事。而若要把這件事變成一款遊戲，難度其實不高，透過電腦辨識和分類垃圾，只要清理特別髒亂的垃圾便可額外加分，或是處理被忽略的地區等。當然也會有人試圖作弊，但即便如此，整體來說，我想最後還是可以讓你從此更盡情地撿垃圾，社區也會變得更乾淨。撿垃圾、資源回收、安全駕駛、健康飲食、健身、正念冥想——AR將為改善世界帶來無窮可能性。

這個美好願景中有個缺陷，它的前提得要是電玩不會因為AR也變得更引人入勝。拖地遊戲或許會比單純拖地來得有趣，但是比起真正的AR遊戲，能夠讓你出門和朋友一起忙著射擊異形，相較之下，拖地終究只是家務。拿紀錄片來說，紀錄片是一種深入了解自然世界的好方法，不過對多數人來說，他們會花更多時間看情境喜劇、科幻影集和超級英雄。

雖然如此，AR遊戲本質上容易鼓勵玩家動一動，相較於現行電玩的久坐行為來說，也會是人人都能接受的改變。Niantic的《寶可夢GO》這種大規模多人AR遊戲已經成功讓數百萬人每天走出家門散步，並和其他玩家建立長久的友誼關係。它們也對真實世界產生了意想不到的影響。二〇一六年，沉寂已久的維吉尼亞州奧克昆（Occoquan）小鎮由於Niantic在前一款遊戲《Ingress》中，將該鎮上的歷史遺跡和地標加進遊戲，因而成為《寶可夢GO》的座標。在Podcast「99%隱形」（99% Invisible）的訪談裡，當時在鎮上舉辦展覽的藝術家兼教師羅倫・雅各（Lauren Jacobs）表示，「忽然間，（奧克昆）就像是一條倒進了太多魚的小河，街上人潮湧動，你根本沒辦法好好走路……這對當地居民來說反而成了大問題。不只是我們的藝廊內空無一人，有錢的當地民眾就此不再於社區內購物，就這樣。大量的人潮湧進小鎮，但是他們並沒有為當地帶來振興，反而完全摧毀了當地商家。」[2]

最後，《寶可夢GO》熱潮退去，人潮亦離開鎮上，而一些原本為迎合當地富裕居民而經營的高檔商店卻再也無法重獲生機。雖說奧克昆如今也算不上是荒蕪地帶，但是確實因為這款遊戲，永遠改變了這座小鎮的宿命。這種不僅透過遊戲，還有透過社群媒體集結並改變大眾行為的能力，正是AR的最大特色。像是Nextdoor這種「超地方」（Hyperlocal）社群應用程式便已涉及到種族歸納（racial profiling）的問題，該應用程式中會針對當地社區目擊有色人種出沒發起帶敵意的討論；而對於遊戲化的AR來說，將個人貼上標籤會更快而且更具獎勵性，只要看到人就對他按讚或是按噓就好了。[3]如今約會和人脈經營都已經被搭訕專家和LinkedIn當成一種遊戲了，真實生活中的社交互動被套上更廣泛的遊戲化不過早晚的事。最令人擔憂是，包含陰謀論者以及邪教信徒在內，AR將讓任何人都有依照自己的信仰改寫現實的能力，如同強化過的另類實境遊戲。隨著西方政治兩極化愈演愈烈，我們已經感覺得出，我們身處的網路世界像是分裂的線上世界以及各自有別的「同溫層」(filter bubbles)。將這種鴻溝擴展到現實世界當中，對所有社會來說都不是一件好事。

• • •

微軟和谷歌曾推出半生不熟的AR硬體，企圖搶得消費者市場的先機，失敗之後，便將目標集中在政府和工作場所的市場上。[4]微軟將其下的辦公室及生產力應用程式遊戲化，廣納線上會議和團隊協作空間，這無疑會是他們龐大的AR計畫中的一環。亞馬遜倉庫裡人手一機的掌上型電腦終將為AR眼鏡取代，目的就是要再省去幾秒針對顧客訂單所耗費的撿貨和裝箱時間，並導入更沉浸式的遊戲，激勵作業員將生產力提升到更高的境界。[5]

這些遊戲確實可能讓倉儲工作變得更有趣，然而這個目標終究得要在亞馬遜將獲利最大化的終極目標之間取得平衡；亞馬遜不太可能會為了讓遊戲更多樣化、更具娛樂性，而重新設計精心打造過的倉儲作業流程。不過可以確定的是，有了AR，作業員受到的監控將更全面，透過眼球追蹤和電腦圖像分析，每個作業員都將被亞馬遜自家的虛擬腓德烈・泰勒(Frederick Taylor)時時評估、獎勵。自動化和機器人技術能否拯救工人於水深火熱之中？或許有可能，但是多年來，機器人早就進到倉庫，對於未被取代的人類來說，它們帶來的不外乎是更大的壓力。要讓機器人完全取代人類在各種倉儲作業上所具備的速度、理解力以及靈活度，仍需要一點時間，在此之前，配備了AR的作業員或許會變成呼之即來揮之即去，用來填補各個空缺的人肉玩偶。

有了AR以後，科技公司和平台擁有者能夠以預設的方式讓你投入遊戲化的領域也將大幅擴張，這正是蘋果最愛在旗下的健康與健身應用程式做的事。許多人樂於接受這些小小的推波助瀾，只要每天維持三次正確姿勢、做做伸展，就能開開心心領到點數和勳章，但重要的是，使用者必須是自己真心選擇樂在遊戲中。AR有成為終極電腦介面的潛力，不僅一直在你身邊，也永遠不會離開你的視線，足以取代現存的任何一種以螢幕為基礎的設備（當你的眼鏡能隨意投影出虛擬螢幕，而且想要幾個就有幾個的時候，誰還需要這些小螢幕？）而且你眼前的任何一種物體都能被當成輸入裝置。VR平台不能如同蘋果和谷歌做出來的行動裝置和臉書設計的VR頭盔那樣，被鎖在封閉環境下，這樣的風險太高了；但如果我們要讓遊戲在我們清醒的每一刻都屬於生活的一部分，就算不能夠完全從生活中移除，至少也應該要有可以選擇玩什麼的權力。

• • •

電玩遊戲看起來無意放棄全世界最強勢娛樂形式的地位，這還是在沒有VR或AR的前提下。若是遊戲變得更有趣、更讓人感到身歷其境，會發生什麼事？普林斯頓大學經濟學教授馬克·阿吉亞爾（Mark Aguiar）認為，底層人民將退出就業市場：這並不是因為沒有職缺，而是因為年輕人會忙於享受便宜或免費的電玩，以至於基層職缺對他們來說失去吸引力。他在二〇二一年共筆撰寫了一篇頗具爭議性的論文，指出在二〇〇〇年代初期，二十一至三十歲的年輕男性工時比起較年長的男性或女性來得大幅減少；與此同時，他們把閒暇時間都花在電玩和其他娛樂性的電腦活動上（或許是因為這些活動比起電視或體育賽事等其他選項要來得更有趣，也更平易近人）。[6]阿吉亞爾將兩者以「休閒需求系統」（leisure demand system）的理論模型連結在一起，他估計年輕男性的工時漸少，有大約三分之一到四分之三本質上是由於廉價遊戲太有趣了。

這不過是假設，未經證實；或許還有其他更適當的原因足以解釋工時減少的現象。然而，如果他所言屬實，那麼我們就能預期，在未來遊戲持續改進的同時，工作時數也將繼續降低，這個前景著實讓評論家們憂心忡忡。不過，這比其任何其他現象都更能夠用來說明現代對於何謂美好生活的態度。有些人寧願從事一些無聊、地位低下、低收入的工作，來換取充滿娛樂的生活，只是，這很令人意外嗎？倘使自動化最終削減了整個經濟體系中的職缺總數，或許遊戲也就會以一種社會控制的形式受到補助，是最前衛的「麵包與馬戲團」（bread and circuses）*，人們得以繼續快樂下去。研究人員已經著手研究要如何創造出遊戲化、以敘事為基礎建立的「蜜罐」（honeypot）伺服器**，其中填滿偽造卻誘人的數據，用來分散駭客注意力，以保護真正的伺服器免於受到攻擊；何不把這個原則用在其他領域呢？[7]

* 編注：比喻政府對人民略施小惠的政策，也可說是一種愚民政策。而人民之所以服從政府，也只是因為政府做的一些表面功夫，並非更實質、更前瞻的政策。

** 編注：蜜罐就如同昆蟲受到糖蜜吸引一般，為一種網路誘捕系統，主要用來吸引駭客，藉此保護真正的伺服器。也因此，在蜜罐中，會有一些看似真實的假數據，讓人以為有利可圖。而且，蜜罐除了可以分散駭客的注意力之外，也可說是一種偵測器，一旦被觸發，工程師便可採取應變措施，進而封鎖駭客。

我們本能上會抗拒一個如電影《駭客任務》（*Matrix*）中的未來，人們活在一個美好的虛擬現實（或元宇宙）裡，這是因為這個概念等同於承認現實世界中，我們已經無法為人們帶來更美好的事物了。在現實中，若你想提高就業率，解決方法正是要讓工作更具吸引力，不論是提升最低薪資、改善工作條件、降低工作時數或是讓工作變得更有趣；儘管這有賴更要大程度的規範，至少要比美國近來的做法更嚴格。又或者，如果我們擔心的是以遊戲度日的人生可能不如工作來得有價值，那麼我們也應該更謹慎對待我們所設計、我們正樂在其中的各種遊戲。倘使有人終其一生花了數十年歲月精通五子棋或西洋棋，我們並不會因此認定他虛度一生，反之，我們卻可能會擔心有人耗費相同的時間在《Candy Crush》上。

電玩的未來涵蓋了一切，不論是充斥著磨人的高強度遊戲化體驗、轉蛋機制、用來安撫下層社會的賭博機制，或是獎勵實驗精神和想像力等更深層的社交體驗，或最好的結果是，開創人類全新的潛能，這些都和電玩有關。任一個走向都是無可避免的。而我們能選擇的，是要活在怎樣的未來。

赦免我

> 基督學校修士會組織出一整套關於特許及懲罰的微型經濟……此即贖罪系統的移轉。而在這種量化過程以及獎懲的循環中，由於分數會持續的加減循環，懲戒機構得以從中階級化「好」子民與「壞」子民彼此的相對關係。
>
> ——傅柯，《監視與懲罰：監獄的誕生》

推測未來能夠帶給我們的僅止於這麼多。預測趨勢的前提是趨勢會持續下去，而且其思維模式傾向於認為科技將會是驅動社會改變的主要動力。另一種了解遊戲化的未來的方式則是鑑往知來，在歷史中尋找同質性。這世界少見完全前無古人的事蹟，遊戲化亦早有例可循。

強制遊戲中的行為主義，其主要架構很大程度要歸功於傅柯描述的監獄系統，不論在學校、監獄或者是工作場所，這套系統透過賞罰來強制實施理想的行為，最終就會達到理想中的內化。英文中的「監獄」（penitentiary）一詞源自中古英語中的「懺悔」（repentance），這個詞既可用來描述虔誠的信徒進行「懺悔」（意即懲罰）的場所，也可以用來指稱負責主掌神聖的懲戒儀式的天主教神父。縱觀歷史，贖罪券一直被拿來赦免（亦即抵銷）不同時期的自我懲罰，因為僅僅一人可能就有總計數千年的懺悔期。一如現代的社會信用制度，贖罪券建立出一套無可避免、一致性、可取代的點數系統，管理著整個天主教社群的生活，強制改變信徒的行為。而Reddit制定的貼文分數也和其他價值體系有著明顯的對比，只是西方這套贖罪券的系統其實更適合遊戲化，或許正如傅柯指出的，是因為兩者來自相似的文化背景。

對此，現代讀者或許會摸不著頭緒，因為他們對贖罪券的看法來自馬丁．路德以及他反對銷售贖罪券的理由。相對地，道明會（Dominican）修士約翰．台徹爾（Johann Tetzel）則曾留下一段朗朗上口的名言：「每當奉獻箱中的金錢響起，獲救的靈魂便能得道飛升。」[8]販賣贖罪券所換取的基金確實是用在各種公共工程上，像是橋梁和道路的維護、教堂維護支出，以及在路德的反對下重建的羅馬聖彼得堡大教堂（Saint Peter's Basilica）。[9]然而，信徒也可以透過虔誠的作為得到救贖，如祈禱、朝聖，甚至是「虛擬朝聖」的方式。[10]贖罪正猶如現今的遊戲化一樣，形式五花八門。

雖然相隔了數個世紀，這兩套系統的相似之處相當明顯，這也揭露出為何今日遊戲化能夠如此廣泛應用的一些原因。這也能讓我們知道，強制性遊戲化接下來會如何演變，尤其是社會信用體系，最終又會怎麼樣如同贖罪券一般走上末路。

第一次全面發放「十字軍大赦」（crusade indulgences）是在十一世紀中後期，並承諾拯救那些在基督教對伊斯蘭教發起東征過程中，為了捍衛基督教信仰而參戰犧牲的人；一〇九五年，教宗烏爾巴諾二世（Urban II）行使了後世所認為是史上首次由教宗行使全面（絕對）赦免的權力。十二世紀時，較小規模的赦免令接踵而來，通常也都是從十字軍大赦的內容進一步調整或擴大，讓更多人得以獲得赦免。

這套赦免權背後理論要從罪行的概念說起。罪行讓罪人與神分離，擾亂了基督教社群；罪人必須透過懺悔贖罪來修補和上帝的關係，本質上是預防性的作為，以確保未來能獲得永恆的救贖。悔過有所謂「滿意度」：亦即對於由神父加諸的肉體行為（亦即接受懲罰）達到的完成度。各式懲罰則記錄在數卷「贖罪規則書」（penitential）裡，其中包含了禁食與禁欲，通常為持續四十天的「大齋期」（lent），有時甚至長達數年。贖罪券則對於做出像是出資建橋等良善行為給予獎勵，有效降低了懲罰的期限。起初，主教和大主教有權賦予一齋期的赦免，或是在教堂祝聖儀式後給予一年的赦免。[11]

有鑑於一個人累積起的懲戒期通常會比一輩子還要長，死前也得結算究竟在這一生中做了多少懺悔、有多長的赦免，你可能會好奇他們究竟要怎麼計算出這些時間。答案說來相當殘酷：在十三世紀前，絕大多數的凡夫俗子都被視為注定要下地獄，唯有僧侶和聖人夠純潔而上天堂。直到一二一五年，一切才有了轉機，第四次拉特蘭會議（the Fourth Lateran Council）中主張，所有信徒都有上天堂的可能性，也就是說，期待農民齋戒數十年來贖罪，讓一切歸零的做法，再也行不通了。[12]

沒料到，接下來又有人想出一個聰明的主意，把贖清自己罪行的時間挪到來世——也就是「煉獄」（意即滌罪之地）的概念——這也意謂著那些注定要上天堂的人，不再受死期的阻礙而得趕在身故前完成服侍上帝的任務。有了煉獄的概念，生前所受的懲戒不再是全面補償其罪行，而只是一種表示懺悔的方式。[13]於是，各種表示懺悔來換取赦免的方式便隨之而來。

如出一轍

如同大多數遊戲化的獎勵和懲罰實際上都與行為主義者的原則背道而馳，贖罪券也是如此。英國伯明罕大學（the University of Birmingham）的中世紀歷史學榮譽教授史萬森（R. N. Swanson）寫道，「各個層級的牧養關懷都得善用恩威並濟的手法，其中（贖罪）便是施恩的手段。」[14]參加教堂布道能讓你在煉獄中的時間減少一百天，待到整場彌撒結束也可以得到額外的救贖。[15]

這種為政府及工作領域所運用、透過非貨幣、可交換的點數來記錄善惡行為的系統，如今聽來老氣橫秋，但對十四世紀的西歐來說卻是新鮮事。懺悔正式轉為量化計算這一點，一般認為是反映出從原先亞里斯多德將品質視為無法量化的觀點，轉向可以量化的思想轉變，這個轉變和當時進行中的貨幣化價值觀相似。[16]同樣地，遊戲化也是我們將個人價值超量化（hyperquantification）的結果，其背後驅使的概念即來自量化生活的概念以及我們對於各種指標的迷戀。

雖然贖罪券本身是由教皇以中央集權的方式統一授予的（以耶穌為眾人受難換來的無盡恩寵寶庫來支出），但是管理分配的方式則下放到各機構及個人，這些人對於如何分配運用有著無窮的想像力。於是，贖罪券變成可隨時穿戴的飾品：祈禱加持過可免罪的護身符。[17]每天以念珠誦經禱告可換取二十四年十三週又三天的赦免；追誦另一段禱告文，每個字能換來七百天。[18]誦經時若同時捻珠或繫在腰帶上，也會給予更多額外獎勵，形成一種帶有觸覺的多重感官體驗。[19]曾有人將時禱書（book of hours）個人化，加入「他所能蒐集到的所有能換取救贖的圖像」，如同在智慧型手機上安裝蒐集貼紙的應用程式一樣。把諸如一聽到聖母之名立刻鞠躬這種虔誠的習慣，養成「像是打噴嚏一樣的本能反應——甚至像是古典制約那樣」也能獲得贖罪獎勵。[20]

在這個世界觀下，人們並未有被強制贖罪的感覺，而是整個世界、生活的每一刻，都滿是贖罪的觀念，幾乎沒有任何角落未受到影響。在十四世紀，你可以透過支持英國對蘇格蘭以及對法國發動戰爭得到贖罪券。[21]到了十五世紀，就連支持玫瑰戰爭（the Wars of the Roses）這種國內政治事務也能讓你拿到贖罪券，就像是美國軍隊和政黨將相關活動遊戲化一樣。

這種極度親和又方便的贖罪方式，衍生出更加沉浸式的贖罪手法，如朝聖之旅。在十四世紀，羅徹斯特主教（the Bishop of Rochester）懲罰盜獵者的方式便是赤腳並穿著毛料衣物走到羅徹斯特大教堂（Rochester Cathedral）三趟，而私通罪則是要去沃爾辛厄姆（Walsingham）教區和愛德華二世的埋葬之處格洛斯特大教堂（King Edward at Gloucester）朝聖並取得履行完成的證明。不論遠近，朝聖都會帶來贖罪的獎勵，卻同時也是昂貴、危險且費時的旅程。對於像是虔誠的婦女等沒有能力或是被禁止冒險遠行的人，也有虛擬朝聖這種創新的替代方案。虛擬朝聖可在修女院內進行，甚至在家進行——和《Strava》、《殭屍大逃亡》中大受歡迎的虛擬賽跑和虛擬挑戰沒什麼不同。

虛擬朝聖極為講究，還會有地圖讓看的人可實際感覺到自己正在「遠行」。一名修女根據《希爾・伯利恆的靈修指南》（*Heer Bethlem's Guide to Spiritual Pilgrimage*）找出耶穌在受難途中的各個地點，並在地圖上標示出距離，據此對應安排繞行修道院的次數。[22]蘇格蘭聖安德魯斯大學（the University of St. Andrews）教授凱瑟琳・魯迪（Kathryn M. Rudy）則提到，在另一本指南書中，則納入「某本片語書，書中將中世紀荷語數字和片語翻譯成『東方薩拉森人用的語言』」，藉此來達到擱置懷疑。除了行走，在虛擬朝聖中，讀者也必須依指示臥倒、坐下、禱告並用心感受，這就成為一種VR的形式，幾個修女會共同想像她們正在重現耶穌受難的過程。對現代人來說，或許很難想像這樣也稱得上是沉浸體驗，但是對於數十年之後的人來說，或許也會很難想像，我們竟然光看著螢幕上會動的平面圖就能覺得快樂並沉浸其中。

這一切努力無非是為了要感受耶穌的苦痛並且展現出其奉獻的精神，但也是為了賺取救贖。魯迪教授寫道，「幾乎每一本由十五世紀的虔誠婦女所寫的虛擬朝聖指南，書中都會提到贖罪的價值，甚至為此著迷。」在南荷蘭（South Holland）的一本時禱書中便鼓勵信徒，如果朝聖同時背誦特定的禱文，每一步都能換取四十天的救贖。虛擬朝聖格外受歡迎的原因或許如下：《希爾・伯利恆的靈修指南》總共再版十七次，留存下來的卻不多——並不是因為擁有者不愛惜，而是因為如同魯迪所言：「它們真的就是為人們所善加利用到極致。」由大衛・賽德瑞斯的Fitbit步數狂熱來看，他所體現的，便不難看出可相比擬的現代模式。

當贖罪券逐漸進入買賣市場，營銷和收款的工作通常會分配給數個層級的「農民」，史萬森描述這些人「擺明了是實業家，他們會以一種本質上是資本主義的方式操作。」[23]其中會有相互競爭的農夫、非法贖罪券以及完全是偽造和詐騙的贗品，整個產業猶如分奪市場的各種遊戲化應用程式，而當時的教皇和樞機主教就相當於現在的蘋果和谷歌，當農民拿他們所配給出去的贖罪券去賣的時候，他們也會獲得報酬，一四〇〇年之後，他們還能從預期收入中抽成。[24]

在遊戲化和贖罪券背後共通的資本主義本質，同時也展現在他們如何為社經地位高的人提供更優質的體驗上。在遊戲化的案例當中，你可以透過付費的方式免除遊戲化，或是選擇到還沒被遊戲化的職場環境下工作。贖罪券方面，則是能夠學會有賴讀寫能力的複雜禱文，你還能用空閒的時間安排私人的奉獻儀式，更遑論可以去參加所費不貲的跨國朝聖。[25]完成一系列朝聖之旅的人，肯定會炫耀自己的成就，就像我們也會被鼓勵要分享自己的遊戲成果。中世紀諷刺詩〈耕者皮爾斯〉（Piers Plowman）便描述了某個朝聖者的打扮，說：「他的帽子上掛著一百個小玻璃瓶，還有來自加利西亞的貝殼紀念品，披風上別了十字架，羅馬造型的鑰匙，胸口耶穌的汗巾（vernicle）。」[26]

有些朝聖之旅之所以受到歡迎，多是一種地位象徵，同時也為了累計「贖罪點數」，而非因為當權者期待人們多行善。贖罪券被視為是一種鼓勵個人對社會做出良善行為的外在獎勵，而且廣受好評。然而，他們的理論基礎始終不夠牢靠。沒有人真的能夠解釋贖罪系統是怎麼運作的；英國教會法學者阿蘭努斯（Alanus Anglicus）曾在十三世紀時提到：「赦免（贖罪期）是否值得，長久以來備受爭議，至今仍難以確定。」[27]他們可以抵銷要在煉獄中懺悔的時間，卻沒有人知道究竟要怎麼將抵銷的贖罪期轉入死後的世界。神學家托馬斯・阿奎那（Thomas Aquinas）對此亦深感疑惑，他只好以一套不具說服力的三段論試圖解釋：「普世教會不會犯錯……既然普世教會認可並給予贖罪券，那麼贖罪券多少有其價值。」[28]在現代社會信用制度當中，人們也會對權威認可的點數價值提出同樣的質疑。究竟蘇州的社會信用制度當中，所謂積分代表的價值為何？除了相信中國共產黨的權威，相信「黨」不會有錯之外，還有什麼方式可以證明這些積分的價值公正地反應在獎懲上？

由於人們無法收到來自煉獄的任何資訊，贖罪券的價值也就只是關乎希望和信仰，沒有任何事實根據。這似乎和遊戲化中我們**可以**一目了然的具體客觀基礎背道而馳，但是，實際上眾多遊戲化無不依賴科學論文的權威性，而其中關於遊戲化干預對個人帶來的實際影響等方面的研究，可說是寥寥無幾，就算有所研究，其研究結果大多顯得言過其實。自然，贖罪券的價值也很快逐漸誇大了起來，有些人聲稱，只要完成一系列特定祈禱，便能抵銷五萬六千年的煉獄時光。[29]很難相信會有人真相信這一套，然而，如今人們也相信可笑的遊戲化飲食計畫或是大腦訓練計畫。

也不是每個人都接受贖罪券的。早在馬丁・路德之前，贖罪券便曾受到批評，甚至嘲諷，就像是伊恩・博格斯特等評論家和《黑鏡》這些故事針對遊戲化提出質疑一樣。自十四世紀起，由約翰・威克里夫（John Wycliffe）發起的羅拉德派（the Lollards）就開始批評贖罪券商品化（在其中一個案例中，一顆雞蛋相當於懺悔兩年）、贖罪券缺乏聖經根據，最重要的是，這意謂著教宗並沒有博愛精神，因為救贖應該是要無償給予眾人的，而不是要花錢購買。[30]有些人認為，對於朝聖、護身符以及贖罪券的過度重視，讓人們分散注意力，反而在家不行善了，這與現代的論點相似：遊戲化重視外在獎勵，因而削弱了內在動機。

然而，這些評論並未起多大的作用，直到宗教改革為止。在此之前，由於黑死病、政治動盪、天災以及戰爭等因素，贖罪券的理論缺陷敵不過對死亡的恐懼。贖罪券讓人們能夠更有效地掌握自己死後的未來：只要你事先取得或買好通過煉獄的通行證，你就不需要再依賴第三方的協助或是命運安排便能直達天堂。遊戲化的重點在於針對個人持續優化，讓人可以變得更健康、更強壯，藉此不論在社交上或是職場上都能夠超越他人，這正暴露出即使在我們的預期壽命大幅度延長後，我們仍對死亡有著類似的恐懼。因為若是遊戲可以如同贖罪券，保證我們能夠得到救贖，誰不想要呢？

當然，遊戲化和贖罪券終究有所不同。有別於遊戲化以各種數位數據運作，多數人對於自身擁有多少贖罪券並未留下文字紀錄，因為只有上帝才會知道他們的總餘額。[32]這也意謂著他們永遠不可能「贏」，雖然遊戲化也經常看似同樣永無止盡，積分榜每天、每週都會重新設定，永遠都會有新的任務和挑戰。而且嚴格來說，贖罪券並不是行為主義，因為理論上虔誠的祈禱背後必須要有正當的動機，不然就不算數，即使實際上很多人所宣稱的赦免，不過是無意識且重複的行為。[33]

同時，贖罪券也不是為了娛樂而設計的，相較於遊戲化，更是缺乏互動。說是這麼說，虛擬朝聖仍十分像是場遊戲。瑞士藝術家烏爾斯．格拉夫（Urs Graf,）所製作的地圖看上去便猶如主題公園的地圖，他描繪了一處縮小複製版的耶路撒冷，看起來像是迪士尼公園的「受難主題區」，十五世紀的歐洲甚至興建了不少這類主題公園。地圖上的著名地點旁會有一個空格，書記員可以在此蓋章，以證明朝聖者確實到過這個地點。魯迪指出，「舉例來說，在義大利北部的皮埃蒙特區（Piedmont），俗世之人可以攀登聖山，當他們一步步踏上聖山的陡峭山坡時，會遇見繪有全尺寸透視圖的禮拜堂，圖上則是不同階段的受難記。這些禮拜堂裡淨是雕塑，可見帶有真正馬毛的鑄鐵馬雕像，鐵鑄人像上，則可見極其逼真的人臉以及背景圖。」[34]

贖罪券的殞落——以及遊戲化的殞落？

現代人看待贖罪券，會將其視為再明顯不過的荒謬技倆，不過是設計來拐騙未受過教育的鄉巴佬，這觀點無疑暴露出我們自大的知識優越感，因為不僅當時受過高等教育的人也會買贖罪券，人們也普遍認為，贖罪券是慈善和奉獻所帶來的附加獎勵，像是交換禮物一般。我們買女童軍餅乾只是單純為了支持她們做好事嗎？在一天的結束前都要多走十分鐘，只是為了要達到「一日一萬步」的成就嗎？人們的動機很少如我們想像的單純，也不是每個使用遊戲化的人都只是誤入歧途。

然而，這種動機的平衡在十六世紀初左右不覺動搖了起來，這是因為一種新技術的誕生：印刷術。[35]印刷術開啟了新的機會，透過大量張貼海報以廉價銷售贖罪券，同時也讓贖罪券得以標準化生產並加以管理，由此也帶來了贖罪券狂潮。史萬森認為，此時正是整體虔誠信仰上升的時期，「這可能反應了整個信仰體系的瘋狂墮落，信仰體系已落入過度的外在主義，以恐懼取代虔信來驅使各種實際作為。」[36]原本要用來刺激人們為行善而實踐的行為，變成了為實踐而實踐。從滲透開來的遊戲化ClassDojo和社群媒體上，我們便足以窺見這段歷史——以及接下來可能的未來。

一五三〇年代，英國國王亨利八世實行英國宗教改革，其中就包括取消贖罪券。贖罪券的結束並不像過去數個世紀以來所認為那樣，因為所謂的貪腐和貪婪造成的，而是由於馬丁・路德對煉獄發起大規模撻伐所帶來的附帶損害。[37]路德提出了更好的選擇——與其透過做善事（「因行為稱義」）來抵達天堂，並抵銷在煉獄中懺悔的時間，他認為光是信仰就足以得到救贖。[38]這並不是說只要有信仰就不用做善事，而是主張說，你不需要出於害怕進不了天堂而花錢或不斷祈禱。因此，那些充斥著每日生活中的每一刻——甚至充斥著整個世界——的贖罪體系，根本不再必要。

不論這體系擴張到什麼地步，做出多麼毫無節制的保證，唯有足夠多的人認知到整個體系的腐敗或是毫無效力可言，不好的遊戲化就不會消失。因為以改變人們行為的手法而言，這實在是最吸引人的了，政府或企業絕不能輕言放棄。唯有當我們不再有持續改善自己的壓力，當我們不再只能透過無止盡的監控來證明我們對雇主的價值，當我們不再需要因為朝不保夕的生活而努力，試圖證明自己能在自身「選擇」的遊戲中打敗競爭對手，當這些都不再必要時，壞的遊戲化才會消失。到時候，我們才能夠在沒有積分和勳章的情況下，仍能對彼此保有信心。

這個未來還要多久才會到來？贖罪劵花了幾個世紀才走上末路。如今世事變遷的速度快上許多——但是，究竟是快上多少呢？

10 不再卡關

Escaping Softlock

起初，他拒絕給出任何測驗或評分，但這讓校方高層十分不滿，為了不想為難他的僱主，他妥協了。他要求他的學生們就任何感興趣的物理問題寫出一篇論文，並表示將會給所有人滿分，這樣一來那些官僚就有一些東西可以用來填滿他們的表格和名單。令他訝異的是，有不少學生向他提出抱怨。他們希望他出題目，提出對的問題；他們不希望自己想出問題，而是希望寫下他們所學到的答案。同時也有些人強烈反對他給每個人同樣的分數。這樣一來，勤奮的學生和資質駑鈍的學生有什麼兩樣？那為何還要認真念書？如果沒有足以區別他們的競爭，那不如什麼都不要做。

——娥蘇拉．勒瑰恩（Ursula K. Le Guin），

《一無所有》（*The Dispossessed*）

身為一名曾研讀過神經科學的遊戲設計師，我想像中最成功且熱門的遊戲化，自然應該是最有趣且令人印象深刻的。如同自行車的輔助輪，我認為遊戲化能幫助初學者精通各種新技能。就像籃球賽，我希望能讓單調的投籃變成刺激的競賽。而且，有如那些最優秀的教師，遊戲化能讓學習變成一種樂趣。

我從沒想過，大多數的遊戲化如今會發展至此，充滿強制性和操縱性，成了一套協助那些試圖系統性地大規模改變人們行為的輔助工具。不若先前的手段，遊戲化表面上一副只為玩家的利益而生的樣子——這個謊言藉由世界上最流行的娛樂形式帶來的美學而延續——實際上則是要讓人毫無芥蒂地接受自我監控和監視，並且強加外在的目標和價值觀。透過愈來愈便宜且無所不在的科技，建構出一套持續不斷的即時回饋迴圈，促使這個目標得以實行。當這種科技的控制權緊握在平台擁有者手上時，許多人根本從來就沒有主動參與的選擇，因為遊戲化的啟動是預設的；有時，他們則是受到不實廣告矇騙而參與；又或者是因為他們的工資實在太低，若選擇不參與，遊戲化的經濟獎勵便成了變相的罰金。

遊戲化改變行為的目的五花八門。就消費者應用程式而言，目標是要增加參與度，由此達到更精準的廣告效果、蒐集使用者數據以為推銷之用，並且讓使用者因為衝動或是需要逃離人為的繁瑣條件而在應用程式上消費。至於強制性遊戲化，則是為了讓人（但並不是所有人，只針對一般工作者及市民）能夠做出「更好的行為」，或者是讓人領相同甚至更低的薪資，卻接受更長的工作時數和更差的工作條件。

這些目標惡劣到可以和那些公司和獨裁政府例行性追求的目標相提並論。事實上，有鑑於遊戲化中所採用的行為主義手法可以回溯至數個世紀以前，它們可說是相當平庸且保守。而其中令人耳目一新的，則是現代網路監控技術結合了娛樂，遊戲化因而變得同時吸引人又難以擺脫。我們都在玩遊戲，這整個世界便是場遊戲，所以，你何不扮演好自己的角色。

遊戲化究竟是否有效？由於遊戲化的極端多樣性，以致這個問題很難回答。新鮮感會讓通用遊戲化常見的形式在一段時間內有效，卻也意謂著一但玩家習慣了之後，其影響力便會隨著時間消退。而且，有別於一名優秀教師終其一生對學生付出諄諄善誘的愛，通用遊戲化所帶來的效益可能不會持續多久。以長期來看的話，遊戲化甚至可能會讓使用者失去內在動機。舉足輕重的遊戲化研究者塞巴斯蒂安・迪特爾丁教授（Sebastian Deterding）即主張，遊戲化確實可能成功，但是其成功是難以複製的結果，他在二〇二〇年表示，學界至今仍不知道「什麼是有效的、要在什麼情況下、怎麼辦到的，我們有的不過是一些成功的案例，完全沒有數據」或是具實證價值的實驗。[1]

但是，這個答案幾乎無關緊要。一旦你的生活一直處於遊戲化裡，根本就沒有所謂之前、之後足以比較。你甚至沒辦法針對遊戲化的形式進行評量，因為強制性遊戲化的設計永遠持續改變中，它是個不斷向更大、更細微的干涉方向發展的移動型目標。於是乎，遊戲化在毫無證據的情況下，毫髮無傷地發展到第二個十年，而且仍持續不斷地成長、成長，又成長。

這也就解釋了遊戲化背後看起來自相矛盾的特質，它同時看似太弱，弱到難以真正改善人們的習慣或健康，卻又太過強大，不允許任何人不受控制地濫用：因為我們體驗遊戲化的方式，不僅取決於遊戲化的設計方式，也取決於誰在實施遊戲化，以及如何實施。遊戲化無所不在，從將遊戲玩家視為獵物的賭博機制、強制工人參與來保住飯碗的應用程式，到以「科學」為名承諾將使我們更聰明的通用遊戲化，甚至是承諾拯救世界的烏托邦式遊戲化。因此，其成功的結果不能被用來推斷或抵銷它無效的失敗和愈來愈有害的實驗。並不是所有由不道德的公司和獨裁政府所實施的遊戲化都能成功操縱人們的行為，只是我們仍應停下來思考其背後投入的巨大資源。這就像是我們不應該因為多數廣告成效低落，便無視砸下了數十億美元的香菸和賭博的廣告。

有害的遊戲化之所以蓬勃發展，是透過利用並強化我們的經濟需求，使我們為了生存而彼此競爭。它剝奪了我們擁有內在動力的尊嚴，迫使我們透過生產性行為來證明自身的價值。我們該如何建立起更公平的社會，確保人性尊嚴，而不需要去賺取自己的尊嚴，這並不在這個結論的範疇之內。我的結論範疇是要提出建議，該如何加強遊戲化帶來的好處，並且抑制過度的遊戲化。這其中包含了需要有設計出具道德性的遊戲化的規範，並為政府及公民社會提出建議，促使此兩者知道該如何以更好的方式去了解、監控以及監管市面上各式各樣的遊戲化。

而首先，我們先來談談工作場所的遊戲化——我擔心這恐怕將是無可救藥的一環。

工作場所遊戲化規範

幾年前，我在一場關於遊戲化的研討會上，遇到了一名《殭屍大逃亡》的忠實玩家。他提到，既然我們的遊戲中有基地建設的環節，玩家便可把慢跑時沿路蒐集來的資源，用來升級並擴張遊戲中的末日生存營地。

「我們在設計一款城市建設遊戲，」他自告奮勇地說。我精神為之一振，禁不住心想，或許他們完成了一些有趣的東西。接著他拿出手機，打開一款遊戲，畫面上是座充滿未來建築的城市。看上去設計得很不錯，我於是請他繼續說下去。

他解釋道，「人們只要做上班要做的事，就可以得到新建築所需的材料。」遊戲中會給予玩家任務，要玩家興建特定的建築並且擴展他們的城市，一切都會在遊戲內建的漫畫中所打造的故事結構下進行。就工作場所的遊戲化而言，這挺令人印象深刻的，這也解釋了為何他們已經吸引到許多顧客的注意：「線上賭場、手機公司、銀行、銷售公司。」

最後，他和我說，玩家終究會用完所有資源。

「那屆時要怎麼取得資源？」我問道。

「對我們言聽計從就行了。」他笑道。他接著列出一些方法：邀請朋友加入該公司、達成銷售目標、讓使用者花更多錢賭博。換言之，這款遊戲需要各個公司自動追蹤工人所做的每一項任務。

他最後吹噓道，「我們在他們的電腦上封鎖了臉書，所以這就成了臉書替代品。不過，我們設計成只能用兩三分鐘的空閒時間玩一下，他們不可以浪費太多時間在遊戲上。」

只要公司中的勞工、管理層、雇主三者之間的權力依舊不平衡，工作場所遊戲化的方式就不可能以完全沒有強迫性而且不剝奪勞工的方式支撐。當市場要求資本必須不斷成長的同時，亦即意謂著生產力也持續增加，要達成這一點最簡單的方法無疑是降低實質薪資。即使能夠短暫地讓工作更有趣、引人入勝，工作場所遊戲化實在太容易被曲解成操縱人心以及濫用的目的。

如今，許多公司只要敲敲鍵盤就大可將現有的辦公室或作業系統遊戲化——也就是說，要是公司還沒遊戲化的話。要避免這一點，勞工就必須對於自身工作條件有更大的決定權，同時要有更多機會從當他們不過是顆棋子的爛工作中脫身。而這多少有賴現存的反壟斷法、提高最低薪資、改善社會安全網、強化工會以導入嚴格的工作場所規範等措施的併行。

設計出有道德的遊戲化

非強制性的遊戲化，看似不若工作場所遊戲化那樣充滿權力不平等的問題。只要有人是自願選擇玩一款腦力訓練遊戲，或者是自願參加醫療保險公司涉及遊戲化的計畫，那他們勢必是接受了這些缺陷和限制嘍？不盡然。

在使用者和設計者之間，仍有知識上的不對等的話——舉例而言，如果設計者未妥善說明遊戲化應用程式運作的原理，或未對其號稱的效力提出證明——那麼，人們仍可能是被誤導而使用一些原本不會用的服務，尤其是對於遊戲化仍感陌生的人。

這是個陳年老問題了，這也是為何我們會以法律保障消費者的隱私、安全以及金錢，而不是任他們自行評估眼前的每一項產品或服務。但是消費者保護機關似乎還沒有準備好或不願對諸多不同形式的遊戲化妥善有所規範。二〇一六年，美國聯邦貿易委員會對Lumos Labs開罰五千萬美元算是少數特例，除此以外，過度宣稱對消費者生活型態遊戲化成效而進行開鍘一事，人們少見制裁措施。

在各政府更加重視消費者數位保障之前，我們只能期望設計者如實陳述其遊戲化帶來的好處。說白一點，一旦設計者冀望遊戲化的成功歸功於自身，他們就得接受，其所帶來的傷害將歸咎於自身。這意謂著他們得憑道德良知行事。

以下四條規則有助於設計者朝向這個目標前進。然這不過是拋磚引玉，希望就此引發進一步討論，而不是一錘定音。為了讓規則能夠通用，我會以「設計者」為統稱，代指程式開發者、作者、藝術家、管理者以及所有涉及遊戲化創作過程的人。

使用者必須自願加入遊戲化

在一些像是多鄰國、《殭屍大逃亡》等產品中，遊戲化不只是所有層面裡密不可分的一部分，同時也會在所有宣傳以及促銷的內容裡公開聲明。在這些案例中，購買或是下載應用程式，便足以視為同意接受遊戲化。然而，大多數有著遊戲化元素的產品，只是把遊戲化用在構成整體經驗中的獨立要素之一。即使不用每天提醒「我的」閱讀目標，我也能順利讀完一本Apple Books上的小說。事實上，我更希望根本就不要收到這些提醒，尤其是在晚上十一點半，我的手表竟提醒我，我今天的運動量得再高一些。

Instgram在二〇二一年做出了一個令人樂見的改變，使用者可以選擇隱藏貼文上的「按讚數」，只是所有使用者的預設中仍會顯示。[2]換言之，使用者得以選擇退出，而不是選擇加入，也因而缺乏帶動全球改變的衝擊力，以致關閉按讚數的人反而成了少數。在任何可能的情況下，遊戲化都不應該預設開啟：使用者應該要先同意接受遊戲化，而不是得翻遍設定選單才能關閉此功能。

究竟遊戲化要如何在非必要條件的前提下，嵌入到體驗當中而不致影響體驗，傳統電玩遊戲便提供了很好的範例。《刺客教條：大革命》的玩家就會遇到整張地圖布滿了不重要卻令人焦慮的各種挑戰和成就圖示。將這些圖示以自選的過濾器來隱藏起來並不會偏離遊戲主軸，而過濾後留在視窗上的遊戲，本身便有足夠的趣味度，而且，要執行過濾在技術上也不是什麼難事。同樣地，這類功能設定也在愈來愈常見的「二周目」（New Game Plus）遊戲模式中出現，此模式通常只有在主遊戲破關後才能啟用，玩家在第一次通關時，得以較為輕鬆，玩家若想再接受挑戰，便得以有重複可玩性（replayability）的機制可以選擇。

沒有人應當要承受應用程式的嘮叨和羞辱，就只是因為設計師得設法用盡手段提升使用者參與度。若一家公司相信遊戲化特色是對所有人有益，那就更應該公開為其辯白。透過折扣和優惠來刺激使用者選擇遊戲化的確誘人，但是若遊戲化本身便能引人注目且效果斐然，那折扣和優惠應該就是不必要的了。許多醫療保險公司會以每年數百元美元的獎勵為誘餌，吸引客戶接受保險公司持續監控並掌握其健康和體態狀況。[3]這與其說是獎勵，不如看成是對拒絕參與者的懲罰，這樣說起來，所謂自由選擇顯然是個謊言。

在遊戲化的過程中，構成強迫行為的界線非常微妙。務必確保你站在正確的一邊。

勿過度給予獎勵與懲罰

超額的獎勵和懲罰對刺激使用者而言，是相當引人注目的方式，卻也扭曲了人們加入的理由，而且可能會導致有害或不健康的行為。究竟你的應用程式中有沒有必要加進全球積分榜和達成率？或是說，其實還有其他方法，而不必像派樂騰和Starava那樣過度逼迫，也能激發使用者達成自身目標？

好的遊戲化應該要足夠自信到避開這類刺激手段。在《殭屍大逃亡》中，玩家萬一在慢跑中被殭屍追上，他們可能因此失去一些蒐集到的補給品，卻也可以在幾分鐘內補回來——而且，他們大可乾脆把整個追逃機制關閉，不再有任何損失。

如果是金錢獎勵，帶來的殺傷力可能會格外嚴重。彭博慈善基金會的「聖地牙哥在一起計畫」究竟有沒有必要將遊樂設施的經費和兒童體能活動綁在一起？或者，其實有更好的遊戲化設計鼓勵他們運動，而不需要透過威脅利誘？更極端的案例是美國的大專院校，他們會用優渥的「優秀獎學金」（merit aid）專案來吸引成績優異的高中生。這類獎學金最高可能高達六位數，印第安納州的瓦伯西學院（Wabash College）便提供了十二萬美元的獎學金給學科成績平均績點（GPA）達到三．八或以上的學生申請入學。[4]這份獎金傳達給學生的訊息是「好成績很值錢。」荒謬的壓力因應而來，迫使學生不擇手段取得高分，包含選修自己不喜歡卻容易拿到高分的科目，甚至為此作弊。

在遊戲化中取得勝利不應該就此改變你的人生，輸了更不代表世界末日。哲學家艾格尼斯．卡拉德（Agnes Callard）便持類似的觀點，她認為，人們應該因為努力而受到獎勵，而不該是因為失敗而受到責備。[5]她指出，社交互動中也是如此，當我們表現好時，我們的朋友不會說：「那只是因為你很幸運。」他們會說：

「做得好，值得鼓勵！」若是我們應徵工作被拒絕，他們會說：「太可惜了，運氣不好。」而不是責怪我們表現不夠好。只是獎勵仍需節制。萬一獎勵太過，總讓人感覺永遠遙不可及，猶如在不平等的社會中生活，只會讓人備感挫折。

只要維持獎勵和懲罰都在適當的範疇內，便可避免落入這些陷阱。況且，這樣還能強迫設計者回歸到遊戲化的本質，讓遊戲化更加吸引人、有趣，而不是一味地依賴行為主義的伎倆而設計。

勿曲解遊戲化帶來的好處

和生活風格相關的遊戲化時常聲稱有「科學根據」，或「經科學證明」能夠改善生活。這些聲明大多誇大其詞，要不就是毫無根據。有時這是因為設計者錯誤地過度推論研究結果，有時是其所涉及的條件完全不同於原始研究，又或者，其所涉及的是不同情境下截然不同的一群人——舉例來說，對實驗室的大學生有用的腦力訓練遊戲，未必會對五十歲的居家人士有同樣的效果，甚至，這些應用程式到消費者手中前，或許又被重新設計過。有時候則是為了宣傳效果而刻意誇大其詞，行銷人員會精心挑選出研究中表現最好的一種功能，再表現得一副此功能已套用在整個應用程式上的樣子。

這些錯誤解讀是在行為科學本身與經濟學和醫學這些領域陷入「再現性危機」（replication crisis）時浮現的。[6]有些具影響力的研究發現，在同樣的實驗條件下重複進行，卻無法取得相同的實驗結果，棉花糖實驗便是一例，在這個實驗中，嘗試透過兒童延遲滿足（delay gratification）的能耐預測出他們未來的學科發展。[7]

換句話說，很多過去曾登上科學論文的研究，在試圖重現的過程中被完全推翻。為此，科學家逐漸採行更完善的研究手法，例如採用更適當的統計方法、更嚴格地撤銷有失周延的論文，並且採用預先註冊研究（preregistering studies）以避免選擇性的結果出再出。即便如此，精心設計的研究仍難免有錯，科學方法只能用來確保研究過程，無法確保真相。

要用科學研究來為產品背書吸引顧客時，忽視科學是如何運作一事可不能當作藉口，尤其是健康與健身方面的產品。對於以光怪陸離的新方法提升智力或減重的研究，設計者必須避免過度信任（說實話，根本就不該信任），至少也要等到這些研究能夠完全重現為止。行銷人員也應該要留意不能擅自推論，以免監管單位又一次動用法律強制規範。不論就任何案例來說，和生活風格相關的遊戲化都不應該仰仗科學來吸引使用者。我們不需要透過實驗研究來告訴我們每週踢兩場足球會比躺在沙發上看電視來得健康，不需要多說也會知道，和朋友一起創作同人小說有助於增進語文能力。

留意那些以科學為名的遊戲化——多數時候，科學就不過是煙霧彈，用來遮掩那些無聊又昂貴的活動，否則的話，根本沒人想加入。

為使用者著想

「遊戲化應該要以使用者的立場出發。」這聽起來不痛不癢。而又有誰提出反駁呢？每一家公司都會說，他們的首要目標是改善顧客的生活，而每一名設計師也都很想打從心裡相信，這真是他們的目標。問題是，背後有太多驅使他們朝其他的方向前進的誘因。

有時候，為使用者多想一下並不難。《集合啦！動物森友會》中有各式各樣期間限定的季節性節慶活動。在「聖誕節活動」（Toy Day）裡，玩家可以和非玩家角色交換限量禮物。遊戲貼心地將活動時間設定在聖誕節前夕的平安夜，而不是活動當天，這個貼心的小舉動想必避免成千上萬的家庭為了吵鬧的小朋友一心只想在家族聚會時玩遊戲而起爭端。

在其他情況下，這一點也會讓設計師不得不面對優先順序。星巴克的遊戲化獎勵應用程式鼓勵使用者購買不常見的特定商品組合，以換取折扣及贈品。只要應用程式的使用者夠多，這些商品一定會合某些人的胃口，因此星巴克大可毫無顧忌地說，他們是為了這些人著想。然而，我們先前也曾討論過，不只一名顧客表示，他們會去買不想喝的咖啡，只不過是想要那多一倍的點數。如果星巴克真心顧及顧客需求，理應找出其他刺激顧客忠誠度的方法，不致促使顧客在浪費性的消費後深感懊悔。當然，緊接而來的可能就是公司利潤的損失。配合公司的員工常會面臨顧客利益和公司利益的優先順序衝突，有些受歡迎的派樂騰教練如今會乾脆鼓勵使用者主動忽視飛輪上的遊戲化功能，為的正是減輕競爭感，營造出更合意的運動氛圍。[8]

遊戲化會鞭策使用者朝向某個目標前進，然而那未必是使用者自己定下的目標。有的人可能會為了每天多走幾步路而買計步器，卻發現自己根本被哄騙，甚至深感羞愧，因為無止盡的挑戰和排行榜而落入不斷增加步數的窘境。剛加入一個新的專業社群網站的人，最後所提供的個人資訊可能遠超過原本想分享的範疇，因為唯有如此，上方那「個人檔案完成度」的進度軸和完成度才會消失。

為顧客著想並不是家長式主義的思考模式。而是在設計遊戲化的過程中，心中有個截然不同的目標，而非一心只想著最高獲利。如果設計者想要透過遊戲化改變數百萬人的生活，他們就需要為那些對遊戲化的影響及陷阱一無所知的人擔負起更重大的責任。

就我自己設計的實務面來說，我會盡量避免讓玩家做出他們會後悔的事，即使當下玩家樂在其中，要過幾個月或幾年後才會後悔。很多人覺得玩《Candy Crush》和《FarmVille》很輕鬆愜意，只是一回頭卻發現在上面耗掉的幾百個小時根本是在浪費生命。要是我碰都沒碰過這些遊戲，我的人生會更好。就算在那個當下，我其實也很清楚，有更好的方式讓我好好放鬆一下，如讀書或玩更有趣的遊戲，可是這些體驗不像《FarmVille》，設下了強制循環，致使我每天都會回來報到——更遑論我還是個遊戲設計師，我理當比誰都清楚箇中緣由。

在人類學家娜塔莎・舒爾（Natasha Schüll）的《設計成癮》（*Addiction by Design*）一書中，她引用了經營賭博性電玩公司「Cyberview」的共同創辦人之一席爾維・利納（Sylvie Linard）的話：「你把機器稍加改進、客製化以符合玩家需求，就會有愈多人玩到精疲力竭；這將轉化為大幅增加的收益。」而玩家精疲力竭之際，也是他金錢用盡的時刻。在剝削性遊戲化中，相對沒那麼嗜血。你不至於會玩到口袋空空，卻會玩到意興闌珊、耐心耗盡、再也不想碰它；在我們現今這種注意力掛帥的經濟模式裡，**參與即本錢**。真無傷大雅嗎？並非如此。

設計師很容易漠視自己創造出來的現實。只要一心想著我正在做的事，好過於不好的意見回饋或負評，不知不覺便會感到欣慰。若是有人說他們很後悔玩這遊戲，他們虛擲光陰、浪費金錢，最後卻只是傷了自己——那是他們自找的！然而，那不過是把責任推到別人身上而已。你得要承認，你並不是為玩家著想——你唯一的目標是獲利。

• • •

賺錢並沒有錯。企業必須維持營運，大方地付員工薪資。然而，到了某個階段之後，賺錢不再是達到目標的手段而已，賺錢本身即是目標。遊戲化的各種伎倆，諸如短時間連續達成機制、限時、磨人的成就機制、戰利品箱以及遊戲卡等，理論上都可以有道德良心的方式運用，可惜這些通常只是為了增加參與度而存在，藉此帶來利潤，這種卑劣的動機可能反而成為達成真正目標的絆腳石。不論你是要試圖吸引更多人為你的旅遊應用程式留下好評，或是灌輸更多公民「習近平思想」，過度的遊戲化都可能導致品質低下的作用和作弊猖獗的結果。

當然，大多數勞工沒有多少能力以個人身分去影響雇主的決策。決策者和業主總是遙不可及，不可能直接對話，即便可以，他們的優先順序也是難以撼動，以致任何的苦口婆心都只是徒勞。或許，在資本主義下沒有所謂符合道德的遊戲化。但是仍有一絲希望：在最近一波橫掃美國的工會潮流中，許多勞工在薪資上和工作條件上都有了具體的改善，其中也包含一些科技公司。[9]集體行動有打造訴求的力量，得以清楚表達某些剝削性和強迫性的遊戲化是不被勞工所接受的。

身為企業主，我不時得設法在獲利和原則之間取得平衡。Six to Start稱不上是全世界最有道德良心的公司，但是我們為玩家做出不少財務上的犧牲，箇中滋味很多玩家根本永遠不會知道，比方說，我們拒絕販售玩家的位置數據給廣告業者、不過問員工病假的政策。然而，我們的程式設計師、編劇、繪者、演員以及音效設計的工作可不是無償性質，因此我們必須向顧客收費，針對這一點，在向忿忿不已的顧客解釋不下百次之後，有時我會好奇，為何我們要這麼在乎道德良心，顯然眾多競爭對手根本滿不在乎。令人難過的是，我發現公平對待所有人很少得到鼓勵——既不會在收入上有所嶄獲，也不會受到玩家、同業或媒體的尊重。

只不過，這正是關鍵。唯有以金錢驅動的外在獎勵以及為了得到好評而**創造**遊戲化的動力都不在考慮範圍內的時候，才能真正做出有道德良心的遊戲化。這不是說你非得要縮衣節食的工作、領取僅足以餬口的薪水不可，而是你要持續有意識地積極創造更新、更好的方式來幫助人們成為更好的自己。

有道德的遊戲化不會在這過程中偷走玩家的時間和金錢，讓玩家後悔，並因此感覺沉重，而是讓做來艱辛且繁瑣的事情，變得稍微有趣一點。這正是最優秀的遊戲化所能做到的：減少人們的負擔。

給政府與公民社會的建言

首先，政治人物以及決策者應該要先了解一件事情：遊戲化並不是什麼技術上的奇貨，也不是什麼便宜行事的手段，好用來循循善誘人們做出更好的行為，而是一個企業、政府、政治宣傳者以及陰謀論者用來大規模操縱人心、強迫人們做出特定行為的工具。

我們體驗世界的方式愈來愈像是一場遊戲，與其說是以娛樂形式體驗世界（儘管電玩確實熱門到很可能讓人不想工作），毋寧說是工作、健康、政治和訊息傳遞的方式一概遊戲化了。另類實境遊戲是假裝在體驗另一個現實的遊戲，遊戲化則是假裝現實就是一場遊戲。如果風險不高，玩家隨時可以跳出遊戲，這不打緊，但是當人們得要為此賭上自己的生計時，就變成了一場置身險境的遊戲。

結果呢？包含投資客、Uber駕駛在內，遊戲化的監控技術使得上百萬名勞工親眼目睹他們的工作條件相形惡化。遊戲化助長了社群媒體放大任何正確以及不確定的訊息，動搖了整個市場，並引發國內的恐怖攻擊。就連各國政府也直接透過無孔不入的社會信用制度和評分體制，直接將公民的生活遊戲化。

不論立意為何，民主政體都不能夠對遊戲化讓步，拱手將控制權交給企業和極權領袖。立法機關和監管機關應當確保和消費者相關的遊戲化中，其優點及隱藏的危險都必須維持使用者的自主性，而且絕對坦承以告。二〇二〇年，英國資訊專員辦公室（Information Commissioner's Office）推出一套全新的實務規範，要求線上服務需保障「孩童的最佳利益」，其中就特別提到遊戲化是一種具有潛在傷害力的「助推技術」(nudge technique)。[10]目前我們還不確定該辦公室將如何嚴格實施這套準則，而且這還只是針對兒童的措施，但至少這是一個開始。有鑑於科技平台間會互相整合，政府或許得要採用反壟斷措施來維持開放選項的空間。

就工作場所而言，我們應當確保工作場所的遊戲化尊重勞工隱私及尊嚴，其運作模式應該透明公正，尤其是牽涉到勞工安全或薪資補償時。二〇二一年，加州通過法案要求像是亞馬遜等倉儲公司，必須在招聘時向勞工公開生產力計算相關額度及算法，同時要賦予勞工對自己的生產力數據提出要求的權利。[11]該法案可以做為其他行業以及聯邦立法的範例，但是同樣地，究竟會如何施行仍有待觀察。

至於金融界方面，我們要讓散戶投資者意識到標榜快速變動、遊戲化以及由社群媒體來驅動的市場背後所帶來的風險，尤其是牽涉到虛擬貨幣、分散式自治組織(decentralized autonomous organisations, DAOs)以及非同質化代幣的時候。愈來愈多企業家和專業人士透過排行榜、任務、經驗值、收藏套裝等方式將非同質化貨幣遊戲化，藉此提高普及率以及交易量。[12]我們應該開始考慮管理這些市場，一如我們監管證券業和博奕事業，以免太多人淪落其中到了不堪負荷的地步。

最重要的是，在學校或社會上實施任何形式的強制性遊戲化之前，都必須進行公開討論、嚴格測試、確實告知，而且要能做到任何人即使選擇不參加也不會受到懲罰的機制。

為了達成這些目標，我們需要更多、更好的學術研究。近期對於生活形態以及工作場所遊戲化進行的研究，看起來多是協助相關產業證明其邊際效益，而不是調查遊戲化對學生、公民以及勞工將帶來的短期和長期影響。

最後，我們需要一個有活力、反應更機敏、更透明的民主制度，才能夠恢復公民的信任——不僅是對政府和各個機構的信任，而是重建人民對現實這個概念的信任。這正是遊戲化幫得上忙的地方。不實訊息和陰謀論構成了另類實境遊戲般的兔子洞，一股腦地沉迷於此實在是太有趣而且太有成就感了。要把人們從這些具殺傷力的地方拯救出來，有賴新的資源和工具，讓人們能夠更容易、也更樂於查明訊息來源，並提供真實世界的資訊——這些工具一如最棒的電玩，細膩且直覺，即使玩起來肯定不會那麼有趣。我們同時也需要新的議事平台，以遊戲化來幫助人民取得共識，而不是用來放大憤怒和不和諧的情緒，就像台灣的議事平台那樣。有別於當前的趨勢，這麼做的話，其中所涉及的，可能也包括平台上將出現衝突及摩擦，由此情緒才得以冷靜下來，爭論者也得以有更多時間思考自身觀點。

這些一律要在公開且謙遜的情況下進行。遊戲化不能夠拯救世界，但或許遊戲化有助於修補裂痕。

不再卡關

在某些電玩當中，你可能會發現自己卡在某個關卡，遊戲無法進行下去。我們稱之為「卡關」（softlock）。卡關並不是你在遊戲中被打敗了，畢竟被打敗是可預期的結果，而且只要讀取存檔並回到這一關的一開始就能解決。卡關也不代表遊戲當掉了，這是不可預期的狀況，但是當掉對玩家來說一目了然，整個遊戲一點反應也沒有，只能重新開始。

反之，卡關就像是比方說你掉進坑裡，怎麼也出不來。你還沒死，遊戲也沒當掉，但是你怎麼也找不到任何繼續玩下去的方法。你當下能做的，唯有坐在坑裡。在設計階段，設計者便能避免掉這類些低階的卡關狀況，例如玩家一落入坑裡，就直接殺死玩家，或是讓玩家能夠以跳出、傳送或逃生隧道等各種方式離開那個坑。

然而，卡關有時可不只是掉進一個坑那麼簡單。即使在最精心設計的遊戲中，我都還是會陷入窘境：我沒有足夠的血或是裝備，打不贏敵人，沒辦法前往下一處。因為我其實不是什麼超強的玩家，我通常也只能怪自己，浪費了好幾個小時，徒勞無功地在卡關區域四處尋找隱藏道具或者我是不是錯過了什麼出口。最後，我會上網求助，這才發現有無數其他玩家正抱怨著這一關設計不良，只有特定的方法才能破關，而一有差錯就可能讓你落入卡關的境況。

我們在生活中最常碰到、也最引人注意的遊戲化，大多未帶給我們應有的成就感或是進步。相反地，卻讓我們陷入僵局。工人依舊站在生產線上，為本已手握資本的人注入源源不絕的利潤。遊戲化鼓勵我們為了不是真正屬於我們自己的目標去讀書、受訓或玩遊戲。而且它強化了整個世界正是場遊戲的概念，所有規則都是為了運作，而非為了改變。即使是烏托邦式的遊戲化也非常保守，這是由於其資助者的政治觀點以及他們不願挑戰現存的經濟和政治體系所造成的結果。

沒有一個遊戲設計師會希望玩家卡關，但是遊戲化正將數百萬人——如今，也許是數十億人——推向卡關的境地。更糟的是，人們可能要花上好幾年，才會發現他們卡在一個沒有給他們出口的遊戲化裡。

這還是有解決方法的。首先，我們要把其他人當人看，而不是沒有想法的非玩家角色，並以行為主義的手法來敦促他們。這並不代表遊戲化就得要捨棄所有外在動機。點數、獎章和排行榜還是能發揮作用，如果審慎運用，還能幫助人們克服學習曲線中向上攀升的坡度部分，只是我們也不應該助長此風，以免人們誤以為這些獎勵便是目標本身。如同勒瑰恩在《一無所有》中所提到的，我們希望學生不是為了去追求好成績、好工作而念書，而是發自內心的愛上某學科。

遊戲化應該要培養的正是這種內在動機。如果各家公司和政府機關真的是希望在勞工和公民身上培養出優良品德，就應該先讓這些人願意主動參與，並且訴諸他們的內在本質。人們不應該是為了要拿到更優渥的貸款，才會小心駕駛或擔任義工以賺取社會信用點數；反而要相信，正因為這些事是正確的、符合道德準則的，才選擇去做。僅透過監控和強制力帶來的強制性遊戲化更是只會帶來表面上的服從，而非理解。

即使你不覺得遊戲化會讓你把別人當成單純的非玩家角色看待，你仍然有可能因此把自己當成非玩家角色。利用各種獎勵和懲罰來敦促自己，最終感覺不舒服，因為你並沒有把自己視為一個人——你本身才是重要的——而是把自己當成是可被操縱的一方。許多消費者取向的遊戲化應用程式助長了這種態度，對此我深感痛心。

我深知箇中緣由。將某個行動遊戲化，會使行動變得更有趣、更充實，比直接套用通用遊戲化來得更加困難。尤有甚者，遊戲化無法一直維持成長的態勢，也未必持續獲利。但是，唯有當我們把他人和自己都視為活生生的人看待時，我們才能創造出尊重玩家人性的遊戲化：人類會犯錯、易分心、任性善變、需要組織和指引——但也因此具有無限的變化性和永恆的自我改變及成長的能力。

遊戲設計師能夠引導玩家逃離各自的卡關階段，只要給他們更多前進的方法：補血的藥水、找到路徑、升空的技能。最好的遊戲有如耐心且寬容的老師，給予玩家實驗和臨機應變的空間，等到玩家準備好時，再讓他們挑戰更多、走得更遠。由此，遊戲化得以從一個強迫型的工具轉變為創造可能性的工具。

就算人生真如一場遊戲，也要是一場充滿學習、歡樂以及挑戰的遊戲，而不是充滿磨難、懲罰以及規則的遊戲。

致謝

Acknowledgement

在二〇一〇年代末，我看到了無效的通用遊戲化的案例，它們一個接一個投入了全新的生活和商業領域。有鑑於此，我決心寫一本關於遊戲化的批判性書籍，就算只是因為我無法繼續忍受向那些詢問我遊戲化是否適合他們最新設備的科技巨頭重複解釋同樣的論點，也得寫出這本書。

我對遊戲化的想法是在多年來與奈歐蜜．埃德曼及安德莉雅．菲利普斯的對話當中建立起來的，他們的智慧與觀點無人能及，尤其還要感謝我最重要的伴侶瑪格麗特．邁特蘭（Margaret Maitland），她在每個階段都幫助我擴展與精煉我的想法。湯姆．查特菲爾德（Tom Chatfield）及伊莉莎白．坎貝爾（Elizabeth Campbell）則幫助我將這些想法訴諸文字，轉化為書籍。我在Six to Start的所有同事，尤其是艾歷克斯．麥克米倫（Alex Macmillan）、麥特．維特斯卡（Matt Wieteska）以及史蒂芬．維特瑪（Steven Veltema）則讓我站穩腳步，書中許多寶貴的遊戲化範例都是靠著他們的協助建立起來的，若沒有他們，我不會擁有現在的實務理解。我與包含荷莉．格拉瑪齊奧（Holly Gramazio）、塔索斯．史蒂文斯（Tassos Stevens）以及梅格．傑揚斯（Meghna Jayanth）在內的眾多遊戲設計師的對話，也讓我得以闡明更廣泛的遊戲化。

查理．瓦爾茲（Charlie Warzel）和安妮．海倫．彼得森（Anne Helen Peterse）很早就對我在另類實境遊戲和QAnon之間相似性的文章表現出興趣，以及MetaFilter社群對我關於職場遊戲化的文章的熱情，無疑提高了我的自信心。但最重要的是，無數記者、研究人員和作家的不懈努力賦予了這本書實質和生命，包括摩根・阿姆斯（Morgan Ames）、艾米莉・關德斯伯格（Emily Guendelsberger）、艾菲・柯恩（Alfie Kohn）、西蒙・卡萊斯（Simon Carless）、羅伯特・史萬森（Robert Swanson）、麥特・萊文（Matt Levine）、萊恩・布羅德里克（Ryan Broderick）以及VICE的科技頻道Motherboard、LibrarianShipwreck、Critical Distance、Chaoyang Trap、英國廣播公司的《在我們的時代裡》（*In Our Time*）系列節目等許多人的努力成果。

我要特別感謝我的經紀人維若妮卡・貝斯特（Veronique Baxter）和格蘭妮・福克斯（Grainne Fox），因為他們認知到遊戲化的重要性，為此書找到了最完美的出版社貝西克圖書公司（Basic Books），並且也要感謝我的編輯湯瑪斯・凱勒赫（Thomas Kelleher）對我的想法全力支持並給予了出色的指導。珍・莫尼爾（Jen Monnier）事實查核的能力堪稱典範。此外，還要感謝布列塔妮・斯邁爾（Brittany Smail）進行校對、妮可・柏金斯（Nicole Perkins）協助整理了參考文獻，以及瑪德琳・李（Madeline Lee）引領這本書順利出版。

我能夠寫出這本書，全仰賴多年來所有參與我的遊戲的玩家，以及贊助支持過我遊戲及各項計畫的贊助者。你知道你們是誰。

最後，感謝我的家人，他們堅定不移的愛與支持：丹（Dan）、羅賓（Robin）、媽媽、爸爸以及瑪格莉特（Margaret）。

注釋

Notes

CHAPTER 1 ——遊戲化的興起

1 Claire Voon, "Dazzling and Didactic Board Games from the 19th Century," *Hy- perallergic*, February 22, 2018, https://hyperallergic.com/424629/19th-century-board-games; Alex Andriesse, "Progress in Play: Board Games and the Meaning of His- tory," *Public Domain Review*, February 20, 2019, https://publicdomainreview.org/essay/progress-in-play-board-games-and-the-meaning-of-history.

2 Alfie Kohn, *Punished by Rewards: The Trouble with Gold Stars, Incentive Plans, A's, Praise, and Other Bribes*, Twenty-fifth anniversary ed. (Boston: Houghton Mifflin, 2018).

3 Julian Lucas, "Can Slavery Reënactments Set Us Free?" *New Yorker*, February 10, 2020, www.newyorker.com/magazine/2020/02/17/can-slavery-reenactments-set-us-free.

4 "Forerunner 201," Garmin, accessed November 22, 2021, https://buy.garmin.com/en-GB/GB/p/230.

5 Sebastian Deterding, "The Ambiguity of Games: Histories and Discourses of a Gameful World," in *The Gameful World: Approaches, Issues, Applications*, ed. Steffen P. Walz and Sebastian Deterding (Cambridge, MA: MIT Press, 2014), 31, https://books.google.com/books?id=vDxTBgAAQBAJ&pg=PA31.

6 Andrew Perrin and Maeve Duggan, "Americans' Internet Access: 2000–2015," Pew Research Center, June 26, 2015, www.pewresearch.org/internet/2015/06/26/americans-internet-access-2000-2015.

7 Lauren Indvik, "Foursquare Surpasses 3 Million User Registrations," Mashable, August 29, 2010, https://mashable.com/archive/foursquare-3-million-users.

8 Dave Taylor, "Can I Add a Photo to My LinkedIn Profile?" Ask Dave Taylor, September 29, 2007, www.askdavetaylor.com/how_to_add_photo_picture_linkedin_profile; Lindsay Griffiths, "LinkedIn Tutorials—How to Set Up a Profile Part I," ZEN and the Art of Legal Networking, August 2, 2011, www.zenlegalnetworking.com/2011/08/linkedin-tutorials-how-to-set-up-a-profile-part-i.

9 V. Savov, "App Review: Nike+ GPS," Engadget, September 7, 2010, www.engadget.com/2010-09-07-app-review-nike-gps.html#.

10 Joel Spolsky, "State of the Stack 2010 (A Message from Your CEO)," *The Overflow*, Stack Overflow, January 24, 2011, https://stackoverflow.blog/2011/01/24/state-of-the-stack-2010-a-message-from-your-ceo; Erica Swallow, "How Nike Outruns the Social Media Competition," Mashable, September 22, 2011, https://mashable.com/2011/09/22/nike-social-media/?europe=true.

11 Kevin Kelly, "Healthvault, Phase 1," Quantified Self, October 8, 2007, https://web.archive.org/web/20130117170255/https://quantifiedself.com/2007/page/3.

12 Ian Bogost, "Persuasive Games: Exploitationware," Game Developer, May 3, 2011, www.gamasutra.com/view/feature/134735/persuasive_games_exploitationware.php?print=1.

13 Kohn, *Punished by Rewards.*

14 Bogost, "Persuasive Games: Exploitationware."

15 Vanessa Wan Sze Cheng, "Recommendations for Implementing Gamification for Mental Health and Wellbeing," *Frontiers in Psychology* 11, (December 2020), https://doi.org/10.3389/fpsyg.2020.586379.

16 "Groundbreaking New Study Says Time Spent Playing Video Games Can Be Good for Your Wellbeing," Oxford Internet Institute, University of Oxford, November 16, 2020, www.oii.ox.ac.uk/news/releases/groundbreaking-new-study-says-time-spent-playing-video-games-can-be-good-for-your-wellbeing.

17 Eric Peckham, "Newzoo Forecasts 2020 Global Games Industry Will Reach $159 Billion," *TechCrunch+*, June 26, 2020, https://techcrunch.com/2020/06/26/newzoo-forecasts-2020-global-games-industry-will-reach-159-billion; "Media Use by Tweens and Teens 2019: Infographic," Common Sense Media, updated October 28, 2019, www.common sensemedia.org/Media-use-by-tweens-and-teens-2019-infographic.

18 Jon Porter, "US Consumers Spent Record Amounts on Video Games in 2020, NPD Reports," *The Verge*, Vox Media, January 15, 2021, www.theverge.com/2021/1/15/22233003/us-npd-group-video-game-spending-2020-record-nintendo-switch-call-of-duty-animal-crossing-ps5-ps4; Todd Spangler, "Gen Z Ranks Watching TV, Movies as Fifth Among Top 5 Entertainment Activities," *Variety*, April 18, 2021, https://variety.com/2021/digital/news/gen-z-survey-deloitte-tv-movies-ranking-1234954207.

19 Charlie Hall, "Arma 3 Developer Donates $176,000 to International Committee of the Red Cross," *Polygon*, March 20, 2018, www.polygon.com/2018/3/20/17144306/arma-3-red-cross-donation-laws-of-war.

20 Taylor Kubota, "Stanford Researchers Want More Video Games—For Science," *Stanford News*, Stanford University, July 21, 2019, https://news.stanford.edu/2019/07/21/contributing-science-games.

21 Roger Ebert, "Video Games Can Never Be Art," RogerEbert.com, April 16, 2010, www.rogerebert.com/roger-ebert/video-games-can-never-be-art.

22 Neil Postman, *Amusing Ourselves to Death: Public Discourse in the Age of Show Business* (New York: Viking, 1985).

23 Paul Starr, "Seductions of Sim: Policy as a Simulation Game," *American Prospect*, no. 17 (Spring 1994): 19–29, www.princeton.edu/~starr/17star.html.

24 "Annan Presents Prototype $100 Laptop at World Summit on Information Society," *MIT News*, Massachusetts Institute of Technology, November 16, 2005, https://news.mit.edu/2005/laptop-1116.

25 "Iran and the 'Twitter Revolution,'" PEJ New Media Index, Pew Research Center, June 25, 2009, www.pewresearch.org/journalism/2009/06/25/iran-and-twitter-revolution; Catherine O'Donnell, "New Study Quantifies Use of Social Media in Arab Spring," *UW News*, University of Washington, September 12, 2011, www.washington.edu/news/2011/09/12/new-study-quantifies-use-of-social-media-in-arab-spring.

26 Jose Antonio Vargas, "Obama Raised Half a Billion Online," The Clickocracy, *Washington Post*, November 20, 2008, http://voices.washingtonpost.com/44/2008/11/20/obama_raised_half_a_billion_on.html.

27 Jesse Schell, "When Games Invade Real Life," filmed February 2010 at DICE Summit 2010, video, 28:18, www.ted.com/talks/jesse_schell_when_games_invade_real_life.

28 Jane McGonigal, "Gaming Can Make a Better World," filmed February 2010 at TED2010, video, 19:47, www.ted.com/talks/jane_mcgonigal_gaming_can_make_a_better_world/transcript?language=en.

29 Ethan Gilsdorf, "Call of Duty," Boston.com, February 6, 2011, http://archive.boston.com/ae/books/articles/2011/02/06/a_look_at_how_digital_gaming_may_provide_lessons_for_improving_ourselves_and_the_world; Janice P. Nimura, "Book Review: 'Reality Is Broken,'" *Los Angeles Times*, February 6, 2011, www.latimes.com/entertainment/la-xpm-2011-feb-06-la-ca-jane-mcgonigal-

20110206-story.html; Tom Chatfield, "Reality Is Broken by Jane McGonigal—Review," *Guardian*, April 30, 2011, www.theguardian.com/books/2011/may/01/reality-broken-jane-mcgonigal-games; Pat Kane, "Reality Is Broken, by Jane McGonigal," *Independent*, February 25, 2011, www.independent.co.uk/arts-entertainment/books/reviews/reality-is-broken-by-jane-mcgonigal-2224532.html.

30 John Booth, "Gaming Fix: A Review of Jane McGonigal's Reality Is Broken," *Wired*, February 4, 2011, www.wired.com/2011/02/gaming-fix-a-review-of-jane-mcgonigals-reality-is-broken.

31 Heather Chaplin, "I Don't Want to Be a Superhero," *Slate*, March 29, 2011, https:// slate.com/technology/2011/03/gamification-ditching-reality-for-a-game-isn-t-as-fun-as-it-sounds.html.

32 Adrian Hon, "Can a Game Save the World?" MSSV, March 9, 2010, https://mssv net/2010/03/09/can-a-game-save-the-world.

33 David I. Waddington, "A Parallel World for the World Bank: A Case Study of *Urgent: Evoke*, an Educational Alternate Reality Game," *International Journal of Technologies in Higher Education* 10, no. 3 (2013): 42–56, https://doi.org/10.7202/1035578ar.

34 Morgan Ames, *The Charisma Machine: The Life, Death, and Legacy of One Laptop per Child* (Cambridge, MA: MIT Press, 2019), 21.

35 Ames, *The Charisma Machine*, 27.

36 Ames, *The Charisma Machine*, 176.

37 Ames, *The Charisma Machine*, 23.

38 James C. Rosser, Jr. et al., "The Impact of Video Games on Training Surgeons in the 21st Century," *Archives of Surgery* 142, no. 2 (2007): 181–186, https://doi.org/10.1001/archsurg.142.2.181; Ping Wang et al., "Action Video Game Training for Healthy Adults: A Meta-Analytic Study," *Frontiers in Psychology* 7 (June 2016), https://doi.org/10.3389/fpsyg.2016.00907.

39 Rachel Kowert, "Digital Games in the After Times with Dr. Rachel Kowert (NCA 2020)," Psychgeist, YouTube, video, 31:06, November 1, 2020, www.youtube.com/watch?v=OybsXsNpGFw; Megan Farokhmanesh, "More Than Half of Americans Turned to Video Games During Lockdown," *The Verge*, Vox Media, January 6, 2021, www.theverge.com/2021/1/6/22215786/video-games-covid-19-animal-crossing-among-us.

40 Oxford Internet Institute, "Groundbreaking New Study Says Time Spent Playing Video Games Can Be Good for Your Wellbeing," news release, November 16, 2020, www.oii.ox.ac.uk/news/releases/groundbreaking-new-study-says-time-spent-playing-video-games-can-be-good-for-your-wellbeing.

41 Stacey Henley, "It Sucks That Cyberpunk 2077's Edgelord Marketing Worked So Well," *Polygon*, December 4, 2020, www.polygon.com/2020/12/4/22058784/cyberpunk-2077-marketing-cd-projekt-red-transphobia.

42 "Addicted to Games?" *Panorama*, British Broadcasting Company, video, 29:00, www.bbc.co.uk/programmes/b00wlmj0.

CHAPTER 2——升級你的人生

1 J. D. Bierdorfer, "Next They'll Say Betty Crocker Isn't Real, Either," *New York Times*, December 31, 1998, www.nytimes.com/1998/12/31/technology/next-they-ll-say-betty-crocker-isn-t-real-either.html.

2 Vlad Radu, "The BMW M3 and M4's Drift Analyzer: A Seemingly Useless Tool Gearheads Will Love," Autoevolution, March 19, 2021, www.autoevolution.com/news/the-bmw-m3-and-m4s-drift-analyzer-a-seemingly-useless-tool-gearheads-will-love-157904.html.

3 Kevan Davis, "Chore Wars," Chore Wars, accessed November 26, 2021, www.chore wars.com.

4 Cindy Blanco, "2020 Duolingo Language Report: Global Overview," *Duolingo Blog*, Duolingo, De-

cember 15, 2020, https://blog.duolingo.com/global-language-report-2020.

5 "Bow Like a Pro: App Store Story," App Store Preview, Apple Inc., accessed November 26, 2021, https://apps.apple.com/gb/story/id1502395625.

6 Alex Danco, "Six Lessons from Six Months at Shopify," Welcome to Dancoland, October 23, 2020, https://alexdanco.com/2020/10/23/six-lessons-from-six-months-at-shopify.

7 Nilay Patel and Ashley Carman, "Tinder CEO Elie Seidman on Finding Love During the Pandemic," *The Verge*, Vox Media, June 9, 2020, www.theverge.com/21284420/tinder-ceo-elie-seidman-interview-dating-pandemic.

8 "Fortune City," Fourdesire, accessed November 26, 2021, https://fortunecityapp.com/en.

9 "Habitica," Habitica, accessed November 26, 2021, https://habitica.com/static/home.

10 Utah v. Google, 3:21-cv-05227, San Francisco Division, Northern District of California, United States District Court, filed July 7, 2021, https://ag.ny.gov/sites/default/files/utah_v_google.1.complaint_redacted.pdf; Sameer Samat, "Boosting Developer Success on Google Play," *Android Developers Blog*, March 16, 2021, https://android-developers.googleblog.com/2021/03/boosting-dev-success.html; "Meeting Pandemic Challenges, Apple Developers Grow Total Billings and Sales in the App Store Ecosystem by 24 Percent to $643 Billion in 2020," Newsroom, Apple Inc., June 2, 2021, www.apple.com/newsroom/2021/06/apple-developers-grow-app-store-ecosystem-billings-and-sales-by-24-percent-in-2020.

11 "Find Exciting Exhibitions: App Store Story," App Store Preview, Apple Inc., accessed November 26, 2021, https://apps.apple.com/gb/story/id1497299672.

12 "Jennifer P.'s Badges on Untappd," Untappd, accessed November 26, 2021, https:// untappd.com/user/kittenallie/badges.

13 "How Does myPhysioPal Work?" Playphysio, accessed November 26, 2021, https://play.physio/what-is-playphysio/how-does-myphysiopal-work; Sean Hollister, "The FDA Just Approved the First Prescription Video Game—It's for Kids with ADHD," *The Verge*, Vox Media, June 15, 2020, www.theverge.com/2020/6/15/21292267/fda-adhd-video-game-prescription-endeavor-rx-akl-t01-project-evo.

14 Ryan Knox and Cara Tenenbaum, "Regulating Digital Health Apps Needs User Centered Reform," STAT News, STAT, August 3, 2021, www.statnews.com/2021/08/03/refor-regulatory-landscape-digital-health-applications.

15 Andrew Webster, "Pokémon Is Getting a New Cloud Service and a Game Where You Play by Sleeping," *The Verge*, Vox Media, May 28, 2019, www.theverge.com/2019/5/28/18643467/pokemon-home-sleep-announce-release-date; "Big Pokémon News from Tokyo," The Pokémon Company, May 28, 2019, www.pokemon.com/us/pokemon-news/big-pokemon-news-from-tokyo.

16 "Perifit," Perifit, accessed November 26, 2021, https://perifit.co.

17 Sahar Sadat Sobhgol et al., "The Effect of Pelvic Floor Muscule Exercise on Female Sexual Function During Pregnancy and Postpartum: A Systematic Review," *Sexual Medicine Reviews* 7, no. 1 (January 2019): 13–28, https://doi.org/10.1016/j.sxmr.2018.08.002.

18 "Health & Fitness App Adoption up Record 47% So Far in Q2 2020," *Sensor Tower Blog*, Sensor Tower, June 4, 2020, https://sensortower.com/blog/health-and-fitness-app-record-download-growth; Lexi Sydow, "Pumped Up: Health and Fitness App Downloads Rose 30% in a Landmark Year for Mobile Wellness," App Annie, January 28, 2021, www.appannie.com/en/insights/market-data/health-fitness-downloads-rose-30-percent.

19 "Top Selling Title Sales Units," Nintendo, updated September 30, 2021, www.nintendo.co.jp/ir/en/finance/software/index.html.

20 "Top Selling Title Sales Units: Wii Software," Nintendo, updated September 30, 2021, www.nintendo.co.jp/ir/en/finance/software/wii.html.

21 Lory Gil, "Ring Fit Adventure Review Three Months Later: How a Video Game Made Me Less Lazy," iMore, January 28, 2020, www.imore.com/ring-fit-adventure-review.

22 Joe Marshall and Conor Linehan, "Are Exergames Exercise? A Scoping Review of the Short-Term Effects of Exertion Games," *IEEE Transactions on Games* 13, no. 2 (June 2021): 160–169, https://doi.org/10.1109/TG.2020.2995370.

23 Ana Diaz, "For Some, Wii Fit's Legacy Is Body Shame," Polygon, April 24, 2021, www.polygon.com/22358945/wii-fit-nintendo-health-ring-fit-adventure.

24 Alice Callahan, "Is B.M.I. a Scam?" *New York Times*, May 18, 2021, www.nytimes.com/2021/05/18/style/is-bmi-a-scam.html.

25 Joshua J. Ode et al., "Body Mass Index as a Predictor of Percent Fat in College Athletes and Nonathletes," *Medicine & Science in Sports & Exercise* 39, no. 3 (March 2007): 403–409, https://doi.org/10.1249/01.mss.0000247008.19127.3e; Victor H. H. Goh et al., "Are BMI and Other Anthropometric Measures Appropriate as Indices for Obesity? A Study in an Asian Population," *Journal of Lipid Research* 45, no. 10 (October 2004), 1892–1898, https://doi.org/10.1194/jlr.M400159-JLR200; K. J. Smalley et al., "Reassessment of Body Mass Indices," *American Journal of Clinical Nutrition* 52, no. 3 (September 1990): 405–408, https://doi.org/10.1093/ajcn/52.3.405.

26 Ana Diaz, "For Some, Wii Fit's Legacy Is Body Shame."

27 Scott H. Kollins et al., "A Novel Digital Intervention for Actively Reducing Severity of Paediatric ADHD (STARS-ADHD): A Randomised Controlled Trial," *Lancet Digital Health* 2, no. 4 (April 2020): 168–178, https://doi.org/10.1016/S2589-7500(20)30017-0.

28 Nuša Farič et al., "A Virtual Reality Exergame to Engage Adolescents in Physical Activity: Mixed Methods Study Describing the Formative Intervention Development Process," *Journal of Medical Internet Research* 23, no. 2 (February 2021): e18161, https://doi.org/10.2196/18161.

29 Noah Smith, "Virtual Reality Is Starting to See Actual Gains in Gaming," *Washington Post*, February 4, 2021, www.washingtonpost.com/video-games/2021/02/04/virtual-reality-future-games; "Introducing Oculus Quest 2, the Next Generation of All-in-One VR," *Oculus Blog*, Meta Quest, Facebook Technologies, September 16, 2020, www.oculus.com/blog/introducing-oculus-quest-2-the-next-generation-of-all-in-one-vr-gaming; Will Greenwald, "Oculus Quest 2 Review," *PCMag*, updated August 12, 2021, www.pcmag.com/reviews/oculus-quest-2.

30 Liliana Laranjo et al., "Do Smartphone Activities and Activity Trackers Increase Physical Activity in Adults? Systematic Review, Meta-Analysis and Metaregression," *British Journal of Sports Medicine* 55, no. 8 (2021): 422–432, https://doi.org/10.1136/bjsports-2020-102892.

31 "First Quarter FY 2022 Highlights," Peloton, November 4, 2021, https://investor.onepeloton.com/static-files/4e16bcc7-dd3b-40ec-acb6-840e691b40ee.

32 Ed Zitron, "My Gamer Brain Is Addicted to the Peloton Exercise Bike," *VICE*, November 5, 2018, www.vice.com/en/article/vba4dx/my-gamer-brain-is-addicted-to-the-peloton-exercise-bike.

33 u/plymouthvan, "Apple watch should have a 'Sick' mode," r/apple, Reddit, February 29, 2020, www.reddit.com/r/apple/comments/fbffqy/apple_watch_should_have_a_sick_mode.

34 "Mobile Operating System Market Share—December 2021," StatCounter GlobalStats, accessed January 15, 2022, https://gs.statcounter.com/os-market-share/mobile/worldwide.

35 Sarah Lyall, "David Sedaris, Dressed Up with Nowhere to Go," *New York Times*, updated October 25, 2021, www.nytimes.com/2020/06/20/books/david-sedaris-nyc-quarantine-life-coronavirus.html.

36 "Apple Watch Series 4—How to Start an Activity Competition—Apple," Apple Australia, YouTube, video, 00:25, October 20, 2018, www.youtube.com/watch?app=desktop&v=0tgXe5Y2DYM.

37 "Local Legends: A New Way to Compete on Segments," Strava, accessed November 26, 2021, www.strava.com/local-legends; "Strava's Year in Sport 2021 Charts Trajectory of Ongoing Sports Boom," *Strava Press*, Strava, December 7, 2021, https://blog.strava.com/press/yis2021.

38 Rose George, "Kudos, Leaderboards, QOMs: How Fitness App Strava Became a Religion," *Guardian*, January 14, 2020, www.theguardian.com/news/2020/jan/14/kudos-leaderboards-qoms-how-fitness-app-strava-became-a-religion.

39 Andrew J. Bayliss, "The Bravest Men on Earth?" *British Museum Magazine*, no. 98 (Winter 2020): 41–43, https://ocean.exacteditions.com/issues/90878/spread/1.

40 Michael Shulman, "Perfectionism Among Young People Significantly Increased Since 1980s, Study Finds," American Psychological Association, January 2, 2018, www.apa.org/news/press/releases/2018/01/perfectionism-young-people.

41 "Sharpen Your Brain, Soothe Your Mind: App Store Story," App Store Preview, Apple, accessed November 26, 2021, https://apps.apple.com/gb/story/id1490260198.

42 Josh Zumbrun, "The Rise of Knowledge Workers Is Accelerating Despite the Threat of Automation," Economics Blog, *Wall Street Journal*, May 4, 2016, www.wsj.com/articles/BL-REB-35617.

43 "Dementia," World Health Organization, updated September 2, 2021, www.who.int/news-room/fact-sheets/detail/dementia.

44 Felix Atkin, "Dr Kawashima's Body and Brain Exercises for Kinect—Review," *Guardian*, February 5, 2011, www.theguardian.com/technology/2011/feb/06/dr-kawashima-brain-training-xbox.

45 Susanne Schregel, "'The Intelligent and the Rest': British Mensa and the Contested Status of High Intelligence," *History of the Human Sciences* 33, no. 5 (2020): 12–36, https:// doi.org/10.1177/0952695120970029.

46 "Top Selling Title Sales Units: Nintendo DS Software," Nintendo, updated September 30, 2021, www.nintendo.co.jp/ir/en/finance/software/ds.html.

47 "Brain Age2 Instruction Booklet," Nintendo, updated 2007, www.nintendo.com/consumer/gameslist/manuals/DS_Brain_Age_2.pdf.

48 "Iawata Asks: Brain Age: Concentration Training—Volume 1," Nintendo, accessed November 26, 2021, http://iwataasks.nintendo.com/interviews/#/3ds/brain-age/0/0.

49 Sonia Lorant-Royer et al., "Cerebral Training Methods and Cognitive Performances: Efficiency, Motivation . . . or Marketing? The 'Gym-Brain' and Dr. Kawashima's 'Brain Training,'" *Bulletin de Psychologie* 498, no. 6 (2008): 531–549, https://doi.org/10.3917/bupsy.498.0531.

50 "Lumosity Launches New Math Games Category," *Lumosity Blog*, Lumosity, Lumos Labs, October 3, 2017, www.lumosity.com/en/blog/lumosity-launches-new-math-games-category; "Lumosity," *Forbes*, accessed November 26, 2021, www.forbes.com/companies/lumosity/?sh=23ca42336f9b.

51 Heinrich Lenhardt, "Lumosity Sees Brain Games Taking Off as 20 Million Sign Up for Mental Gymnastics," VentureBeat, February 6, 2012, https://venturebeat.com/2012/02/06/lumosity-sees-brain-games-taking-off-as-20-million-sign-up-for-mental-gymnastics; "Lumos Labs—Funding, Financials, Valuation & Investors," Crunchbase, accessed November 26, 2021, www.crunchbase.com/organization/lumosity/company_financials.

52 "A Consensus on the Brain Training Industry from the Scientific Community (Summary)," Stanford Center on Longevity, Stanford University, October 20, 2014, https:// longevity.stanford.edu/a-consensus-on-the-brain-training-industry-from-the-scientific-community; "Lumosity Brain-

Training Game 'Deceived Customers,'" *BBC News*, January 6, 2016, www.bbc.co.uk/news/technology-35241778.

53 "Lumosity to Pay $2 Million to Settle FTC Deceptive Advertising Charges for Its 'Brain Training' Program," Federal Trade Commission, January 5, 2016, www.ftc.gov/news-events/press-releases/2016/01/lumosity-pay-2-million-settle-ftc-deceptive-advertising-charges.

54 Joanna Walters, "Lumosity Fined Millions for Making False Claims About Brain Health Benefits," *Guardian*, January 6, 2016, www.theguardian.com/technology/2016/jan/06/lumosity-fined-false-claims-brain-training-online-games-mental-health.

55 "Press Resources," Lumos Labs, accessed January 9, 2022, www.lumosity.com/en/resources.

56 "Elevate: App Store Story," App Store Preview, Apple, accessed November 26, 2021, https://apps.apple.com/gb/story/id1441016715.

57 Dana Nakano, "Elevate Effectiveness Study," Elevate Labs, updated October 2015, https://elevateapp.com/assets/docs/elevate_effectiveness_october2015.pdf.

58 "Research Behind Elevate's Brain Training Games," Elevate Labs, accessed November 26, 2021, https://elevateapp.com/research.

59 Daniel J. Simons et al., "Do 'Brain-Training' Programs Work?" *Psychological Science in the Public Interest* 17, no. 3 (2016): 103–186, https://doi.org/10.1177/1529100616661983.

60 Nick Paumgarten, "Master of Play," *New Yorker*, December 12, 2010, www.new yorker.com/magazine/2010/12/20/master-of-play; Robbie Collin, "Nintendo's Shigeru Miyamoto: 'What Can Games Learn from Film? Nothing,'" *Telegraph*, November 10, 2014, www.telegraph.co.uk/culture/film/film-news/11201171/nintendo-super-mario-pikmin-tokyo-film-festival-mandarin-oriental-tokyo-sega-mario-kart-zelda-wii-oculus-rift.html.

61 Chris Kohler, "Q&A: Nintendo's Shigeru Miyamoto Talks Wii Fit," *Wired*, May 19, 2008, www.wired.com/2008/05/miyamoto-wii-fi.

62 Nintendo, "Top Selling Title Sales Units: Wii Software."

63 "Yearly Archives: 2007, page 3," Quantified Self, accessed November 26, 2021, https://web.archive.org/web/20170629220503/http://quantifiedself.com/2007/ page/3.

64 April Dembosky, "Invasion of the Body Hackers," *Financial Times*, June 10, 2011, www.ft.com/content/3ccb11a0-923b-11e0-9e00-00144feab49a?.

65 Kevin Kelly, "What Is the Quantified Self?" Quantified Self, October 5, 2007, https://web.archive.org/web/20111101100244/http://quantifiedself.com/2007/10/what-is-the-quantifiable-self; Gary Wolf, "Eric Boyd: Learning from My Nike FuelBand Data," Quantified Self, April 5, 2013, https://quantifiedself.com/blog/eric-boyd-learning-from-my-nike-fuelband-data; Gary Wolf, "Matt Cutts Hacks His WiiFit for Biometrics," Quantified Self, February 4, 2009, https://quantifiedself.com/blog/matt-cutts-hacks-his-wiifit-fo.

66 Stephen Wolfram, "The Personal Analytics of My Life," Stephen Wolfram Writings, March 8, 2012, https://writings.stephenwolfram.com/2012/03/the-personal-analytics-of-my-life.

67 Stephen Wolfram, "Seeking the Productive Life: Some Details of My Personal Infrastructure," Stephen Wolfram Writings, February 21, 2019, https://writings.stephenwolfram.com/2019/02/seeking-the-productive-life-some-details-of-my-personal-infrastructure.

68 "My Year in Data," n = 1, January 1, 2021, https://samplesize.one/blog/posts/my_year_in_data.

69 "QS Guide to Sleep Tracking," Quantified Self, accessed November 26, 2021, https:// forum.quantifiedself.com/t/qs-guide-to-sleep-tracking/3721; Alexandra Carmichael, "My n=1 Quest to Live Headache-Free," Quantified Self, August 29, 2011, https://quantified self.com/blog/my-n1-quest-to-

live-headache-free; Ernesto Ramirez, "Diabetes, Metabolism, and the Quantified Self," Quantified Self, June 13, 2014, https://quantifiedself.com/blog/diabetes-metabolism-quantified-self.

70 "Apple Watch Series 6—Technical Specifications," Apple Support, Apple, October 5, 2021, https://support.apple.com/kb/SP826?locale=en_US.

71 "Measure Noise Levels with Apple Watch," Apple Watch User Guide, Apple Support, Apple, accessed November 26, 2021, https://support.apple.com/guide/watch/noise-apd00a43a9cb/watchos.

72 "The Scalar Fallacy," West Coast Stat Views (on Observational Epidemiology and More), January 5, 2011, http://observationalepidemiology.blogspot.com/2011/01/scalar-fallacy.html; Randall Lucas, August 4, 2014, "It's the 'Scalar Fallacy,'" comment on "Hotel Fines $500 for Every Bad Review Posted Online," Hacker News, https://news.ycombinator.com/item?id=8132525.

73 Rachel Monroe, "How Natural Wine Became a Symbol of Virtuous Consumption," *New Yorker*, November 18, 2019, www.newyorker.com/magazine/2019/11/25/how-natural-wine-became-a-symbol-of-virtuous-consumption.

74 Gretchen Reynolds, "Do We Really Need to Take 10,000 Steps a Day for Our Health?" *New York Times*, updated September 15, 2021, www.nytimes.com/2021/07/06/well/move/10000-steps-health.html; Tyler Cowen, "Cheating Markets in Everything," Marginal Revolution, May 25, 2021, https://marginalrevolution.com/marginalrevolution/2021/05/cheating-markets-in-everything.html; @EllenKo1111, "Sore and Exhausted," Fitbit Community, Fitbit, August 19, 2014, https://community.fitbit.com/t5/Get-Moving/Sore-and-exhausted/td-p/445170.

75 Aristotle, *Nicomachean Ethics*, Book II, trans. W. D. Ross, Internet Classics Archive, Web Atomics, accessed November 26, 2021, http://classics.mit.edu/Aristotle/nicomachaen.2.ii.html.

76 David Sedaris, "Stepping Out," *New Yorker*, June 23, 2014, www.newyorker.com/magazine/2014/06/30/stepping-out-3.

77 Alexander Wells, "Body Shame: Historian Jürgen Martschukat on Fitness Culture," *Exberliner*, February 3, 2020, www.exberliner.com/features/people/jürgen-martschukat-interview.

78 Erving Goffman, "Front and Back Regions of Everyday Life [1959]," in *The Everyday Life Reader*, ed. Ben Highmore (Routledge, 2001), 50–57, http://artsites.ucsc.edu/faculty/gustafson/FILM%20162.W10/readings/Goffman.Front.pdf.

79 "Social Life in Victorian England," British Literature Wiki, University of Delaware, accessed November 26, 2021, https://sites.udel.edu/britlitwiki/social-life-in-victorian-england.

80 Rick Osterloh, "Google Completes Fitbit Acquisition," *The Keyword*, Google, January 14, 2021, https://blog.google/products/devices-services/fitbit-acquisition; Bjorn Kilburn, "What's New for Wear," *The Keyword*, Google, May 18, 2021, https://blog.google/products/wear-os/wear-io21.

81 "What Is Glose?" Glose, accessed November 26, 2021, https://glose.com/what-is-glose; Mitchell Clark, "Medium Acquires Ebook Company Glose," *The Verge*, Vox Media, January 15, 2021, www.theverge.com/2021/1/15/22233983/medium-acquires-ebook-company-glose.

82 Alex Heath, "FTC Opens Antitrust Probe into Meta's Purchase of VR Fitness App Supernatural," *The Verge*, December 16, 2021, www.theverge.com/2021/12/16/22840635/ftc-opens-antitrust-probe-meta-deal-vr-fitness-app-supernatural.

83 "Couch to 5K: Week by Week—NHS," National Health Service, updated October 13, 2020, www.nhs.uk/live-well/exercise/couch-to-5k-week-by-week.

CHAPTER 3 ——苦差事與懲罰

1 Nilesh Christopher, "Amazon's 'Delivery Premier League' Gamifies Gig Work in India," *Rest of World*,

October 25, 2021, https://restofworld.org/2021/amazons-delivery-premier-league-gamifies-gig-work-in-india; Noam Scheiber, "Lotto Tickets Are Nice, Boss, but Can I Have My Bonus?" *New York Times*, March 11, 2018, www.nytimes.com/2018/03/11/business/economy/games-employers.html.

2 Chris Perryer et al., "Enhancing Workplace Motivation Through Gamification: Transferrable Lessons from Pedagogy," *International Journal of Management Education* 14, no. 3 (November 2016): 327–335, https://doi.org/10.1016/j.ijme.2016.07.001.

3 Bill Murphy Jr., "17 United Airlines Employee Replies to United's New 'Bonus Lottery,'" *Inc.*, updated March 4, 2018, www.inc.com/bill-murphy-jr/17-united-airlines-employee-replies-to-uniteds-new-bonus-lottery.html.

4 Postyn Smith, "The Amazon Games," Postyn Smith, Medium, April 3, 2019, https:// medium.com/@postynsmith/the-amazon-games-4c29a79e6a26.

5 Will Evans, "Behind the Smiles," *Reveal News*, Center for Investigative Reporting, November 25, 2019, https://revealnews.org/article/behind-the-smiles.

6 Paris Martineau and Mark Di Stefano, "Amazon Expands Effort to 'Gamify' Warehouse Work," *The Information*, March 15, 2021, www.theinformation.com/articles/amazon-expands-effort-to-gamify-warehouse-work.

7 Emily Guendelsberger, introduction to *On the Clock: What Low-Wage Work Did to Me and How It Drives America Insane* (New York: Little, Brown, 2019).

8 Noam Scheiber, "How Uber Uses Psychological Tricks to Push Its Drivers' Buttons," *New York Times*, April 2, 2017, www.nytimes.com/interactive/2017/04/02/technology/uber-drivers-psychological-tricks.html.

9 "Uber Marketplace Driver Promotions," Uber Technologies, accessed November 26, 2021, www.uber.com/us/en/marketplace/pricing/driver-promotions; "Become a Rideshare Driver in Your City," Uber Technologies, accessed November 26, 2021, www.uber.com/us/en/drive/promotions.

10 Brett Helling, "Ridester's 2020 Independent Driver Earnings Survey—Driver Income Revealed," Ridester, updated May 25, 2021, www.ridester.com/2020-survey.

11 "Streak Bonus—Lyft Help," Lyft, accessed November 26, 2021, https://help.lyft.com/hc/en-us/articles/115015748908-Streak-Bonus.

12 Abha Bhattarai, "'Don't Game My Paycheck': Delivery Workers Say They're Being Squeezed by Ever-Changing Algorithms," *Washington Post*, November 7, 2019, www.washingtonpost.com/business/2019/11/07/dont-game-my-paycheck-delivery-workers-say-theyre-being-squeezed-by-ever-changing-algorithms.

13 Josh Dzieza, "Revolt of the Delivery Workers," *Curbed*, Vox Media, September 13, 2021, www.curbed.com/article/nyc-delivery-workers.html.

14 u/cajunflavoredbob, "The Shipt AR system (and member matching)," r/ShiptShoppers, Reddit, updated August 11, 2021, www.reddit.com/r/ShiptShoppers/comments/bifxx8/the_shipt_ar_system_and_member_matching.

15 Andrew J. Hawkins, "Uber Tweaks Its Driver App amid Rising Tensions over Worker Rights," *The Verge*, Vox Media, June 20, 2019, www.theverge.com/2019/6/20/18692123/uber-driver-app-update-promotions-cancellation.

16 Josh Dzieza, "'Beat the Machine': Amazon Warehouse Workers Strike to Protest Inhumane Conditions," *The Verge*, Vox Media, July 16, 2019, www.theverge.com/2019/7/16/20696154/amazon-prime-day-2019-strike-warehouse-workers-inhumane-conditions-the-rate-productivity.

17 Erika Hayasaki, "Amazon's Great Labor Awakening," *New York Times*, updated June 15, 2021, www.

nytimes.com/2021/02/18/magazine/amazon-workers-employees-covid-19.html.

18 Evelyn M. Rusli, "Amazon.com to Acquire Manufacturer of Robotics," DealBook,*New York Times*, March 19, 2012, https://dealbook.nytimes.com/2012/03/19/amazon-com-buys-kiva-systems-for-775-million.

19 "Smart Hospitality Market to Reach USD 44.38 Billion By 2026 | Reports and Data," GlobeNewswire, November 19, 2019, www.globenewswire.com/news-release/2019/11/19/1949666/0/en/Smart-Hospitality-Market-To-Reach-USD-44-38-Billion-By-2026-Reports-and-Data.html; John Biberstein, "Automation and Its Growing Impact on the Fast Food Industry," globalEDGE, International Business Center, Michigan State University, September 16, 2019, https://globaledge.msu.edu/blog/post/55773/automation-and-its-growing-impact-on-the; "Robo Taxi Market Size to Reach USD 38.61 Billion by 2030 at CAGR 67.8% - Valuates Reports," Valuates Reports, CISION PR Newswire, September 16, 2021, www.prnewswire.com/news-releases/robo-taxi-market-size-to-reach-usd-38-61-billion-by-2030-at-cagr-67-8---valuates-reports-301378390.html.

20 Adam Satariano and Cade Metz, "A Warehouse Robot Learns to Sort Out the Tricky Stuff," *New York Times*, January 29, 2020, www.nytimes.com/2020/01/29/technology/warehouse-robot.html.

21 Will Evans, "Ruthless Quotas at Amazon Are Maiming Employees," *Atlantic*, November 25, 2019, www.theatlantic.com/technology/archive/2019/11/amazon-warehouse-reports-show-worker-injuries/602530.

22 Josh Dzieza, "How Hard Will the Robots Make Us Work?" *The Verge*, Vox Media, February 27, 2020, www.theverge.com/2020/2/27/21155254/automation-robots-unemployment-jobs-vs-human-google-amazon.

23 Will Evans, "How Amazon Hid Its Safety Crisis," *Reveal News*, Center for Investigative Reporting, September 29, 2020, https://revealnews.org/article/how-amazon-hid-its-safety-crisis.

24 Jodi Kantor, Karen Weise, and Grace Ashford, "The Amazon That Customers Don't See," *New York Times*, June 15, 2021, www.nytimes.com/interactive/2021/06/15/us/amazon-workers.html.

25 Jay Greene and Chris Alcantara, "Amazon Warehouse Workers Suffer Serious Injuries at Higher Rates than Other Firms," *Washington Post*, June 1, 2021, www.washingtonpost.com/technology/2021/06/01/amazon-osha-injury-rate; Jeff Bezos, "2020 Letter to Shareholders," Amazon, April 15, 2021, www.aboutamazon.com/news/company-news/2020-letter-to-shareholders.

26 u/spicytakoz, "Why do they do this to us," r/AmazonFC, Reddit, May 7, 2021, www.reddit.com/r/AmazonFC/comments/n6xh1c/why_do_they_do_this_to_us.

27 Ian Bogost, "Persuasive Games: Exploitationware," Game Developer, May 3, 2011, www.gamasutra.com/view/feature/134735/persuasive_games_exploitationware.php?print=1; Edward Ongweso Jr., "Amazon Calls Warehouse Workers 'Industrial Athletes' in Leaked Wellness Pamphlet," Motherboard, *VICE*, June 1, 2021, www.vice.com/en/article/epnvp7/amazon-calls-warehouse-workers-industrial-athletes-in-leaked-wellness-pamphlet.

28 Ken Jacobs, Ian Eve Perry, and Jennifer MacGillvary, "The High Public Cost of Low Wages," UC Berkeley Labor Center, University of California at Berkeley, April 13, 2015, https://laborcenter.berkeley.edu/the-high-public-cost-of-low-wages.

29 "Our Facilities," Amazon, accessed November 26, 2021, www.aboutamazon.com/workplace/facilities; "Company Information," Uber Newsroom, Uber, accessed November 26, 2021, www.uber.com/newsroom/company-info.

30 "The Rise of the Cheap Smartphone," *Economist*, April 5, 2014, www.economist.com/business/2014/04/05/the-rise-of-the-cheap-smartphone.

31 "Forerunner 201," Garmin, accessed November 22, 2021, https://buy.garmin.com/en-GB/GB/p/230.

32 "Uber's Driver App, Your Resource on the Road," Uber, accessed November 26, 2021, www.uber.com/za/en/drive/driver-app/; "Phone Software Recommendations and Settings," Lyft Help, Lyft, accessed November 26, 2021, https://help.lyft.com/hc/e/articles/115013080508-Phone-software-recommendations-and-settings; "Requirements for Dashing," DoorDash Dasher Support, DoorDash, accessed November 26, 2021, https:// help.doordash.com/dashers/s/article/Requirements-for-Dashing; "Deliver with Deliveroo: Find Work That Suits You," Deliveroo, accessed November 26, 2021, https://riders.deliveroo.co.uk/en/apply.

33 Michel Foucault, *Discipline & Punish: The Birth of the Prison*, 2nd ed., trans. Alan Sheridan (New York: Vintage Books, 1991), 306.

34 John F. Mee, "Frederick W. Taylor: American Inventor and Engineer," *Encyclopedia Britannica*, updated March 17, 2021, www.britannica.com/biography/Frederick-W-Taylor #ref963589.

35 Daniel Nelson, "Taylorism and the Workers at Bethlehem Steel, 1898–1901," *Pennsylvania Magazine of History and Biography* 101, no. 4 (October 1977): 487–505, www.jstor.org/stable/20091205.

36 S. Mintz and S. McNeil, "Controlling the Shop Floor," Digital History, accessed November 26, 2021, https://www.digitalhistory.uh.edu/disp_textbook.cfm?smtID=2&psid=3172.

37 *The Taylor and Other Systems of Shop Management: Hearings Before Special Committee of the House of Representatives to Investigate the Taylor and Other Systems of Shop Management Under Authority of H. Res. 90 . . . [Oct. 4, 1911–Feb. 12, 1912]* (Washington: US Government Printing Office, 1912), https://catalog.hathitrust.org/Record/002 007191.

38 "The Stopwatch and the Chronograph Part 1," Seiko Museum Ginza, accessed November 26, 2021, https://museum.seiko.co.jp/en/knowledge/story_06.

39 Jennifer deWinter et al., "Taylorism 2.0: Gamification, Scientific Management and the Capitalist Appropriation of Play," *Journal of Gaming & Virtual Worlds* 6, no. 2 (June 2014): 109–127, https://doi.org/10.1386/jgvw.6.2.109_1; "Digital Taylorism," Schumpeter, *Economist*, September 10, 2015, www.economist.com/business/2015/09/10/digital-taylorism.

40 "Working as a Call Center Supervisor," Dialpad Help Center, Dialpad, accessed November 26, 2021, https://help.dialpad.com/hc/en-us/articles/115005100283-Working-as-a-Call-Center-Supervisor.

41 Ken Armstrong, Justin Elliott, and Ariana Tobin, "Meet the Customer Service Reps for Disney and Airbnb Who Have to Pay to Talk to You," *ProPublica*, October 2, 2020, www.propublica.org/article/meet-the-customer-service-reps-for-disney-and-airbnb-who-have-to-pay-to-talk-to-you.

42 Kevin Roose, "A Machine May Not Take Your Job, but One Could Become Your Boss," *New York Times*, June 23, 2019, www.nytimes.com/2019/06/23/technology/artificial-intelligence-ai-workplace.html; "Cogito," Crunchbase, accessed November 26, 2021, www.crunchbase.com/organization/cogito-corp.

43 "US20190385632—Method and Apparatus for Speech Behavior Visualization and Gamification," WIPO IP Portal, World Intellectual Property Organization, December 19, 2019, https://patentscope.wipo.int/search/en/detail.jsf;jsessionid=63E90861E 21501F1698669D21C8D7666.wapp2nB?docId=US279624750&tab=PCTDESCRIPTION.

44 "News: Noble Gamification Wins 2018 CUSTOMER Contact Center Technology Award," Contact Center World, October 15, 2018, www.contactcenterworld.com/view/contact-center-news/noble-gamification-wins-2018-customer-contact-center-technology-award-2.aspx; Peter Walker, "Call Centre Staff to Be Monitored via Webcam for Home-Working 'Infractions,'" *Guardian*, March 26, 2021, www.theguardian.com/business/2021/mar/26/teleperformance-call-centre-staff-monitored-via-webcam-home-working-infractions; "Digital Platforms," Teleperformance, accessed November

26, 2021, https://pt.www.teleperformance.com/en-us/solutions/digital-platforms.

45 Andy Silvester, "Exclusive: Barclays Installs Big Brother-Style Spyware on Employees' Computers," *City A.M.*, February 19, 2020, www.cityam.com/exclusive-barclays-installs-big-brother-style-spyware-on-employees-computers.

46 "Sapience," FPSD TR, Sapience Analytics, accessed November 26, 2021, https:// en.fpsd.com.tr/sapience.

47 "Employee Engagement," Sapience Analytics, accessed November 26, 2021, https:// web.archive.org/web/20210120131328/https://sapienceanalytics.com/solutions/by-need/employee-engagement.

48 Kalyeena Makortoff, "Barclays Using 'Big Brother' Tactics to Spy on Staff, Says TUC," *Guardian*, February 20, 2020, www.theguardian.com/business/2020/feb/20/barlays-using-dytopian-big-brother-tactics-to-spy-on-staff-says-tuc.

49 "Barclays Installs Sensors to See Which Bankers Are at Their Desks," *Independent*, August 19, 2017, www.independent.co.uk/news/barclays-bank-sensors-a7901566.html.

50 Jared Spataro, "Power Your Digital Transformation with Insights from Microsoft Productivity Score," Microsoft 365, October 29, 2020, www.microsoft.com/en-us/microsoft-365/blog/2020/10/29/power-your-digital-transformation-with-insights-from-microsoft-productivity-score; Alyse Stanley, "Microsoft's Creepy New 'Productivity Score' Gamifies Workplace Surveillance," Gizmodo, November 26, 2020, https://gizmodo.com/microsofts-creepy-new-productivity-score-gamifies-workp-1845763063.

51 "Did He Really Say That?" Ask MetaFilter, February 18, 2009, https://ask.metafilter. com/114578/Did-he-really-say-that#1645.

52 Isobel Asher Hamilton, "Microsoft's New 'Productivity Score' Lets Your Boss Track How Much You Use Email, Teams, and Even Whether You Turn Your Camera on During Meetings," *Business Insider*, November 26, 2020, www.businessinsider.com/microsofts-productivity-score-tool-invades-employee-privacy-2020-11.

53 Wolfie Christl (@WolfieChristl), "Esoteric metrics based on analyzing extensive data about employee activities has been mostly the domain of fringe software vendors. Now it's built into MS 365. A new feature to calculate 'productivity scores' turns Microsoft 365 into an full-fledged workplace surveillance tool," Twitter, November 24, 2020, https://twitter.com/WolfieChristl/status/1331221942850949121?s=20; Todd Bishop, "Microsoft Will Remove User Names from 'Productivity Score' Feature After Privacy Backlash," *GeekWire*, December 1, 2020, www.geekwire.com/2020/microsoft-will-remove-user-names-productivity-score-feature-privacy-backlash.

54 Paul Schafer, "Metric Descriptions," Microsoft Viva Insights, Microsoft, October 7, 2021, https://docs.microsoft.com/en-us/workplace-analytics/use/metric-definitions #influence-define.

55 "Percolata," Percolata Corporation, accessed November 26, 2021, www.percolata.com.

56 Sarah O'Connor, "When Your Boss Is an Algorithm," *Financial Times*, September 7, 2016, www.ft.com/content/88fdc58e-754f-11e6-b60a-de4532d5ea35.

57 "Gamification," Gamification Service for the Neo Environment, SAP Help Portal, SAP, accessed November 26, 2021, https://help.sap.com/viewer/850b6386f85d49699c fa908a5bc99d99/Cloud/en-US/332a9fb362924b6bba6373f459a77af6.html; "Gamification," Salesforce Help, Salesforce, accessed November 26, 2021, https://help.salesforce. com/articleView?id=networks_gamification.htm&type=0; "Microsoft Dynamics 365— Gamification [DEPRECATED]," Microsoft Dynamics 365, Microsoft, accessed November 26, 2021, https://web.archive.org/web/20210507193636/https://appsource.microsoft.com/en-us/product/dynamics-365/mscrm.f6d23ec7-255c-4bd8-8c99-

dc041d5cb8b3?tab=Overview.

58 Adam Santariano, "How My Boss Monitors Me While I Work from Home," *New York Times*, updated May 7, 2020, www.nytimes.com/2020/05/06/technology/employee-monitoring-work-from-home-virus.html.

59 Gia Bellamy, "Looking Back at 2019: Hubstaff Year in Review," *Hubstaff Blog*, Hubstaff, January 10, 2020, https://blog.hubstaff.com/year-review-2019.

60 "Economics and Industry Data," American Trucking Associations, accessed November 26, 2021, www.trucking.org/economics-and-industry-data; "Employment Projections," US Bureau of Labor Statistics, updated September 8, 2021, www.bls.gov/emp/tables/employment-by-major-industry-sector.htm.

61 "Hours-of-Service Regulations," in *Commercial Motor Vehicle Driver Fatigue, LongTerm Health, and Highway Safety: Research Needs* (Washington, DC: National Academies Press, 2016), 51–60, www.ncbi.nlm.nih.gov/books/NBK384967; "Summary of Hours of Service Regulations," Federal Motor Carrier Safety Administration, United States Department of Transportation, updated September 28, 2020, www.fmcsa.dot.gov/regulations/hours-service/summary-hours-service-regulations.

62 "Episode 1: The Biggest Tailgate in Trucking," *Over the Road*, podcast, 44:00, February 20, 2020, www.overtheroad.fm/episodes/the-biggest-tailgate-in-trucking.

63 Hannah Steffensen, "ELD Mandate Timeline: The History & Important Dates," GPS Trackit, May 3, 2017, https://gpstrackit.com/a-timeline-of-the-eld-mandate-history-and-important-dates.

64 "MAP-21—Moving Ahead for Progress in the 21st Century Act," Federal Motor Carrier Safety Administration, United States Department of Transportation, updated February 18, 2016, www.fmcsa.dot.gov/mission/policy/map-21-moving-ahead-progress-21st-century-act.

65 "ELD Brochure—English Version," Federal Motor Carrier Safety Administration, United States Department of Transportation, updated October 31, 2017, www.fmcsa.dot.gov/hours-service/elds/eld-brochure-english-version.

66 "Registered ELDs," ELD | Electronic Logging Devices, Federal Motor Carrier Safety Administration, United States Department of Transportation, accessed November 28, 2021, https://eld.fmcsa.dot.gov/List.

67 "Research," Owner-Operator Independent Drivers Association, accessed November 28, 2021, www.ooida.com/foundation/research.

68 Eric Miller, "New FMCSA Administrator Ray Martinez Grilled by Angry Drivers in Listening Session," Transport Topics, March 23, 2018, www.ttnews.com/articles/new-fmcsa-administrator-ray-martinez-grilled-angry-drivers-listening-session; "OOIDA Foundation ELDs," Owner-Operator Independent Drivers Association, accessed November 28, 2021, www.ooida.com/foundation/eld.

69 Todd Dills, "Letter to Trump: Parking, 14-Hour Rule, Congestion Ever More Urgent Issues with ELDs," Overdrive, updated May 7, 2017, www.overdriveonline.com/voices/article/14892274/letter-to-trump-parking-14-hour-rule-congestion-ever-more-urgent-issues-with-elds.

70 "ATA Reaffirms Support for Maintaining ELD Mandate Deadline," American Trucking Associations, November 28, 2017, www.trucking.org/news-insights/ata-reaffirms-support-maintaining-eld-mandate-deadline.

71 Sam Madden, "Make the Rise of Trucking Telematics Work for You," *American Trucker*, August 24, 2017, www.trucker.com/technology/article/21746561/make-the-rise-of-trucking-telematics-work-for-you.

72 Sherry Wu, "Motivating High-Performing Fleets with Driver Gamification," Samsara, February 2,

2018, www.samsara.com/blog/motivating-high-performing-fleets-with-driver-gamification; "Gamification Is the Secret to Telematics Success: Fleet200 Industry Speaker Verizon Connect," *FleetNews*, June 26, 2018, www.fleetnews.co.uk/news/company-car-in-action/2018/06/27/gamification-is-the-secret-to-telematics-success-fleet200-industry-speaker-verizon-connect.

73 Chris Wolski, "Telematics Gamification Emphasizes Fun over 'Big Brother,'" Automotive Fleet, October 21, 2015, www.automotive-fleet.com/156349/telematics-gamification-emphasizes-fun-over-big-brother.

74 Sean O'Kane, "Ford's F-150 Lightning Pro Is an Electric Pickup Truck for Businesses," *The Verge*, Vox Media, May 24, 2021, www.theverge.com/2021/5/24/22450563/ford-f150-lightning-pro-electric-pickup-truck-commercial-fleets; "Telematics for All: Ford Expands Digital Offering to All Makes and Models," Ford Media Center, March 8, 2021, https://media.ford.com/content/fordmedia/fna/us/en/news/2021/03/08/telematics-for-all-ford-expands-digital-offering.html.

75 "Amazon's Custom Electric Delivery Vehicles Are Starting to Hit the Road," *Amazon News*, Amazon, February 3, 2021, www.aboutamazon.com/news/transportation/amazons-custom-electric-delivery-vehicles-are-starting-to-hit-the-road.

76 Mark Di Stefano, "Amazon Plans AI-Powered Cameras to Monitor Delivery Van Drivers," *The Information*, February 3, 2021, www.theinformation.com/articles/amazon-plans-ai-powered-cameras-to-monitor-delivery-van-drivers; Nick Statt, "Amazon Plans to Install Always-On Surveillance Cameras in Its Delivery Vehicles," *The Verge*, Vox Media, February 3, 2021, www.theverge.com/2021/2/3/22265031/amazon-netradyne-driveri-survelliance-cameras-delivery-monitor-packages; "Driveri," Netradyne, accessed November 28, 2021, https://web.archive.org/web/20210504044039/https://www.netradyne.com/driveri.

77 Annie Palmer, "Amazon Uses an App Called Mentor to Track and Discipline Delivery Drivers," CNBC, updated February 12, 2021, www.cnbc.com/2021/02/12/amazon-mentor-app-tracks-and-disciplines-delivery-drivers.html.

78 "Mentor DSP by eDriving," App Store Preview, Apple, accessed November 28, 2021, https://apps.apple.com/gb/app/mentor-dsp-by-edriving/id1357411961.

79 Lauren Kaori Gurley, "Amazon Drivers Are Instructed to Drive Recklessly to Meet Delivery Quotas," *VICE*, May 6, 2021, www.vice.com/en/article/xgxx54/amazon-drivers-are-instructed-to-drive-recklessly-to-meet-delivery-quotas.

80 "Welcome to the ELD Home Page," ELD | Electronic Logging Devices, Federal Motor Carrier Safety Administration, United States Department of Transportation, accessed November 28, 2021, https://eld.fmcsa.dot.gov.

81 Alex Scott, Andrew Balthrop, and Jason Miller, "Did the Electronic Logging Device Mandate Reduce Accidents?" SSRN, January 24, 2019, http://dx.doi.org/10.2139/ssrn.3314308.

82 Truckerman19, "LOG BOOK," SCS Software message board, SCS Software, September 11, 2018, https://forum.scssoft.com/viewtopic.php?t=260120.

83 Rookie-31st, "Electronic Logging Device," American Truck Simulator General Discussions, American Truck Simulator, STEAM, Valve Corporation, June 11, 2018, https:// steamcommunity.com/app/270880/discussions/0/1697175413687762277/?ctp=2.

84 "Convert Audio & Video to Text," Rev, accessed November 28, 2021, www.rev.com; "Clickworker," Clickworker, accessed November 28, 2021, www.clickworker.com; "99designs," 99designs by Vista, accessed November 28, 2021, https://99designs.co.uk; "User-Testing: The Human Insight Platform," UserTesting, accessed November 28, 2021, www.usertesting.com.

85 Tom Simonite, "Newly Unemployed, and Labeling Photos for Pennies," *Wired*, April 23, 2020, www.wired.com/story/newly-unemployed-labeling-photos-pennies.

86 "Amazon.com Announces Second Quarter Results," Amazon, July 29, 2021, https:// ir.aboutamazon.com/news-release/news-release-details/2021/Amazon.com-Announces-Second-Quarter-Results-2dcdc6a32/default.aspx.

87 Peter Reinhardt, "Replacing Middle Management with APIs," Peter Reinhardt, February 3, 2015, https://rein.pk/replacing-middle-management-with-apis.

88 Spencer Soper, "Fired by Bot at Amazon: 'It's You Against the Machine,'" *Bloomberg*, June 28, 2021, www.bloomberg.com/news/features/2021-06-28/fired-by-bot-amazon-turns-to-machine-managers-and-workers-are-losing-out.

89 "Time Tracking Recipe: Leaderboards, Time Logs, Top Customers (Insights Only)," Zendesk Support help, Zendesk, updated October 28, 2021, web.archive.org/web/20210226022350/https://support.zendesk.com/hc/en-us/articles/203664256-Time-Tracking-recipe-Leaderboards-time-logs-top-customers-Insights-only-; Anton de Young, "About CSAT (Customer Satisfaction) Ratings in Zendesk Support," Zendesk Support help, Zendesk, updated October 2021, https://support.zendesk.com/hc/en-us/articles/203662256-About-CSAT-Customer-Satisfaction-ratings-in-Zendesk-Support.

90 Gregory Ciotti, "Gamification & Customer Loyalty: The Good, the Bad, and the Ugly," Help Scout, May 1, 2013, web.archive.org/web/20191026114547/https://www.helpscout.com/blog/gamification-loyalty.

91 "Zendesk Support Suite Reviews 2021," G2, accessed November 28, 2021, www.g2.com/products/zendesk-support-suite/reviews; Christoph Auer-Welsbach, "How Gamification Is Leveling Up Customer Service," *Zendesk Blog*, Zendesk, updated September 21, 2021, www.zendesk.com/blog/gamification-leveling-up-customer-service.

92 "Helpdesk Gamification," Freshdesk, Freshworks, accessed November 28, 2021, https://freshdesk.com/scaling-support/gamification-support-help-desk.

93 @asangha, "The Dystopian World of Software Engineering Interviews," Hacker News, February 15, 2020, https://news.ycombinator.com/item?id=22331804; Jared Nelsen, "The Horrifically Dystopian World of Software Engineering Interviews," *Blog by Jared Nelsen*, February 15, 2020, https://web.archive.org/web/20211123161943/https:// www.jarednelsen.dev/posts/The-horrifically-dystopian-world-of-software-engineering-interviews.

94 "Frequently Asked Questions During the Test," HackerRank, updated July 2021, https://support.hackerrank.com/hc/en-us/articles/1500008063521-Frequently-Asked-Questions-During-the-Test-.

95 "What Does Crossover Do?" Crossover, Medium, January 4, 2018, https://web.archive.org/web/20180128050212/https://medium.com/the-crossover-cast/what-does-crossover-do-98d91d-d26a71.

96 Josh Dzieza, "How Hard Will the Robots Make Us Work?"

97 Margi Murphy, "Productivity Police: Bosses Can Sneakily Take Screenshots of Your PC—and YOU—Every 10 Minutes to See How Hard You're Working," *The Sun*, updated May 6, 2017, www.thesun.co.uk/tech/3488459/bosses-can-sneakily-take-screenshots-of-your-pc-and-you-every-10-minutes-to-see-how-hard-youre-working.

98 Allyson Barr, "Synopsis: Skills Assessments Are Transforming the Job Interview— and Everything After," pymetrics, February 3, 2020, www.pymetrics.ai/pygest/synopsis-a-i-is-transforming-the-job-interview-and-everything-after.

99 David Markovits, "How McKinsey Destroyed the Middle Class," *Atlantic*, February 3, 2020, www.theatlantic.com/ideas/archive/2020/02/how-mckinsey-destroyed-middle-class/605878.

100 Lawrence Mishel and Julia Wolfe, "CEO Compensation Has Grown 940% since 1978," Economic Policy Institute, August 14, 2019, www.epi.org/publication/ceo-compensation-2018.

101 "In the Eternal Inferno, Fiends Torment Ronald Coase with the Fate of His Ideas," *Yorkshire Ranter*, January 31, 2018, www.harrowell.org.uk/blog/2018/01/31/in-the-eternal-inferno-fiends-torment-ronald-coase-with-the-fate-of-his-ideas.

102 Ronald H. Coase, "The Nature of the Firm," *Economica* 4, no. 16 (November 1937): 386–405, https://doi.org/10.1111/j.1468-0335.1937.tb00002.x.

103 Blake Droesch, "Amazon Dominates US Ecommerce, Though Its Market Share Varies by Category," Insider Intelligence, eMarketer, April 27, 2021, www.emarketer.com/content/amazon-dominates-us-ecommerce-though-its-market-share-varies-by-category; Todd W. Schneider, "Taxi and Ridehailing Usage in New York City," Todd W. Schneider, accessed November 28, 2021, https://toddwschneider.com/dashboards/nyc-taxi-ridehailing-uber-lyft-data; "Edinburgh," Inside Airbnb, accessed November 28, 2021, http://insideairbnb.com/edinburgh; Ken Symon, "Investment Leads to Surge in Scottish Hotel Room Numbers," insider.co.uk, updated October 3, 2019, www.insider.co.uk/news/investment-leads-surge-scottish-hotel-20389723.

104 Chris Isidore and Jon Sarlin, "Big Tech Is Way Too Big," *CNN Business*, updated December 17, 2018, https://edition.cnn.com/2018/12/17/tech/big-tech-too-big-tim-wu/index.html.

105 Matt Stoller, "What a Cheerleading Monopoly Says About the American Economy," *BIG by Matt Stoller*, published January 17, 2020, https://mattstoller.substack.com/p/what-a-cheerleading-monopoly-says.

106 "Ship It on Steam," STEAM, Valve Corporation, accessed November 28, 2021, https://store.steampowered.com/app/511700/Ship_It.

107 Dodge v. Ford Motor Co., 204 Mich. 459, 170 N.W. 668 (Mich. 1919), Casetext, accessed November 28, 2021, https://casetext.com/case/dodge-v-ford-motor-co.

108 "Where the World Builds Software," GitHub, accessed January 9, 2022, https:// github.com/about.

109 Lukas Moldon et al., "How Gamification Affects Software Developers: Cautionary Evidence from a Natural Experiment on GitHub," *ICSE 2021 Conference Proceedings* 1, (2021): 549–561, https://doi.ieeecomputersociety.org/10.1109/ICSE43902.2021.00058.

110 "Microsoft to Acquire GitHub for $7.5 Billion," *Microsoft News Center*, Microsoft, June 4, 2018, https://news.microsoft.com/2018/06/04/microsoft-to-acquire-github-for-7-5-billion.

CHAPTER 4——把事做好

1 There are plenty of people who love entering numbers into apps and spreadsheets and would be baffled by my fixation on seamless input and output interfaces, as shown by the existence of the quantified self movement and games like *Habitica*. There's clearly a market for unashamed generic gamification, especially when it's combined with task tracking and a social network. I just think that most people are much less patient and not willing to perform routine data entry.

2 "Seek 'n Spell Game Play," Retronyms, YouTube, video, 2:01, March 23, 2009, www.youtube.com/watch?v=vofSU97GWfA.

3 "CacheAndSeek (@CacheandSeek)," Twitter, accessed November 28, 2021, https:// twitter.com/CacheandSeek.

4 David Carnoy, "Palm m515 Review," *CNET*, September 22, 2002, www.cnet.com/reviews/palm-m515-p80809us-review.

5 Sean Fennessey and Amanda Dobbins, "The Movie of the Year Is Here: 'Boys State,'" The Ringer, Au-

gust 17, 2020, www.theringer.com/2020/8/17/21372227/the-movie-of-the-year-is-here-boys-state.
6 Clive Thompson, "The Minecraft Generation," *New York Times*, April 14, 2016, www.nytimes.com/2016/04/17/magazine/the-minecraft-generation.html.
7 "Gather | A better way to meet online," Gather, Gather Presence, accessed November 28, 2021, https://gather.town.
8 "Roguelike Celebration 2021 Was Held on October 17–18, 2021," Roguelike Celebration, accessed November 28, 2021, https://roguelike.club.
9 Em Lazer-Walker, "Using Game Design to Make Virtual Events More Social," DEV Community, updated November 20, 2020, https://dev.to/lazerwalker/using-game-design-to-make-virtual-events-more-social-24o.
10 "Skittish," Skittish, accessed November 28, 2021, https://skittish.com.
11 Taylor Hatmaker, "Skittish Is What You'd Get If You Crossed Animal Crossing with Clubhouse," *TechCrunch*, May 18, 2021, https://techcrunch.com/2021/05/18/skittish-andy-baio-virtual-events.

CHAPTER 5——遊戲的遊戲化

1 Jeremy Dunham, "*Rocket League* Out Today, Free for PS Plus Members," *PlayStation.Blog*, PlayStation, Sony Interactive Entertainment, July 7, 2015, https://blog.playstation.com/2015/07/07/rocket-league-out-today-free-for-ps-plus-members.
2 Kyle Orland, "After Epic Purchase, Psyonix Removes Random Loot Boxes from *Rocket League*," *Ars Technica*, Condé Nast, August 7, 2019, https://arstechnica.com/gaming/2019/08/after-epic-purchase-psyonix-removes-random-loot-boxes-from-rocket-league.
3 Alex Wiltshire, "Behind the Addictive Psychology and Seductive Art of Loot Boxes," *PC Gamer*, September 28, 2017, www.pcgamer.com/behind-the-addictive-psychology-and-seductive-art-of-loot-boxes.
4 "GambleAware Publishes New Gaming and Gambling Research," BeGambleAware, April 2, 2021, www.begambleaware.org/news/gambleaware-publishes-new-gaming-and-gambling-research.
5 "Crates Leaving *Rocket League* Later This Year," Rocket League, Psyonix, August 6, 2019, www.rocketleague.com/news/crates-leaving-rocket-league-later-this-year; Matt Wales, "Epic Settles Fortnite and Rocket League Loot Box Lawsuit," *Eurogamer*, updated February 22, 2021, www.eurogamer.net/articles/2021-02-22-epic-settles-fortnite-and-rocket-league-loot-box-lawsuit.
6 "Origin of Achievements," Arqade, Stack Exchange, updated August 4, 2014, https:// gaming.stackexchange.com/questions/179069/origin-of-achievements.
7 Gabe Gurwin, "Here's Everything You Need to Know About Xbox Achievements," DigitalTrends, March 15, 2021, www.digitaltrends.com/gaming/xbox-achievements-everything-you-need-to-know.
8 Mikael Jakobsson, "The Achievement Machine: Understanding Xbox 360 Achievements in Gaming Practices," *Game Studies* 11, no. 1 (February 2011), http://gamestudies.org/1101/articles/jakobsson.
9 Paul Hyman, "Microsoft Has Gamers Playing for Points," *Hollywood Reporter*, January 4, 2007, www.hollywoodreporter.com/business/business-news microsoft-has-gamers-playing-points-127167.
10 Eric Lempel, "Firmware (v.2.40) Walkthrough Part 2: Trophies," *PlayStation.Blog*, PlayStation, Sony Interactive Entertainment, June 30, 2008, https://blog.playstation.com/2008/06/30/firmware-v240-walkthrough-part-2-trophies; Jason Snell and Jonathan Seff, "Live Update: Apple Music Event," *Macworld*, September 1, 2010, www.macworld.com/article/207399/liveupdate-31.html.
11 Mikael Jakobsson, "The Achievement Machine: Understanding Xbox 360 Achievements in Gaming Practices."

12 Ryan King, "Meet the Man with 1,200 Platinum Trophies," *Eurogamer*, updated May 4, 2017, www.eurogamer.net/articles/2017-05-04-meet-the-man-with-1200-platinum-trophies; GayGamer.net podcast, episode 16, February 6, 2008, quoted in Mikael Jakobsson, "The Achievement Machine: Understanding Xbox 360 Achievements in Gaming Practices," *Gaming Studies* 11, no. 11 (February 2011), http://gamestudies.org/1101/articles/jakobsson.

13 "Yaris for Xbox 360 Reviews," Metacritic, Red Ventures, accessed November 28, 2021, www.metacritic.com/game/xbox-360/yaris; "Yaris," GameSpot, accessed November 28, 2021, www.gamespot.com/games/yaris.

14 Mary Jane Irwin, "Unlocking Achievements: Rewarding Skill with Player Incentives," Gamasutra, April 1, 2009, www.gamasutra.com/view/feature/3976/unlocking_achievements_rewarding_.php.

15 Mary Jane Irwin, "Unlocking Achievements: Rewarding Skill with Player Incentives."

16 Aaron Souppouris, "Steam Trading Cards Reward In-Game Achievements with Game Coupons and DLC," *The Verge*, Vox Media, May 16, 2013, www.theverge.com/2013/5/16/4336096/steam-trading-cards-game-badge-rewards-scheme.

17 Allegra Frank, "Valve Removes Nearly 200 Cheap, 'Fake' Games from Steam (update)," *Polygon*, updated September 26, 2017, www.polygon.com/2017/9/26/16368178/steam-shovelware-removed-asset-flipping.

18 John Cooney, "Achievement Unlocked (2008)," John Cooney, accessed November 28, 2021, www.jmtb02.com/achievementunlocked.

19 Kyle Hilliard, "Activision Badges—The Original Gaming Achievement," *Game Informer*, October 26, 2013, www.gameinformer.com/b/features/archive/2013/10/2 6/activision-badges-the-original-gaming-achievement.aspx.

20 u/jasonpressX, "The Unity map gives me mini panic attacks every time I look at it," r/assassinscreed, Reddit, November 15, 2014, www.reddit.com/r/assassinscreed/comments/2mdae2/the_unity_map_gives_me_mini_panic_attacks_every.

21 "Too much grinding in this game," GameFAQs, GameSpot, Red Ventures, January 3, 2015, https://gamefaqs.gamespot.com/boards/772633-assassins-creed-unity/70945009.

22 Charlie Brooker, "Charlie Brooker in Conversation with Adam Curtis," *VICE*, February 11, 2021, www.vice.com/en/article/4ad8db/adam-curtis-charlie-brooker-cant-get-you-out-of-my-head.

23 If you take into account inflation, 2020 games still cost less than those in the '80s and '90s.

24 Vikki Blake, "Assassin's Creed Fans Hit Out at Valhalla's 'Extremely Overpriced' Microtransactions," *Eurogamer*, updated February 7, 2021, www.eurogamer.net/articles/2021-02-07-assassins-creed-fans-hit-out-at-valhallas-extremely-overpriced-microtrans actions.

25 Ben Kuchera, "Assassin's Creed Odyssey Has a Huge Grinding and Microtransaction Problem," *Polygon*, updated October 3, 2018, www.polygon.com/2018/10/3/17931920/assassins-creed-odyssey-level-grinding-microtransaction-problem.

26 Tom Senior and Samuel Roberts, "Assassin's Creed Odyssey's $10 XP Boost Leaves a Bit of a Sour Taste," *PC Gamer*, October 9, 2018, www.pcgamer.com/assassins-creed-odysseys-dollar10-xp-boost-leaves-a-bit-of-a-sour-taste.

27 Epic Games, Inc., v. Apple Inc., No. 4:20-cv-05640-YG, Northern District of California, United States District Court, September 10, 2021, https://cand.uscourts.gov/wp-content/uploads/cases-of-interest/epic-games-v-apple/Epic-v.-Apple-20-cv-05640-YGR-Dkt-812-Order.pdf.

28 u/OreoBA, July 22, 2016, comment on u/Player13, "Whales make up approx. 0.19% of a game's playerbase, and generate almost half of a game's revenue," Reddit, July 22, 2016, www.reddit.com/r/

ClashRoyale/comments/4u2syi/whales_make_up_approx_019_of_a_games_playerbase/d5mooax.

29 "Chad Kihm's Story," Gamer Speak, accessed November 28, 2021, www.gamer speak.io/story.

30 "Season 8—Cubed Battle Pass," *Fortnite*, Epic Games, accessed November 28, 2021, www.epicgames.com/fortnite/en-US/battle-pass/cubed.

31 Jordan Mallory, "5 Things I Learned Grinding the *Fortnite* Battle Pass," Fanbyte, February 23, 2019, www.fanbyte.com/lists/5-things-i-learned-grinding-the-fortnite-battle-pass.

32 Patricia Hernandez, "*Fortnite* Fans Say Chapter 2 Is a Huge Grind," *Polygon*, October 18, 2019, www.polygon.com/2019/10/18/20921246/fortnite-chapter-2-battle-pass-challenges-xp-epic-games-grind.

33 "Inside Infinite—September 2021," *News*, Halo Waypoint, 343 Industries, September 2021, www.halowaypoint.com/en-us/news/inside-infinite-september-2021.

34 Mitchell Clark, "*Fortnite* Made More Than $9 Billion in Revenue in Its First Two Years," *The Verge*, Vox Media, updated May 3, 2021, www.theverge.com/2021/5/3/22417447/fortnite-revenue-9-billion-epic-games-apple-antitrust-case.

35 Gene Park, "I Spent $130 in 'Genshin Impact.' If You Might Do This, Maybe Don't Play It." *Washington Post*, October 6, 2020, www.washingtonpost.com/video-games/2020/10/06/genshin-impact-gambling.

36 Elijah Tredup, "Loot Boxes and the Question of Gambling," *Nevada Gaming Lawyer*, (September 2019): 58–62, www.nvbar.org/wp-content/uploads/13-Loot-Boxes.pdf.

37 "Country's Top Mental Health Nurse Warns Video Games Pushing Young People into 'Under the Radar' Gambling," *News*, National Health Service, January 18, 2020, www.england.nhs.uk/2020/01/countrys-top-mental-health-nurse-warns-video-games-pushing-young-people-into-under-the-radar-gambling.

38 "Over 1 in 10 Young Gamers Get into Debt by Buying Loot Boxes," Royal Society for Public Health, December 23, 2020, www.rsph.org.uk/about-us/news/over-1-in-10-young-gamers-get-into-debt-because-of-loot-boxes.html.

39 BeGambleAware, "GambleAware Publishes New Gaming and Gambling Research."

40 "How Microtransactions Prey on Disabled Gamers—Access-Ability," LauraKBuzz, YouTube, video, 11:56, March 12, 2021, www.youtube.com/watch?v=34GF-NdIX4E.

41 Jack Kenmare, "The Mind-Blowing Figures Behind EA Sports' Net Revenue from Ultimate Team," *Sport Bible*, updated May 26, 2020, www.sportbible.com/football/gaming-news-the-figures-behind-ea-sports-net-revenue-from-ultimate-team-20200521; Erica Johnson and Kimberly Ivany, "Video Game Giant EA Steering Players into Loot-Box Option in Popular Soccer Game, Insider Says," *CBC News*, updated April 26, 2021, www.cbc.ca/news/gopublic/fifa21-loot-boxes-electronic-arts-1.5996912.

42 Brendan Sinclair, "EA Fined €10M over Loot Boxes as Dutch Court Sides with Gambling Authority," gamesindustry.biz, October 29, 2020, www.gamesindustry.biz/articles/2020-10-29-ea-fined-10m-over-loot-boxes-as-dutch-court-sides-with-gambling-authority; "Imposition of an Order Subject to a Penalty on Electronic Arts for FIFA Video Game," Netherlands Gambling Authority (Kansspelautoriteit), October 29, 2020, https:// kansspelautoriteit.nl/nieuws/2020/oktober/imposition-an-order.

43 Wesley Yin-Poole, "This Week, Parliament Gave a Squirming EA and Epic a Kicking," *Eurogamer*, updated on June 24, 2019, www.eurogamer.net/articles/2019-06-22-this-week-parliament-gave-a-squirming-ea-and-epic-a-kicking.

44 John Woodhouse, "Loot Boxes in Video Games," Research Briefing, House of Commons Library, UK Parliament, August 2, 2021, https://commonslibrary.parliament.uk/research-briefings/cbp-8498; Wesley Yin-Poole, "FIFA 22 Review: Morally Bankrupt Monetisation Lets the Side Down Once Again," *Eurogamer*, updated September 27, 2021, www.eurogamer.net/articles/2021-09-27-fifa-

22-review-morally-bankrupt-monetisation-lets-the-side-down-once-again; Rob Davies, "Campaigners Condemn Latest UK Move to Delay Overhaul of Gambling Laws," *Guardian*, December 12, 2021, www.theguardian.com/society/2021/dec/12/campaigners-condemn-latest-uk-move-to-delay-overhaul-of-gambling-laws.

45 Colin Campbell, "Chapter 5: Can a Computer Make You Cry? How Electronic Arts Lost Its Soul," *Polygon* (September 2019), https://www.polygon.com/a/how-ea-lost-its-soul/chapter-5.

46 "*Fortnite* Boss Says Game Loot Boxes 'Cause Harm,'" *BBC News*, February 14, 2020, www.bbc.co.uk/news/technology-51502592.

47 Connor Trinske, "FIFA Loot Boxes Aren't Gambling According to UK Commission," *Screen Rant*, July 23, 2019, https://screenrant.com/fifa-loot-boxes-gambling-uk-commission.

48 Cyrus Farivar, "Addicted to Losing: How Casino-Like Apps Have Drained People of Millions," *NBC News*, September 14, 2020, www.nbcnews.com/tech/tech-news/addicted-losing-how-casino-apps-have-drained-people-millions-n1239604.

49 "What Is the VIP Rewards Program?" VIP FAQ, Big Fish, updated November 22, 2021, www.bigfishgames.com/game/jackpotmagicslots/help/articles/115000134954-What-is-the-VIP-Rewards-Program-; "PBS NewsHour 'Reveal': How Social Casinos Leverage Facebook User Data to Target Vulnerable Gamers," *PBS NewsHour*, video, 10:16, www.pbs.org/newshour/show/how-social-casinos-leverage-facebook-user-data-to-target-vulnerable-gamblers; "What Are Club Tournaments?" Big Fish, updated August 2021, www.bigfishgames.com/game/big-fish-casino/help/articles/115002289968-What-are-Club-Tournaments-.

50 Cheryl Kater v. Churchill Downs Incorporated, No. 16-35010, United States Court of Appeals for the Ninth Circuit, March 28, 2018, http://cdn.ca9.uscourts.gov/datastore/opinions/2018/03/28/16-35010.pdf.

51 Cheryl Kater and Suzie Kelly v. Churchill Downs Incorporated and Big Fish Games Inc.,: Order granting approval of class action settlement; Manasa Thimmegowda v. Big Fish Games, Inc., Aristocrat Technologies, Inc., Aristocrat Leisure Limited, and Churchill Downs Incorporated: Order granting approval of class action settlement, No. 15-cv-00612-RSL, Western District of Washington at Seattle, United States District Court, February 11, 2021, https://angeion-public.s3.amazonaws.com/www.BigFishGamesSettlement.com/docs/Order+Granting+Final+Approval+Of+Class+Action+Settlement.pdf.

52 Frédéric Dussault et al., "Transition from Playing with Simulated Gambling Games to Gambling with Real Money: A Longitudinal Study in Adolescence," *International Gambling Studies* 17, no. 3 (2017): 386–400, https://doi.org/10.1080/14459795.2017.1343366; Matthew Rockloff et al., "Mobile EGM Games: Evidence That Simulated Games Encourage Real-Money Gambling," *Journal of Gambling Studies* 36, (2020): 1253–1265, https:// doi.org/10.1007/s10899-019-09869-6.

53 Andrew Robertson, "PEGI Rating for Gambling Descriptor Is Now Always 18+," Ask AboutGames, Video Standards Council Rating Board, February 8, 2021, www.askaboutgames.com/news/pegi-rating-for-gambling-is-now-always-18.

54 "Celadon Game Corner," Bulbapedia, Bulbagarden, accessed November 28, 2021, https://bulbapedia.bulbagarden.net/wiki/Celadon_Game_Corner.

55 Adrian Parke and Jonathan Parke, "Transformation of Sports Betting into a Rapid and Continuous Gambling Activity: A Grounded Theoretical Investigation of Problem Sports Betting in Online Settings," *International Journal of Mental Health and Addiction* 17, (2019): 1340–1359, https://doi.org/10.1007/s11469-018-0049-8.

56 David Segal, "The Gambling Company That Had the Best Pandemic Ever," *New York Times*, updated April 1, 2021, www.nytimes.com/2021/03/26/business/bet365-gambling-sports-betting.html.

57 Ethan Levy, "Three Ways the NBA Top Shot Economy Could Collapse," Game Developer, April 12, 2021, www.gamasutra.com/blogs/EthanLevy/20210412/379292/Three_Ways_the_NBA_Top_Shot_Economy_Could_Collapse.php.

58 Joseph Kim, "The Compulsion Loop in Game Design Explained," Gamemakers, March 16, 2014, https://gamemakers.com/the-compulsion-loop-explained.

59 "BBC's Panorama—Videogame Addiction?—Part 2/2," YOUgotbeatbyagirl, YouTube, video, 15:03, December 6, 2010, www.youtube.com/watch?v=pE-5sm_Iqts.

60 "Hon Defends Panorama Claims," MCV / Develop, MCV, December 6, 2010, www.mcvuk.com/business-news/hon-defends-panorama-claims.

61 M. Schramm, "GDC 2010: Ngmoco's Neil Young on How Freemium Will Change the App Store World," *Engadget*, March 15, 2010, www.engadget.com/2010-03-15-gdc-2010-ngmocos-neil-young-on-how-freemium-will-change-the-ap.html; Ric Cowley, "What Do the Indie Mavens Think of Clash Royale? Have They Even Played It Yet?" Mobile Mavens, Pocket Gamer, March 16, 2016, www.pocketgamer.biz/mobile-mavens/62875/indie-mavens-on-clash-royale.

62 Jini Maxwell, "Sometimes Videogames Are Bad, and We Should Say It," *News*, Screen Hub, May 5, 2021, www.screenhub.com.au/news-article/opinions-and-analysis/digital/jini-maxwell/sometimes-videogames-are-bad-and-we-should-say-it-262493.

63 "IGEA Statement in Response to Four Corners Report—'Are You Being Played?,'" Interactive Games & Entertainment Association, accessed November 28, 2021, https:// igea.net/2021/05/igea-statement-in-response-to-four-corners-report-are-you-being-played.

64 Melos Han-Tani, "Treatmills, or, Hades, Roguelites, and Gacha Games," Melodic-Ambient 2, December 20, 2020, https://melodicambient.neocities.org/posts/2020-12-20-Treatmills,%20or,%20Hades,%20Roguelites,%20and%20Gacha%20Games.html.

65 Braxton Soderman, "Against Flow: Video Games and the Flowing Subject" (Cambridge, MA: MIT Press, 2021), 124.

66 "Topic: Why Doesn't Switch Have Achievements Yet?" Nintendo Switch, Forums, Nintendo Life, May 14, 2020, www.nintendolife.com/forums/nintendo-switch/why_doesnrt_switch_have_achievements_yet.

67 "Top Selling Title Sales Units: Nintendo Switch," Nintendo, updated September 30, 2021, www.nintendo.co.jp/ir/en/finance/software/index.html.

68 u/Pangotron, "Let's ruin Breath of the Wild with terrible trophy ideas," r/Nintendo Switch, Reddit, March 18, 2018, www.reddit.com/r/NintendoSwitch/comments/85k0wd/lets_ruin_breath_of_the_wild_with_terrible_trophy.

69 Julia Lee, "Animal Crossing: New Horizons Nook Mileage Rewards List," *Polygon*, November 8, 2021, www.polygon.com/animal-crossing-new-horizons-switch-acnh-guide/2020/3/20/21186746/nook-mileage-rewards-titles-list-tasks-miles-chart-table.

70 "Top Selling Title Sales Units: Nintendo Switch," Nintendo.

71 Sam Byford, "Super Nintendo World Is Sensory Overload," *The Verge*, Vox Media, March 19, 2021, www.theverge.com/22339582/super-nintendo-world-review-theme-park-japan.

72 Sarah Jaffe, "The Rise of One of the First Video Game Workers Unions," *Wired*, January 26, 2021, www.wired.com/story/first-video-game-workers-unions; Ash Parrish, "California Accuses Riot of Misleading Employees About Their Right to Speak Up," *The Verge*, Vox Media, August 16, 2021,

www.theverge.com/2021/8/16/22627796/riot-games-harassment-lawsuit-california; Michael Thomsen, "Why Is the Games Industry So Burdened with Crunch? It Starts with Labor Laws." *Washington Post*, March 24, 2021, www.washingtonpost.com/video-games/2021/03/24/crunch-laws.

73 Steve Peterson, "Ageism: The Issue Never Gets Old," gamesindustry.biz, April 4, 2018, www.gamesindustry.biz/articles/2018-04-04-ageism-in-games-the-issue-never-gets-old.

74 Taylor Lyles, "Cyberpunk 2077 Dev Breaks Promise, Will Force Employees to Work Six Days a Week," *The Verge*, Vox Media, September 29, 2020, www.theverge.com/2020/9/29/21494499/cyberpunk-2077-development-crunch-time-cd-projekt-red.

75 Jason Schreier, "CD Projekt Changes Developer Bonus Structure After Buggy Release," *Bloomberg*, December 11, 2020, www.bloomberg.com/news/articles/2020-12-11/cd-projekt-changes-developer-bonus-structure-after-buggy-release.

76 Charlie Hall, "Cyberpunk 2077 Has Involved Months of Crunch, Despite Past Promises," *Polygon*, December 4, 2020, www.polygon.com/2020/12/4/21575914/cyber punk-2077-release-crunch-labor-delays-cd-projekt-red; Patricia Hernandez, "Cyberpunk 2077's Digital Store Removal: Your Questions, Answered," *Polygon*, December 18, 2020, www.polygon.com/2020/12/18/22189082/cyberpunk-2077-delist-where-how-to-get-refund-update-patch-will-my-game-still-work-cd-projekt-red.

77 Jay Peters, "Cyberpunk 2077's Long-Struggling Developers Will See Their Bonuses After All," *The Verge*, Vox Media, December 11, 2020, www.theverge.com/2020/12/11/22170655/cyberpunk-2077-cd-projekt-red-developers-staff-bonuses-review-score.

CHAPTER 6——華麗的賄賂

1 Lewis Mumford, "Authoritarian and Democratic Technics," *Technology and Culture* 5, no. 1 (Winter 1964): 1–8, https://doi.org/10.2307/3101118.

2 Richard Wike and Shannon Schumacher, "3. Satisfaction with Democracy," Pew Research Center, February 27, 2020, www.pewresearch.org/global/2020/02/27/satisfaction-with-democracy.

3 "Permanent Suspension of @realDonaldTrump," *Twitter Blog*, Twitter, January 8, 2021, https://blog.twitter.com/en_us/topics/company/2020/suspension.

4 Shen Lu, "Kicked off Weibo? Here's What Happens Next," *Rest of World*, October 22, 2020, https://restofworld.org/2020/weibo-bombing; Ananya Bhattacharya, "India's Covid Crisis Is Out of Control—But the Modi Government Won't Let You Tweet About It," *Quartz India*, updated May 3, 2021, https://qz.com/india/2003124/india-censored-100-covid-19-posts-on-twitter-facebook-this-week.

5 "One Child Nation," Amazon Studios, directed by Nanfu Wang and Jialing Zhang, video, 1:28:00, 2019, www.amazon.com/One-Child-Nation-Nanfu-Wang/dp/B0875WTZX5.

6 Mark J. Nelson, "Soviet and American Precursors to the Gamification of Work," *MindTrek 2012* (October 2012): 23–26, https://doi.org/10.1145/2393132.2393138.

7 "Establishment of a Social Credit System," China Law Translate, April 27, 2015, www.chinalawtranslate.com/en/socialcreditsystem.

8 "A Chinese City Withdraws 'Civility Code' Following Online Criticism," GlobalVoices, September 13, 2020, https://globalvoices.org/2020/09/13/a-chinese-city-withdraws-civility-code-following-online-criticism.

9 "China's Most Advanced Big Brother Experiment is a Bureaucratic Mess," *Bloomberg*, June 18, 2019, www.bloomberg.com/news/features/2019-06-18/china-social-credit-rating-flaws-seen-in-suzhou-osmanthus-program.

10 "[Ten Miles of Integrity Construction Yiwu in Action] Top Ten Typical Cases of Joint Rewards

and Punishments in 2018 (Part 2)," Yiwu Credit Office, January 10, 2019, https://web.archive.org/web/20190626223724/https://ywcredit.yw.gov.cn/xydt/xydt_detail.html?p=1004.

11 Qian Sun, "Suzhou Introduced a New Social Scoring System, but It Was Too Orwellian, Even for China," Algorithm Watch, September 14, 2020, https://algorithmwatch.org/en/story/suzhou-china-social-score.

12 "A Chinese City Withdraws 'Civility Code' Following Online Criticism."

13 "Circular on Using SZ QR Code for Prevention and Control of COVID-19, and Procedures for Application," Xi'an Jiaotong-Liverpool University, accessed November 28, 2021, www.xjtlu.edu.cn/en/novel-coronavirus-pneumonia/government-notices/procedures-for-application-of-suzhou-health-code.

14 Qian Sun, "Suzhou Introduced a New Social Scoring System, but It Was Too Orwellian, Even for China."

15 "A Chinese City Withdraws 'Civility Code' Following Online Criticism."

16 Karen Chiu, "Suzhou City Takes a Page from China's Social Credit System with Civility Code That Rates Citizens' Behaviour Through a Smartphone App," Abacus, *South China Morning Post*, September 8, 2020, www.scmp.com/abacus/tech/article/3100516/suzhou-city-takes-page-chinas-social-credit-system-civility-code-rates.

17 "A Chinese City Withdraws 'Civility Code' Following Online Criticism."

18 Karen Chiu, "Suzhou City Takes a Page from China's Social Credit System with Civility Code That Rates Citizens' Behaviour Through a Smartphone App."

19 Sarah Dai, "Life as One of China's 13 Million 'Deadbeats' Means Slow Trains, Special Ring Tones," *South China Morning Post*, March 26, 2019, www.scmp.com/tech/apps-social/article/3003191/life-one-chinas-13-million-deadbeats-means-slow-trains-special.

20 He Huifeng, "China's Social Credit System Shows Its Teeth, Banning Millions from Taking Flights, Trains," *South China Morning Post*, February 18, 2019, www.scmp.com/economy/china-economy/article/2186606/chinas-social-credit-system-shows-its-teeth-banning-millions.

21 "Chinese Courts Blacklist over 14.5 Million Defaulters," *China Daily | Hong Kong*, July 11, 2019, www.chinadailyhk.com/articles/75/170/114/1562830329432.html.

22 Shazeda Ahmed, "The Messy Truth About Social Credit," *Logic Magazine* 7 (May 2019), https://logicmag.io/china/the-messy-truth-about-social-credit.

23 James T. Areddy, "China Creates Its Own Digital Currency, a First for Major Economy," *Wall Street Journal*, April 5, 2021, www.wsj.com/articles/china-creates-its-own-digital-currency-a-first-for-major-economy-11617634118.

24 China Law Translate, "Establishment of a Social Credit System."

25 Philip Ivanhoe, "How Confucius Loses Face in China's New Surveillance Regime," *Aeon*, January 17, 2020, https://aeon.co/ideas/how-confucius-loses-face-in-chinas-new-surveillance-regime.

26 Louise Matsakis, "How the West Got China's Social Credit System Wrong," *Wired*, July 29, 2019, www.wired.com/story/china-social-credit-score-system.

27 "Chapter 4: The List," *99% Invisible*, podcast, 31:21, December 11, 2020, https://99percentinvisible.org/episode/according-to-need-chapter-4-the-list/transcript.

28 Harvey Rosenfield and Laura Antonini, "Opinion: Data Isn't Just Being Collected from Your Phone. It's Being Used to Score You." *Washington Post*, July 31, 2020, www.washingtonpost.com/opinions/2020/07/31/data-isnt-just-being-collected-your-phone-its-being-used-score-you.

29 "Fair and Accurate Credit Transactions Act," Wikipedia, updated October 4, 2021, https://en.wikipedia.org/wiki/Fair_and_Accurate_Credit_Transactions_Act; Laura Gleason, "An Overview

of the Credit Score Disclosure Requirements for Risk-Based Pricing Notices," *Consumer Compliance Outlook* (Third Quarter 2011), https://consumer complianceoutlook.org/2011/third-quarter/overview-of-the-credit-score.

30 Josh Ye, "Chinese Propaganda Game *Homeland Dream* Is Disturbingly Addictive," Abacus, *South China Morning Post*, October 2, 2019, www.scmp.com/abacus/games/article/3031241/chinese-propaganda-game-homeland-dream-disturbingly-addictive.

31 Zheping Huang, "Tencent Helps Communist Party Pay Homage to the China Dream," *Bloomberg*, August 6, 2019, www.bloomberg.com/news/articles/2019-08-06/tencent-helps-communist-party-pay-homage-to-the-china-dream.

32 Josh Ye, "Chinese Propaganda Game *Homeland Dream* Is Disturbingly Addictive."

33 Chris Buckley, "China Tightens Limits for Young Online Gamers and Bans School Night Play," *New York Times*, updated October 1, 2021, www.nytimes.com/2021/08/30/business/media/china-online-games.html.

34 Philip Spence, "How to Cheat at Xi Jinping Thought," *Foreign Policy*, March 6, 2019, https://foreignpolicy.com/2019/03/06/how-to-cheat-at-xi-jinping-thought.

35 Javier C. Hernández, "The Hottest App in China Teaches Citizens About Their Leader—and, Yes, There's a Test," *New York Times*, April 7, 2019, www.nytimes.com/2019/04/07/world/asia/china-xi-jinping-study-the-great-nation-app.html.

36 "Learn How to Earn Learning Points by Learning Qian gguo APP," Baidu, January 25, 2019, https://jingyan.baidu.com/article/9f63fb91429806c8400f0ef7.html.

37 Josh Ye, "New Video Game Approvals Dry Up in China as Internal Memo Shows That Developers Now Have Many Red Lines to Avoid," *South China Morning Post*, September 29, 2021, www.scmp.com/tech/policy/article/3150622/new-game-approvals-dry-china-internal-memo-shows-developers-now-have.

38 David I. Waddington, "A Parallel World for the World Bank: A Case Study of *Urgent: Evoke*, an Educational Alternate Reality Game," *International Journal of Technologies in Higher Education* 10, no. 3 (2013): 42–56, https://doi.org/10.7202/1035578ar.

39 Allison Kaplan Summer, "Israeli-Sponsored App Tries to Manipulate Google in Fight Against BDS," *Haaretz*, January 9, 2018, www.haaretz.com/israel-news/.premium-israeli-sponsored-app-tries-to-manipulate-google-in-fight-against-bds-1.5729933; Josh Nathan-Kazis, "Shadowy Israeli App Turns American Jews into Foot Soldiers in Online War," *Forward*, November 30, 2017, https://forward.com/news/388259/shadowy-israeli-app-turns-american-jews-into-foot-soldiers-in-online-war.

40 Daniel Lark, "Call of Duty," *Jewish Currents*, August 10, 2020, https://jewish currents.org/call-of-duty.

41 "Act-IL," Google Play, updated February 23, 2021, https://play.google.com/store/apps/details?id=com.actil.android.app; Aaron Bandler, "How Act.IL Mobilized Community Against Ending Haifa Program at Pitzer," *Jewish Journal*, April 15, 2019, https:// jewishjournal.com/los_angeles/296953/how-act-il-mobilized-community-against-ending-haifa-program-at-pitzer.

42 "*Special Force* (2003 video game)," Wikipedia, updated April 19, 2020, https:// en.wikipedia.org/wiki/Special_Force_(2003_video_game).

43 "Sardar Naqdi: We Hope to Take Back This Occupied Khorramshahr Cyberspace from the Enemy / One of the Needs of the Country Is the Development of Prayer Software," Khabar Online, accessed November 28, 2021, https://www.khabaronline.ir/news /1435542/.

44 "Soldier's Creed," America's Army, US Army, accessed November 28, 2021, https:// creed.americasarmy.com.

45 "America's Army Background," America's Army, Defense Advisory Committee on Women in the Services, United States Department of Defense, accessed November 28, 2021, https://dacowits.defense.gov/Portals/48/Documents/General%20Documents/RFI%20 Docs/Dec2018/USA%20RFI%20 3%20Attachment.pdf?ver=2018-12-08-000554-463.

46 Brendan Sinclair, "America's Army Bill: $32.8 Million," GameSpot, December 9, 2009, www.gamespot.com/articles/americas-army-bill-328-million/1100-6242635.

47 "Your Tax Dollars at Play," Game Over, *CNN Money*, June 3, 2002, https://money.cnn.com/2002/05/31/commentary/game_over/column_gaming/.

48 Katie Lange, "How & Why the DOD Works with Hollywood," Inside DOD, US Department of Defense, February 28, 2018, www.defense.gov/Explore/Inside-DOD/Blog/Article/2062735/how-why-the-dod-works-with-hollywood; "January 29, 2007: Edwards Airmen and Equipment Go to Mojave to Support TV Series '24' Filming," Air Force Test Center, United States Air Force, January 29, 2021, www.aftc.af.mil/News/On-This-Day-in-Test-History/Article-Display-Test-History/Article/2459722/january-29-2007-edwards-airmen-and-equipment-go-to-mojave-to-support-tv-series; "Intro," Department of the Air Force Entertainment Liaison Office, Air Force Office of Public Affairs Entertainment Liaison, United States Air Force, accessed November 28, 2021, www.airforcehollywood.af.mil/Intro.

49 Keith Stuart, "Call of Duty: Advanced Warfare: 'We Worked with a Pentagon Adviser,'" *Guardian*, August 28, 2014, www.theguardian.com/technology/2014/aug/28/call-of-duty-advanced-warfare-pentagon-adviser.

50 Charlie Hall, "Six Days in Fallujah 'Not Trying to Make a Political Commentary,' Creator Says," *Polygon*, February 15, 2021, www.polygon.com/2021/2/15/22279600/six-days-in-fallujah-interview-iraq-war-politics.

51 "FAQ," Six Days in Fallujah, accessed November 28, 2021, www.sixdays.com/faq.

52 Jordan Uhl, "The US Military Is Using Online Gaming to Recruit Teens," *The Nation*, July 15, 2020, www.thenation.com/article/culture/military-recruitment-twitch.

53 "Department of Defense Appropriations Act, 20221; Congressional Record Vol. 166, No. 135 (House of Representatives—July 30, 2020)," Congressional Record, Congress. gov, accessed November 28, 2021, www.congress.gov/congressional-record/2020/07/30/house-section/article/H3994-4.

54 "INFORMATION PAPER, Subj: USMC RESPONSE TO DACOWITS' RFIS FOR MARCH 2020—RFI #1 AND RFI #3," Defense Advisory Committee on Women in the Services, United States Department of Defense, January 27, 2020, https://dacowits.defense.gov/Portals/48/Documents/General%20 Documents/RFI%20Docs/March2020/USMC%20RFI%203.PDF?ver=2020-03-01-113032-640.

55 Hope Hodge Seck, "As Military Recruiters Embrace Esports, Marine Corps Says It Won't Turn War into a Game," Military.com, May 12, 2020, www.military.com/daily-news/2020/05/12/military-recruiters-embrace-esports-marine-corps-says-it-wont-turn-war-game.html.

56 Noah Smith and Leore Dayan, "A New Israeli Tank Features Xbox Controllers, AI Honed by 'StarCraft II' and 'Doom,'" *Washington Post*, July 28, 2020, www.washington post.com/video-games/2020/07/28/new-israeli-tank-features-xbox-controllers-ai-honed-by-starcraft-ii-doom.

57 "Bohemia Interactive Simulations," *Australian Defence Magazine*, accessed November 28, 2021, www.australiandefence.com.au/guide/bohemia-interactive-simulations; "Company," Bohemia Interactive Simulations, accessed November 28, 2021, https://bisimulations.com/company; "VBS Blue IG," Bohemia Interactive Simulations, accessed November 28, 2021, https://bisimulations.com/products/vbs-blue-ig.

58 "From Flashpoint to Arma—10 Years Later," Bohemia Interactive, June 21, 2011, www.bohemia.net/

blog/from-flashpoint-to-arma.

59 "Games for Training," Bohemia Interactive Simulations, accessed November 28, 2021, https://bi-simulations.com/company/customer-showcase/games-training.

60 "DARWARS," Wikipedia, updated August 1, 2020, https://en.wikipedia.org/wiki/DARWARS.

61 John C. Tang et al., "Reflecting on the DARPA Red Balloon Challenge," *Communications of the ACM* 54, no. 4 (April 2011): 78–85, https://doi.org/10.1145/1924421.1924441.

62 Noah Shachtman, "This Pentagon Project Makes Cyberwar as Easy as *Angry Birds*," *Wired*, May 28, 2013, www.wired.com/2013/05/pentagon-cyberwar-angry-birds.

63 Zachary Fryer-Biggs, "Twilight of the Human Hacker," Center for Public Integrity, September 13, 2020, https://publicintegrity.org/national-security/future-of-warfare/scary-fast/twilight-of-the-human-hacker-cyberwarfare.

64 "Gamifying the Search for Strategic Surprise," Defense Advanced Research Projects Agency, November 30, 2016, www.darpa.mil/news-events/2016-11-30.

65 Charlie Osborne, "DARPA Calls for Video Games to Train Military Strategists," ZDNet, April 18, 2017, www.zdnet.com/article/darpa-calls-for-video-games-to-train-military-strategists.

66 John Pimlott and Ian F. W. Beckett, *Counter Insurgency: Lessons from History* (Barnsley, United Kingdom: Pen & Sword Books, 2011), 94–95.

67 Jill Lepore, "Armies of the Night," chap. 10 in *If Then: How the Simulmatics Corporation Invented the Future* (New York: Liveright, 2020).

68 Alexis C. Madrigal, "The Computer That Predicted the U.S. Would Win the Vietnam War," *Atlantic*, October 5, 2017, www.theatlantic.com/technology/archive/2017/10/the-computer-that-predicted-the-us-would-win-the-vietnam-war/542046.

69 Patrick Klepek, "Unity Workers Question Company Ethics as It Expands from Video Games to War," *VICE*, August 23, 2021, www.vice.com/en/article/y3d4jy/unity-workers-question-company-ethics-as-it-expands-from-video-games-to-war.

70 Jennifer McArdle and Caitlin Dohrman, "The Next SIMNET? Unlocking the Future of Military Readiness Through Synthetic Environments," War on the Rocks, December 3, 2020, https://warontherocks.com/2020/12/the-next-simnet-unlocking-the-future-of-military-readiness-through-synthetic-environments.

71 Helen Warrell, "Covid-19 Crisis Accelerates UK Military's Push into Virtual War Gaming," *Financial Times*, August 19, 2020, www.ft.com/content/ab767ccf-650e-4afb-9f72-2cc84efa0708.

72 David Von Drehle, "Obama's Youth Vote Triumph," *Time*, Friday, January 4, 2008, http://content.time.com/time/politics/article/0,8599,1700525,00.html.

73 Ryan Lizza, "Battle Plans," *New Yorker*, November 8, 2008, www.newyorker.com/magazine/2008/11/17/battle-plans.

74 Ben Smith, "Largest Phone Bank Ever," Ben Smith Blog, *Politico*, December 9, 2007, www.politico.com/blogs/ben-smith/2007/12/largest-phone-bank-ever-004556.

75 "More than 75,000 Pack Stadium to Hear Obama," *CNN Politics*, August 28, 2008, www.cnn.com/2008/POLITICS/08/28/invesco.color/index.html; "Obama Vows to Deliver a Better Future for America," *Independent*, August 29, 2008, www.independent.co.uk/news/world/americas/obama-vows-to-deliver-a-better-future-for-america-912517.html.

76 Adrian Hon, "Can a Game Save the World?" MSSV, March 9, 2010, https://mssv.net/2010/03/09/can-a-game-save-the-world.

77 "Engagement and Participation," Pew Research Center, September 15, 2008, www.journalism.

org/2008/09/15/engagement-and-participation-2.

78 Gene Koo, "My.BarackObama.com—2008 Game of the Year," Anderkoo, November 16, 2008, http://blogs.harvard.edu/anderkoo/2008/11/mybarackobama.com-2008-game-of-the-year.

79 Michael Luo, "Obama Hauls in Record $750 Million for Campaign," *New York Times*, December 4, 2008, www.nytimes.com/2008/12/05/us/politics/05donate.html.

80 Sam Frizell, "Hillary Clinton Launches Mobile Volunteering App," *Time*, July 24, 2016, https://time.com/4420987/hillary-clinton-mobile-volunteering-app.

81 Ananya Bhattacharya, "Hillary Clinton is Taking a Page from Kim Kardashian's Mobile App Playbook," *Quartz*, July 26, 2016, https://qz.com/741374/hillary-clinton-is-taking-a-page-from-kim-kardashians-mobile-app-playbook.

82 David Pierce, "Snap Puts Trump in the Corner," Protocol Source Code, *Protocol*, June 4, 2020, www.protocol.com/newsletters/sourcecode/snap-puts-trump-in-the-corner?rebelltitem=2#rebelltitem2.

83 Lobna Hassan and Juho Hamari, "Gameful Civic Engagement: A Review of the Literature on Gamification of E-Participation," *Government Information Quarterly* 37, no. 3 (July 2020), https://doi.org/10.1016/j.giq.2020.101461; John Gastil and Michael Broghammer, "Linking Theories of Motivation, Game Mechanics, and Deliberation to Design an Online System for Participatory Budgeting," *Political Studies* 69, no. 1 (2021): 7–25, https:// doi.org/10.1177/0032321719890815.

84 "Uniform Invoice Lottery," Wikipedia, updated August 25, 2021, https://en.wikipedia.org/wiki/Uniform_Invoice_lottery.

85 "Juntos Santiago," Juntos Santiago, accessed November 28, 2021, www.juntossantiago.cl; "Santiago Tackles Childhood Obesity with Gamification," Bloomberg Philanthropies, May 3, 2017, www.bloomberg.org/blog/santiago-tackles-childhood-obesity-gamification.

86 Elizabeth Oldfield, "National Lottery Is a Bad Deal for Poor," Theos Think Tank, August 11, 2011, www.theosthinktank.co.uk/comment/2009/07/27/national-lottery-is-a-bad-deal-for-poor.

87 "Where the Money Goes," National Lottery, accessed November 28, 2021, www.national-lottery.co.uk/life-changing/where-the-money-goes.

88 Grace M. Barnes et al., "Gambling on the Lottery: Sociodemographic Correlates Across the Lifespan," *Journal of Gambling Studies* 27, no. 4 (December 2011): 575–586, https://doi.org/10.1007/s10899-010-9228-7.

89 Leah Muncy, "It's Time to Get Rid of the Lottery," *The Outline*, July 31, 2019, https:// theoutline.com/post/7737/abolish-state-lotteries.

90 Xue Yujie, "Camera Above the Classroom," *Sixth Tone*, March 26, 2019, www.sixth tone.com/news/1003759/camera-above-the-classroom.

91 "Schools Using Facial Recognition System Sparks Privacy Concerns in China," GETChina Insights, September 9, 2019, https://edtechchina.medium.com/schools-using-facial-recognition-system-sparks-privacy-concerns-in-china-d4f706e5cfd0.

92 "ClassDojo Funding History," Owler, accessed November 28, 2021, www.owler.com/company/classdojo/funding; Carmel DeAmicis, "The Edtech Startup That's Shucking the Playbook by Acting Like a Consumer Company," Pando, March 12, 2014, web.archive.org/web/20191221150824/https://pando.com/2014/03/12/the-edtech-startup-thats-shucking-the-playbook-by-acting-like-a-consumer-company.

93 "About Us," ClassDojo, accessed November 28, 2021, www.classdojo.com/about.

94 Josh Seim (@JoshSeim), "I was beginning to think Foucault's writing on the 'disciplinary society' were becoming irrelevant. But then my niece started the 5th grade. Her teachers add and subtract

behavioral points in an app shared with her mom. Note that she lost a point for using the restroom today." Twitter, September 26, 2019, https://twitter.com/JoshSeim/status/1177402278895992834.

95 "Class Dojo Rewards," St. Julian's Primary School, accessed November 28, 2021, www.stjulianspri-mary.com/class-dojo-rewards.

96 "Who Knows What About Me?" Children's Commissioner, InternetMatters.org, November 2018, www.internetmatters.org/wp-content/uploads/2018/11/Childrens-commissioner-Who-Knows-What-About-Me-i-internet-matters.pdf.

97 "Community Reviews for ClassDojo," Common Sense Education, accessed November 28, 2021, www.commonsense.org/education/website/classdojo/teacher-reviews.

98 Azucena Barahona Mora, "Gamification for Classroom Management: An Implementation Using ClassDojo," *Sustainability* 12, no. 22 (2020), https://doi.org/10.3390/su12229371.

99 "Carol Dweck," Stanford Profiles, Stanford University, accessed November 28, 2021, https://profiles.stanford.edu/carol-dweck.

100 Pascale Elisabeth Eenkema van Dijk, "ClassDojo and PERTS Launch Growth Mindset Toolkit," *Stanford Daily*, February 17, 2016, www.stanforddaily.com/2016/02/17/classdojo-and-perts-launch-growth-mindset-toolkit.

101 Victoria F. Sisk et al., "To What Extent and Under Which Circumstances Are Growth Mind-Sets Important to Academic Achievement? Two Meta-Analyses," *Psychological Science* 29, no. 4 (April 2018): 549–571, https://doi.org/10.1177/0956797617739704; "Changing Mindsets (re-grant)," Education Endowment Fund, accessed November 28, 2021, https://educationendowmentfoundation.org.uk/projects-and-evaluation/project s/changing-mindset-2015.

102 Michael Scott Burger, "The Perception of the Effectiveness of ClassDojo in Middle School Classrooms: A Transcendental Phenomenological Study" (PhD diss., Liberty University, 2015), https://digitalcommons.liberty.edu/cgi/viewcontent.cgi?article=2110&context=doctoral.

103 Olivia Blazer, "ClassDojo Seems Great . . . But How Do I Begin?!" *ClassDojo Blog*, July 26, 2014, https://blog.classdojo.com/classdojo-seems-great-but-how-do-i-begin.

104 "Class Dojo: The Good, the Bad, and the Ugly," Association of American Educators, October 3, 2016, www.aaeteachers.org/index.php/blog/1679-class-dojo-the-good-the-bad-and-the-ugly.

105 Emine Saner, "ClassDojo: Do We Really Need an App That Could Make Classrooms Overly Competitive?" *Guardian*, April 30, 2018, https://discussion.theguardian.com/comment-perma-link/115307559.

106 Natasha Singer, "ClassDojo: A Tale of Two Classrooms," BITS: Business, Innovation, Technology, Society, *New York Times*, November 17, 2014, https://bits.blogs.nytimes.com/2014/11/17/classdojo-a-tale-of-two-classsrooms.

107 Ben Williamson, "Comments on ClassDojo Controversy," Code Acts in Education, May 1, 2018, https://codeactsineducation.wordpress.com/2018/05/01/comments-on-classdojo-controversy.

108 Ben Williamson, "Decoding ClassDojo: Psycho-Policy, Social-Emotional Learning and Persuasive Educational Technologies," *Learning, Media and Technology* 42, no. 4 (2017): 440–453, https://doi.org/10.1080/17439884.2017.1278020.

109 Jamie Manolev et al., "The Datafication of Discipline: ClassDojo Surveillance and a Performative Classroom Culture," *Learning, Media and Technology* 44, no. 1 (2019): 36–51, https://doi.org/10.1080/17439884.2018.1558237.

110 "Spotter," SpotterEDU, accessed November 28, 2021, https://spotteredu.com; "About—Degree Analytics," Degree Analytics, accessed November 28, 2021, https:// degreeanalytics.com; Drew

Harwell, "Colleges Are Turning Students' Phones into Surveillance Machines, Tracking the Locations of Hundreds of Thousands," *Washington Post*, December 24, 2019, www.washingtonpost.com/technology/2019/12/24/colleges-are-turning-students-phones-into-surveillance-machines-tracking-locations-hundreds-thousands.

111 Fadeke Adegbuyi, "Caught in the Study Web," Cybernaut, Every, May 24, 2021, https://every.to/cybernaut/caught-in-the-study-web.

112 "24/7 Study Room & Focus Room," Study Together, accessed November 28, 2021, www.studytogether.com; "You've been invited to join Study Together," Discord, accessed January 9, 2022, https://discord.com/invite/study.

113 "Study Together," Study Together, accessed November 28, 2021, https://app.study together.com/users/361185189910544397.

114 "Forest—Your Focus Motivation," App Store Preview, Apple, accessed November 28, 2021, https://apps.apple.com/us/app/forest-stay-focused/id866450515.

115 "Science Backed Tips to Boost Productivity for Students," Study Together, April 28, 2021, https://studytogether-official.medium.com/science-backed-tips-to-boost-productivity-for-students-68474f3935ee.

116 Fadeke Adegbuyi, "Caught in the Study Web."

117 "Tide Loyalty Points Appeal," Student Government Association, Division of Student Life, University of Alabama, accessed November 28, 2021, https://sga.sa.ua.edu/programs/tide-loyalty-points-appeal.

118 James Benedetto, "Alabama Athletics Unveils Tide Loyalty Points Program," *Crimson White*, September 7, 2019, https://cw.ua.edu/54080/sports/alabama-athletics-unveils-tide-loyalty-points-program.

119 "Class Dojo Plus," Class Dojo, accessed November 28, 2021, www.classdojo.com/en-gb/beyond-school.

120 "As Education Shifts Online, ClassDojo Serves 51 Million Students Worldwide, Announces Profitability and New 'Solo Capitalist' Funding," CISION PR Newswire, January 27, 2021, www.prnewswire.com/news-releases/as-education-shifts-online-classdojo-serves-51-million-students-worldwide-announces-profitability-and-new-solo-capitalist-funding-301216471.html.

121 Jiayun Feng, "China to Curb Facial Recognition Technology in Schools," Sup-China, September 6, 2019, https://supchina.com/2019/09/06/china-to-curb-facial-recognition-technology-in-schools.

122 "Building Back Better—Anne Longfield's Final Speech as Children's Commissioner," Children's Commissioner, February 17, 2021, www.childrenscommissioner.gov.uk/2021/02/17/building-back-better-reaching-englands-left-behind-children.

123 James Vincent, "The EU is Considering a Ban on AI for Mass Surveillance and Social Credit Scores," *The Verge*, Vox Media, April 14, 2021, www.theverge.com/2021/4/14/22383301/eu-ai-regulation-draft-leak-surveillance-social-credit; "Speech by Executive Vice-President Vestager at the Press Conference on Fostering a European Approach to Artificial Intelligence," European Commission, April 21, 2021, https://ec.europa.eu/commission/presscorner/detail/en/speech_21_1866.

CHAPTER 7 ——「我研究過了」

1 Elizabeth Weise, "Internet Provided Way to Pay Bills, Spread Message Before Suicide," *Seattle Times*, March 28, 1997, https://archive.seattletimes.com/archive/?date=19970328&slug=2531080.

2 Rebecca Heilweil, "How the 5G Coronavirus Conspiracy Theory Went from Fringe to Mainstream,"

Recode, *Vox*, Vox Media, April 24, 2020, www.vox.com/recode/2020/4/24/21231085/coronavirus-5g-conspiracy-theory-covid-facebook-you tube; Marianna Spring, "Wayfair: The False Conspiracy About a Furniture Firm and Child Trafficking," *BBC News*, July 15, 2020, www.bbc.com/news/world-5341 6247.

3 KiMi Robinson (@kimirobin), "I've seen no fewer than 6 Phoenix-area Instagram influencers post about the Wayfair conspiracy theory so far. The posts range from 'is this true?!' to 'I've done my research and concluded this is real,'" Twitter, July 11, 2020, https:// twitter.com/kimirobin/status/12820 80935916081153?s=20.

4 "A.I. Artificial Intelligence (2001): Full Cast & Crew," IMDb, accessed November 28, 2021, www.imdb.com/title/tt0212720/fullcredits/?ref_=tt_cl_sm.

5 "Strange A.I. Sites Online,'" Ain't It Cool News, April 11, 2001, http://legacy.aintitcool.com/node/8659.

6 Janet Kornblum, "The Intricate Plot Behind 'A.I.' Web Mystery," *USA Today*, updated June 28, 2001, http://usatoday30.usatoday.com/life/movies/2001-06-22-ai-plot.htm.

7 Adrian Hon, "The Guide X: A Tale of the A.I. Trail," Vavatch Orbital, updated September 2, 2001, https://web.archive.org/web/20170330225001/http://vavatch.co.uk/guide.

8 "Understanding QAnon's Connection to American Politics, Religion, and Media Consumption," Public Religion Research Institute, May 27, 2021, www.prri.org/research/qanon-conspiracy-american-politics-report.

9 "Perplex City," Wikipedia, updated August 23, 2021, https://en.wikipedia.org/wiki/Perplex_City.

10 "The Key to the Q-Web," Deep State Mapping Project, updated March 17, 2020, https://drive.google.com/file/d/1WDp6GXB7-RjlBNnna1_zQtapzniwlCTI/view.

11 Douglas Kellner, "Jean Beaudrillard," *Stanford Encyclopedia of Philosophy*, ed. Edward N. Zalta, Winter 2020 Edition, https://plato.stanford.edu/archives/win2020/entries/baudrillard.

12 Joshua Hale Fialkov (@JoshFialkov) in reply to @adrianhon, "As a former writer for the lonelygirl15 arg/show—you're exactly right. Our fans/viewers would build elaborate (and pretty neat) theories and stories around the stories we'd already put together and then merge them into our narrative, which would then engage them more-," Twitter, July 11, 2020, https://twitter.com/JoshFialkov/status/1282101189002158081; "lonelygirl15," Wikipedia, updated October 19, 2021, https://en.wikipedia.org/wiki/Lonelygirl15.

13 Anna Merlan, "The Conspiracy Singularity Has Arrived," *VICE News*, July 17, 2020, www.vice.com/en_us/article/v7gz53/the-conspiracy-singularity-has-arrived.

14 @typhoonjim, in reply to @Luthier122 and @adrianhon, "The thing is, though, ARGs are generally a great showcase for special talent that often goes unrecognized elsewhere. I have met so many wildly talented people wth weird knowledge through them," Twitter, July 10, 2020 (tweet now deleted), https://twitter.com/typhoonjim/status/128181 8574135459841?s=20.

15 Dan Hon (@hondanhon), "In a conversation with a friend (I'm checking to see if I can/they want to be tagged in!) they reminded me that you get all of the local fame aspects of ARGs as well. 'The first to solve' or the 'first to make the connection' that we saw way back in 2000," Twitter, July 10, 2020, https://twitter.com/hondanhon/status/1281694242805407744.

16 J. J. Abrams, "The Mystery Box," filmed March 2007 at TED2007, video, 17:49, www.ted.com/talks/j_j_abrams_the_mystery_box.

17 Michael Andersen (@mjandersen), "Time for a late-night, mini-Twitter rant because something's been floating around in my brain and I'm not going to be able to sleep until I can get it out." Twitter,

July 18, 2020, https://twitter.com/mjandersen/status/1284731670462173186.

18 "Epistemic Status," Urban Dictionary, updated January 12, 2019, www.urban dictionary.com/define.php?term=Epistemic%20Status.

19 "Front Page—SCP Foundation," SCP Foundation, accessed November 28, 2021, www.scp-wiki.net.

20 "Top Rated Pages," SCP Foundation, updated February 24, 2021, www.scp-wiki net/top-rated-pages.

21 "SCP-3993," SCP Foundation, updated September 11, 2020, www.scp-wiki.net/scp-3993.

22 Sam Jaffe Goldstein, "Interview with the Mapmaker," *End of the World Review*, July 13, 2020, https://endoftheworld.substack.com/p/interview-with-the-mapmaker.

23 Joe DeLessio, "New York's New Public Wi-Fi Kiosks Are Spying on You, Says Civil-Liberties Group," Intelligencer, *New York Magazine*, March 18, 2016, https://nymag.com/intelligencer/2016/03/nyclu-raises-linknyc-privacy-concerns.html; "Re: LinkNYC Privacy Policy," New York Civil Liberties Union, March 15, 2016, https://web.archive.org/web/20161203111623/http://www.nyclu.org/files/releases/city%20wifi%20letter.pdf.

24 Jake Offenhartz, "Why Is a Spooky, Slowed Down Mister Softee Jingle Blasting Through LinkNYC Kiosks?" *Gothamist*, updated May 24, 2018, https://gothamist.com/arts-entertainment/why-is-a-spooky-slowed-down-mister-softee-jingle-blasting-through-linknyc-kiosks.

25 David Pogue, "6 Billion Degrees of Separation," Pogue's Posts, *New York Times*, January 22, 2007, https://pogue.blogs.nytimes.com/2007/01/22/6-billion-degrees-of-separation/; "Find Satoshi," Find Satoshi, accessed November 28, 2021, https://findsatoshi.com.

26 "Satoshi Nakamoto," Wikipedia, updated November 28, 2021, https://en.wikipedia. org/wiki/Satoshi_Nakamoto.

27 u/th0may, "Found someone similar looking on a Japanese webpage," r/Find Satoshi, Reddit, December 26, 2020, www.reddit.com/r/FindSatoshi/comments/kktjhc/found_someone_similar_looking_on_japanese_webpage.

28 "Cicada 3301," Wikipedia, updated November 8, 2021, https://en.wikipedia.org/wiki/Cicada_3301.

29 "The Code for BBC Two," Six to Start, accessed November 28, 2021, www.sixtostart.com/the-code.

30 Patrick Di Justo, "The Cicada's Love Affair with Prime Numbers," *New Yorker*, May 13, 2013, www.newyorker.com/tech/annals-of-technology/the-cicadas-love-affair-with-prime-numbers.

31 "Cracking the Code of Cicada 3301 | Episode 2," Great Big Story, YouTube, video, 23:52, August 14, 2019, www.youtube.com/watch?v=Rx8pfheh6aI.

32 "Cracking the Code of Cicada 3301."

33 Mike Rothschild, "Who Is QAnon, the Internet's Most Mysterious Poster?" *Daily Dot*, updated May 21, 2021, www.dailydot.com/debug/who-is-q-anon.

34 "Barkun Cited in VICE Articles on Conspiracy Theories," Maxwell School of Citizenship and Public Affairs, Syracuse University, July 20, 2020, www.maxwell.syr.edu/news/stories/Barkun_cited_in_VICE_articles_on_conspiracy_theories.

35 "Managing Harmful Conspiracy Theories on YouTube," *YouTube Official Blog*, YouTube, October 15, 2020, https://blog.youtube/news-and-events/harmful-conspiracy-theories-youtube; Ben Collins and Brandy Zadrozny, "Twitter Bans 7,000 QAnon Accounts, Limits 150,000 Others as Part of Broad Crackdown," *NBC News*, updated July 21, 2020, www.nbcnews.com/tech/tech-news/twitter-bans-7-000-qanon-accounts-limits-150-000-others-n1234541; "An Update to How We Address Movements and Organizations Tied to Violence," Facebook, Meta, updated November 9, 2021, https://about.fb.com/news/2020/08/addressing-movements-and-organizations-tied-to-violence.

36 Will Bedingfield, "Deplatforming Works, But It's Not Enough," *Wired*, January 15, 2021, www.wired.

co.uk/article/deplatforming-parler-bans-qanon.

37 "The Numbers," Lostpedia, accessed November 28, 2021, https://lostpedia.fandom.com/wiki/The_Numbers.

38 Dan Hon (@hondanhon), "re the content generation problem for 'regular' ARGs I mentioned above. For every ARG I've been involved in and ones my friends have been involved in, communities always consume/complete/burn through content faster than you can make it, when you're doing a narrative-based game." Twitter, July 10, 2020, https:// twitter.com/hondanhon/status/1281695919805620224?s=20.

39 Chris Wade, "The Reddit Reckoning," *Slate*, April 15, 2014, https://slate.com/technology/2014/04/reddit-and-the-boston-marathon-bombings-how-the-site-reckoned-with-its-own-power.html.

40 Jay Caspian Kang, "Should Reddit Be Blamed for the Spreading of a Smear?" *New York Times Magazine*, July 25, 2013, www.nytimes.com/2013/07/28/magazine/should-reddit-be-blamed-for-the-spreading-of-a-smear.html.

41 "RBI: Reddit Bureau of Investigation," Reddit, accessed November 28, 2021, www reddit.com/r/RBI.

42 "Robinhood CEO Testimony Transcript GameStop Hearing February 18," Rev, February 18, 2021, www.rev.com/blog/transcripts/robinhood-ceo-testimony-transcript-gamestop-hearing-february-18.

43 Katherine Rosman, "How the Case of Gabrielle Petito Galvanized the Internet," *New York Times*, updated October 20, 2021, www.nytimes.com/2021/09/20/style/gabby-petito-case-tiktok-social-media.html; Sarah Sloat, "TikTok Has Created a West Elm Caleb Cinematic Universe," *Wired*, January 22, 2022, www.wired.com/story/tiktok-west-elm-caleb-cinematic-universe; Joseph Cox and Jason Koebler, "'FIND THIS FUCK:' Inside Citizen's Dangerous Effort to Cash In on Vigilantism," *VICE*, May 27, 2021, www.vice.com/en/article/y3dpyw/inside-crime-app-citizen-vigilante.

44 Laura E. Hall (@lauraehall) in reply to @lauraehall and @adrianhon, "There's also a general sense of, 'This should be solveable/findable/etc' that you see in lots of reddit communities for unsolved mysteries and so on. The feeling that all information is available online, that reality and truth must be captured/in evidence *somewhere*," Twitter, July 10, 2020, https://twitter.com/lauraehall/status/1281711706540871681?s=20.

45 Joshua Hale Fialkov (@JoshFialkov) in reply to @JoshFialkov and @adrianhon, "That brain power negatively focused on what they perceive as life and death (but is actually crassly manipulated paranoia) scares the living shit out of me." Twitter, July 11, 2020, https://twitter.com/JoshFialkov/status/1282103443931291648?s=20.

46 Fred Lewsey, "Cambridge Game 'Pre-Bunks' Coronavirus Conspiracies," University of Cambridge, accessed November 28, 2021, www.cam.ac.uk/stories/goviral; "Bad News," Bad News, accessed November 28, 2021, www.getbadnews.com; "Homepage—Cranky Uncle," Cranky Uncle, accessed November 28, 2021, https://crankyuncle.com.

47 "Internet Research Agency Indictment," United States District Court for the District of Columbia, February 16, 2018, www.justice.gov/file/1035477/download; Julia Carrie Wong, "Russian Agency Created Fake Leftwing News Outlet with Fictional Editors, Facebook Says," *Guardian*, September 1, 2020, www.theguardian.com/technology/2020/sep/01/facebook-russia-internet-research-agency-fake-news.

48 Francesca Tripodi, "Alternative Facts, Alternative Truths," Points, Data & Society, February 23, 2018, https://points.datasociety.net/alternative-facts-alternative-truths-ab9d446b06c.

49 "Smokescreen for Channel 4," Six to Start, accessed November 28, 2021, www.sixtostart.com/smokescreen.

50 Veli-Pekka Kivimäki, "Geolocating the MH17 Buk Convoy in Russia," Bellingcat, September 29,

2014, www.bellingcat.com/resources/case-studies/2014/09/29/geolocating-the-mh17-buk-convoy-in-russia.

51 "The Criminal Investigation | MH17 Incident," Government of the Netherlands, accessed November 28, 2021, www.government.nl/topics/mh17-incident/achieving-justice/the-criminal-investigation.

52 "About—Bellingcat," Bellingcat, accessed November 28, 2021, www.bellingcat.com/about.

53 Cahal Milmo, "Revealed: How British Empire's Dirty Secrets Went up in Smoke in the Colonies," *Independent*, November 29, 2013, www.independent.co.uk/news/uk/home-news/revealed-how-british-empire-s-dirty-secrets-went-smoke-colnies-8971217. html; Jonathan Levinson, Conrad Wilson, James Doubek, and Suzanne Nuyen, "Federal Officers Use Unmarked Vehicles to Grab People in Portland, DHS Confirms," Oregon Public Broadcasting, National Public Radio, July 17, 2020, www.npr.org/2020/07/17/892277592/federal-officers-use-unmarked-vehicles-to-grab-protesters-in-portland.

54 Sarah Boseley, "Statistics Watchdog: Ministers Still Misleading Public on Coronavirus Tests," *Guardian*, June 2, 2020, www.theguardian.com/world/2020/jun/02/statistics-watchdog-ministers-still-misleading-public-on-coronavirus-tests; Rick Rouan, "Fact Check: Missing Context in Claim About Emails, Fauci's Position on Masks," *USA Today*, June 3, 2021, www.usatoday.com/story/news/factcheck/2021/06/03/fact-check-missing-context-claim-mask-emails-fauci/7531267002.

55 Mattathias Schwartz, "A Trail of 'Bread Crumbs,' Leading Conspiracy Theoriests into the Wilderness, *New York Times Magazine*, September 11, 2018, www.nytimes.com/2018/09/11/magazine/a-trail-of-bread-crumbs-leading-conspiracy-theorists-into-the-wilderness.html.

56 Audrey Tang, "The Frontiers of Digital Democracy," interview by Nathan Gardels at Athens Democracy Forum 2020, *Noema Magazine*, February 4, 2021, www.noemamag.com/the-frontiers-of-digital-democracy; Audrey Tang, "The Key to Taiwan's Pandemic Success: Fast, Fair . . . and Fun," *Global Asia* 15, no. 3 (September 2020): 23–25, www.globalasia.org/v15no3/cover/the-key-to-taiwans-pandemic-success-fast-fair-and-fun_audrey-tang.

57 Erin Kissane and Alexis Madrigal, "It's Time: The COVID Tracking Project Will Soon Come to an End," COVID Tracking Project, February 1, 2021, https://covidtracking.com/analysis-updates/covid-tracking-project-end-march-7.

CHAPTER 8——當世界是一場遊戲

1 "Quotations by Johannes Kepler," MacTutor, School of Mathematics and Statistics, University of St. Andrew's, Scotland, updated November 2003, https://mathshistory.st-andrews.ac.uk/Biographies/Kepler/quotations.

2 Henry M. Cowles, "Peak Brain: The Metaphors of Neuroscience," *Los Angeles Review of Books*, November 30, 2020, https://lareviewofbooks.org/article/peak-brain-the-metaphors-of-neuroscience.

3 Matthew Cobb, *The Idea of the Brain: The Past and Future of Neuroscience* (New York: Basic Books, 2020).

4 Hans Moravec, "When Will Computer Hardware Match the Human Brain?" *Journal of Evolution and Technology* 1 (1998), https://jetpress.org/volume1/moravec.htm.

5 Paul Schuurman, "A Game of Contexts: Prussian-German Professional Wargames and the Leadership Concept of Mission Tactics 1870–1880," *War in History* 28, no. 3 (July 2021): 504–524, https://doi.org/10.1177/0968344519855104.

6 Cynthia Smith, "The Great Game and Afghanistan," Library of Congress, accessed November 28, 2021, www.loc.gov/ghe/cascade/index.html?appid=a0930b1f4e 424987ba68c28880f088ea.

7 Sean Fennessey and Amanda Dobbins, "'Dune' and James Bond Are Delayed. Here Are 10 Ways to

Save the 2021 Oscars." The Ringer, October 6, 2020, www.theringer.com/2020/10/6/21503915/dune-james-bond-are-delayed-here-are-10-ways-to-save-2021-oscars.

8 Zheng Rui, "'Creation Camp 2021' C-bit Debut in the Group Night Liu Yu," *Beijing Business Today*, April 24, 2021, www.bbtnews.com.cn/2021/0424/394213.shtml; "S01 Episode 5: How Idol Fans are Made / King of Fairy Tales, King of Posts," *Chaoyang Trap*, May 3, 2021, https://chaoyang.substack.com/p/ep5-big-yoghurt-boomer-weibo-king.

9 "The HK19 Manual—Part 1: The Roles," accessed November 28, 2021, https:// docs.google.com/document/d/1ZrIiXypVUvPIRs9JG8AsU55FkLsz81pqZstKQcbsAHc/edit#.

10 u/Franky_95, "OFFICIAL: The Prime Minister confirmed in a press conference that ALL Italy is on quarantine, not only the region of Lombardy." r/Corona virus, Reddit, March 9, 2020, www.reddit.com/r/Coronavirus/comments/fg1gcp/official_the_prime_minister_confirmed_in_a_press/fk1w0q5/?context=1.

11 "Statement on the Removal of Plague Inc. from the China App Store and Steam," Ndemic Creations, February 26, 2020, www.ndemiccreations.com/en/news/173-statementon-the-removalof-plague-inc-from-the- china- app-store; "Plague Inc. Gives a Quarter of a Million Dollars to Fight COVID-19," Ndemic Creations, March 22, 2020, www.ndemiccreations.com/en/news/175-plague-inc-gives-a-quarter-of-a-million-dollars-to-fight-covid-19; "Plague Inc: The Cure Is Out Now for iOS and Android!" Ndemic Creations, November 11, 2020, www.ndemiccreations.com/en/news/184-plague-inc-the-cure-is-out-now-for-ios-and-android.

12 Robert Evans, "The El Paso Shooting and the Gamification of Terror," Bellingcat, August 4, 2019, www.bellingcat.com/news/americas/2019/08/04/the-el-paso-shooting-and-the-gamification-of-terror. 13.RobertEvans,"IgnorethePowaySynagogueShooter'sManifesto:PayAttentionto8chan's/pol/Board," Bellingcat, April 28, 2019, www.bellingcat.com/news/americas/2019/04/28/ignore-the-poway-synagogue-shooters-manifesto-pay-attention-to-8chans-pol-board.

14 Daniel Koehler, "The Halle, Germany, Synagogue Attack and the Evolution of the Far-Right Terror Threat," *CTC Sentinel* 12, no. 11 (December 2019): 14–20, https://ctc.usma.edu/halle-germany-synagogue-attack-evolution-far-right-terror-threat.

15 Sonia Fizek and Anne Dippel, "Gamification of Terror: Power Games as Liminal Spaces," Proceedings of DiGRA 2020, accessed November 28, 2021, www.digra.org/wp-content/uploads/digital-library/DiGRA_2020_paper_77.pdf.

16 "The Cold War and Prisoner's Dilemma," Networks: Course Blog for INFo 2040/CS 2850/Econ 2040/SOC 2090, Cornell University, September 14, 2015, https://blogs.cornell edu/info2040/2015/09/14/the-cold-war-and-prisoners-dilemma.

17 "Wikipedia: *Wikipedia* is an MMORPG," Wikipedia, updated September 15, 2021, https://en.wikipedia.org/wiki/Wikipedia:Wikipedia_is_an_MMORPG.

18 Ian Sample, "Blow to 10,000-Hour Rule as Study Finds Practice Doesn't Always Make Perfect," *Guardian*, August 21, 2019, www.theguardian.com/science/2019/aug/21/practice-does-not-always-make-perfect-violinists-10000-hour-rule.

19 Oscar Schwartz, "Love in the Time of AI: Meet the People Falling for Scripted Robots," *Guardian*, September 26, 2018, www.theguardian.com/technology/2018/sep/26/mystic-messenger-dating-simulations-sims-digital-intimacy.

20 Parmy Olson, "My Girlfriend Is a Chatbot," *Wall Street Journal*, April 10, 2020, www.wsj.com/articles/my-girlfriend-is-a-chatbot-11586523208.

21 "Levels," Replika Wiki, updated October 27, 2021, https://replikas.fandom.com/wiki/Levels.

22 James Wallis (@JamesWallis) in reply to @adrianhon, "The vendingmachine theory of dating." Twitter, March 7, 2021, https://twitter.com/JamesWallis/status/1368644299538239502; Lydia Nicholas (@LydNicholas) in reply to @adrianhon, "generally seen it described as feeding tokens into the machine until sex falls out, but can't recall a snappy name," Twitter, March 7, 2021, https://twitter.com/LydNicholas/status/1368644249554653188.

23 William Hughes, "Just Say No: Video Game Romantic Rejection Is Far Too Rare," *AV Club*, February 12, 2021, https://games.avclub.com/just-say-no-video-game-romantic-rejection-is-far-toor-1846246124.

24 Tracy Clark-Flory, "What I Learned About Male Desire in a Sex Doll Factory," *Guardian*, October 19, 2020, www.theguardian.com/lifeandstyle/2020/oct/19/what-i-learned-about-male-desire-in-a-sex-doll-factory.

25 Emily Short, "Choices, Episode," Emily Short's Interactive Storytelling, March 13, 2017, https://emshort.blog/2017/03/13/choices-episode.

26 Andrew Webster, "Complex Turned Its Fashion and Music Festival into a Futuristic Video Game," *The Verge*, Vox Media, December 3, 2020, www.theverge.com/2020/12/3/22150152/complexcon-virtual-music-streetwear-complex-food-festival.

27 "AG Ferguson Sues LuLaRoe over Pyramid Scheme," Office of the Attorney General, Washington State, January 25, 2019, www.atg.wa.gov/news/news-releases/ag-ferguson-sues-lularoe-over-pyramid-scheme.

28 Stephanie McNeal, "Millennial Women Made LuLaRoe Billions. Then They Paid the Price," *Buzzfeed News*, February 22, 2020, www.buzzfeednews.com/article/stephaniemcneal/lularoe-millennial-women-entrepreneurship-lawsuits.

29 "Join Us—Join the Community and Become a Fashion Entrepreneur," LuLaRoe, accessed November 28, 2021, www.lularoe.com/join-lularoe.

30 "Leadership Compensation Plan," LuLaRoe, updated November 23, 2020, https://s3-us-west-2.amazonaws.com/llrprod/exigo/llrAdmin/documents/LLR_Ldr_Bonus_Plan.pdf.

31 Heather Schwedel, "Thirsty: How the Starbucks App Created So Many Rewards-Hungry Obsessives," *Slate*, November 20, 2018, https://slate.com/human-interest/2018/11/starbucks-app-rewards-star-dashes-hacks-fans-community.html.

32 "Starbucks Reports Q1 Fiscal 2020 Results," Press Releases, Starbucks Investor Relations, Starbucks, January 28, 2020, https://investor.starbucks.com/press-releases/financial-releases/press-release-details/2020/Starbucks-Reports-Q1-Fiscal-2020-Results/default.aspx.

33 u/joel1A4, "Starbucks app groups promotions and order status notifications so you can't disable only promotions," r/assholedesign, Reddit, August 14, 2019, www.reddit.com r/assholedesign/comments/cqal6z/starbucks_app_groups_promotions_and_order_status.

34 u/chelscrew, "i hate customers that abuse the star dashes & that's the tea," r/star bucksbaristas, Reddit, January 19, 2019, www.reddit.com/r/starbucksbaristas/comments/ahkkrq/i_hate_customers_that_abuse_the_star_dashes_thats.

35 Jamie Lauren Keiles, "The Man Who Turned Credit-Card Points into an Empire," *New York Times Magazine*, January 5, 2021, www.nytimes.com/2021/01/05/magazine/points-guy-travel-rewards.html; "AAdvantage Celebrates 40 Years of Loyalty Innovation," *American Airlines Newsroom*, American Airlines, April 5, 2021, https://news.aa.com/news/news-details/2021/AAdvantage-Celebrates-40-Years-of-Loyalty-Innovation-AADV-04/default.aspx.

36 "Top 100 Most Valuable Airline Loyalty Programs," On Point Loyalty, January 2020, https://on-

pointloyalty.com/wp-content/uploads/2020/02/On-Point-Loyalty-Top-100-Most-Valuable-Airline-Loyalty-Programs-2020.pdf.

37 Claire Bushey, "US Airlines Reveal Profitability of Frequent Flyer Programmes," *Financial Times*, September 15, 2020, www.ft.com/content/1bb94ed9-90de-4f15-aee0-3b f390b0f85e.

38 Richard Carmichael, "Behavior Change, Public Engagement and Net Zero (Imperial College London)," Climate Change Committee, October 10, 2019, www.theccc.org.uk/publication/behaviour-change-public-engagement-and-net-zero-imperial-college-london; "DAF/COMP/WD(2014)59," Directorate for Financial and Enterprise Affairs Competition Committee, accessed November 28, 2021, www.oecd.org/officialdocuments/publicdisplaydocumentpdf/?cote=DAF/COMP/WD(2014)59&docLanguage=En.

39 Seth Kugel, "Are Frequent Flier Miles Killing the Planet?" *New York Times*, March 5, 2020, www.nytimes.com/2020/03/05/travel/loyalty-programs-climate-change.html; Jeff Overton, "Fact Sheet | The Growth in Greenhouse Gas Emissions from Commercial Aviation (2019)," Environmental and Energy Study Institute, October 17, 2017, www.eesi.org/papers/view/fact-sheet-the-growth-in-greenhouse-gas-emissions-from-commercial-aviation; "Greenhouse Gasses," Danish Energy Agency, accessed November 28, 2021, https://ens.dk/en/our-responsibilities/energy-climate-politics/greenhouse-gasses; "Environmental Indicators Ireland 2018: Greenhouse Gases and Climate Change," Central Statistics Office, accessed November 28, 2021, www.cso.ie/en/releasesandpublications/ep/p-eii/eii18/greenhousegasesandclimatechange/.

40 "2020 Annual Poll," Victims of Communism Memorial Foundation, accessed November 28, 2021, https://victimsofcommunism.org/annual-poll/2020-annual-poll.

41 Xi Song et al., "Long-Term Decline in Intergenerational Mobility in the United States Since the 1850s," *PNAS* 117, no. 1 (January 2020): 251–258, https://doi.org/10.1073/pnas.1905094116; Marina N. Bolotnikova, "Harvard's Economic Diversity Problem," *Harvard Magazine*, January 19, 2017, https://harvardmagazine.com/2017/01/low-income-students-harvard; Kriston McIntosh, Emily Moss, Ryan Nunn, and Jay Shambaugh, "Examining the Black-White Wealth Gap," Brookings Institution, February 27, 2020, www.brookings.edu/blog/up-front/2020/02/27/examining-the-black-white-wealth-gap.

42 "Hyperbolic Arcade Trading," STEAM, Valve Corporation, accessed November 28, 2021, https://store.steampowered.com/app/1361790/HYPERBOLIC_Arcade_Trading.

43 "A New Way to Invest, for a New Generation," Robinhood, September 23, 2014, https://blog.robinhood.com/news/2014/9/22/a-new-way-to-invest-for-a-new-generation.

44 "Welcome Robinhood Investors," Robinhood, accessed November 28, 2021, https:// investors.robinhood.com/overview/default.aspx.

45 Nathaniel Popper, "Robinhood Has Lured Young Traders, Sometimes with Devastating Results," *New York Times*, updated September 25, 2021, www.nytimes.com/2020/07/08/technology/robinhood-risky-trading.html.

46 Sergei Klebnikov and Antoine Gara, "20-Year-Old Robinhood Customer Dies by Suicide After Seeing a $730,000 Negative Balance," *Forbes*, June 17, 2020, www.forbes.com/sites/sergeiklebnikov/2020/06/17/20-year-old-robinhood-customer-dies-by-suicide-after-seeing-a-730000-negative-balance/?sh=bd4be6616384.

47 Bill Brewster (@BillBrewsterTBB), "'Robinhood enticed big VC investors such as Sequoia Capital with the promise that "customers will grow with us," according to a 2019 pitch deck seen by Bloomberg.' Not if they keep being nudged into options trading. They wont have assets after too long."

Twitter, October 22, 2020, https://twitter.com/billbrewsterscg/status/1319286269659074563.

48 "Robinhood CEO Responds to Accusations of 'Gamifying' Wall Street," MarketScale, March 11, 2021, https://marketscale.com/industries/software-and-technology/robinhood-ceo-responds-to-accusations-of-gamifying-wall-street.

49 Siddarth Shrikanth, "'Gamified' Investing Leaves Millennials Playing with Fire," *Financial Times*, May 6, 2020, www.ft.com/content/9336fd0f-2bf4-4842-995d-0bcbab 27d97a.

50 Apostle Mengoulis, "How Robinhood's Referral Program Brought 1 Million Users Before Launch," Inside Viral Loops, June 12, 2018, https://viral-loops.com/blog/robinhood-referral-got-1-million-users.

51 Matthew Knipfer, "Optimally Climbing the Robinhood Cash Management Waitlist," Matthew Knipfer, November 5, 2019, https://matthewqknipfer.medium.com/optimally-climbing-the-robinhood-cash-management-waitlist-f94218764ea7.

52 Mark Wilson, "How Robinhood Turns Stock Trading into a Game That It Always Wins," *Fast Company*, February 9, 2021, www.fastcompany.com/90602455/how-robinhood-turns-stock-trading-into-a-game-that-it-always-wins.

53 Bruce Wang, "How to Claim Robinhood Rewards," Bruce Wang, YouTube, video, 7:49, December 4, 2018, www.youtube.com/watch?v=9HzajDaylLc.

54 "Commitments to Improve Our Options Offering," Robinhood, June 19, 2020, https://blog.robinhood.com/news/2020/6/19/commitments-to-improving-our-options-offering; "A New Way to Celebrate with Robinhood," Robinhood, March 31, 2021, https:// blog.robinhood.com/news/2021/3/31/a-new-way-to-celebrate-with-robinhood.

55 "Open Account, Get Free Stock," Help Center, Robinhood, accessed November 28, 2021, https://robinhood.com/us/en/support/articles/open-account-get-free-stock.

56 Lisa Beilfuss, "The Latest Trend in Mobile Gaming: Stock-Trading Apps," *Wall Street Journal*, January 22, 2019, www.wsj.com/articles/the-latest-trend-in-mobile-gaming-stock-trading-apps-11548158400.

57 "Commission File Number: 001-40691, Robinhood Markets, Inc.," United States Securities and Exchange Commission, accessed November 28, 2021, https://s28.q4cdn.com/948876185/files/doc_financials/2021/q2/fed1afc9-fc82-4a7a-8735-caed2497fbd3.pdf.

58 "Selling Stockholders, Amendment No. 2 to Form S-1 Registration Statement under the Securities Act of 1933, Robinhood Markets, Inc.," United States Securities and Exchange Commission, accessed November 28, 2021, www.sec.gov/ix?doc=/Archives/edgar/data/1783879/000162828021019902/hood-20211008.htm#i9b490c3968b e4fd1b546d594577fc2f4_1822.

59 Matt Levine, "Someone Is Going to Drill the Oil," *Bloomberg*, July 8, 2021, www.bloomberg.com/opinion/articles/2021-07-08/someone-is-going-to-drill-the-oil.

60 "Secretary Galvin Charges Robinhood over Gamification and Options Trading," Secretary of the Commonwealth of Massachusetts, December 16, 2020, www.sec.state.ma.us/sct/current/sctrobinhood/robinhoodidx.htm.

61 "Virtual Hearing—Game Stopped? Who Wins and Loses When Short Sellers, Social Media, and Retail Investors Collide," Hearing, US House Committee on Financial Services, February 18, 2021, https://financialservices.house.gov/calendar/eventsingle.aspx?EventID=407107.

62 "wallstreetbets," r/wallstreetbets, Reddit, accessed November 28, 2021, www.reddit.com/r/wallstreetbets.

63 James Chen, "2020 Was a Big Year for Individual Investors," Investopedia, December 31, 2020, www.investopedia.com/2020-was-a-big-year-for-individual-investors-5094063; Matt Levine, "Is

the Twitter Ban Securities Fraud?" *Bloomberg*, January 11, 2021, www.bloomberg.com/opinion/articles/2021-01-11/is-the-twitter-ban-securities-fraud.

64 Matt Levine, "The Bad Stocks Are the Most Fun," *Bloomberg*, June 9, 2020, www.bloomberg.com/opinion/articles/2020-06-09/the-bad-stocks-are-the-most-fun.

65 Joe Wallace, "GameStop Stock Jumps to New Record," *Wall Street Journal*, updated January 25, 2021, www.wsj.com/articles/gamestop-shares-surge-toward-fresh-record-ahead-of-opening-bell-11611579224.

66 Matt Phillips, Taylor Lorenz, Tara Siegel Bernard, and Gillian Friedman, "The Hopes That Rose and Fell with GameStop," *New York Times*, updated March 21, 2021, www.nytimes.com/2021/02/07/business/gamestop-stock-losses.html.

67 Allana Akhtar, "Robinhood Will Allow Users to Buy GameStop and AMC Shares Again After Restricting Trading," *Business Insider*, January 28, 2021, www.businessinsider.com/robinhood-to-allow-gamestop-amc-nokia-stock-purchases-2021-1?r=US&IR=T.

68 "What Happened This Week," Robinhood, January 29, 2021, https://blog.robinhood.com/news/2021/1/29/what-happened-this-week; Tucker Higgins, "Lawmakers from AOC to Ted Cruz Are Bashing Robinhood over Its GameStop Trading Freeze," CNBC, updated January 28, 2021, www.cnbc.com/2021/01/28/gamestop-cruz-ocasio-cortez-blast-robinhood-over-trade-freeze.html.

69 "Interactive Brokers chairman: Worried about integrity of the market," CNBC Television, YouTube, video, 4:17, January 28, 2021, www.youtube.com/watch?v=7RH4 XKP55fM.

70 u/sentientpork, "#1 mobile gaming app for 2020 crushes the competition and it's players," r/wallstreetbets, Reddit, June 24, 2020, www.reddit.com/r/wallstreetbets/comments/hf5ndx/1_mobile_gaming_app_for_2020_crushes_the.

71 u/josephd6, "Here it is in all its glory," r/wallstreetbets, Reddit, January 30, 2021, www.reddit.com/r/wallstreetbets/comments/l8hfhy/here_it_is_in_all_its_glory.

72 "SEC Requests Information and Comment on Broker-Dealer and Investment Adviser Digital Engagement Practices, Related Tools and Methods, and Regulatory Considerations and Potential Approaches; Information and Comments on Investment Adviser Use of Technology," US Securities and Exchange Commission, August 27, 2021, www.sec.gov/news/press-release/2021-167.

73 Charley Cooper, "Preventing the Next GameStop: Faster Settlement with New Technology," *Bloomberg Law*, March 15, 2021, https://news.bloomberglaw.com/banking-law/preventing-the-next-gamestop-faster-settlement-with-new-technology.

74 James Chen, "2020 Was a Big Year for Individual Investors."

75 "Sentiment trader at quant hedge fund," Cindicator Capital, LinkedIn, accessed November 28, 2021, https://web.archive.org/web/20210301034620/https://www.linkedin.com/jobs/view/sentiment-trader-at-quant-hedge-fund-at-cindicator-2410397759.

76 Charlie Brooker, "Charlie Brooker in Conversation with Adam Curtis," *VICE*, February 11, 2021, www.vice.com/en/article/4ad8db/adam-curtis-charlie-brooker-cant-get-you-out-of-my-head.

77 Ryan Broderick, "'down so bad im 3rd wheeling an e-couple,'" *Garbage Day*, January 4, 2021, https://www.garbageday.email/p/down-so-bad-im-3rd-wheeling-an-e.

78 Georgia Wells, Jeff Horowitz, and Deepa Seetharaman, "Facebook Knows Instagram Is Toxic for Teen Girls, Company Documents Show," *Wall Street Journal*, September 14, 2021, www.wsj.com/articles/facebook-knows-instagram-is-toxic-for-teen-girls-company-documents-show-11631620739.

79 Elon Musk (@elonmusk), "Gamestonk!! https://www.reddit.com/r/wallstreetbets/" Twitter, January 26, 2021, https://twitter.com/elonmusk/status/1354174279894642703; Dorothy Gambrell, "A

Brief History of Elon Musk's Recent Market-Moving Tweets," *Bloomberg*, February 11, 2021, www.bloomberg.com/news/articles/2021-02-11/how-elon-musk-s-tweets-moved-gamestop-gme-bitcoin-dogecoin-and-other-stocks.

80 Matt Levine, "AMC Brings Out the Popcorn," *Bloomberg*, June 2, 2021, www.bloomberg.com/opinion/articles/2021-06-02/amc-brings-out-the-popcorn.

81 Matt Levine, "Elon Musk Picks the Money Now," *Bloomberg*, February 8, 2021, www.bloomberg.com/opinion/articles/2021-02-08/elon-musk-works-his-magic-on-dogecoin-and-bitcoin.

82 Caitlin Petre, "The Traffic Factories: Metrics at Chartbeat, Gawker Media, and the New York Times," *Columbia Journalism Review*, May 7, 2015, www.cjr.org/tow_center_reports/the_traffic_factories_metrics_at_chartbeat_gawker_media_and_the_new_york_times.php.

83 "Chartbeat—2019 Top Stories," Chartbeat, accessed November 28, 2021, https://2019.chartbeat.com/stories.

84 Archie Bland, "Daily Telegraph Plans to Link Journalists' Pay with Article Popularity," *Guardian*, March 15, 2021, www.theguardian.com/media/2021/mar/15/daily-telegraph-plans-link-journalists-pay-article-popularity.

85 Felix Salmon, "Blogonomics: The Gawker Media Pay Scheme," Felix Salmon, January 2, 2008, www.felixsalmon.com/2008/01/blogonomics-the-gawker-media-pay-scheme.

86 Jay Caspian Kang, "Should Reddit Be Blamed for the Spreading of a Smear?" *New York Times Magazine*, July 25, 2013, www.nytimes.com/2013/07/28/magazine/should-reddit-be-blamed-for-the-spreading-of-a-smear.html.

87 Stuart A. Thompson and Charlie Warzel, "They Used to Post Selfies. Now They're Trying to Reverse the Election," *New York Times*, January 14, 2021, www.nytimes.com/2021/01/14/opinion/facebook-far-right.html.

88 "How the New York Times A/B Tests Their Headlines," *TJCX*, March 10, 2021, https://blog.tjcx.me/p/new-york-times-ab-testing.

89 "*Tetris* effect," Wikipedia, updated November 12, 2021, https://en.wikipedia.org/wiki/Tetris_effect; Angelica Ortiz de Gortari, "Embracing Pseudo-Hallucinatory Phenomena Induced by Playing Video Games," Game Developer, December 3, 2018, www.gamasutra.com/blogs/AngelicaOrtizdeGortari/20181203/331838/Embracing_pseudo hallucinatory_phenomena_induced_by_playing_video_games.php.

90 Christine Miserandino, "The Spoon Theory Written by Christine Miserandino," ButYouDontLookSick.com, accessed November 28, 2021, https://butyoudontlooksick.com/articles/written-by-christine/the-spoon-theory.

91 "Wikipedia is not a role-playing game," in "Wikipedia: Wikipedia is in the real world," Wikipedia, updated July 21, 2021, https://en.wikipedia.org/wiki/Wikipedia:Wikipedia_is_in_the_real_world#Wikipedia_is_not_a_role-playing_game.

92 Hannah Miller, "Solana's Bid to Take On Ethereum," *The Information*, June 15, 2021, www.theinformation.com/articles/solana-s-bid-to-take-on-ethereum; Austin Federa, "Solana Labs Completes a $314.15M Private Token Sale Led by Andreesse Horowitz and Polychain Capital," Solana, June 9, 2021, https://solana.com/news/solana-labs-completes-a-314-15m-private-token-sale-led-by-andreessen-horowitz-and-polychain-capital.

CHAPTER 9——恩寵寶庫

1 "Hyper-Reality," Hyper-Reality, Keiichi Matsuda, accessed November 28, 2021, http://hyper-reality.co.

2 "Episode 393: Map Quests: Political, Physical and Digital," *99% Invisible*, podcast, 42:50, March 10, 2020, https://99percentinvisible.org/episode/map-quests-political-physical-and-digital/transcript.
3 Makena Kelly, "Inside Nextdoor's 'Karen problem,'" *The Verge*, Vox Media, June 8, 2020, www.theverge.com/21283993/nextdoor-app-racism-community-moderation-guidance-protests.
4 Tom Warren and Sean Hollister, "Microsoft Is Supplying 120,000 HoloLens-Based Headsets to the US Army," *The Verge*, Vox Media, March 31, 2021, www.theverge.com/2021/3/31/22360786/microsoft-hololens-headset-us-army-contract.
5 Jake Rossen, "16 Secrets of Amazon Warehouse Employees," *Mental Floss*, May 5, 2021, https://www.mentalfloss.com/article/646161/secrets-amazon-warehouse-employees.
6 Mark Aguiar et al., "Leisure Luxuries and the Labor Supply of Young Men," *Journal of Political Economy* 129, no. 2 (February 2021), https://doi.org/10.1086/711916.
7 Xavier Bellekens et al., "From Cyber-Security Deception to Manipulation and Gratification Through Gamification," in *HCI for Cybersecurity, Privacy and Trust*, HCII 2019, Lecture Notes in Computer Science 11594, https://doi.org/10.1007/978-3-030-22351-9_7.
8 "Johann Tetzel," *Encyclopedia Britannica*, updated August 7, 2021, www.britannica.com/biography/Johann-Tetzel; Paul Pavao, "John Tetzel," Christian History for Everyman, accessed November 28, 2021, www.christian-history.org/john-tetzel.html.
9 Enrico dal Covolo, "The Historical Origin of Indulgences," in *L'Osservatore Romano* (Vatican, 1999), Catholic Culture, accessed November 28, 2021, www.catholicculture.org/culture/library/view.cfm?recnum=1054; Ginny Justice, "The Role of Indulgences in the Building of New Saint Peter's Basilica," Master of Liberal Studies thesis (Rollins College, 2011), https://scholarship.rollins.edu/mls/7.
10 "Virtual Pilgrimage: Through the Sense in Medieval Manuscripts," *Columbia Journal of Art History*, accessed November 28, 2021, www.columbiajournalofarthistory.com/cujah-online-home/mou-virtual-pilgrimage.
11 R. N. Swanson, *Indulgences in Late Medieval England: Passports to Paradise?* (Cambridge: Cambridge University Press, 2011), 11.
12 Swanson, *Indulgences in Late Medieval England*, 12.
13 Swanson, *Indulgences in Late Medieval England*, 14.
14 Swanson, *Indulgences in Late Medieval England*, 233.
15 Swanson, *Indulgences in Late Medieval England*, 230, 264.
16 Swanson, *Indulgences in Late Medieval England*, 19.
17 Swanson, *Indulgences in Late Medieval England*, 247.
18 Swanson, *Indulgences in Late Medieval England*, 270, 273.
19 Swanson, *Indulgences in Late Medieval England*, 274.
20 Swanson, *Indulgences in Late Medieval England*, 276.
21 Swanson, *Indulgences in Late Medieval England*, 49, 234.
22 Jennifer Lee, "Book Review: Kathryn M. Rudy. Virtual Pilgrimages in the Convent: Imagining Jerusalem in the Late Middle Ages," *Peregrinations: Journal of Medieval Art and Architecture* 3, no. 4 (2012): 124–130, https://digital.kenyon.edu/cgi/viewcontent.cgi?article=1117&context=perejournal.
23 Swanson, *Indulgences in Late Medieval England*, 208.
24 Swanson, *Indulgences in Late Medieval England*, 447.
25 Swanson, *Indulgences in Late Medieval England*, 394.
26 William Langland, "The Vision and Creed of Piers Ploughman, Volume I of II," Project Gutenberg, accessed November 28, 2021, www.gutenberg.org/files/43660/43660-h/43660-h.htm.

27 Swanson, *Indulgences in Late Medieval England*, 15.
28 St. Thomas Aquinas, "Summa Theologica," Christian Classics Ethereal Library, accessed January 10, 2022, www.ccel.org/ccel/aquinas/summa.XP_Q25_A1.html.
29 Swanson, *Indulgences in Late Medieval England*, 263.
30 Swanson, *Indulgences in Late Medieval England*, 310.
31 Swanson, *Indulgences in Late Medieval England*, 234.
32 Swanson, *Indulgences in Late Medieval England*, 256.
33 Swanson, *Indulgences in Late Medieval England*, 226, 255.
34 Kathryn M. Rudy, "Virtual Pilgrimages in the Convent: Imagining Jerusalem in the Late Middle Ages" (Belgium: Brepols, 2011), 251.
35 Swanson, *Indulgences in Late Medieval England*, 475.
36 Swanson, *Indulgences in Late Medieval England*, 476.
37 "Martin Luther's 95 Theses," KDG Wittenberg, accessed November 28, 2021, www.luther.de/en/95thesen.html.
38 Swanson, *Indulgences in Late Medieval England*, 476.

CHAPTER 10——不再卡關

1 "Gamification: The Reality Check," Subotron, accessed November 28, 2021, https:// subotron.com/veranstaltung/gamification-reality-check.
2 "Giving People More Control on Instagram and Facebook," Instagram, May 26, 2021, https://about.instagram.com/blog/announcements/giving-people-more-control.
3 "Healthy Living Rewards," Vitality, accessed November 28, 2021, https://www.vitality.co.uk/rewards/healthy-living.
4 Ron Lieber, "High School Grades Could Be Worth $100,000. Time to Tell Your Child?" *New York Times*, updated November 12, 2021, www.nytimes.com/2021/01/23/business/financial-aid-college-merit-aid.html; "Scholarships & Financial Aid," Wabash College, accessed November 28, 2021, www.wabash.edu/admissions/finances/sources.
5 "Transcript: Ezra Klein Interviews Agnes Callard," Ezra Klein Show, *New York Times*, May 14, 2021, www.nytimes.com//2021/05/14/podcasts/ezra-klein-podcast-agnes-callard-transcript.html.
6 Kelsey Piper, "Science Has Been in a 'Replication Crisis' for a Decade. Have We Learned Anything?" *Vox*, October 14, 2020, www.vox.com/future-perfect/21504366/science-replication-crisis-peer-review-statistics.
7 Brian Resnick, "The 'Marshmallow Test' Said Patience Was a Key to Success. A New Replication Tells Us S'More." *Vox*, June 6, 2018, www.vox.com/science-andhealth/2018/6/6/17413000/marshmallow-test-replication-mischel-psychology; Yuichi et al., "Predicting Adolescent Cognitive and Self-Regulatory Competencies from Preschool Delay of Gratification: Identifying Diagnostic Conditions," *Developmental Psychology* 26, no. 6 (2016): 978–986, https://doi.org/10.1037/0012-1649.26.6.978; Tyler W. Watts et al., "Revisiting the Marshmallow Test: A Conceptual Replication Investigating Links Between Early Delay of Gratification and Later Outcomes," *Psychological Science* 29, no. 7 (July 2018): 1159–1177, https://doi.org/10.1177/0956797618761661.
8 Anne Helen Petersen, "The Counterintuitive Mechanics of Peloton Addiction," *Culture Study*, September 29, 2021, https://annehelen.substack.com/p/the-counterintuitive-mechanics-of.
9 Kate Conger, "Hundreds of Google Employees Unionize, Culminating Years of Activism," *New York Times*, January 4, 2021, www.nytimes.com/2021/01/04/technology/google-employees-union.html.

10 "Children's Code: Best Interests Framework," Information Commissioner's Office, accessed November 28, 2021, https://ico.org.uk/for-organisations/children-s-code-best-interests-framework; "The Full Best Interests Framework and UNCRC," Information Commissioner's Office, accessed November 28, 2021, https://ico.org.uk/for-organisations/children-s-code-best-interests-framework/the-full-best-interests-framework-and-uncrc.

11 Caitlin Harrington, "California Senate Passes Warehouse Workers Bill, Taking Aim at Amazon," *Wired*, September 9, 2021, www.wired.com/story/california-senate-passes-warehouse-workers-bill-taking-aim-at-amazon.

12 "NFT Gamification: 7 Ways Crypto Artists Are Using NFTs to Engage with Collectors," NFT Culture, accessed November 28, 2021, www.nftculture.com/nft-art/nft-gamification-7-ways-crypto-artists-make-collecting-nfts-fun; "Non-Fungible Tokens (NFT)," Plethori, updated April 2021, https://docs.plethori.com/gamification/non-fungible-tokens-nft; "Zapper Is Leveling Up," Learn, Zapper, May 27, 2021, https://learn.zapper.fi/articles/zapper-is-leveling-up; "Ether Cards," Ether Cards, accessed November 28, 2021, https://docs.ether.cards/platform.html.

你玩遊戲，還是遊戲玩你？

一場無法登出的遊戲，公司、政府和學校如何利用遊戲來控制我們所有人

你玩遊戲，還是遊戲玩你？一場無法登出的遊戲，公司、政府和學校如何利用遊戲來控制我們所有人／安瑞恩・韓（Adrian Hon）著；劉家安譯. －初版.－臺北市：麥田出版：英屬蓋曼群島商家庭傳媒股份有限公司城邦分公司發行，2024.04
面；　公分
譯自：You've been played : how corporations, governments, and schools use games to control us all
ISBN 978-626-310-593-5（平裝）
1.CST: 社會控制　2.CST: 社會問題
3.CST: 控制論　4.CST: 遊戲
541.8　　112018585

封面設計　許晉維
印　　刷　漾格科技股份有限公司
初版一刷　2024年04月

定　　價　新台幣520元

I S B N　978-626-310-593-5
I S B N　9786263105881（EPUB）
Printed in Taiwan
本書若有缺頁、破損、裝訂錯誤，請寄回更換。

作　　者　安瑞恩・韓（Adrian Hon）
譯　　者　劉家安
特約編輯　劉懷興
責任編輯　林如峰
國際版權　吳玲緯　楊　靜
行　　銷　闕志勳　吳宇軒　余一霞
業　　務　陳美燕
副總經理　何維民
編輯總監　劉麗真
事業群總經理　謝至平
發 行 人　何飛鵬

出　　版

麥田出版
11563台北市南港區昆陽街16號4樓
電話：(02)2500-0888　傳真：(02)2500-19517
網站：http://www.ryefield.com.tw

發　　行

英屬蓋曼群島商家庭傳媒股份有限公司城邦分公司
11563台北市南港區昆陽街16號8樓
網址：http://www.cite.com.tw
客服專線：(02) 2500-7718; 2500-7719
24小時傳真專線：(02) 2500-1990; 2500-1991
服務時間：週一至週五09:30-12:00；13:30-17:00
劃撥帳號：19863813　戶名：書虫股份有限公司
讀者服務信箱：service@readingclub.com.tw

香港發行所

城邦（香港）出版集團有限公司
香港九龍土瓜灣土瓜灣道86號順聯工業大廈6樓A室
電話：+852-2508-6231　傳真：+852-2578-9337
電郵：hkcite@biznetvigator.com

馬新發行所

城邦（馬新）出版集團【Cite(M) Sdn. Bhd. (458372U)】
41, Jalan Radin Anum, Bandar Baru Sri Petaling, 57000 Kuala Lumpur, Malaysia.
電話：+603-9057-8822　傳真：+603-9057-6622
電郵：services@cite.my